隆德年鉴 2019

LONGDE NIANJIAN

隆德县地方志编纂委员会·编

黄河出版传媒集团
阳光出版社

图书在版编目（CIP）数据

隆德年鉴.2019/隆德县地方志编纂委员会编.--银川：阳光出版社，2020.8
ISBN 978-7-5525-5446-5

Ⅰ.①隆… Ⅱ.①隆… Ⅲ.①隆德县-2019-年鉴
Ⅳ.①Z524.34

中国版本图书馆CIP数据核字（2020）第160519号

隆德年鉴2019

隆德县地方志编纂委员会　编

责任编辑　胡　鹏　赵维娟
封面设计　晨　皓
责任印制　岳建宁

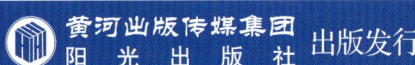

出 版 人	薛文斌
地　　址	宁夏银川市北京东路139号出版大厦（750001）
网　　址	http://www.ygchbs.com
网上书店	http://shop129132959.taobao.com
电子信箱	yangguangchubanshe@163.com
邮购电话	0951-5014139
经　　销	全国新华书店
印刷装订	宁夏银报智能印刷科技有限公司
印刷委托书号	（宁）0018209

开　　本	787 mm×1092 mm　1/16
印　　张	18.5
字　　数	400千字
版　　次	2020年8月第1版
印　　次	2020年8月第1次印刷
书　　号	ISBN 978-7-5525-5446-5
定　　价	218.00元

版权所有　翻印必究

《隆德年鉴2019》编委会

顾　问：袁秉和　王　勇　王　升
主　任：潘建宁
副主任：马成文　祁　忠
委　员：何　斌　马天智　党锁锁　刘　彤　梁喜太

《隆德年鉴2019》编辑人员

主　　编：梁喜太
副 主 编：马建红　王玉琼
特邀编审：郭勤华
编　　辑：张瑞红　杨海霞　王喜凤　马建红
统　　稿：梁喜太

编辑说明

一、《隆德年鉴2019》是由隆德县地方志编纂委员会编撰的政府公报性质的大型资料性工具书,本书系统记述了2018年度隆德县在政治、经济、文化、社会、生态文明建设中取得的成绩,为各级领导了解县情,制定政策提供全面系统的参考资料。

二、《隆德年鉴2019》的内容,按编委会的任务分工方案和撰稿要求,由隆德县各乡镇各部门各单位提供原始资料,隆德县地方志编纂委员会办公室撰稿、编辑,聘请专家学者审定,其资料数据,具有准确性和权威性。

三、《隆德年鉴2019》采用分类编辑法。以部类为单元,部类之下为分目,分目之下为条目,全书设大事记、自然环境、中共隆德县委员会、隆德县人大常委会、隆德县人民政府、政协隆德县委员会、法治与军事、农业、经济管理、工业园区、交通运输与城乡建设、财政税收、金融保险、教育体育、卫生文化、社会保障、精准扶贫、表彰先进、乡镇概览、附录,19个类目,98个分目,594个条目,约32万字。

四、《隆德年鉴2019》所收录的《2018年隆德县国民经济和社会发展统计公报》由隆德县发改局提供,正文数据,由各乡镇、各部门、各单位提供。因统计口径等原因,个别数据与统计资料中的数据不尽一致,引用时请以《2018年隆德县国民经济和社会发展统计公报》为准。专载中领导讲话所引数据,按原文录入。领导任职情况,按隆德县组织部提供资料录入。

五、《隆德年鉴2019》录入的文字、图片资料时间为2018年1月1日至12月31日,所列机关和部门按部类、分目编排,不分先后。录入的先进集体和个人以各供稿单位提供的资料为依据,获奖名录等排序不涉及职务。

六、《隆德年鉴2019》严格执行《出版物汉字使用管理规定》及法定计量单位,出版物上数字用法、标点符号用法规定。

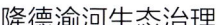

闽宁扶贫产业园区全景图

隆德渝河生态治理

隆德县三山公园

3月8日上午,隆德县教育工委、教体局女职工50人以"三八"妇女节为契机,在隆德县好水乡三星村、张银村开展"手拉手"帮扶慰问活动

隆德县观庄乡前庄村闽宁合作人造花扶贫车间

隆德县联财镇联财村药材种植基地

隆德县杨河乡串河村养牛合作社

10月16日,隆德县2018年青少年篮球、足球暨校园啦啦操联赛在县体育馆和体育场两个比赛场地隆重拉开帷幕

隆德县首届丰收节受表彰的致富能手

隆德县非物质文化遗产——魏氏砖雕

隆德县便民书吧一角

隆德县陈靳乡新和村

隆德县红崖老巷子

目 录

大事记

1月 …………………………………… 1
2月 …………………………………… 4
3月 …………………………………… 5
4月 …………………………………… 7
5月 …………………………………… 9
6月 …………………………………… 11
7月 …………………………………… 12
8月 …………………………………… 14
9月 …………………………………… 16
10月 ………………………………… 19
11月 ………………………………… 20
12月 ………………………………… 23

隆德概况

人口·土地·村组·植被·气候 …………… 25

中共隆德县委员会

机构组成 ………………………………… 26
中共隆德县第十四届委员会组成人员·纪律检查委员会·县委部门·群众团体·县直机关党工委、总支、支部书记·区、市直属单位

县委常委会 ……………………………… 28
县委第一次常委会议·县委第二次常委会议·县委第三次常委会议·县委第四次常委会议·县委第五次常委会议·县委第六次常委会议·县委第七次常委会议·县委第八次常委会议·县委第九次常委会议·县委第十次常委会议·县委第十一次常委会议·县委第十二次常委会议·县委第十三次常委会议·县委第十四次常委会议·县委第十五次常委会议·县委第十六次常委会议·县委第十七次常委会议·县委第十八次常委会议·县委第十九次常委会议·县委第二十次常委会议·县委第二十一次常委会议·县委第二十二次常委会议

全面深化改革领导小组会议 …………… 35
第一次会议·第二次会议·第三次会议·第四次会议·第五次会议·第六次会议

扶贫领导小组会议 ……………………… 36
第一次会议·第二次会议·第三次会议·第四次会议·第五次会议·第六次会议·第七次会议·第八次会议·第九次会议·第十次会议·第十一次会议

纪检监察 ………………………………… 37
监察改革·巡视巡察·管党治党·作风建设·惩治腐败·专项治理·自身建设

组织工作……………………………… 39
　干部队伍建设·基层党建·人才工作·整顿整治
宣传工作……………………………… 42
　新时代农民讲习所·理论武装·舆论引导·意识形态·乡风文明建设·社会主义核心价值观培育践行·网络监管
统战工作……………………………… 45
　概况·民族团结·宗教管理
老干部工作…………………………… 45
　思想政治·党组织建设·服务管理
党校工作……………………………… 46
　教育培训
党史档案……………………………… 47
　档案工作·党史工作

隆德县人大常委会

机构组成……………………………… 48
　隆德县第十七届人大常委会组成人员·第十七届人民代表大会第二次会议代表议案建议办理·人大代表议案
人大常委会会议……………………… 48
　隆德县十七届人大常委会第十次会议·隆德县十七届人大常委会第十一次会议·隆德县十七届人大常委会第十二次会议·隆德县十七届人大常委会第十三次会议·隆德县十七届人大常委会第十四次会议·隆德县十七届人大常委会第十五次会议·隆德县十七届人大常委会第十六次会议
人大常委会视察活动………………… 50
　第一次视察·第二次视察·第三次视察·第四次视察·第五次视察

隆德县人民政府

机构组成……………………………… 52
　隆德县人民政府组成人员·政府工作部门及负责人·区、市直属单位·乡（镇）党委书记、乡（镇）长
常务会议……………………………… 53
　政府第一次常务会议·政府第二次常务会议·政府第三次常务会议·政府第四次常务会议·政府第五次常务会议·政府第六次常务会议·政府第七次常务会议·政府第八次常务会议·政府第九次常务会议·政府第十次常务会议·政府第十一次常务会议·政府第十二次常务会议·政府第十三次常务会议·政府第十四次常务会议·政府第十五次常务会议·政府第十六次常务会议·政府第十七次常务会议·政府第十八次常务会议·政府第十九次常务会议
县长办公会议………………………… 59
　第一次会议·第二次会议·第三次会议·第四次会议·第五次会议·第六次会议·第七次会议·第八次会议·第九次会议·第十次会议·第十一次会议·第十二次会议
机构编制……………………………… 61
　改革任务落实·机构编制工作

政协隆德县委员会

机构组成……………………………… 62
　政协隆德县第十一届委员会·政协隆德县第十一届委员会常务委员（25名）·政协隆德县第十一

届委员会·提案委员会·法制财经与科教文卫体委员会·学习宣传宗教与文史资料委员会·"三委"综合办公室

常务委员会会议 ……………………… 62
第七次常务委员会会议·第八次常务委员会会议·第九次常务委员会会议·第十次常务委员会会议·第十一次常务委员会会议

专门委员会 ……………………… 63
提案委员会·法制财经与科教文卫体委员会·学习宣传宗教与文史资料委员会

重要活动 ……………………… 64
隆德县政协组织委员观摩视察隆德县重点工作和重点项目建设发展情况·县政协举办2018年委员履职能力提升培训班·市政协调研隆德县民营经济发展提升工作·自治区政协调研隆德县中小学（幼儿园）创新素养教育工作·全国政协来隆调研"巩固脱贫成果 保证长期稳定脱贫"工作·市政协来隆德县视察公共文化服务体系建设情况·市政协调研农业科技示范园区建设情况·县政协组织委员视察隆德县山水林田湖草综合治理等工作并对法检两院工作开展民主监督·市政协调研全域旅游发展工作·县政协开展脱贫攻坚大调研活动·湖南省岳阳市政协来隆考察"推进产业扶贫助力脱贫攻坚"工作·江西省于都县政协来隆考察红色文化建设工作·县政协举办文化艺术界"汇聚各界力量·助推隆德发展"委员界别活动·县政协深入薛岔村召开帮扶工作推进会·自治区政协主席崔波莅临隆德调研工作·市政协来隆调研电子商务与物流配送服务体系建设和开展"百家规上企业突破"界别活动·市政协视察隆德县食品安全工作·隆德县政协组织召开"不忘初心、牢记使命——红二十五军在隆德"研讨会·内蒙古巴彦淖尔市政协考察调研隆德县脱贫攻坚情况·固原市县（区）政协工作创新交流座谈会在隆德县召开·鄂豫皖三省政协调研组来隆调研"陕甘宁革命老区精准扶贫脱贫"工作·海南省政协调研组调研隆德县脱贫攻坚工作·隆德县政协召开加强党的建设成立功能型党支部工作推进会·广东省阳江市政协来隆考察丝绸之路经济带产品示范区、西北特色农产品集散中心建设和文化历史开发保护利用工作

重要文件 ……………………… 68
2018年度协商工作计划

法制　军事

社会治安综合治理 ……………………… 70
总体情况·工作部署·国家安全·惩治黑恶·矛盾排查·专项整治·构建服务网络·综治防控·宣传活动

公安 ……………………… 73
扫黑除恶·禁毒·社会治安·审判执法·警务保障·队伍建设·警务建设·户籍管理

检察院 ……………………… 77
机构设置·政治建检·扫黑除恶·检察服务·法律监督·维护公共利益

人民法院 ……………………… 79
机构设置·司法职能·审判·执行·改革创新·监督

司法行政 ……………………… 81
"七五"普法·矛盾调解·社区矫正·法律惠民·脱贫攻坚

人民武装 …… 84

机构组成·思想政治建设·国防动员·助力脱贫攻坚·安全管理·从严治军

群团组织

隆德县总工会 …… 88
概况·职工维权·组织建设·自身建设

共青团隆德县委员会 …… 89
青年成长·创业就业·志愿服务·筹资助学·组织建设

隆德县妇女联合会 …… 90
创业担保贷款·文明家庭·护航春蕾·妇女儿童维权·巾帼脱贫

隆德县残疾人联合会 …… 91
助残救残·残疾人机构托养

隆德县科学技术协会 …… 92
自身建设·科普工作·助力脱贫

隆德县工商业联合会 …… 93
教育实践活动·服务非公有制经济·组织建设·助力脱贫

隆德县文学艺术联合会 …… 94
文艺服务·自身建设

经济发展

概述

农　业 …… 96
综述

农村经济 …… 96
畜牧业·中药材·冷凉蔬菜·休闲农业·农业农村改革·示范农业试验·旱作节水农业·马铃薯种薯繁育·农业科技·农机化装备·农业绿色·农产品品牌·动物及动物产品检疫·产业扶贫项目

扶　贫 …… 100
精准扶贫·产业培育·贫困村基础设施建设·教育扶贫·健康扶贫·农村低保制度与扶贫开发政策·特殊人群集中安置供养·社会扶贫·资金管理·惠农政策

林　业 …… 102
造林·县城绿化·乡村绿化·绿色廊道·生态治理·人居环境·产业发展·资源保护

水　利 …… 104
水利项目·水利改革·水利扶贫

项目建设 …… 105
项目情况·项目建设情况·双创（创新支持创业、创业带动就业）示范基地建设·项目投资政策·"互联网＋扶贫＋农村电子商务"·价格监测·工业园区建设项目实施·优化营商环境·政策扶持·配套服务设施

审　计 …… 142
审计情况·财政预算执行审计·领导干部经济责任审计·政府投资项目审计·专项资金审计调查

统　计 …… 144
2017年统计年报和2018年定报工作·统计调查·第四次全国经济普查

安全生产 …… 144
安全责任·督查检查·专项整治·安全保障能力·安全教育

土地建设 …… 146
耕地保护·节约集约用地·土地整理项目建设·土地调查工作·不动产登记

企业运营 …… 147
隆德县电子商务综合服务中心·隆德县正观花灯

工艺有限公司·宁夏爱丽纳地毯有限公司·宁夏黄土地农业食品有限公司·宁夏隆德人造花工艺有限公司·宁夏天鸿食品产业园·宁夏兴宇绿色粗粮加工建设项目

交通运输与城乡建设

交通运输 ················· 150
交通基础设施建设·公路养管·交通运输行业管理

城乡建设 ················· 152
城乡规划·基础设施建设·乡镇建设·绿色城乡建设·建筑垃圾消纳场及垃圾填埋场建设项目·污水处理站建设·工程质量监管·民生工程·环境质量·生态环境管理·环保督察·生态环境保护·大气环境治理·生态保护红线

财政 税务

财　政 ················· 159
财政收支·一般公共预算执行·政府性基金·社会保险基金·政府性债务·风险防控·资金监管

税　务 ················· 160
税费收入·依法治税·征收管理基础·创新服务·税收队伍建设

金融 保险

金　融 ················· 164
概况·隆德县农村信用合作联社·邮储银行隆德县支行·隆德六盘山村镇银行股份有限公司

保　险 ················· 167
中国人寿隆德支公司·中国人民财产保险股份有限公司隆德支公司·商非险种·理赔效能

教育 体育

教　育 ················· 169
学校·教育民生工程·制度机制改革·素质教育·教学教研·校园文化建设·教育教学质量·教师队伍建设

体　育 ················· 176
体育事业·体育健身设施设备配置·社会体育队伍建设·群众体育活动

卫生 文化

卫　生 ················· 177
概况·健康扶贫·创新家庭医生签约·中医药·公立医院改革·医联体、专科联盟建设·对口帮扶·基层医疗卫生机构·"互联网+医疗"建设·药品供应保障机制·民生计划项目·重特大疾病健康补充医疗保障机制·人才培养·医养结合新模式·基础建设·传染病防控·免疫规划·性病、艾滋病监测·结核病防治·狂犬病规范化处置及疫苗接种·基本公共卫生服务·慢性病防控·农村环境卫生监测·隆德县人民医院概况·药品供应·控制医疗费用·医保支付方式改革·人才培养·医疗质量管理·中医院·医疗设备采购·推进项目工作·基础设施建设·"治未病"中心建设项目·针灸专科建设项目·中医药服务能力提升·千名医师下基层·综合医改·专科建

设·医联体建设·医疗服务质量管理·行风建设·公共卫生工作

文 化 …………………………………… 188
公共文化·文化旅游·广电事业

方志工作 ………………………………… 189
方志编修

社会保障与精准扶贫

劳动就业 ………………………………… 191
就业创业·保障民生·民生服务·人事人才工作·脱贫攻坚·社会救助·城乡低保审批权限下放乡镇试点·福利保障·残疾人两项津贴发放·优抚安置·养老服务体系建设·民政服务机构安全管理·社会事务

表彰奖励

效能目标管理考核奖 …………………… 196
乡镇·县委部门（单位）、群团组织及人大、政协机关（19个）·县政府机关单位·区（市）属单位（20个）

脱贫攻坚先进集体及先进个人 ………… 197
脱贫攻坚先进集体·脱贫攻坚贡献奖（10个）·乡镇先进扶贫工作队（6个）·先进个人

隆德县2018年获奖情况一览表 ……… 200
隆德县2018年创新工作一览表 ……… 205
隆德县2018年亮点工作一览表 ……… 209
隆德县各乡镇及部门（单位）获奖、创新、亮点工作细化分解统计表 …………… 214

乡镇概览

城关镇 …………………………………… 223
综述·理论学习·精准扶贫·扶贫项目落实·城市建设·环境整治·民生保障·综治工作·乡风文明建设·文化建设·村卫生概况·德育工作·教育教学管理·教师队伍建设·安全工作·隆德象山园·红崖老巷子民俗文化村·六盘山红军长征景区·石窟寺景区·六盘山文化城

沙塘镇 …………………………………… 228
概况·精准扶贫·壮大村集体经济·特色产业·集体资产清理·环境治理·民生事业·移风易俗·社会治理·政府效能·卫生基本情况·健康扶贫·基本公共卫生·德育教育·教育教学·安全工作·文物古迹

神林乡 …………………………………… 233
概况·精准扶贫·扶贫政策宣传·农业生产·环境整治·社会民生·创业就业·农民文化活动·社会治安综合治理·卫生工作·教育基本情况·开展"全民学宪法，奋进新时代"国家宪法系列宣传活动·安全管理·隆德县现代农业休闲观光暨自驾游营地

联财镇 …………………………………… 238
概况·精准扶贫·特色产业·环境治理·乡村振兴·社会民生·社会管理·理论学习·政府效能·卫生基本情况·公共卫生服务·预防接种服务·家庭医生签约·德育教育·教育教学·学校安全教育·联财中学

好水乡 ……………………………… 243

概况·精准扶贫·特色产业·基础设施建设·环境综合整治·社会民生·社会管理·推进"平安好水"建设·政府效能建设·卫生基本情况·基本公共卫生·平安和谐校园·教育教学

观庄乡 ……………………………… 247

概况·理论学习·政府效能·特色产业·精准扶贫·社会保障落实工作·环境整治·社会民生·公共卫生服务·基本医疗服务·教育教学·学校安全教育·观庄中学·北联灵湫·伏羲神崖

杨河乡 ……………………………… 251

概况·精准扶贫·农业农村工作·环境整治·社会事业·社会治理·政府自身建设·基本医疗·公共卫生服务·学区基本概况·学校管理工作·教育教学·杨河中学

张程乡 ……………………………… 255

概况·精准扶贫·特色产业·人居环境·民生保障·卫生基本情况·公共卫生服务·教育教学·张程中学

温堡乡 ……………………………… 258

概况·精准扶贫·产业扶贫·闽宁协作·民风建设·特色产业·环境整治·社会民生·社会治理·政府效能建设·卫生工作·教育基本情况·教育教学·学校安全·温堡中学·杨氏泥塑·盘龙山庄

凤岭乡 ……………………………… 263

概况·精准扶贫·草畜产业·村集体经济·劳务产业·乡村旅游业·环境治理·社会保障·社会治理·卫生情况·教育德育工作·教育教学质量·安全工作

奠安乡 ……………………………… 268

概况·精准扶贫·特色产业·农资补贴·民生保障·环境整治·政府效能建设·基本医疗·公共卫生工作·教育教学·文物古迹

山河乡 ……………………………… 272

概况·精准扶贫·特色产业·环境整治·民生保障·社会综合治理·基本公共卫生·学校安全·教育教学

陈靳乡 ……………………………… 275

概况·精准扶贫·特色产业·民生保障·整村推进项目·社会综合治理·美丽乡村建设·基本公共卫生服务·教育教学·学校安全

附 录

2018年隆德县国民经济和社会发展主要经济指标 ……………………………… 278

隆德县社区农村行政村名录 ……………… 282

大事记

1月

2日，彭阳县人大常委会副主任晁建勇带领考察团来隆德县考察林下药材种植情况。县人大常委会副主任马国强陪同考察。

是日，隆德县召开扶贫开发驻村工作队暨第一书记工作推进会，通报2017年度全县驻村工作队长及第一书记调整召回情况，安排脱贫攻坚省际交叉考核工作和驻村工作有关注意事项。县委书记袁秉和、副县长陈国栋和县委组织部、县扶贫办及全县99名行政村驻村第一书记和扶贫工作队队长参加会议。县委副书记苏立强主持会议。

3日，隆德县第七次残疾人代表大会在县行政中心召开。来自全县各个行业、各条战线的99名代表，共商隆德县残疾人事业发展大计。县委书记袁秉和，县长潘建宁，县委副书记、政法委书记张佐，纪委书记邵春霞，人大常委会副主任刘玲，政府副县长张永强，政协副主席任小红出席开幕会。

4日，在首届全国名村论坛中，首次推出27部中国名村志，其中隆德县奠安乡梁堡村榜上有名。《梁堡村志》与全国其他26部名村志一同入选中国名村志丛书，这是全区入选的第一本名村志。《梁堡村志》共19万余字，以梁堡村辖区为主，记述了该村在历史演变中经历的风雨沧桑，蕴藏着丰富的历史信息和文化知识。该村志由方志出版社在全国出版发行。

5日，隆德县委书记袁秉和主持召开县委2018年第一次常委会议，传达学习市委四届三次全会精神，安排国务院省际交叉考核和东西部扶贫协作交叉考核事宜。县委副书记、政法委书记张佐，县委副书记苏立强，县委常委、副县长高建军，县委常委、公安局局长安继海，县委常委、纪委书记邵春霞，县委常委、副县长樊学双参加会议；其他县领导和各乡镇、县直各部门单位负责同志及法律顾问、"两代表一委员"列席会议。

8日，清华大学第一附属医院救助隆德县11名先天性心脏病患者。本次医疗救助以1至3岁患儿为主，手术费由清华大学第一附属医院协调慈善基金会承担40%，经医保报销后剩余部分从闽宁对口扶贫协作发展资金中扣除，患者家庭不用承担医疗费用，为他们解决了经济上的后顾之忧。

9日，隆德县被中国计划生育协会授予"全国计划生育基层群众自治示范县"称号，是全国第一批32个计划生育基层群众自治示范县之一，也是宁夏唯一获此殊荣的示范县。

是日，按照国家2017年度扶贫开发工作成效省际交叉考核组日程安排，内蒙古考核组组长、自治区扶贫办党组成员、副主任王幂生一行31人，来隆德县开展对2017年度扶贫开发工作的成效考核工作。固原市委副书记杨刚、固原市副市长周文贵、隆德县委书记袁秉和先后陪同考核。

10日，隆德县六盘山村镇银行荣获"隆德县妇女创业担保贷款工作先进集体"荣誉称号，妇女创业担保贷款工作获得自治区、市、县的充分肯定。

12日，2018年首届西北五省区非遗文化旅游博览会暨到隆德过大年民俗文化旅游节推介会，在银川虹桥大酒店举行。隆德县副县长周建出席此次推介会，其他还有自治区文化厅、旅游发展委员会、文化馆，固原市旅游发展委员会、文化体育局、群艺馆，青海省文化厅，内蒙古自治区文化厅，区内外网络、报纸、电视台、新媒体行业等百余人出席此次推介会。

12日，隆德县委书记袁秉和主持召开县委2018年第二次常委会议，传达学习固原市四届人大二次会议和政协固原市四届二次会议精神，研究贯彻意见。

15日，自治区妇联"好家庭·好家风"宣讲团来隆德县开展宣传党的十九大精神及好家庭、好家风宣讲活动。

是日，隆德县全县技能培训及人造花扶贫车间生产建设工作督查观摩推进会召开。县长潘建宁，人大常委会副主任马国强，副县长张永强、马晓红，政协副主席毕世喜、六盘山工业园区管委会主任李旭东出席会议。县委副书记、政法委书记张佐主持会议。

17日，隆德县联财镇联合村股份经济合作社召开2017年收益分红大会。县委书记袁秉和、县委副书记苏立强、副县长陈国栋出席会议。2017年，联合村以脱贫攻坚为导向，以培育特色优势产业为目的，大力发展村集体经济，采取"股份合作"和"村集体＋企业＋农户"的经营模式，对财政注入的村集体经济扶持资金200万元和村积累资金30万元进行股权设置和量化。经过积极探索和实践，该村股份经济合作社及企业发展运行良好，年底村集体经济收益11万元，连同土地入股保底分配97.7万元，分配红利额度共计108.7万元。

是日，隆德县工会第十次代表大会在行政中心召开。来自全县各个行业、各条战线的163名代表齐聚一堂，共商工会工作大计。县委书记袁秉和、县长潘建宁、县委副书记苏立强、县人大常委会副主任杨智军、副县长陈国栋、政协副主席任慧琴出席开幕会，固原市工会常委副主席王世明到会指导。

△隆德县文化广播电视局荣获2017年度"全民国防教育万映计划"先进工作单位。

△九三学社宁夏区委副主委相卫国一行为隆德县神林乡11名乡村医生和30名风湿病患者分别发放工作服务包和风湿护膝，送来党和政府的关怀。县人大常委会副主任刘玲参加活动仪式并致辞。

18日，隆德县委书记袁秉和主持召开2018年县规划委员会领导小组第一次会议，听取并同意兴鑫食品厂等18个项目规划选址方案和设计方案。

19日，隆德县县长潘建宁主持召开县人民政府第二十三次常务会议，传达学习自治区有关文件精神，听取2018年项目前期工作进展等情况汇报。县委常委、副县长高建军，副县长周建设、张永强、陈国栋、六盘山工业园区管委会主任李旭东及各乡镇、各部门主要负责同志参加会议。县人大常委会副主任刘玲、政协副主席任小红列席会议。

是日，隆德县休闲农业协会成立，并在神林山庄召开第一次会员代表大会，选举产生第一届理事会成员和协会会长、副会长、秘书长等。近年来，休闲农业已成为本县农村经济发展中涌现出的一项新型产业和促进农民增收的新亮点。2017年，隆德县荣获全国休闲农业与乡村旅游示范县殊荣，陈靳乡清凉村、新和村获得全国美丽乡村称号，神林山庄被评为全国五星级休闲农庄。

20—21日，2018年"中国体育彩票杯"隆德县首届"振奋乡村精神·打赢脱贫攻坚"农民篮球争霸赛在县体育馆开赛，来自全县各乡镇的10支代表队参加为期2天的比赛。县人大常委会副主任刘玲、副县长陈国栋、政协副主席任慧琴出席开幕式，并为获奖队颁奖。

22日，隆德县委召开2017年乡镇党委和县委直属党（工）委书记抓基层党建工作述职会，听取、评议各乡镇党委书记和县委直属党（工）委书记抓基层党建工作情况。县委书记袁秉和要求全县各级党（工）委书记，要认真履行抓基层党建工作第一责任人责任，全力抓好党建工作，切实把全面从严治党的要求落到实处。

23日，隆德县县长潘建宁带领政府办、发改、财政、审计、林业、文广、人社等部门负责同志调研当前重点工作。县委常委、副县长高建军，副县长周建设、张永强及六盘山工业园区管委会主任李旭东一同参加调研。潘建宁一行通过听取介绍和实地查看的方式，详细调研花田云海项目进展和工业园区企业运行情况。花田云海项目总投资1.5亿元，建设内容包括山地骑行、花田小筑、洞穴留宿和梯田花海观光等八大功能区。目前，该项目正在进行开工准备工作。

是日，隆德县委召开2018年第三次常委会议，传达全国宣传部长和全区宣传部长会议精神，研究贯彻意见，研究政府党组相关议题。县委书记袁秉和主持会议，县委副书记、县长潘建宁，县委副书记、政法委书记张佐，县委副书记苏立强，县委常委、副县长高建军，县委常委、人武部政委李伍磊，县委常委、宣传部、统战部部长宋亚俊，县委常委、政法委副书记安继海，县委常委、纪委书记邵春霞，常务副县长李保华参加会议，县人大常委会主任王勇等县级领导，各乡镇、各部门主要负责同志，部分"两代表、一委员"列席会议。

△自治区水利厅巡视员崔莉一行来到隆德县对口帮扶村杨河村，看望慰问困难群众，给他们送去米面、棉被等生活必需品和党的温暖。

24日，首届西北五省区非遗文化旅游博览会暨到隆德过大年民俗文化旅游节在县体育馆开幕。市委常委、副市长陆菁，县委书记袁秉和，县长潘建宁，县人大常委会主任王勇等和自治区博览局会展处、自治区文化厅公共文化与非物质文化遗产处、中国邮政集团公司宁夏分公司、自治区文化馆、宁夏师范美术学院、市委宣传部、旅发委、文广局、文化馆、群艺馆、中国邮政集团公司固原分公司、六盘山旅游集团，以及甘肃、青海、陕西、内蒙古相关部门负责同志一同出席开幕式。副县长周建设主持开幕式。

是日，隆德县在凤岭乡于河村举行魏氏砖雕传承保护基地揭牌仪式。市委常委、副市长陆菁、自治区文化馆馆长、非遗中心主任马惠玲、宁夏师范美术学院院长冯巢、县委副书记苏立强等领导出席揭牌仪式。副县长周建设主持仪式。

25日，六盘山文化城宁夏民间民俗博物馆开展文化展览活动。泥塑、砖雕、篆刻、社火脸谱、剪纸、刺绣、农民画等作品吸引了不少民俗艺术品爱好者和游客的青睐。

是日，隆德县村级文化管理员培训班开班。全县63名村级文化管理员及县文化馆相关工作人员参加培训。

26日，福建省妇联党组成员、副主席包方带领考察组来隆德县考察。市委常委、副市长陆菁，县委副书记、政法委书记张佐，县委常委、副县长樊学双陪同考察。考察组一行先后来到人造花工艺有限公司、宁夏爱丽纳地毯有限公司和田慧君手工艺工作室等企业，看望第十批福建援宁工作队员，慰问工业园区部分贫困妇女，并通过实地考察和听取汇报的方式，对本县妇联工作进行交流考察。

是日，以"爱国卫生人人参与，共享健康喜迎新春"为主题的隆德县2018年首个"爱国卫生日"活动在星兴广场启动。

31日，隆德县委副书记、政法委书记张佐主持召开2018年政法委（综治委）第一次全体会议，传达学习有关会议精神，安排部署今年工作任务。县委常委、公安局局长安继海，县人大常委会副主任马国强，县政协副主席毕世喜，县人民法院院长陈君礼，县人民检察院检察长黄占斌参加会议。

2月

1日，隆德县委书记袁秉和主持召开县委2018年第四次常委会议，传达学习自治区"两会"精神，研究贯彻意见。县委副书记、县长潘建宁，县委副书记、政法委书记张佐，县委副书记苏立强，县委常委宋亚俊、安继海、樊学双参加会议。县人大常委会主任王勇、政协主席王升等县级领导，各乡镇、各部门主要负责同志，部分"两代表一委员"列席会议。

5日，隆德县人民武装部召开宣布命令大会，宣读中央军委国防动员部命令和人武部党委班子成员名单，任命赵敬为县人武部部长。市委常委、固原军分区政委宋晓国、县人大常委会主任王勇、副县长周建设、县政协副主席毕世喜、县人武部部长赵敬、原人武部部长李勇出席会议。县委常委、人武部政委李伍磊主持会议。

是日，隆德县妇联联合宁夏义工联合会固原工作站的义工到温堡乡温堡村开展"2018年快乐雷锋工程——饺子计划"新春走访慰问活动。

7日，青海省海东市人大常委会考察组来隆德县考察壮大村级集体经济工作，希望两地进一步加强沟通交流，实现经验共享。县人大常委会副主任马国强陪同考察。

是日，固原市政协副主席杨彦文、杨自平来隆德县开展春节前慰问活动，对本县重点优抚对象、困难党员、贫困户进行慰问，为他们送去米、面、油等生活用品以及党和政府的亲切关怀。县政协副主席毕世喜、任小红陪同慰问。

△隆德县政协主席王升主持召开县政协十一届七次常委会议，副主席毕世喜、任小红、任慧

琴及政协常委参加会议。

8日，隆德县温堡乡、联财镇分别与宁夏大武口区、福建闽侯县联合举办"2018年春风行动"首场春季企业用工招聘会。

10日，隆德县县长潘建宁带队，副县长张永强一同前往，检查全县安全生产工作。要求全县各单位、各企业要高度重视安全生产工作，进一步增强做好节日期间安全生产工作的责任感和紧迫感，防止和杜绝各类安全事故发生，确保全县人民度过一个安定、祥和、欢乐的春节。

12日，隆德县委书记、县级总河长袁秉和巡查渝河河道卫生保洁情况。他强调，要落实绿色发展和生态文明建设理念，全力推进"河长制"工作，大力开展水环境综合治理，认真呵护一方碧水青山，为决战脱贫攻坚、决胜全面小康提供更加坚实的生态保障。

14日，隆德县公安、安监、消防等部门对春节期间收缴的500余箱各类非法烟花爆竹进行集中销毁。副县长张永强到销毁现场查看督导。

22日，隆德县举办全县领导干部专题学习班。学习贯彻习近平新时代中国特色社会主义思想和党的十九大，自治区第十二次党代会，自治区党委十二届二次、三次全会及市委四届二次、三次全会精神。县级领导，各乡镇、各部门（单位）副科级以上领导干部及区市属各部门（单位）主要负责同志共400多人参加学习班。县委副书记、政法委书记张佐主持开班式。

23日，隆德县六盘山首次发现稀有野生动物毛冠鹿。

25日，隆德县县长潘建宁主持召开县长办公会议，研究脱贫攻坚工作相关事宜。县委常委、副县长高建军，副县长周建设、张永强、陈国栋、马晓红及各乡镇、各部门主要负责同志参加会议。

28日，隆德县第十七届人大常委会召开第十次会议，审议并通过《隆德县人大常委会2018年工作要点》及相关人事任免议案。县人大常委会主任王勇，县人大常委会副主任马国强、刘玲及人大常委会组成人员参加会议，县委常委、副县长高建军，法院院长陈君礼及相关单位负责人列席会议。

3月

1日，中国共产党隆德县第十四届纪律检查委员会召开第三次全体会议，深入贯彻习近平新时代中国特色社会主义思想和党的十九大精神，传达学习中央、区、市纪委全会精神，回顾总结2017年全县纪检监察工作，安排部署2018年党风廉政建设和反腐败等各项工作。

2日，隆德县人民政府召开2018年廉政工作会议，分析总结当前政府廉政工作面临的新形势、新任务，安排部署2018年重点工作。县委常委、副县长高建军主持会议。

4日，隆德县县长潘建宁主持召开县人民政府第二十六次常务会议，研究《隆德县关于全面贯彻党的十九大精神坚决打好精准脱贫攻坚战行动方案（送审稿）》和《隆德县关于全面贯彻落实党的十九大精神坚决打好污染防治攻坚战行动方案（送审稿）》。县委常委、副县长高建军和副县长周建设、张永强、陈国栋、马晓红参加会议，县人大常委会副主任刘玲、政协副主席毕世喜及各乡镇、各部门单位负责同志列席会议。

5日，隆德县召开2017年度效能目标管理考核总结表彰会议，总结经验，分析形势，动员全县上下立足新起点，抢抓新机遇，坚定决心和信心，坚决打赢脱贫攻坚战，开创全面建设小康社会新局面。

6日，隆德县召开2018年脱贫攻坚动员会，回顾总结2017年脱贫攻坚工作，表彰奖励先进集体和个人，安排部署今年各项目标任务，动员全县上下进一步统一思想，坚定信心，精准发力，苦干实干，确保如期实现脱贫摘帽目标。县委书记袁秉和出席会议并讲话，县长潘建宁主持会议，县人大常委会主任王勇，县政协主席王升，县委副书记苏立强，县委常委、副县长高建军，县委常委、人武部政委李伍磊，县委常委、公安局局长安继海等一同出席动员会。

7日，隆德县县长潘建宁带领发改、财政、农牧、水务、林业等部门负责同志，调研"四个一"工程前期进展情况，督促各乡镇和各有关部门做好各项准备工作，确保如期完成工程建设任务。副县长张永强、陈国栋一同参加调研。"四个一"工程是通过实施"一棵树、一株苗、一棵草、一枝花"试验示范园建设，找准适合林业产业发展的新品种林草，力争实现"生态与经济、山绿与民富"的双赢工程。

8日，根据自治区党委统一部署，自治区党委第三巡视组来隆德县开展扶贫领域专项巡视。

是日，国家电子商务进农村综合示范项目专家组来隆德县进行项目绩效评价。县委副书记苏立强，县委常委、副县长高建军，副县长张永强及各乡镇和相关部门负责同志参加汇报会。

12日，环保部西北督察局调研组来隆德县调研三里店水库清淤改造、县污水处理厂建设管理和渝河流域环境综合治理情况。自治区环保厅厅长刘军、厅长助理杜鹏以及固原市副市长吴会军、隆德县县长潘建宁、副县长张永强等陪同调研。

是日，隆德县十四届县委召开第三轮扶贫领域专项巡察工作动员会。县委书记袁秉和，县委副书记、政法委书记张佐，副县长马晓红出席动员会。县委常委、纪委书记、监委主任邵春霞主持动员会。

13日，黑龙江省哈尔滨市宾县考察团专程考察隆德县产业扶贫工作。县委常委、副县长樊学双及相关部门负责同志陪同考察。

是日，自治区财政厅副厅长李守银带领调研组调研隆德县财政支农工作。副县长张永强、陈国栋陪同调研。

14日，固原市2018年民事行政检察工作会议在隆德县召开。市人民检察院检察长樊百安出席会议并讲话，县人民检察院检察长黄占斌作工作经验介绍。

15日，自治区副主席王和山带领调研组，调研隆德县产业发展和教育工作。县长潘建宁陪同调研。

是日，自治区安监局检查组来隆德县检查春节及全国"两会"期间安全生产工作，副县长张永强陪同检查，各乡镇及相关部门负责人参加座谈会。

16日，自治区党委常委、固原市委书记张柱来隆德县调研"四大产业体系"落实、"四个一"林草产业推进、基层党建、脱贫攻坚和春耕备耕工作。他强调，要按照市委、政府的决策部署，以钉钉子的精神落实好各项工作，全力以赴打好脱贫攻坚这场硬仗。固原市委常委、常务副市长李志达，隆德县委书记袁秉和，隆德县县长潘建宁，副县长张永强等陪同调研。

18—21日，第41届中国（广州）国际家具博览会在广州琶洲国际会展中心隆重举办，隆德县剪纸、刺绣、砖雕、皮影等多项非遗产品成功跻身家具博览会，成为宁夏参与家具博览会的唯一参展商。

20日，固原市人大常委会主任罗永红一行来隆德县调研城关镇脱贫攻坚工作。县人大常委会主任王勇陪同调研。

是日，隆德县启动全县"干部素质提升年""干部作风转变年""农民培训教育年""脱贫攻坚作风建设年"四个年活动。县委书记袁秉和，县委常委、宣传部部长、统战部部长宋亚俊，县委常委、纪委书记邵春霞，县人大常委会副主任马国强，副县长马晓红，县政协副主席毕世喜出席会议。县委副书记、政法委书记张佐主持会议。

23日，隆德县委书记袁秉和主持召开全县领导干部大会，传达学习全国两会精神，安排部署贯彻落实工作。县人大常委会主任王勇，县政协主席王升，县委副书记、政法委书记张佐，县委副书记苏立强，县委常委、副县长高建军，县委常委、宣传部部长、统战部部长宋亚俊，县委常委、纪委书记邵春霞等县级领导和全县副科级以上干部参加会议。

24—26日，隆德县委书记袁秉和带领调研组深入全县13个乡镇，就扶贫工作进行专题调研。县委副书记苏立强、副县长陈国栋一同参加调研。

28日，固原市人大常委会副主任云生元带领视察组，视察隆德县大气污染防治工作。县人大常委会主任王勇、副县长张永强陪同视察。

是日，隆德县委书记袁秉和主持召开2018年县规划委员会领导小组第二次会议，审查通过12个项目规划设计方案。县长潘建宁，县政协主席王升，县委副书记、政法委书记张佐，县委常委、副县长高建军，县人大常委会副主任马国强，副县长周建设，政协副主席毕世喜及县规划委员会领导小组成员单位负责同志参加会议。

29日，隆德县政协主席王升主持召开县政协十一届八次常委会议，传达并学习中共十九届三中全会和全国两会精神。县政协副主席毕世喜、任小红参加会议。

是日，隆德县全县第一书记暨乡镇党委组织委员抓党建促脱贫攻坚能力提升专题培训班在县委党校开班，全县各村驻村第一书记、各乡镇组织委员参加培训。

30日，自治区关工委副主任李淑芬一行来隆德县调研农村关心下一代工作。市、县关工委相关负责同志陪同调研。

是日，由甘肃省平凉市教育局主办，平凉市家庭教育协会、隆德县隆腾旅游有限公司、隆德县隆腾旅行社承办，平凉市崆峒区西大街小学、实验小学3400名师生走进隆德县开启"研学之旅"。

4月

3日，隆德县特殊教育学校组织60名学生和25名老师赴西吉县将台堡开展"缅怀先烈不忘初心走好新的长征路"活动，对师生们进行爱国主义教育。

10日，固原市政协副主席、工商联会长何学虎带领调研组，调研隆德县民营经济发展提升工作。县政协主席王升、副县长周建设陪同调研。

11日，福建省闽侯县副县长余深传带领由闽侯县部分企业负责人组成的代表团来隆德县对接劳务协作工作，并举行"闽侯县—隆德县劳务协作工作站"挂牌仪式暨两县劳务协作工作座谈会，圆满达成两县劳务协作工作精准对接。副县长马晓红、闽侯县副县长余深传为工作站做揭牌。县长助理林隽，人社局及各乡镇负责人参加揭牌仪式及劳务协作座谈会。

13日，隆德县工作作风转变年"软件正版化"推进工作会议在县文化广播电视局召开。

16日，隆德县委书记袁秉和主持召开县委2018年第十次常委会议，传达自治区扶贫开发领导小组2018年第三次会议精神、自治区总河长第二次会议精神、《自治区党委关于深入宣传和贯彻实施〈中华人民共和国宪法〉的通知》精神，研究贯彻意见。

16日，由隆德县农牧局、林业局等部门组成的督查组对全县范围内秸秆禁烧、封山禁牧工作落实情况进行督查，以确保全社会自觉保护生态环境。

17日，自治区人大常委会党组副书记、副主任李锐带领调研组来隆德县调研脱贫攻坚工作。固原市人大常委会主任罗永红，隆德县委书记袁秉和，县人大常委会主任王勇，县委常委、副县长杜海林陪同调研。

是日，固原市人大常委会副主任杨大素带领视察组来隆德县视察职业教育工作。县人大常委会主任王勇，县委常委、副县长杜海林陪同视察。

△自治区政协副主席郭虎带领政协调研组，调研隆德县中小学（幼儿园）创新素养教育工作。固原市副市长朴凤兰、固原市政协副主席马莲、隆德县政协主席王升、隆德县副县长韩运祥陪同调研。

18日，隆德县民营企业招聘周活动专场招聘会在星兴广场举行，11家县内外民营企业为本县广大求职者提供800个就业岗位。

21日，国道312线六盘山隧道维修加固工程全面完成，于本日9时起，恢复正常通行。

22日，隆德县县长潘建宁主持召开县政府第二十八次常务会议，传达学习自治区扶贫开发领导小组2018年第三次会议精神，研究《关于统一规范脱贫攻坚相关文件及政策的指导意见》。

23日，隆德县人大常委会主任王勇、副主任马国强、刘玲带领部分人大代表视察司法、公安、国土等工作。县委常委、公安局局长安继海和公安局政委牛志军陪同视察。

是日，自治区文化厅厅长宋建钢带领调研组调研隆德县文化工作。县委常委、宣传部部长、统战部部长宋亚俊，副县长陈国栋陪同调研。

24日，福建省厦门市集美区杏林街道党群活动服务中心在隆德县张程乡开展主题为"情系张程学子暖心助力成长"手拉手公益捐赠活动，为全乡师生送来价值两万余元的爱心物资。

25日，自治区水利厅副厅长郭浩一行深入扶贫联系点隆德县温堡乡杨坡村和新庄村，调研水利扶贫工作。为杨坡村援建蓄水池3座，为新庄村20户农户解决自来水增压工程，修建过水桥一座，积极治理小流域，解决偏远地区群众人畜饮水和道路交通等困难。

26日，隆德县第十七届人大常委会第十一次会议召开。县人大常委会主任王勇、副主任刘玲出席会议。县委常委、副县长高建军，县人民检察院检察长黄占斌及相关部门负责同志列席会议。县人大常委会副主任马国强主持会议。

是日，隆德县县长潘建宁主持召开县政府第二十九次常务会议，传达学习中央及自治区相关会议、文件精神，听取全县危房改造、卫生厕所改造、县城集中供热燃煤锅炉烟气治理环保节能工程、2018年脱贫攻坚基础设施大会战项目及产业扶贫进展等情况汇报。

27日，隆德县2018年安全生产委员会第二次全体（扩大）会议在行政中心召开，会议总结2018年第一季度安全生产工作情况，分析当前形势，对下一阶段工作进行安排部署。县委常委、副县长高建军出席会议。

28日，隆德县委书记袁秉和主持召开县委2018年第十一次常委会议，传达《自治区党委关于深入开展违反中央八项规定精神突出问题专项治理的通知》和固原市纪委《关于"五一"期间扎实开展专项治理坚决落实中央八项规定的通知》精神，听取全县项目建设、环境保护、安全生产和信访工作汇报。

是日，隆德县委中心组（扩大）学习会邀请武汉大学法学教授江国华专题辅导第十三届全国人民代表大会第一次会议通过并公布施行的《中华人民共和国宪法修正案》。县委书记袁秉和、县人大常委会主任王勇、县政协主席王升等县级领导参加学习。

5月

1—3日，"五一"假期，隆德县通过举办主题为"赏花田云海·品民俗文化"的旅游活动，共接待游客2.22万人次，实现旅游收入49.33万元。

4日，隆德全县领导干部学习党史专题培训班在县行政中心开班，市委党校教研室主任、副教授陈燕就党史专题知识作专题培训。县人大常委会主任王勇，县政协主席王升，县委副书记、政法委书记张佐，县委副书记苏立强等县级领导参加培训。

5日，长征沿线红色旅游城市联盟成立大会暨第七届甘肃·会宁红色旅游文化节开幕式在会宁汉唐街举行。隆德县和其他26个县（市、区）一道携手加入长征沿线红色旅游城市联盟。

7日，隆德县县长潘建宁调研全县重点工作进展情况。他强调，要切实增强责任感和紧迫感，科学管理、规范施工，保进度、保安全、保质量，加快推进各重点项目早开工、早建设。县委常委、副县长高建军及发改、住建等部门主要负责同志一同参加调研。

8日，固原市人大常委会副主任杨大素带领检查组检查隆德县"七五"普法工作，县人大常委会主任王勇陪同检查。

是日，江苏省扶贫工作领导小组副组长胥爱贵带领调研组来隆德县调研脱贫攻坚工作。县委书记袁秉和、县委副书记苏立强陪同调研。

△隆德县实施党政机关公务用车改革。改革后，全县保留一线执法车辆、特种技术车辆和乡镇应急用车共107辆。

10日，福建农林大学校长兰思仁、福建农科院副院长汤浩带领调研组来隆德县调研"四个一"林草产业试验示范工程建设情况。固原市委常委、副书记杨刚，固原市委常委、副市长陆菁，隆德县县长潘建宁，副县长张永强陪同调研。

10—11日，全国政协常委、农业和农村委员会主任罗志军带领调研组，来隆德县调研脱贫攻坚工作。自治区党委常委、固原市委书记张柱，自治区政协副主席李泽峰，固原市政协主席马玉芳，固原市副市长吴会军，隆德县委书记袁秉和，县长潘建宁，县政协主席王升等陪同调研。

11日，隆德县现代农业产业提升项目启动，县委常委、副县长樊学双，县长助理林隽，宁夏大北农科技实业有限公司负责人出席启动会并向取得"饲料配送中心""产业扶贫培训基地"和"扶贫试验示范场"的企业授牌。

是日，隆德县委书记袁秉和主持召开县委2018年第十二次常委会议，传达学习中共中央政治局委员、国务院副总理孙春兰来宁夏调研时的讲话精神、自治区党委书记石泰峰来固原调研脱贫攻坚时的讲话和全区脱贫攻坚突出问题整改推进会精神等。

13日，隆德县委书记袁秉和主持召开扶贫工作专题会议，安排部署扶贫工作。副县长陈国栋以及各乡镇党委书记、相关部门单位主要负责同志参加会议。

14日，隆德县农牧局在沙塘镇和平村举行马铃薯机械化种植现场演示活动。通过农机具实地作业演示方式，深化推广马铃薯生产全程机械化技术。

15日，主题为"健康中国、营养先行"的全民营养周活动在隆德县星兴广场启动。

17日，隆德县财政系统在星兴广场开展防范非法集资宣传教育活动，教育引导广大群众树立风险防范意识，远离非法集资。

18日，隆德县县长潘建宁主持召开2018年第四次县长办公会议，研究脱贫攻坚有关事宜。副县长陈国栋、马晓红以及各乡镇、各部门主要负责同志参加会议。

18—22日，隆德县正观花灯有限责任公司代表县花灯艺术首次赴银川参加2018年第二届宁夏收藏博览会，全面宣传推介隆德花灯文化。

19日，隆德县以"红色六盘山避暑隆德县"为主题，参加银川阅海湾水上公园中心广场举行的2018年中国旅游日宁夏分会场宣传活动，向全区人民发出来隆德观光旅游的"邀请函"。

21日，隆德县禁毒办联合教育体育局召开全县青少年毒品预防教育暨"6.27"工程推进会，县委常委、公安局局长安继海出席会议，全县各中小学校长、主管禁毒工作副校长、工作人员共计120余人参加。

是日，香雪制药隆德项目上市联盟座谈会在隆德县召开，双方就香雪制药隆德项目上市事宜进行座谈。县委书记袁秉和，县长潘建宁，县人大常委会主任王勇，县政协主席王升，县委常委、副县长高建军，副县长陈国栋及广州市香雪制药股份有限公司监事会主席麦镇江出席座谈会。广州市香雪制药股份有限公司财务总监陈炳华主持座谈会。

22日，福建省闽侯县县长林颖带领考察团来隆德县考察闽宁扶贫工作。县长潘建宁，县委常委、副县长樊学双，副县长周建设及县长助理林隽陪同考察。闽侯县代表团先后考察闽宁扶贫产业园综合服务中心、黄土地农业食品有限公司、闽宁福馨托创园等，详细了解了闽宁扶贫工作。

23日，隆德县县长潘建宁主持召开县政府第三十次常务会议，听取人大议案、政协提案、建议及民生实事办理情况汇报，研究《隆德县人民政府工作规则（送审稿）》。县委常委、副县长高建军，县委常委、副县长樊学双，副县长陈国栋、马晓红、韩运祥，县长助理林隽参加会议。县人大常委会副主任马国强、政协副主席任小红及各乡镇、各部门主要负责同志列席会议。

是日，彭阳县民政考察团来隆德县到联财镇、沙塘镇、陈靳乡等，考察县儿童之家建设工作，希望两县进一步加强学习交流，相互取长补短，推动儿童之家建设工作再上新台阶。

24日，全国工商联常委、自治区工商联主席何晓勇，全国工商联联络部副部长葛敏带领调研组，调研隆德县工商联工作和企业经营发展情况。县委常委、宣传部部长、统战部部长宋亚俊陪同调研。

26日，福建省政府副省长郑建闽带领考察团来隆德县考察闽宁协作工作，希望闽籍企业为推动隆德县县域经济发展，促进闽宁对口协作深入开展奠定坚实基础。自治区党委常委、固原市委书记张柱，固原市委副书记杨刚，县委书记袁秉和，县委常委、副县长樊学双，县长助理林隽等陪同考察。

28日，隆德县图书馆被文化和旅游部评为国家二级公共图书馆。

是日，全区乡村旅游工作观摩团在宁夏回族自治区旅游发展委员会主任徐晓平的带领下，观摩隆德县红崖老巷子民俗文化村乡村旅游发展情况。县委书记袁秉和，县委常委、宣传部部长、统战部部长宋亚俊陪同观摩。

29日，隆德县政协主席王升、副主席毕士喜、任小红、任慧琴带领部分政协委员视察县渝河流域山水田林湖草综合治理、城市拆迁协调及法检"两院"工作。县长潘建宁、副县长陈国栋、县检察院检察长黄占斌陪同视察。副县长马晓红参加会议。

30日，县委书记袁秉和主持召开县委2018年第十四次常委会议，传达学习全国生态环境保护大会精神和自治区中央环保督查"回头看"工作部署会精神、自治区党委常委、秘书长纪峥在全区扫黑除恶专项斗争推进会上的讲话精神。

是日，宁夏日报报业集团党委委员、传媒集团公司党委书记、总经理王强带领帮扶调研组，来到结对帮扶点隆德县观庄乡红堡村开展帮扶调研活动。通过实地走访了解贫困群众生产生活状况和驻村工作队精准扶贫工作成效，并为该村贫困群众、老人和小学生捐赠米面油、校服等生活用品。

31日，隆德县县长潘建宁调研全县环保工作。

是日，兴证期货有限公司与隆德县签订结对帮扶协议，通过金融、产业、民生、教育等扶贫项目，助力县决战决胜脱贫攻坚。兴证期货有限公司副总经理段建宁，工会主席方钊，县委常委、副县长樊学双，县长助理林隽出席签约仪式。

6月

1日，隆德县委书记、县全面深化改革领导小组组长袁秉和主持召开全面深化改革领导小组2018年第三次会议，传达学习中央及固原市全面深化改革领导小组会议、中央第二次环保督查组对宁夏开展"回头看"工作动员会议精神。安排部署全面深化改革工作。

6日，固原市人大常委会副主任杨大素带领视察组，视察隆德县脱贫攻坚工作。县委常委、副县长樊学双，县人大常委会副主任马国强陪同视察。

是日，固原市委组织部、市委党校组织"聚焦打好精准脱贫攻坚战"专题培训班学员来隆德县考察学习农村基层党建工作。

△宁夏"和谐婚姻家庭大讲堂"百场巡讲活动在隆德县神林乡双村举行，教育引导广大妇女和家庭成员增强法治意识，积极化解家庭矛盾纠纷，建立维护平等、和睦、文明的婚姻家庭关系。

11日，福建省委副书记王宁带领考察团，来隆德县考察闽宁扶贫工作。自治区党委常委、固原市委书记张柱，固原市副市长朴凤兰，隆德县委书记袁秉和，县长潘建宁，县委常委、副县长樊学双等陪同考察。

12日，隆德县双拥领导小组会议暨创建全国全区双拥模范县推进会在行政中心召开。安排部署2018年拥军优属拥政爱民工作暨创建"全国双拥模范县""二连冠"创建工作。县委常委、人武部政委李伍磊出席会议。

是日，自治区人大常委会环资工委主任桂福田带领视察组视察隆德县渝河流域综合治理、水源地保护及"河长制"落实情况。固原市人大常委会副主任云生元、政府副市长吴璞、隆德县委书记袁秉和、县人大常委会主任王勇、副县长陈国栋等陪同视察。

13日，隆德县人大常委会主任王勇，副主任马国强、刘玲、杨智军带领视察组，视察县林业、环保、人社、民政等工作。副县长韩运祥陪同视察。

15日，隆德县委书记袁秉和主持召开县委2018年第十五次常委会议，传达学习习近平总书记关于打赢脱贫攻坚三年行动的重要批示精神。

20日，隆德县清凉山庄举办"端午节·赏古乐"音乐会。

22日，隆德县在隆德一小举办主题为"远离毒品·青春无悔"的禁毒知识大赛，提高全县广大青少年识毒、防毒、拒毒意识和能力。县政协主席王升，县委常委、公安局局长安继海，县人大常委会副主任刘玲出席活动。

是日，隆德县召开2018年农村集体产权制度改革暨发展壮大村集体经济观摩推进会。

24日，隆德县县长潘建宁主持召开县人民政府第三十一次常务会议，研究《隆德县各级各部门安全生产工作责任清单（送审稿）》《隆德县各级干部安全生产工作职责清单（送审稿）》《隆德县2018年林下经济发展实施方案（送审稿）》和《隆德县深入开展"招商引资年"活动加强产业招商工作实施方案（送审稿）》。

26日，隆德县国土局在城关镇峰台社区开展主题为"珍惜土地资源建设美丽家园"的宣传活动，引导广大群众牢固树立珍惜与合理利用土地的观念。

27日，隆德县观庄乡田滩村利用国家和自治区扶持村集体经济发展项目给予的200万项目资金，从吉林省购进80头梅花鹿，壮大村集体经济。

28日，隆德县第十七届人大常委会召开第十二次会议，听取并审议住建、民政等工作报告，表决通过相关人事任免议案。县人大常委会主任王勇，副主任马国强、刘玲及常委会组成人员参加会议。副县长陈国栋、谢国玉，县法院院长陈君礼、检察院检察长黄占斌列席会议。

29日，隆德县投资3148万元的县城供水管网及第一、二水厂改造工程正式完工通水，该工程的完工使用可使县城日供水量达到8000立方米，确保县城及沙塘、神林、联财、城关镇7万多人喝上更加干净、卫生的自来水。

7月

1日，隆德县县长潘建宁主持召开县人民政府第三十二次常务会议，传达学习中共中央、国务院、中纪委有关精神和自治区党委书记石泰峰、自治区主席咸辉近期对中央环境保护督察"回头看"有关工作批示精神，研究部署相关工作。

2日，由隆德县委政法委牵头，县扫黑除恶成员单位在沙塘镇开展以"深化扫黑除恶专项斗争"为主题的宣传活动，着力提高人民群众对黑恶行为的防范意识，进一步拓宽案件线索渠道，增强人民群众参与扫黑除恶专项斗争的决心和信心。

3日，隆德县委书记袁秉和主持召开县委2018年第十六次常委会议，传达学习自治区党委十二届四次全会精神，研究贯彻意见。

6日，自治区河湖长制工作（山区片）观摩座谈会在隆德县召开，认真贯彻落实全国生态环境保护大会和自治区第十二次党代会及自治区总河长第二次会议精神，交流推广河湖长制工作经验做法，推动全区河湖长制工作取得实效。

7日，隆德县观庄乡3200亩油菜花成为本县全域旅游新亮点。

10日，厦门大学校长张荣、副校长叶世满带领调研组来隆德县调研厦门大学对口帮扶工作。自治区党委常委、固原市委书记张柱，宁夏大学党委书记金能明，宁夏大学副校长许兴以及固原市委常委、政法委书记李志达，固原市副市长朴凤兰，隆德县委书记袁秉和，县长潘建宁，副县长杜海林陪同调研。

11—12日，隆德县99名农村实用人才培训班学员赴西吉、彭阳两县观摩学习乡村旅游、休闲农业和草畜产业发展成功经验，寻找差距，进一步增强脱贫攻坚内生动力。

15日，隆德县葆易圣药业有限公司凭借"葆易圣"保健产品开发和"互联网＋物流电商"两个项目，喜获固原市首届"固原之星"创业创新暨第八届青年创新创业大赛银奖。

16日，清华大学中外师生扶贫支教社会实践暨隆德县第二中学暑期夏令营开营。副县长周建设、马晓红，县长助理林隽出席启动仪式。

18日，隆德县委书记袁秉和主持召开县委2018年第十七次常委会议，传达学习习近平总书记关于禁毒工作重要指示精神及自治区党委书记石泰峰批示精神、全国组织工作会议精神，研究贯彻意见。

23日，隆德团县委组织二中、三小的400名师生，开展"七彩假期——让留守儿童不孤单"登山健康行公益活动，丰富留守儿童的假期生活。

24日，自治区党委常委、统战部部长白尚成、自治区人大常委会副主任吴玉才带领区、市、县有关部门负责同志观摩隆德县民族团结进步创建工作。固原市委常委、宣传部部长、统战部部长王正儒，隆德县县长潘建宁，县委常委、宣传部部长、统战部部长宋亚俊陪同观摩。

25日，国家税务总局隆德县税务局正式挂牌成立，标志着国税地税征管体制改革工作在隆德县全面推开。国家税务总局固原市税务局党委员、副局长林东升和县长潘建宁，副县长马晓红出席挂牌仪式。

27日，清华大学博士研究生代表团来隆德县第二中学调研，进一步加强县二中与清华大学的交流，为县二中的发展提供智力支撑。

28日，在建军91周年到来之际，隆德县在北象山烈士陵园举行深切缅怀红军战士李友禄同志诞辰一百周年纪念活动。县委常委、人武部政委李伍磊，县委常委、宣传部部长、统战部部长宋亚俊，县政协副主席任小红和人武部官兵，青少年学生，社会各界代表及李友禄同志子女为老红军李友禄同志立碑并敬献花篮。

31日，县委常委、人武部政委李伍磊主持召开全县2018年征兵工作会议。会上通报表彰2017

年度征兵工作先进单位，传达学习固原市相关文件精神，总结2017年征兵工作，安排部署今年的征兵任务。副县长陈国栋出席会议。

8月

1日，隆德县开通网上售票业务，市民可通过"宁夏出行"微信公众号足不出户购买隆德发往各地的汽车票。

是日，自治区商务厅副厅长陈志伟带领第四督查组对隆德县市场体系建设中建立公平竞争审查制度工作进行督查。副县长马晓红陪同督查。

2日，固原市委常委、西吉县委书记王学军带领观摩团，观摩学习隆德县环境整治、壮大村集体经济、清凉河综合治理等工作经验，加强两县之间交流合作，促进脱贫攻坚、环境整治等工作再上新台阶。县委书记袁秉和，县委副书记、政法委书记张佐，县委常委、副县长高建军陪同观摩。

4日，隆德县委副书记、政法委书记张佐，县人大常委会副主任马国强，副县长谢国玉、陈国栋带领各乡镇、部门主要负责人，分两组赴西吉县、原州区、泾源县、彭阳县观摩学习特色产业发展、城乡一体化建设、"四个一"试验示范工程建设等工作。

7日，自治区妇联党组成员、副主席常虹带领调研组调研隆德县反家庭暴力工作开展情况。县人大常委会副主任刘玲陪同调研。

8—9日，自治区政协主席崔波来隆德县调研脱贫攻坚工作。固原市政协主席马玉芳、副主席杨彦文、隆德县委书记袁秉和、县政协主席王升陪同调研。

9日，历时四年建设的隆德县城乡供水工程（一期）正式通水，来自地湾水库的水通过35.1公里管道，跨甘渭河、朱庄河到县城，解决了县城及沿线乡镇缺水问题。

10日，隆德团县委组织63名留守儿童在闽侯县开展暑期夏令营活动。

12日，宁夏第四届全民健身节暨隆德县第二届环六盘山国际自行车邀请赛正式开幕。20名外国国籍和560名国内自行车运动员从天南海北相约红色六盘山、欢聚水墨隆德城，感受大美隆德独特的人文、自然魅力。

13日，彭阳县委副书记杨海林带领彭阳县党政代表团来隆德县观摩学习。县委副书记、政法委书记张佐，县政协副主席任慧琴陪同观摩。

14日，以"塞上江南神奇宁夏——喜迎宁夏回族自治区成立60周年"为主题的第十四届全国网络媒体宁夏行大型采访团走进隆德县，来自人民网、光明网等40多家中央重点新闻网站、商业网站和地方重点网站的70余名编辑、记者以自己的亲身感受，全方位展示隆德县在经济、社会、文化、旅游和生态建设等方面取得的成就和发生的巨大变化。

是日，福州市第一医院专家来隆德县开展义诊帮扶活动。

15日，隆德县副县长陈国栋带领扶贫办负责人、各乡镇党委书记、分管扶贫的副乡（镇）长，到盐池县考察学习脱贫攻坚工作的先进经验和做法。盐池县委常委徐经生陪同考察。

16日，隆德县人大常委会主任王勇，副主任刘玲、杨智军带领部分人大代表视察县十七届人大二次会议代表议案、建议和民生实事办理情况。

17日，不忘初心、牢记使命——红二十五军研讨会在隆德县行政中心召开。回顾红二十五军光辉历史,能更好地继承和发扬好红二十五军的光荣传统和红军精神,教育和激励全县人民在建设小康社会的道路上奋勇前进。开国上将、全国人大常委会原副委员长韩先楚之子、驻联合国军事参谋团原团长助理韩毅,民政部原副部长李金德之子李东平,开国少将、北京军区原政委陈祥之子陈伟洪等红二十五军老战士后代代表以及县领导宋亚俊、韩运祥、任小红出席研讨会。县政协主席王升主持研讨会。

是日,隆德县县长潘建宁主持召开2018年第三十四次常务会议,传达学习全区深度贫困地区脱贫攻坚推进会精神,听取2018年全县征兵工作情况汇报。县委常委、副县长高建军,副县长陈国栋、马晓红、韩运祥,县人武部部长赵敬参加会议。各乡镇、各部门单位负责同志列席会议。

△隆德县红二十五军纪念馆布展仪式在西门博物馆广场正式启动。

△中国地名文化遗产保护促进会专家调研论证隆德县千年古县申报工作。副县长谢国玉陪同调研。

18日,上海医药执行董事、副总裁、财务总监、上海市药材有限公司董事长沈波带领考察团,考察隆德县中药材产业发展情况。县长潘建宁,县委常委、副县长高建军陪同考察。

是日,上药(宁夏)中药材资源有限公司挂牌成立。上海医药集团股份有限公司执行董事、副总裁、财务总监、上海市药材有限公司董事长沈波,原福建省莆田市市长詹毅,市委常委、副市长孟卫东,上海医药集团股份有限公司总监、上海市药材有限公司总经理余卫东,上海市药材有限公司党委书记、副总经理徐文才,县委书记袁秉和,县人大常委会主任王勇,政协副主席任慧琴出席挂牌仪式。县长潘建宁主持挂牌仪式。

△红二十五军将军后代及军史专家赴西吉县将台堡三军会师纪念馆、红二十五军经过路线及伏龙寺红二十五军军部遗址及六盘山红军长征纪念馆,瞻仰拜谒革命先烈,追寻先辈们足迹。隆德县政协主席王升、政协副主席任小红陪同。

19日,西吉县人大常委会副主任郭满福带领60余名人大代表来隆德县,观摩学习精准扶贫、农村环境治理等工作,进一步加强两县之间的交流合作,促进脱贫攻坚、环境治理等工作再上新台阶。县人大常委会副主任杨智军陪同观摩。

20日,福建省闽侯县委副书记陈政宝、副县长卢占忠带领闽侯县党政代表团,来隆德县考察闽宁扶贫、闽宁协作工作。县委副书记苏立强,县委常委、副县长樊学双,县长助理林隽陪同考察。

是日,隆德县安全委员会召开2018年第三次全体(扩大)会议,传达学习全国安全生产电视电话会议和区、市安全生产工作会议精神,通报全县1—7月份安全生产工作情况,安排部署隆德县第三季度安全生产工作。县委常委、副县长高建军出席会议。

21日,隆德县委书记袁秉和主持召开县委2018年第十九次常委会议,传达学习自治区党委书记石泰峰在国家环境保护督察办公室《环境保护督查简报》专刊(75)"昔日污水横流今朝碧水绿荫宁夏渝河整治成效明显"上的批示精神和石泰峰、咸辉在银川市委《关于坚决制止果断处置泰瑞制药擅自恢复生产违规行为的报告》的批示精神及自治区纪委《关于十二起违反中央八项规定精神典型问题的通报》精神和市纪委《关于古尔邦节期间落实中央八项规定精神进一步纠正"四风"的通知》精神。

22日，中华全国人民调解员协会副会长兼秘书长、司法部第四督导组组长李冰带队督导隆德县坚持发展"枫桥经验"（"枫桥经验"是指"党政动手，依靠群众，预防纠纷，化解矛盾，维护稳定，促进发展"的新时期司法工作的典范）实现矛盾不上交试点工作，自治区司法厅副厅长鲍焕军、县人大常委会副主任杨智军等陪同督导。

28日，由宁夏社会体育服务中心举办的"2018年全区体育养生巡回大讲堂"在隆德县体育馆开讲，为本县广大群众讲授养生保健技巧。副县长马晓红出席开班仪式，全县120余名健身爱好者参加开班仪式。

30日，《隆德县旧志合编》荣膺2017年度全国"优秀古籍图书奖"二等奖。

31日，隆德县第十七届人大常委会召开第十三次会议。县人大常委会主任王勇，副主任刘玲出席会议。县委常委、副县长高建军，县检察院检察长黄占斌，法院、纪委监察委、政府办、特邀县人大代表和相关部门负责同志列席会议。县人大常委会副主任刘玲主持会议。

9月

1日，最高法院调研组组长、吉林高院审管办主任李忠义带领调研组调研隆德县法院审判管理工作。县人民法院党组书记、院长陈君礼陪同调研。

3日，全国书法大赛书画展暨百名书画家走进隆德大型笔会在县第一小学启动。

4日，内蒙古巴彦淖尔市政协副主席王志云带领考察团来隆德县，考察调研脱贫攻坚情况。市政协副主席杨彦文、县政协副主席任小红陪同考察。

是日，隆德县政协召开学习习近平总书记关于加强和改进人民政协工作的重要思想理论研讨会，围绕习近平总书记关于加强和改进人民政协工作的重要思想，进行研讨交流。县政协主席王升、副主席毕世喜、任小红、任慧琴出席研讨会。

5日，固原市人大常委会主任罗永红调研督查隆德县脱贫攻坚、后进村党支部整顿工作。县人大常委会主任王勇陪同调研督查。

是日，"红色六盘山·避暑隆德县"旅游宣传推介活动在温堡乡新庄村盘龙山庄举行。福建闽侯县委常委、副县长林朝明及闽侯县代表团，全国各地书画家，县相关部门负责同志参加活动。隆德县副县长周建设陪同参加。

6日，庆祝自治区成立60周年之"红色六盘·水墨隆德"暨隆德县"中国书法之乡"授牌十周年纪念活动在龙泉苑广场举行。闽侯县领导林朝明，固原市旅游委副主任杜彦荣，县领导宋亚俊、刘玲、谢国玉、任小红及全国各地书画家、闽侯县代表团、相关部门单位干部职工、隆德县各界社会群众三百多人参加纪念活动。

7日，固原市（县、区）政协工作创新交流座谈会在隆德县召开。市政协主席马玉芳，副主席马莲、呼延俊杰、杨彦文、杨志荣、王政权及市政协部分委员、各县（区）政协、市政协各委办负责人参加会议。

是日，隆德县2018年"粮改饲"项目暨青贮玉米现场会在沙塘镇张树村召开，动员全县干部群众迅速行动起来，加快推进"粮改饲"统筹发展，全面落实"粮改饲"试点工作任务，助推全县草畜产业健康快速发展。县领导张佐、陈国栋出席现场会。

10日，隆德县委书记袁秉和主持召开县委2018年第二十次常委会议，传达学习全国宣传思想工作会议精神，研究贯彻意见；传达学习全国生态环境保护大会和自治区党委、政府《关于全面加强生态环境保护坚决打好污染防治攻坚战的实施意见》精神、自治区党委书记石泰峰来隆德县调研精神、自治区党委第三巡视组对本县巡视问题整改情况督查反馈意见，听取巡视问题整改情况汇报。

11日，隆德县召开第四次全国经济普查动员暨单位清查业务培训会，对相关工作任务进行安排部署。副县长、县第四次经济普查领导小组组长谢国玉，县第四次经济普查领导小组成员单位负责同志，各乡镇、部门单位指导员和普查员参加会议。

是日，自治区"七五"普法督导组检查督导隆德县"七五"普法工作。督导组认为县委、县政府高度重视全县法治宣传，组织领导有力，"七五"普法工作措施针对性强，普法工作整体开展扎实、效果明显。副县长马晓红陪同检查。

12日，隆德县农村信用合作联社张程社区银行正式开业。标志着张程乡从此摘掉"金融服务空白乡"的帽子。

是日，交通运输部科技司副司长袁鹏带领调研组来隆德县调研交通扶贫项目进展情况，副县长谢国玉陪同调研。

△隆德县征集的78名新兵从县人武部出发，分赴西藏山南军分区、新疆阿克苏军分区、八师二十四团石河子、西部战区、北部战区，踏上了军营之旅，投入国防事业。县委常委、人武部政委李伍磊，副县长马晓红，县人武部部长赵敬出席送兵仪式。

△隆德县调频广播同步网建设工程通过宁夏广播电视台组织的专家初步验收为合格并试播运行。至此隆德县现有新闻广播、音乐广播、都市广播、交通广播、经济广播五套广播节目。

15日，隆德县城乡供水工程（一期）竣工通水仪式在石窟寺隧洞口举行，标志着本县10座水库3大流域实现流域、区域间水量联蓄联调，构建"南水北调、丰枯补剂"的水资源合理配置体系初步形成。

16日，隆德县县长潘建宁主持召开县长办公会，听取2019年全县重点项目谋划情况汇报。县领导高建军、杜海林、谢国玉、陈国栋、马晓红、各相关部门及项目单位主要负责同志参加会议。

17日，由隆德县委统战部、民族宗教事务局举办的学习马克思主义民族观宗教观暨自治区党委十二届四次全会精神培训班开班。县委常委、宣传部部长、统战部部长宋亚俊出席开班仪式并讲话，各乡镇民族宗教工作分管同志和120余名宗教界人士参加培训。

18日，固原市副市长周文贵带队督查隆德县提升劳务产业组织化程度促进贫困群众增收工作情况，副县长谢国玉陪同督查。

是日，隆德县县长潘建宁主持召开县人民政府第三十五次常务会议，听取全县安全生产、信访、维稳、老城区片区二期征迁进展情况汇报，传达学习全区生态环境保护大会、环境保护重点任务督查推进会精神，研究县城集中供热燃煤锅炉烟气治理节能改造、困难群众生活补助事宜。

19日，隆德县委书记袁秉和主持召开县委2018年第二十一次常委会议，传达学习市委2018

年第二十六次常委会议、全国教育工作会议、中央全面依法治国委员会第一次会议、自治区纪委《关于2018年中秋、国庆期间加强监督执纪问责的通知》精神，听取中央第八巡视组和自治区党委第三巡视组反馈问题整改、赴福建对接闽宁协作定点扶贫及招商引资情况汇报，研究《隆德县首届"中国农民丰收节"活动方案》。

20日，北燃蓝天集团首席运营官兼高级副总裁、香港宁夏青联会荣誉会长李广峰带领宁夏青联和香港宁夏青年会部分成员在隆德县杨河乡红旗村开展扶贫帮扶活动，向九户建档立卡贫困户送去三万元的产业帮扶金，助力脱贫攻坚。县委常委、组织部部长马成文参加相关活动。

21日，隆德县召开第三次国土调查启动会，安排部署第三次国土调查工作。副县长谢国玉出席会议，第三次国土调查领导小组成员单位负责同志参加会议。

23日，隆德县在神林山庄举行首届"中国农民丰收节"活动。全县各乡镇农民朋友欢聚一堂、载歌载舞，画丰收、写丰收、展丰收，以独特的方式欢庆自己的节日，共享丰收喜悦。县委书记袁秉和出席开幕式并宣布庆祝首届"中国农民丰收节"活动开幕，县政协主席王升，县委副书记、政法委书记张佐等一同出席。

25日，在自治区成立60周年之际，隆德县民间剪纸艺人杨国权创作出剪纸作品"一路走来奔向辉煌"，以个人名义庆祝自治区成立60周年。这幅剪纸作品从前期筹划到后期创作经历半年多时间，整个作品包括自治区成立60周年以来隆德县农民生产生活方式改变、人居环境改善、交通大变样、生态移民搬迁、脱贫攻坚等元素，寓意隆德经济社会发展取得的巨大飞跃。

26日，在宁夏的部分全国人大代表、部分自治区人大代表来隆德调研脱贫富民工作。固原市人大常委会副主任云生元、隆德县县长潘建宁、县人大常委会副主任马国强、副县长陈国栋陪同调研。

是日，隆德县县长潘建宁主持召开县人民政府第三十六次常务会议，传达学习《中共中央、国务院关于加强和改进新形势下宗教工作意见》、2018年中央民族工作会议等精神；听取县政府第三十次、三十四次常务会议决定事项落实、人大议案建议、政协提案建议及民生实事办理、县城集中供热燃煤锅炉烟气治理节能改造工程、六盘山工业园区集中供能项目进展及乡村学校、乡镇卫生院供暖准备情况汇报。

27日，自治区中医医院等级评审专家组，对隆德县创建"二级甲等"中医医院情况进行现场考核评审。县委常委、副县长樊学双，政协副主席任慧琴陪同评审。

是日，清华大学中药研究院及河南太龙药业考察团来隆德县考察中药材产业发展情况。县长潘建宁、副县长谢国玉先后陪同考察。

△自治区党委政法委副书记、综治办主任、扫黑办主任李刚军督导检查隆德县扫黑除恶专项斗争工作开展情况。县委常委、组织部部长马成文陪同督导检查。

28日，宁夏全区休闲农业观摩团来隆德县观摩休闲农业发展情况，表示将以此次观摩交流为契机，找差距、补短板，全力开创宁夏休闲农业新局面。自治区农牧厅巡视员马明和县人大常委会副主任马国强等领导参加相关活动。

29日，福建省委办公厅考察组来隆德县考察经济社会发展情况和闽宁协作项目。固原市人大常委会副主任童全成、隆德县人大常委会副主任杨智军陪同考察。

是日，隆德县妇幼保健计划生育服务中心乔迁至六盘山路老巷子西侧并试运行。

10月

8日，隆德县委书记、县全面深化改革领导小组组长袁秉和主持召开县全面深化改革领导小组2018年第六次会议。

9日，固原市人大常委会副主任杨大素带领视察组视察隆德县社会救助工作。县人大常委会主任王勇陪同视察。

11日，隆德县法院、公安局等扫黑除恶领导小组成员单位在星兴广场前开展"扫黑除恶"宣传活动。县委副书记、政法委书记张佐和县检察院检察长黄占斌参加活动。

12日，固原市原州区团委带领各学校少先队辅导员60余人来隆德县观摩学习少先队建设工作先进经验。进一步加强交流学习，提升两地少先队辅导员整体素质，加强少先队辅导员职业化、专业化建设。

15日，隆德县首期家庭教育讲师培训班在县第二中学开班，全县各中小学校、学区、幼儿园骨干老师120余人参加培训。自治区妇联副主席郝晓红、县人大副主任刘玲参加开班仪式。

16日，隆德县2018年"政府开放日"活动启动，邀请部分县人大代表、政协委员及各乡镇、部门单位相关工作人员、劳动模范、职工代表、基层群众代表30余人参加活动，副县长韩运祥出席启动仪式。

是日，自治区人大常委会副主任董玲带领调研组调研隆德县乡村振兴战略实施情况。固原市人大常委会主任罗永红、副主任云生元、县人大常委会副主任马国强陪同调研。

16—17日，全国人大常委会委员、科教文卫委员会副主任委员吴恒带领调研组调研隆德县基础教育发展情况。自治区人大常委会副主任姚爱兴、固原市人大常委会主任罗永红、副市长孟卫东（挂职）、市人大常委会副主任杨大素、隆德县委书记袁秉和、县人大常委会主任王勇、副县长马晓红及相关部门负责同志陪同调研。

17日，隆德县人武部召开2018年隆德县民兵基地化训练协调会，安排部署相关工作。县委常委、人武部政委李伍磊、副县长韩运祥出席会议，人武部部长赵敬主持会议。

是日，固原市人大常委会副主任胡杰带领检查组检查隆德县《食品安全法》贯彻实施情况和食品药品管理工作。县人大常委会副主任刘玲陪同检查。

18日，福建省国资委副主任林立带领考察团考察六盘山工业园区发展情况。县委副书记、政法委书记张佐，副县长谢国玉陪同考察。

是日，固原市畜牧技术推广服务中心技术人员来到隆德县沙塘镇锦屏村牧业专业合作社，为全县20余名肉牛冷配改良员"传经送宝"，帮助他们提高肉牛繁育技术水平。

△固原市妇联副主席张秀桂带领调研组调研隆德县《妇女儿童发展规划（2011—2020年）》重点工作贯彻落实情况，副县长韩运祥及相关部门负责同志陪同调研。

20日，福州市委常委、组织部部长吴深生带领考察团来隆德县考察闽宁协作发展情况。固原市副市长吴璞，隆德县委书记袁秉和，县委副书记、政法委书记张佐，县委常委、组织部部长马成文及县长助理林隽陪同考察。

21日，隆德县县长潘建宁主持召开2018年第十一次县长办公会议，传达学习习近平总书记在第五个国家扶贫日对脱贫攻坚工作的重要指示、盐池县脱贫退出现场会、全区脱贫攻坚重点工作及对口帮扶推进会和全区扶贫办主任会议精神，研究贯彻意见。县委常委、副县长高建军，副县长谢国玉、陈国栋、马晓红参加会议。各乡（镇）、各部门（单位）负责同志列席会议。

23日，中国人民解放军火箭军总医院骨科、眼科、妇产科的5名专家来隆德县人民医院开展义诊帮扶活动，为本县群众提供快捷、优质的医疗服务。

24日，火箭军总医院对口帮扶县医院工作推进会召开。火箭军总医院后勤部政治委员孙少华，火箭军总医院政治委员展广大，固原市公安局党委书记刘文戈，固原市军分区司令员苏开吉，隆德县委书记袁秉和，县委常委、人武部政委李伍磊，副县长马晓红参加会议。

25日，海南省政协副秘书长房方带领调研组，来隆德县调研脱贫攻坚工作。县政协副主席任小红陪同调研。

是日，固原市人大常委会主任罗永红、副主任胡杰一行来隆德县走访看望基层市人大代表，听取和征求基层人大代表的意见和建议。县人大常委会主任王勇陪同走访看望。

△隆德县召开社会保险重点工作推进会，安排部署2019年度基本养老保险和医疗保险收缴工作。县委常委、副县长高建军出席会议，财政局、民政局等相关部门及各乡镇分管领导及业务经办人参加会议。

26日，隆德县人大常委会主任王勇、副主任马国强、刘玲带领部分人大代表视察文化、水务、交通等部门重点工作。

27—28日，自治区爱卫办主任朱建忠率病媒生物技术评估专家对隆德县创建国家卫生县城病媒生物防治控制工作进行评估验收。副县长马晓红陪同验收。

29日，六盘山红军长征纪念馆于本日起取消门票，免费接受游客游览。

30日，科技部农村科技司基层科技处处长杨如一行来隆德县调研县域创新工作。固原市市长助理王金全、隆德县副县长陈国栋陪同调研。

11月

1日，隆德县委书记袁秉和主持召开县城乡规划委员会2018年第六次会议，审查有关项目规划设计方案。县长潘建宁，县人大常委会副主任马国强，副县长谢国玉、陈国栋、马晓红，县政协副主席毕世喜参加会议。

2日，由隆德县委宣传部、县文化旅游广电局主办，县文化馆承办的《花儿朵朵向太阳》广场舞培训班在龙泉苑广场开班。来自全县13个乡镇的86名学员参加培训。

是日，隆德县特殊教育学校开展"家长开放日"活动。让家长走进校园，走进课堂，了解课堂教学，面对面与学校、教师沟通，形成教育合力，促进特殊儿童健康、全面发展。

△隆德县组织各乡镇、各部门负责同志，赴银川国际会展中心，参观宁夏回族自治区成立60周年大型成就展，一起见证宁夏60年来的沧桑巨变，共同展望宁夏的美好明天。县政协主席王升，

县委副书记苏立强，县人大常委会副主任杨智军，县政协副主席毕世喜、任小红、任慧琴和县检察院检察长黄占斌、公安局政委牛志军参加活动。

3日，隆德县农民企业家杨玲当选全国妇联第十二届执行委员会委员。

5日，隆德县召开脱贫攻坚自查自验自评推进会，动员全县上下全员投入，全面备战，扎实做好退出国家贫困县专项评估检查准备工作，如期完成全县脱贫。县委书记袁秉和、县长潘建宁、县政协主席王升等出席会议。

是日，隆德县副县长陈国栋带领县农牧局相关负责同志，深入各检查站点检查指导本县非洲猪瘟防控工作。

△自治区党校、宁夏行政学院教育长马国君带领督查评估组督查评估隆德县党校办学质量，县委副书记李白虎、县委常委海丽陪同督查评估，县委组织部、宣传部等相关部门负责人参加了汇报会。

8日，隆德县"四个一"（一棵树、一枝花、一株苗、一棵草）林草产业发展暨大果榛子产业带动项目签约仪式在县行政中心举行。固原市委常委、副市长孟卫东，宁夏宁苗生态园林（集团）股份有限公司董事长余根民，县委书记袁秉和，县长潘建宁，县人大常委会副主任杨智军，副县长谢国玉，县政协副主席任慧琴及宁夏宁苗生态园林（集团）股份有限公司相关负责人出席签约仪式。

9日，隆德县委书记袁秉和主持召开县委2018年第二十五次常委会议。县委副书记、县长潘建宁，县委副书记李白虎、苏立强，县委常委安继海、樊学双、海丽、徐万廷参加会议。县政协主席王升等县级领导和各乡镇、部门负责同志、法律顾问、部分"两代表一委员"列席会议。

是日，隆德县安全委员会召开2018年第四次全体（扩大）会议，县长潘建宁，县委副书记、政法委书记李白虎，副县长谢国玉、陈国栋、马晓红出席会议，各乡镇、部门、重点企业负责人参加会议，县委副书记、政法委书记李白虎主持会议。

10日，隆德县2018年扶贫领域腐败和作风问题专项治理暨"抵制腐败·共享和谐"警示教育宣传周活动启动。县委常委、纪委书记徐万廷主持启动仪式，县人大常委会副主任杨智军、副县长马晓红、县政协副主席任小红和市纪委相关负责同志出席启动仪式。

12日，隆德县妇女联合会召开专题会议，传达学习习近平总书记同全国妇联新一届领导班子成员集体谈话时的重要讲话精神和中国妇女十二大精神。各乡镇及社区妇联主席和妇女代表等百余人参加会议。

是日，隆德县县长潘建宁主持召开县人民政府第三十八次常务会议，研究部署有关工作。副县长杜海林、谢国玉、陈国栋、马晓红、韩运祥、陆俊，县人武部部长赵敬参加会议，县人大常委会副主任杨智军、政协副主席毕世喜及各乡镇、部门单位负责同志、法律顾问列席会议。

12—14日，九三学社宁夏区委专职副主委相卫国带领调研组来隆德县，围绕农村环境卫生整治、村集体经济发展和农村产业发展课题开展脱贫攻坚民主监督调研工作。县委常委、副县长杜海林陪同调研。

14日，民政部信息中心副主任胡建山带领调研组围绕隆德县民政重点工作进行调研，副县长韩运祥陪同调研。

15日,"善行六盘·助力脱贫"公益慈善系列项目——福建省军区捐赠御寒冬衣项目启动仪式在隆德县城关镇杨店村举行。福建省军区副政委姚火照,福建省军区处长杜春雨,固原市委常委、副市长陆菁,市委常委、固原军分区司令员苏开吉,县委常委、人武部政委李伍磊,县委常委、副县长樊学双参加启动仪式。

是日,自治区扶贫开发办公室副主任张吉忠带领全区观摩团来隆德县,观摩学习隆德县扶贫车间规范化运行和管理情况。副县长陈国栋陪同观摩。

16日,隆德县总工会召开中国工会第十七次全国代表大会精神宣讲会。县人大常委会副主任、县总工会主席杨智军主持会议。

是日,隆德县十七届人大常委会召开第十四次会议,听取和审议县人民政府关于脱贫攻坚、水务、农牧、教育、文化旅游、交通运输等重点工作,审议通过人事任免议案。县人大常委会主任王勇、副主任杨智军出席会议,人大常委会副主任刘玲主持会议。县委常委海丽、副县长马晓红、法院院长陈君礼、检察院检察长黄占斌列席会议。

20日,固原市人大常委会副主任童全成带领常委会组成人员来隆德县检查招商引资工作。县人大常委会主任王勇及相关部门负责同志陪同检查。

21日,隆德县依法治县工作推进会召开,传达学习习近平总书记在中央全面依法治国委员会第一次会议上的重要讲话和自治区党委常委、政法委书记张韵声在全区依法治区工作专题会上的讲话精神。县委副书记、政法委书记李白虎,县委常委、公安局局长安继海,副县长马晓红,县政协副主席毕世喜出席会议。

是日,隆德县反恐办组织公安、武警、消防、卫生、宣传等部门参加的全县反恐应急队伍100余人,在老巷子举行综合反恐怖演练,县委常委、公安局局长安继海同志担任此次反恐演练总指挥,亲临现场指挥演练活动。

21—22日,隆德县委常委、宣传部部长、统战部部长宋亚俊带领县委宣传部、县广播电视台等相关人员,赴河南省项城市、陕西省富平县,就县级融媒体中心建设和新时代文明实践中心建设工作进行实地考察学习。

22日,隆德县人大常委会主任王勇,副主任刘玲、杨智军,带领各乡镇人大主席、人大主席团成员等对乡镇人大主席团自身建设及作用发挥情况进行视察。

23日,隆德县县长潘建宁到六盘山工业园区,专题调研企业发展情况,要求相关部门,特别是金融单位切实增强服务意识,助推企业健康快速发展。

是日,隆德县委书记、县全面深化改革领导小组组长袁秉和主持召开全面深化改革领导小组2018年第七次会议,传达学习相关会议精神,听取部分重点改革任务进展情况汇报,安排下一阶段具体工作。县人大常委会主任王勇,县委副书记、政法委书记李白虎,县委常委、公安局局长安继海,县政协副主席毕世喜,法院院长陈君礼,检察院检察长黄占斌及各改革牵头单位主要负责人、部分配合单位主要负责人参加会议。

25日,隆德县县长潘建宁调研全县重点项目建设情况,他强调,要加强统筹协调,按照时间节点,全力以赴加快工程进度,在项目建设上提速、提质、增效,确保各重点项目建设顺利进行。

副县长谢国玉、陈国栋和发改、财政、住建、农牧、林业等部门主要负责同志一同调研。

是日，2018年宁夏第四届全民健身节隆德县"广济堂"杯养生气功暨武术竞赛在县体育馆举行，来自西吉、彭阳、隆德三县10个参赛队，138名健身气功武术爱好者参加竞赛活动。

27日，隆德县委书记袁秉和主持召开县委2018年第二十六次常委会议。县委副书记、县长潘建宁，县委副书记苏立强，县委常委安继海、马成文、徐万廷参加会议。县人大常委会主任王勇、县政协主席王升等县级领导和各乡镇、部门负责同志、法律顾问、部分"两代表一委员"列席会议。

28日，自治区公安厅禁毒总队政委马占文带领检查验收组围绕隆德县"双百工程"创建情况进行检查验收。

12月

4日，固原市人大常委会主任罗永红带领调研组，来到市人大帮扶点城关镇吴山村，调研脱贫攻坚工作。

5日，隆德县县长潘建宁，县政协主席王升，副主席任慧琴带领部分政协委员，现场督办政协重点提案办理工作。

6日，自治区副主席、固原市长马汉成在隆德县就市政协四届二次会议第30号提案《关于加强乡村公路养护的建议》现场督办。固原市政协主席马玉芳、隆德县委书记袁秉和、县政协主席王升等陪同督办。

是日，隆德县县长潘建宁主持召开2018年第十三次县长办公会，安排部署脱贫攻坚工作。县委常委、副县长樊学双，副县长陈国栋、马晓红，县长助理林隽，各乡（镇）、各部门（单位）负责同志列席会议。

7日，隆德县委书记袁秉和主持召开2018年第二十七次常委会议，传达学习自治区党委、人民政府《关于促进民营经济健康发展的若干意见》精神和全区实现机构改革工作推进会精神，研究贯彻意见。

8日，隆德县政务服务中心举办的政务服务系统标准礼仪培训班开班，县政务大厅窗口及受理导引组工作人员、各乡（镇）民生服务中心工作人员共70余人参加培训。

9日，隆德县县长潘建宁主持召开县人民政府第四十次常务会议，传达学习石泰峰、咸辉、刘可为同志在《国务院安委会办公室关于河北省张家口市"11.28"重大燃爆事故的通报》批示精神和全区质量大会精神，听取全县人大议案建议、政协提案建议及民生实事办理情况汇报，研究部署相关工作。

11日，盐池县人大常委会副主任袁书义带领考察组来隆德县，考察本县美丽乡村建设情况。县人大常委会副主任刘玲陪同考察。

是日，隆德县第十七届人民代表大会常务委员会第十五次会议召开，听取和审议县人民政府关于六盘山工业园区建设、卫生和计划生育工作、审计整改落实等情况报告。表决通过《关于补选县第十七届人民代表大会代表的决定》和《关于召开隆德县第十七届人民代表大会第三次会议的决定》等事宜。

12日，固原市人大常委会副主任胡杰带领检查组，检查市四届人大二次会议代表议案建议办理情况，县人大常委会主任王勇陪同检查。

14日，隆德县召开网络安全和信息化领导小组会议，县委书记、县网络安全和信息化领导小组组长袁秉和主持会议，县委常委、宣传部部长、统战部部长宋亚俊，县网络安全和信息化领导小组成员单位负责同志参加会议。

15日，闽侯县—隆德县携手奔小康结对帮扶座谈会在县行政中心召开。县委常委、宣传部部长、统战部部长宋亚俊，副县长周建设出席座谈会。

16日，宁夏大唐房地产开发有限公司向隆德县城市公共服务中心捐赠20辆环卫电动车，助力本县创建国家卫生县城。县委常委、纪委书记徐万廷，县人大常委会副主任杨智军，副县长谢国玉，政协副主席任慧琴等出席捐赠仪式。

18日，庆祝改革开放40周年大会在北京人民大会堂隆重举行。县委书记袁秉和、县长潘建宁、政协主席王升等县四大机关领导和干部职工一起通过网络电视，第一时间收听收看大会直播实况，认真聆听中共中央总书记、国家主席、中央军委主席习近平在庆祝大会上的重要讲话。

是日，隆德县政协召开加强和改进党的建设成立功能型党支部工作推进会，认真贯彻落实自治区政协党组《关于学习贯彻落实〈关于加强新时代人民政协党的建设工作的若干意见〉的通知》精神。

△隆德县政协主席王升主持召开政协十一届十一次常委会议，审议通过县政协十一届三次会议相关事宜。县政协副主席毕世喜、任慧琴及政协常委参加会议。

20日，自治区水利厅厅长白耀华一行来隆德县调研帮扶工作开展情况和水资源及水利工程管理信息化建设工作。县长潘建宁及市、县水务部门负责同志陪同调研。

21日，隆德县退役军人事务局正式挂牌成立。副县长谢国玉、人武部部长赵敬出席揭牌仪式并为县退役军人事务局揭牌。

22日，宁夏公安厅交通管理局政委杨国金及固原市交通管理局局长俞利平一行来隆德县，就当前正在开展的预防冬季重大特大道路交通事故"百日安全行动"工作开展情况进行督导检查，听取相关工作汇报。

26日，固原市政协副主席呼延俊杰带领市政协相关委员会办公室负责人开展"进基层、话改革、建诤言、促发展"走访委员活动，进一步加强与市政协委员的交流和联系。县委常委、宣传部部长、统战部部长宋亚俊，县政协副主席任小红、任慧琴出席座谈会。

27日，隆德县召开第四次全国经济普查登记动员暨培训会，就本县做好第四次全国经济普查登记工作进行安排部署。来自全县各乡（镇）、各部门（单位）的100余名普查指导员（普查员）参加会议。

28日，隆德县委副书记、政法委书记李白虎主持召开隆德县扫黑除恶专项斗争推进会。安排部署今后一段时间扫黑除恶工作。县委常委、公安局局长安继海，县委常委、组织部部长马成文出席会议。各乡、镇党委书记、县扫黑除恶成员单位负责人参加会议。

隆德概况

【人口】 2018年末总户数54856户，总人口174358人，每户平均3人，其中回族22985人，占总人口的13.2%。农业人口131268人，占总人口的75.3%。非农业人口43090人，占总人口的24.7%。男性90531人，女性83827人。当年出生人口1887人，出生率10.82‰。当年死亡人口9433人，死亡率5.41‰，自然增长率5.41‰，人口密度177.0人/平方公里。

【土地】 全县总面积985平方公里。农作物播种面积39.66万亩，比上年减少2.2%，人均产粮664公斤，比上年增加76公斤。油料总产量2210吨，人均油料16.9公斤，比上年减少37.4%。药材16005亩，比上年减少23.6%。

【村组】 全县13个乡（镇），123个行政村，599个村民小组，乡村劳动力54542人，比上年减少1.4%。

【植被】 2018年造林面积9.75万亩，比2017年增加62.5%。育苗面积4.0万亩，2018年零星植树190万株，比2017年增加20万株。

【气候】 2018年年平均气温6.5℃，年极端最高气温26.9℃，出现在6月28日；年极端最低气温-21.3℃，出现在1月8日，年总日照时数2169.0小时，日照百分率49%，年平均风速1.9米/秒，最多风向SSE，年最大风速9.1米/秒，风向ESE，年极大风速21.2米/秒，风向SE，出现在3月16日；年总降水量626.6毫米，最长连续降水日数6日，出现在7月6日—7月11日，最长连续无降水日数22日，出现在2017年12月15日—2018年1月5日。年平均气压792.8百帕，年极端最高气压804.8百帕，出现在4月6日，年极端最低气压779.9百帕，出现在3月3日。年平均相对湿度63%。

中共隆德县委员会

机构组成

中共隆德县第十四届委员会组成人员

书　记：袁秉和

副书记：潘建宁　张　佐（2018年11月离任）
　　　　李白虎（回族，2018年11月任）
　　　　苏立强

常　委：袁秉和　潘建宁　张　佐
　　　　李白虎（回族）　苏立强　李伍磊
　　　　宋亚俊　安继海　樊学双
　　　　高建军（2018年11月离任）
　　　　海　丽（女、回族，2018年11月任）
　　　　马成文（2018年5月任）
　　　　徐万廷（2018年10月任）
　　　　杜海林　马　龙（2018年12月任）

（苏立强、樊学双、杜海林、马龙为挂职干部）

县委委员（33人，按姓氏笔画为序）：

马　龙　马成文　马晓红（女、回族）
王　升　王　勇　朱平利　刘　彤
安继海（回族）　苏立强　李龙君
李白虎（回族）　李伍磊　李荣林　何　斌
冶文军（回族）　宋亚俊　宋保童　张世忠
张兴科　陈君礼　陈国栋　范宝平　柳国仁
柳钰明　袁秉和　党君强　党锁锁　徐万廷
海　丽（女、回族）　黄占斌　彭军娥（女）
樊学双　潘建宁

县委候补委员（5人，按得票多少为序）：

齐海军　张毓龙　冯玉宝（回族）　郭　锐
罗永长

纪律检查委员会

书　记：徐万廷

副书记：党君强　刘旭升

常　委：徐万廷　党君强　刘旭升
　　　　王　强（回族）　柳淑萍（女）
　　　　裴国智　张炳刚

县委部门

组织部	部长	马成文
宣传部	部长	宋亚俊
政法委（综治委）	书记	李白虎
统战部	部长	宋亚俊
县委办公室	主任	何　斌
政策研究室	主任	王志强

编办	主任	李麒才	扶贫办	党组书记	宋保童
老干部局	局长	马进川	教育党工委、教体局	党组书记	董玉科
档案局	局长（党史办主任）	梁喜太	公安局	党委书记	安继海
党校常务	副校长	刘云峰	民政局	党组书记	朱平利

群众团体

			司法局	党组书记	刘永兴
工会	主席	杨智军	财政局	党组书记	柳国仁
团县委	书记	田野	人力资源和社会保障局	党组书记	范宝平
妇联	主席	彭军娥	国土资源局	党组书记	王建平
科协	主席	陈启奋	环境保护局	党组书记	杨卫东
文联	主席	李志勇	住房和城乡建设局	党组书记	梁龙祥
残联	理事长	彭云珠	交通运输局	党组书记	陈作彬
工商联	主席	吕霄	水务局	党组书记	魏先学

县直机关党工委、总支、支部书记

			农牧局	党委书记	柳钰明
县直机关	工委书记	李长兄	文化旅游广电局	党组书记	魏瑜
县委办公室	党支部书记	何斌	卫生和计划生育局	党委书记	齐海军
县人大机关	党支部书记	马天智	审计局	党组书记	许学军
县政府办公室	党支部书记	党锁锁	林业局	党组书记	李耀国
县政协机关	党支部书记	刘彤	市场监督管理局	党组书记	张世科
县纪委	党支部书记	刘旭升	安全生产监督管理局	党组书记	魏耀军
组织部	党支部书记	赵学斌	隆德县中学	党总支书记	马征
宣传部	党支部书记	王东海	隆德县二中	党总支书记	许志谋
统战部	党支部书记	马国林	**区、市直属单位**		
编办	党支部书记	李麒才	国税局	党组书记	马红军
工青妇科	党支部书记	郭锐	供电局	党组书记	张世平
法院	党支部书记	杜杰	调查队	党组书记	白晶辉
检察院	党支部书记	陈国忠	气象局	党组书记	范晓华
县委党校	党总支书记	刘云峰	烟草局	书记	马学礼
老干部局	党总支书记	马进川	邮政局	党组书记	李渊
县档案局	党支部书记	梁喜太	人行	党组书记	陶勇
县文联	党支部书记	李志勇	建行	党组书记	屈文杰
残联	党支部书记	彭云珠	农行	党组书记	李耀东
发展和改革局	党组书记	王浩	县信用联社	党组书记	李红星

村镇银行	书记	张根东
移动公司	书记	方小程
联通公司	书记	陈鹏鑫
电信局	党组书记	王常虎
石油公司	党组书记	秦 东

县委常委会

【县委第一次常委会议】 1月5日上午，县委书记袁秉和主持召开县委2018年第一次常委会议。会议传达学习：中央经济工作会议、自治区党委十二届三次全体会议、自治区经济工作会议、市委四届三次全体会议和全市经济工作会议精神；安排部署扶贫成效省际交叉考核和东西部扶贫协作交叉考核事宜；研究同意县政府党组《关于隆德县闽宁中小企业创业孵化园四期建设项目协议的请示》、县编办《关于明确隆德县司法局机构编制事宜的请示》、干部事宜。

【县委第二次常委会议】 1月12日下午，县委书记袁秉和主持召开县委2018年第二次常委会议。会议传达学习《中共中央国务院关于实施乡村振兴战略的意见》《中共固原市委员会关于学习宣传贯彻党的十九大精神的意见》《中共固原市委2018年工作要点》、固原市四届人大二次会议和政协固原市四届二次会议精神。

【县委第三次常委会议】 1月23日下午，县委书记袁秉和主持召开县委2018年第三次常委会议。会议传达学习中央关于安全保密相关文件精神、全国宣传部和全区宣传部会议。安排近期：安全生产信访维稳工作、重点会议、其他工作。研究县政府党组相关议题：《关于2018年统筹整合使用涉农资金（第一批）计划的请示》《关于兑付2017年农村危房改造保障对象县财政补助资金的请示》《关于划拨国有建设用地的请示》、干部事宜。

【县委第四次常委会议】 2月1日下午，县委书记袁秉和主持召开县委2018年第四次常委会议。会议传达学习习近平、赵乐际同志在第十九届中央纪律检查委员会第二次全体会议上的讲话、区纪委《关于认真贯彻十九届中央纪委第二次全体会议精神的通知》、自治区党委《关于追授李进桢同志为全区脱贫攻坚优秀共产党员称号的决定》、区纪委《关于张八五严重违纪案件的通报》《关于8起涉农扶贫领域腐败问题典型案例的通报》、自治区"两会"精神、中央政法工作会议和全国扫黑除恶专项斗争电视电话会议、《关于实施人才强区工程助推创新驱动发展战略的意见》、全区统战部会议精神、《关于印发宁夏回族自治区安全生产"一票否决"实施办法（试行）的通知》；研究县政府党组相关议题：农村人造花扶贫车间改造建设、春节期间走访慰问活动、聘任县供销合作社联合社理事会、监事会成员事宜。

【县委第五次常委会议】 2月11日下午，县委书记袁秉和主持召开县委2018年第五次常委会议。会议传达学习石泰峰同志来隆德调研慰问精神、自治区农村工作会议精神、自治区脱贫攻坚工作会议精神、固原市《关于做好2018年春节放假期间值班工作的通知》；听取全县信访维稳、安全生产、食品药品安全工作汇报；安排近期工作；研究同意《全县领导干部专题学习班方案》《关于水资源税改革事宜的请示》《关于国有建设用地出让事宜的请示》《关于六盘山工业园区有关资金事宜的请示》《县四套班子成员2017年度考核"优秀"等次评定的请示》《隆德县乡镇正职综合业绩考核评价办法（试行）》。

【县委第六次常委会议】 3月1日上午，县委书记袁秉和主持召开县委2018年第六次常委会议。会议传达学习《自治区党委印发〈自治区党委常委会关于坚定维护以习近平同志为核心的党中央集中统一领导的若干规定〉的通知》精神、《自治区党委印发〈关于深入贯彻落实中央八项规定精神进一步加强和改进自治区党委常委会作风建设的若干意见〉的通知》、全区领导干部专题学习班和市委2018年第五次常委会精神、石泰峰同志在2017年度地级市党委和自治区各行业党（工）委书记抓基层党建述职评议考核会上的讲话精神、《自治区党委办公厅印发〈关于防止干部"带病提拔"的实施意见〉的通知》；安排部署自治区党委巡视组巡视隆德县有关工作和近期重点工作；研究意识形态领域有关工作、同意《关于加快人才工作改革发展实施人才强县战略的实施意见》《县委中心组2018年理论学习安排（送审稿）》、听取同意全县2017年度效能目标管理考核结果、审定同意全县2017年度效能目标管理考核总结表彰会议和全县2017年度脱贫攻坚工作总结、表彰暨2018年决战决胜会议方案及决定；研究同意：县编办《关于隆德县委设立巡察机构有关事项的请示》、县十四届纪委三次全会会议方案、《关于进一步加强和改进机关党的建设的实施方案》；研究干部事宜。

【县委第七次常委会议】 3月5日晚，县委书记袁秉和主持召开县委2018年第七次常委会议。会议研究同意：县政府党组《隆德县推进脱贫富民战略责任分工方案》《隆德县关于全面贯彻党的十九大精神坚决打好精准脱贫攻坚战行动方案》《隆德县贯彻自治区创新驱动战略实施方案》《隆德县贯彻自治区生态立区战略建设全国生态文明示范市责任分工方案》《隆德县关于全面贯彻党的十九大精神坚决打好污染防治攻坚战行动方案》《隆德县关于全面贯彻党的十九大精神防范化解重大风险行动方案》《隆德县加快六盘山工业园区转型发展意见》《隆德县农村集体资产清产核资工作实施方案》《关于拨付2018年度老年人意外伤害综合保险补助资金的请示》《关于资金事宜的请示》。

【县委第八次常委会议】 3月19日下午，县委书记袁秉和主持召开县委2018年第八次常委会议。会议传达学习：习近平同志在十九届中央政治局第四次集体学习时的讲话、《中共中央关于深入学习宣传和贯彻实施〈中华人民共和国宪法〉的意见》、习近平同志在打好精准脱贫攻坚战座谈会上的讲话精神、《自治区党委办公厅关于印发〈自治区党的建设领导小组2018年工作要点〉的通知》、自治区纪委《关于三起违反中央八项规定精神典型问题的通报》、市纪委《关于10起涉农扶贫领域典型问题的通报》《中共中央办公厅关于严明纪律切实保证党和国家机构改革顺利进行的通知》、学习张柱同志来隆德调研督导工作精神；听取全县意识形态工作汇报。研究同意：全县开展"干部素质提升年""干部作风转变年"和"农民培训教育年"活动实施方案、《隆德县科级及以上领导干部请假报告制度（送审稿）》《隆德县领导干部带班值班制度（送审稿）》《隆德县农村环境卫生保洁网格化管理工作方案》《隆德县农村污水处理及改厕工作实施方案》《关于核减全县事业编制的请示》《关于核定隆德县公立医院人员总量的请示》、2018年组织宣传统战工作会议筹备方案、2018年全县政法综治信访维稳禁毒暨平安建设工作会议方案、《关于调整隆德县国有资产经营有限公司法人的请示》《关于调整隆德县融资担保有限公司法人的请示》《关于成立、变更和撤销部分党组和党组织的请示》。

【县委第九次常委会议】 4月29日上午，县委书记袁秉和同志主持召开县委2018年第九次常委会议。会议传达学习：中央八项规定精神和区市有关规定精神以及区市关于深入开展违反中央八项规定精神突出问题专项治理的通知精神、石泰峰同志在自治区扶贫开发领导小组2018年第三次会议上的讲话和自治区扶贫开发领导小组2018年第三次会议纪要精神、听取全县项目建设、环境保护、安全生产、信访工作汇报、赴彭阳县观摩学习基层党建工作情况汇报。研究同意：县政府党组《关于实施乡村振兴战略的意见》及相关议题、《隆德县进一步深化公务用车制度改革实施方案》、《隆德县2018年移民产业发展实施方案》、"十二五"生态移民遗留人员安置资金事宜、《神林乡小城镇建设实施方案和神林乡小城镇建设土地及房屋征收与补偿实施方案》、《陈靳乡小城镇建设实施方案和陈靳乡小城镇建设土地及房屋征收与补偿实施方案》、六盘山工业园区集中供热建设项目事宜、《关于2018年第二批统筹整合财政涉农资金使用计划的请示》《隆德县2018年党的建设工作要点》。

【县委第十次常委会议】 5月11日下午，县委书记袁秉和同志主持召开县委2018年第十次常委会议。会议传达学习：习近平总书记在纪念马克思诞辰200周年大会上的讲话和在中央政治局第五次集体学习时的讲话、孙春兰同志来宁夏调研时的讲话、石泰峰同志来固原调研时的讲话、全区脱贫攻坚突出问题整改推进会、自治区纪委有关通报以及自治区党委专题听取违反中央八项规定精神问题典型案例和发生在群众身边腐败问题典型案例情况汇报会、《关于印发〈固原市党政机关企事业单位工作人员网络行为规范〉的通知》。研究同意：县政府党组《关于隆德县第三敬老院和第二老年活动中心"公建民营"社会化养老运营试点工作实施方案的请示》。

【县委第十一次常委会议】 5月30日上午，县委书记袁秉和同志主持召开县委2018年第十一次常委会议。会议传达学习：全国生态环境保护大会精神和自治区中央环保督查"回头看"工作部署会精神、学习纪峥同志在全区扫黑除恶专项斗争推进会上的讲话。研究同意：《关于加强和改进调查研究工作的意见》《隆德县开展大调研活动实施方案》《隆德县脱贫攻坚领域突出问题整改方案》《开展扶贫领域作风问题专项治理暨"脱贫攻坚作风建设年"活动自查自纠问题整改方案》《隆德县2017年闽宁协作发展资金项目实施方案》《隆德县全面深化城乡社区警务改革实施方案》

《隆德县交巡警合一警务机制改革实施方案》《关于调整发放艰苦边远三类地区津贴的请示》《关于资金事宜的请示》《关于国有建设用地出让事宜的请示》《关于选派干部到福建闽侯县挂职学习锻炼的请示》《关于举办全县乡村振兴与脱贫攻坚专题培训班的请示》；研究干部事宜。

【县委第十二次常委会议】 6月15日下午，县委书记袁秉和同志主持召开县委2018年第十二次常委会议。会议传达学习：习近平总书记关于打赢脱贫攻坚三年行动的重要指示精神、中央纪委《关于六起生态环境损害责任追究典型问题的通报》、区市《关于端午节开斋节期间配合做好中央环境保护督察"回头看"工作有关事宜的通知》、自治区纪委《关于六起扶贫领域腐败和作风问题典型案例的通报》、市纪委《关于端午、开斋节期间坚决落实中央八项规定精神不断巩固专项治理成果的通知》、石泰峰同志在自治区党委网络安全和信息化领导小组第五次会议上的讲话、《中央巡视工作规划2018-2022年》推进会精神和市县（区）党委巡察工作推进会精神、全区第一书记和扶贫开发驻村工作队工作会议精神；听取全县安全生产工作汇报。研究同意：自治区党委第三巡视组巡视隆德县反馈意见整改事宜、《关于进一步加强和改进离退休干部工作的实施意见》、开斋节慰问事宜。

【县委第十三次常委会议】 7月3日上午，县委书记袁秉和同志主持召开县委2018年第十三次常委会议。会议传达学习：《中共中央国务院关于打赢脱贫攻坚三年行动的指导意见》、学习省区市纪检监察工作座谈会精神、自治区党委十二届四次全会、全区产业转型发展推进会；听取县政协关于渝河流域山水林田湖草综合治理项目及县城拆建协调视察情况和法检两院民主监督情况汇报。研究同意：《自治区党委第三巡视组巡视隆德县反馈问题整改方案》《隆德县各级各部门安全生产工作责任清单》《隆德县各级干部安全生产职责清单》《隆德县2018年林下经济发展实施方案》《隆德县深入开展"招商引资年"活动加强产业招商工作实施方案、六盘山工业园区10kV高压输电线路建设项目事宜》《隆德县老城区片区二期土地及房屋征收与补偿实施方案》《关于原上梁卫生院国有资产处置的请示》《关于2018年第三批统筹整合财政涉农资金使用计划的请示》《关于2018年新增地方政府债券项目资金安排的请示》《关于发放2018年开斋节和古尔邦节民族团结奖的请示》《关于发放城镇企业退休人员2018年民族团结奖的请示》《关于六盘山工业园区有关资金事宜的请示》《关于义务教育均衡发展"三个增长"缺口资金安排事宜的请示》《关于县城集中供热2017—2018年度供暖期煤炭差价补贴的请示》《关于资金事宜的请示》《关于城关镇杨店村红色研学基地集体用地事宜的请示》《关于购买自治区级统筹"占补平衡"指标情况的请示》《关于划拨国有建设用地的请示》；研究干部事宜；对近期重点工作进行安排部署。

【县委第十四次常委会议】 7月18日下午，县委书记袁秉和同志主持召开县委2018年第十四次常委会议。会议传达学习：习近平总书记关于禁毒工作重要指示精神及石泰峰同志批示、自治区党委办公厅 人民政府办公厅《关于进一步推动集中解决群众反映强烈的突出问题活动的通知》、自治区纪委《关于6起扶贫领域和作风问题典型案例的通报》、全国组织工作会议、全区集中整顿农村软弱涣散基层党组织暨从严整治党员信教和参与宗教活动问题工作推进会。研究同意：《关于深入推进"三大三强"行动集中整顿农村软弱涣散基层党组织的实施方案》《关于从严整治共产党员信仰宗教和参与宗教活动问题的工作方案》《隆德县2018年效能目标管理考核方案》《隆德县农村人居环境综合整治三年行动实施方案》《隆德县关于加快构建现代公共文化服务体系建设实施方案》《隆德县农村人造花扶贫车间及外放点稳定就业奖励机制（试行）》《隆德县监察委员会向乡镇派驻监察员和聘任村级监督信息员工作办法》《关于推荐科级优秀年轻干部初步人选建议人选的请示》。

【县委第十五次常委会议】 8月3日下午，县委书记袁秉和同志主持召开县委2018年第十五次常委会议。会议传达学习：全区组织工作会议、中央第八巡视组巡视宁夏情况反馈会精神、《自治区党委办公厅关于转发〈中央第八巡视组关于巡视宁夏回族自治区的反馈意见〉的通知》、《自治区党委关于印发〈中央第八巡视组巡视宁夏反馈意见整改落实工作方案〉的通知》、学习咸辉、张超超同志在全区科学技术奖励大会上的讲话、全区网络安全和信息化工作会议精神、《自治区党委办公厅关于印发〈党委（党组）网络安全工作责任制实施细则〉的通知》、全区民族团结进步创建互观互检活动精神、全市重点工作推进会、听取赴上海（北京、天津、河北）等地招商引资情况汇报。研究同意县政府党组相关议题：《隆德县创建全国卫生县城实施方案》、《关于2018年第二批设施农业用地的请示》、《关于依法拆除宁夏日普置业有限公司烂尾工程的请示》、2018年第四批统筹整合财政涉农资金、驻村第一书记和帮扶工作队员补助资金、农业信贷担保风险补偿资金、消防大队训练塔建设及营区场地绿化事宜、资金拨付、陈靳乡中心幼儿园资产划拨、《关于健全隆德县人大讨论决定重大事项制度隆德县政府重大决策出台前向隆德县人大报告的实施意见》。

【县委第十六次常委会议】 8月21日下午，县委书记袁秉和同志主持召开县委2018年第十六次常委会议。会议传达学习：石泰峰同志在国家环境保护督察办公室《环境保护督察简报》专刊（75）"昔日污水横流 今朝碧水绿荫 宁夏渝河整治成效明显"上的批示精神和石泰峰、咸辉同志在银川市委《关于坚决制止果断处置泰瑞制药擅自恢复生产违规行为的报告》批示精神、自治区纪委《关于十二起违反中央八项规定精神典型问题的通报》精神和市纪委《关于古尔邦节期间落实中央八项规定精神进一步纠正"四风"的通知》；听取政府党组关于全县安全生产工作情况汇报、赴盐池县学习考察脱贫攻坚工作情况汇报。研究同意：《中央第八巡视组巡视宁夏反馈意见隆德县整改落实工作方案》《隆德县专项整治中央第八巡视组反馈宁夏脱贫攻坚突出问题实施方案》《隆德县打赢脱贫攻坚战三年行动的分工方案》《关于进一步推进就业扶贫促进贫困人口增收实施细则》《隆德县2018年闽宁对口扶贫协作项目实施方案》《关于宁夏顺通工程有限公司项目临时用地的请示》《隆德县监察委员会向乡镇派驻监察办公室工作实施方案》《关于构建"四联四化"

机制加强城市基层党建工作的实施方案》《关于设立、撤销部分党组和党组织的请示》《中共隆德县第十四届委员会常务委员会工作规则》；研究干部事宜。

【县委第十七次常委会议】 9月10日下午，县委书记袁秉和同志主持召开县委2018年第十七次常委会议。会议传达学习：全国宣传思想工作会议精神、全区生态环境保护大会精神、《自治区党委人民政府关于全面加强生态环境保护》、《市委常委会关于坚定维护以习近平同志为核心的党中央集中统一领导的若干规定》、全市组织工作会议、《中共固原市委员会关于追授马新娟、撒凤虎同志为全市"脱贫攻坚优秀共产党员"称号的决定》、自治区党委第三督查组对隆德县巡视问题整改情况督查反馈意见、同意《县委巡视整改情况报告》、听取自治区60周年大庆相关准备情况汇报。

【县委第十八次常委会议】 10月25日上午，县委书记袁秉和同志主持召开县委2018年第十八次常委会议。会议传达学习：习近平总书记为庆祝宁夏回族自治区成立60周年的题词，中共中央、全国人大常委会、国务院、全国政协、中央军委关于庆祝宁夏回族自治区成立60周年的贺电，汪洋同志在听取自治区工作汇报、庆祝大会上和在固原市座谈会上的讲话精神以及调研隆德县工业园区相关精神、中央第二环保督查组对宁夏开展"回头看"情况反馈会精神、自治区党委十二届五次全会精神、盐池县脱贫退出现场会精神、自治区实施乡村振兴战略暨深化农村改革工作推进会、全区扫黑除恶专项斗争推进会、《自治区党委办公厅关于印发〈自治区党委常委会落实全面从严治党主体责任规定〉的通知》《自治区党委办公厅　人民政府办公厅关于印发〈宁夏回族自治区党政领导干部安全生产责任制实施细则〉的通知》、听取自治区党委第三巡视组反馈问题整改落实情况和反馈意识形态领域问题整改落实情况汇报。研究同意县政府党组相关议题：全县2019年第一批基本建设项目情况汇报、增加城乡居民享受养老保险待遇人员基础养老金事宜、《老城区片区二期土地及房屋征收与补偿补充实施方案》、《关于林业局办公楼拆迁及资产调拨事宜的请示》、《关于拆除原隆德县幼儿园院内危房的请示》、《关于2018年新增地方政府专项债券项目资金安排事宜的请示》、《关于宁夏天鸿食品有限公司等8家企业稳岗补贴及奖励的请示》、《关于增加公安辅警工资待遇事宜的请示》、《关于发放2018年未休年休假工资报酬事宜的请示》、《关于六盘山工业园区有关资金事宜的请示》、《关于资金事宜的请示》；研究干部事宜。

【县委第十九次常委会议】 11月9日上午，县委书记袁秉和同志主持召开县委2018年第十九次常委会议。会议传达学习：全区宣传思想工作会议精神、许传智和盛荣华同志在十二届自治区党委第四轮巡视工作动员部署会上的讲话、听取自治区党委第三巡视组巡视反馈问题整改落实情况汇报、自治区纪委《关于焦连新违纪违法案件的通报》、《关于八起违反中央八项规定精神典型问题的通报》、《关于六起扶贫领域形式主义官僚主义问题典型案例的通报》、学习全市扫黑除恶专项斗争推进会。研究同意县政府党组相关议题：《隆德县人民政府重大决策出台前向县人民代表大会常务委员会报告工作制度》《隆德县2019年农业特色产业转型升级实施方案》《农村集体产权制度改革试点工作相关制度及办法》《县委书记、副书记和常委工作分工》；研究干部事宜。

【县委第二十次常委会议】 11月27日上午，县委书记袁秉和同志主持召开县委2018年第二十次常委会议。会议传达学习：《中共中央办公厅印发〈关于规范党政领导干部接受国际奖励和国内民间奖励的意见（试行）〉的通知》、全区教育大会和全区"互联网＋教育"示范区建设启动大会精神、听取赴广西（广东、重庆）等地招商引资情况汇报。研究同意县政府党组相关议题：《隆德县2019年重点项目建设责任分工实施方案》汇报、《隆德县本级事业单位公务用车制度改革实施意见》《隆德县政府投资项目管理和责任追究办法》《隆德县"四个一"林草产业发展暨大果榛子产业示范项目合作协议》《隆德经好水至兴隆公路建设项目实施方案》《关于2018年农村人居环境整治以奖代补资金预算指标分配事宜的请示》《关于聚能广场商业门店回购事宜的请示》《关于2018年第六批统筹整合财政涉农资金使用计划的请示》《关于资金事宜的请示》、宁夏黄土地有限公司农业产品加工二期项目建设合同和工业园区5家入园企业项目建设合同、《关于2018年第四批设施农业用地的请示》《关于划拨国有建设用地的请示》《关于全县新时代新担当新作为先进典型人选初步建议人选的请示》《县委常委会落实全面从严治党主体责任的意见》《关于组建隆德县退役军人事务机构筹备组的请示》。

【县委第二十一次常委会议】 12月17日上午，县委书记袁秉和同志主持召开县委2018年第二十一次常委会议。会议传达学习：习近平总书记在中共中央政治局第十次集体学习时重要讲话、《自治区党委办公厅印发〈关于加强和改进人民政协民主监督工作的实施意见〉的通知》、全区扶贫领域腐败和作风问题专项治理工作例会暨加强扫黑除恶监督执纪问责工作推进会、听取全县意识形态工作责任制落实情况及全县新时代农（市）民讲习所建设和讲习活动开展情况汇报。研究同意：《中共隆德县委员会关于加强和规范党务公开工作实施意见（试行）》、听取全县2018年国民经济和社会发展计划指标完成情况及2019年国民经济和社会发展计划指标确定的汇报、《隆德县农村客运班线兼并改制实施公交化运营工作方案》《关于危房改造补助资金的请示》《关于划拨及挂牌出让国有建设用地的请示》《关于协议收回隆德县国鑫房地产开发有限公司未开发土地使用权的请示》、干部事宜。

【县委第二十二次常委会议】 12月25日下午，县委书记袁秉和同志主持召开县委2018年第二十二次常委会议。会议传达学习：《中共中央办公厅　国务院办公厅关于做好2019年元旦春节期间有关工作的通知》《中共中央办公厅　国务院办公厅转发〈中央农办、农业农村部、国家发展改革委关于深入学习浙江"千村示范、万村整治"工程经验扎实推进农村人居环境整治工作的报告〉的通知》、市纪委《关于重申中央八项规定和实施细则精神进一步严明纪律规矩的通知》；听取"四个年"活动开展情况汇报、全县2018年脱贫攻坚成效考核工作进展情况汇报。讨论研究同意：《中共隆德县委十四届四次全体（扩大）会议工作报告（讨论稿）》《中共隆德县委2019年工作要点（讨论稿）》《隆德县2019年元旦、春节"非遗过大年文化进万家"活动实施方案》《隆德县农村环境卫生网格化管理办法》《关于2018年金融扶贫示范村建设资金的请示》《关于农村环境整治资金的请示》《关于资金事宜的请示》《关于县城文博路回购事宜的请示》《关于全县行政事业单位等2018—2019年采暖季取暖费差额补贴的请示》《关于杨俊杰征迁补偿资金的请示》《隆德县六盘山工业园区优化提升和改革创新工作方案》《关于2018年转业士官安置事宜的请示》《隆德书院运营合作协议》《隆德县机构改革方案》《中共隆德县委十四届四次全体（扩大）会议方案》。

全面深化改革领导小组会议

【第一次会议】 3月20日上午，县委书记、县全面深化改革领导小组组长袁秉和同志主持召开县全面深化改革领导小组会议。会议传达学习中央及区、市全面深化改革领导小组相关会议和文件精神、审议同意：《隆德县全面深化改革领导小组2018年工作要点》《隆德县全面深化改革督察实施办法（试行）》《隆德县全面深化改革领导小组工作规则》。

【第二次会议】 4月27日下午，县委书记、县全面深化改革领导小组组长袁秉和同志主持召开县全面深化改革领导小组会议。会议传达学习中央及区、市全面深化改革领导小组相关会议和文件精神；听取政府办、发改局、财政局、农牧局、林业局、水务局、卫计局等单位牵头的重点改革任务进展情况。

【第三次会议】 6月1日下午，县委书记、县全面深化改革领导小组组长袁秉和同志主持召开县全面深化改革领导小组会议。会议传达学习中央全面深化改革委员会第二次会议和固原市全面深化改革领导小组第十一次会议精神、审议同意《隆德县贯彻落实党的十九大报告重要改革举措分工方案》《县委关于开展庆祝改革开放40周年活动的通知》、听取部分改革任务进展情况汇报。

【第四次会议】 8月10日下午，县委书记、县全面深化改革领导小组组长袁秉和同志主持召开县全面深化改革领导小组会议。会议传达学习中央全面深化改革委员会第三次会议、自治区全面深化改革领导小组第三十次会议精神及自治区全面深化改革调研督察固原片区改革办主任座谈会、通报全县全面深化改革督察情况、听取部分改革任务进展情况汇报。

【第五次会议】 10月8日下午，县委书记、县全面深化改革领导小组组长袁秉和同志主持召开县全面深化改革领导小组会议。会议传达学习相关会议精神、通报全县全面深化改革任务进展情况、部分改革任务进展情况汇报。

【第六次会议】 11月23日下午，县委书记、县全面深化改革领导小组组长袁秉和同志主持召开县全面深化改革领导小组会议。会议传达学习中央全面深化改革委员会第五次会议精神、自治区党委全面深化改革委员会第一次会议精神及全国集体产权制度改革试点推进会议精神、听取部分改革任务进展情况汇报、构建共建共治共享的社会治理机制、完善金融扶贫机制等8项改革任务进展情况汇报。

扶贫领导小组会议

【第一次会议】 4月17日，县委书记、县扶贫领导小组组长袁秉和主持召开隆德县扶贫领导小组会议。会议传达学习：中央第八巡视组副组长马海滨在宁夏回族自治区脱贫攻坚工作汇报会上的讲话精神、《关于中央第八巡视组宁夏脱贫攻坚专题汇报会反馈问题整改方案的说明》，听取13个乡（镇）和教体、农牧、水务等部门"十项清零行动"第一阶段工作进展及梳理问题情况的汇报、会议安排部署下一阶段"十项清零行动"。

【第二次会议】 4月27日，县委书记、县扶贫领导小组组长袁秉和主持召开隆德县扶贫领导小组会议。会议传达学习自治区扶贫开发领导小组第三次会议精神，审定同意《隆德县脱贫攻坚"十项清零行动"申请表和验收单》，听取教体局义务教育阶段控辍保学、扶贫办移民迁出区房屋拆除和扶贫领域作风建设年工作汇报，部署安排脱贫攻坚"十项清零行动"重点工作。

【第三次会议】 5月13日，县委书记、县扶贫领导小组组长袁秉和主持召开隆德县扶贫领导小组会议。会议听取各乡镇农村户籍人口核查、"十项清零行动"开展、移民迁出区房屋拆除、危房改造等工作开展情况汇报；相关部门"十项清零"工作进展情况汇报；安排部署脱贫攻坚"十项清零行动"重点工作。

【第四次会议】 5月25日，县委书记、县扶贫领导小组组长袁秉和主持召开隆德县扶贫领导小组会议。会议听取各乡镇5月13日扶贫领导小组会议安排工作落实情况汇报；县委组织部扶贫干部培训进展情况、县扶贫办移民迁出区房屋拆除情况、县住建局危房改造情况、县农牧局产业扶贫组和贫困村经济合作组织工作进展情况、县卫计局健康扶贫政策落实情况、县交通局行政村通客车情况等工作汇报；安排部署脱贫攻坚重点工作。

【第五次会议】 6月16日，县委书记、县扶贫领导小组组长袁秉和主持召开隆德县扶贫领导小组会议。会议听取各乡镇"十项清零行动"中未完成或未验收项目及原因、"四类人员"户籍摸底情况汇报；县扶贫办"十项清零行动"进展和移民迁出区房屋拆除督查、县住建局危房改造、县水务局自来水入户、县教体局控辍保学、县公安局农村户籍人口核查等工作情况汇报；安排部署脱贫攻坚重点工作。

【第六次会议】 7月6日，县委书记、县扶贫领导小组组长袁秉和主持召开隆德县扶贫领导小组会议。会议传达学习《中共中央国务院关于打赢脱贫攻坚三年行动的指导意见》、固原市扶贫领导小组第四次会议精神和自治区党委常委、固原市委书记张柱同志在《自治区党委督查室督办函（宁党督〔2018〕8-2号）》上的批示精神；听取各乡镇"十项清零行动"完成、未脱贫户信息对比、移民迁出区房屋拆除等工作情况汇报；县扶贫办"十项清零行动"督查反馈问题整改、移民迁出区房屋拆除、全县未脱贫户信息对比等工作情况汇报；县公安局"四类人员"户籍核销核转情况汇报；县人社局农村公益性岗位安置及调整情况汇报；县林业局生态护林员情况汇报；县住建局危房改造及杨河乡、张程乡危房改造中未达到住房条件房屋整改情况汇报；县农牧局基础母牛补栏进展及存在问题情况汇报；安排部署脱贫攻坚重点工作。

【第七次会议】 8月31日，县委书记、县扶贫领导小组组长袁秉和主持召开隆德县扶贫领导小组会议。会议传达学习自治区党委、政府关于《打赢脱贫攻坚战三年行动实施方案》文件精神，听取各乡（镇）、部门（单位）扶贫工作的汇报。

【第八次会议】 10月31日，县委书记、县扶贫领导小组组长袁秉和主持召开隆德县扶贫领导小组会议。会议听取各乡（镇）就如何确保脱贫退出程序、环境、逻辑关系不出现纰漏、确保扶贫人员对贫困户情况了如指掌、确保各项扶贫政策全面准确落实到位不出现颠覆性错误等情况的工作汇报。

【第九次会议】 11月20日，县委书记、县扶贫领导小组组长袁秉和主持召开隆德县扶贫领导小组会议。会议通报全县脱贫退出自查自验自评工作督查情况，提出工作中存在的问题及意见建议；全县脱贫退出自查自验自评工作完成情况及问题整改情况，并对脱贫退出复查复核问题开展情况做出说明；听取各乡（镇）、相关部门（单位）自查自验自评工作汇报。

【第十次会议】 12月7日，县委书记、县扶贫领导小组组长袁秉和主持召开隆德县扶贫领导小组会议。会议听取各乡（镇）针对贫困村出列市级复查复审反馈问题怎么看、怎么办工作汇报，通报贫困村出列市级复查复审反馈问题，研究脱贫攻坚查漏补缺"回头看"工作及隆德县脱贫退出主要指标完成情况。

【第十一次会议】 12月26日，县委书记、县扶贫领导小组组长袁秉和主持召开隆德县扶贫领导小组会议。会议听取环境卫生极差户整治情况汇报，各乡镇责任落实情况汇报，相关部门（单位）政策落实情况汇报以及工作落实情况汇报。

纪检监察

【监察改革】 贯彻落实监察体制改革决策部署，完成县监察委员会组建和人员转隶，共划转编制9人，转隶干部4名，全县监察对象由原来的999人增加到3231人，增长227%。落实合署办公要求，设置机构7个，执纪监督部门占比达86%，优化职能，扩充人员力量，完善运行机制。推进纪法贯通、法法衔接，制定出台《隆德县纪委监委执纪监督监察办法》等规章制度，制作工作流程图6个、常用文书61项。建立执纪监督、审查调查、案件审理相互协调、相互制约工作机制，共查处职务违法犯罪3件5人。将派驻纪检组统一更名为派驻纪检监察组，在全市率先试行监察职能向基层延伸，向13个乡镇派出监察办公室，授予部分监察职能，在98个行政村选聘村级监督信息员。

【巡视巡察】 县纪检监察机关配合巡视组工作，

对巡视组转办的问题线索实行清单式、台账式管理，按照"快报告、快处置、快查办、快结案"的原则，办结中央第八巡视组移交信访举报件10件、自治区第三巡视组移交信访举报件70件，共处理41人，给予党纪政务处分12人。从严从实抓巡视组反馈问题整改工作，成立县纪委监委巡视整改工作领导小组，研究制定整改工作方案，对移交反馈的问题，逐项逐条制定整改措施，建立台账，实行销号管理，压茬推进整改任务落实。将巡视反馈问题整改列入重点督查事项，对各单位整改落实情况逐条逐项进行督查，成立县委巡察工作领导小组办公室，配齐人员及办公设备，制定《中共隆德县委巡察工作实施办法（试行）》《中共隆德县委巡察工作规划（2017—2021）》等35项制度，开展三轮巡察，完成8个乡镇、10个部门、2个国企党组织巡察工作，共发现问题256个，移交问题线索26件。

【管党治党】 县委落实全面从严治党主体责任，县委常委会19次研究党风廉政建设和反腐败工作，建立完善全面从严治党"三个清单"，制定《2018年隆德县全面从严治党党风廉政建设和反腐败重要任务分工》，班子成员带头落实"一岗双责"。纪委履行监督专责，对全县各级党组织党内政治生活状况、党的路线方针政策、民主集中制等执行情况全面检查，共查处"两个责任"落实不力问题6起，问责处理14人。严把政治关、廉洁关、形象关，回复党风廉政意见719人次，建立副科级以上领导干部廉政档案409份。

【作风建设】 强化监督第一职责，落实中央八项规定及其实施细则精神，把隐形变异"四风"问题作为监督执纪和审查调查的重点，全县共查处违反中央八项规定精神问题6起，问责处理15人，处分5人，通报曝光1起1人。针对公务接待、公款吃喝等5个方面的突出问题，开展违反中央八项规定精神突出问题专项治理，全县共自查清退违规费用99.6万元，腾退办公用房99间2.3平方米，教育处理干部540人，党纪政务处分3人，党员干部自我约束的"发条"越拧越紧，公款姓"公"、一分都不能乱花的观念深入人心。开展"干部作风转变年"活动，解决形式主义、官僚主义、脱贫攻坚工作作风不细不实等突出问题，共查找全县领导干部问题1345条，制定整改措施1824条，已整改问题1252条，其余93条问题正在整改。

【惩治腐败】 发挥反腐败案件查处协调领导小组作用，坚持无禁区、全覆盖、零容忍、重遏制、强高压、长震慑，坚持受贿行贿一起查，聚焦重点人群、重点领域和关键环节，践行"四种形态"精准有力惩处腐败。共受理信访举报134件、处置问题线索120件、立案39件50人、党纪政务处分43人，与去年相比分别增长18.6%、46.3%、39.3%、50%。严格执行《监察法》和监督执纪规则，落实问题线索、审查调查方案、审理处置意见集体研究和请示报告制度，依规依纪依法履职。建成13个乡镇纪委标准化谈话室，安全文明办案，创新案件审理"四递进"。开展"抵制腐败·共享和谐"警示教育系列活动中有1名干部向纪委监委主动交代问题，争取宽大处理。组织乡村干部旁听3起职务违法犯罪案件审判，接受警示教育，引导党员干部筑牢防线、守住底线、不碰红线。

【专项治理】 开展扶贫领域腐败和作风问题专项治理，制定《隆德县2018—2020开展扶贫领域腐败和作风问题专项治理实施方案》，印发2018年工作安排，建立完善工作例会、工作月报、线索排查、直查直办、通报曝光、联动协调"六项工作机制"，发放便民监督卡1.5万张，开通"清风隆德"微信公众号，拓宽群众信访举报渠道。围绕"重点人"和"重点事"，紧盯"关键少数"、重点领域、重点问题，落实"三个精准"措施，共受理扶贫领域腐败和作风问题线索52件、立案13件、处分28人，通报曝光典型案例4起。发挥"331"监管平台作用。把扫黑除恶和反腐败斗争结合起来，发放"隆德县纪委监委扫黑除恶专项斗争受理范围明白卡"3万张，与政法机关建立双向移送机制，向政法机关移送疑似涉黑问题线索1件，深挖细查涉黑涉恶腐败及黑恶势力背后的"保护伞"。

【自身建设】 开展"两学一做"学习教育常态化制度化，严肃党内政治生活，带头执行党纪党规。加强机关党建工作，推进"三强九严"工程，发挥党支部战斗堡垒作用。重视常委会自身建设，制定出台纪委常委会、监察委员会工作规则，建立执纪监督和审查调查专题会议制度。召开"月例会"、外出培训、以案代训等方式，全年培训干部600余人次。健全完善干部考勤等8项规章制度，强化内部管理监督。

组织工作

【干部队伍建设】 选准用顺干部强班子。制定出台《隆德县委管理干部任免工作流程（试行）》《关于进一步激励广大干部新时代新担当新作为的实施方案》《关于培养选拔百名优秀年轻干部的实施方案》《关于进一步加强女干部、少数民族干部和党外干部培养选拔工作的意见》《关于进一步加强对退出领导岗位干部管理的实施意见》，完善干部选培制度体系。全年共调整干部72人（其中提拔21人，调整交流51人），整改消化超职数配备干部4人，交流干部占调整干部总数的70.8%。补齐干部能力素质短板。配合区、市党委组织部做好170余名干部选派调训工作，发挥张程乡"三同"实践锻炼基地，协助参加区、市委党校主体班三批150余人；对全县副科级以上干部、党务工作者、宣传干部、扶贫领域等干部举办专题培训班22期，受训人员达3000余人次；分批次对乡镇党委书记、组织委员、县直部门（单位）党委（党组）书记、第一书记、村党组织书记进行党建业务知识考试，促业务能力提升；选派7名年轻干部"外挂"提升、69名干部"下挂"蹲苗、23名"上挂"锻炼，在实践实干中增长才干。强化干部监督管理。严格执行干部选拔任用政策法规，贯彻落实"带病提拔"干部选拔任用过程倒查为载体。结合巡视反馈问题整改工作，分别对4名县直部门（单位）一把手、1名分管负责同志和1名工作人员进行约谈，责令向县委和所在部门党组作出书面检查。加强在职和离退休干部出入境证件集中收缴管理工作，收缴因公因私出入境证件392本。按期做好干部人事档案专项审核与数字化建设工作，从源头杜绝入档材料不规范、涂改、造假等情况。关心关爱激发干部担当作为。向区、市党委组织部推荐以陈国栋、冶文军同志为代表的新时代新担当新作为先进典型14人，在全县范围内推选19名科级干部、村（社区）党支部书记、第一书记作为先进典型进行推广宣传。落实公务员职务与职级并行制度。关心爱护基层一线年轻干部，对全县驻村第一书记、工作队员按照标准落实补助待遇和乡镇补贴。

【基层党建】 开展农村党建"6322"工程。强化政治功能，落实六项基本制度。紧抓"三会一课"、主题党日、组织生活会、党员发展、党费收缴、流动党员管理等六项基本党建制度落实，将"三会一课"制度与"主题党日"统筹安排，结合整顿整治工作，开展流动党员、发展党员自查工作，做到一月一主题，一季度一安排，从源头做好监督管理，做到每月有主题、有安排。七一前后以"进村联户办实事"为主题，组织全体党员围绕"悟初心、守初心、践初心"开展大讨论，并进村入户开展调研走访慰问等活动。8月份以"入党为什么、在党干什么、如何做合格党员"为主题，开展集中学习与交流讨论，引导全体党员认真思考如何做合格党员，如何发挥先锋模范作用。9月份以"专题学习习近平总书记来宁视察重要讲话精神"为主题，开展集中学习与交流讨论。10月份以"不准共产党员信仰宗教和参与宗教活动"为主题召开专题组织生活会。建强基层组织，开展"三大三强"行动。坚持大投入，实现强保障。按照标准拨付为民服务资金505万元、村级办公经费495万元；对星级评定为0至5星级的村级党组织按照上年度农民人均可支配收入的2.5倍、3倍、3.5倍、4倍、4.5倍、5倍发放村干部报酬待遇，对32名任职满20年的村干部按照标准及时发放补贴；联合财政局对全县经费拨付及使用情况进行督查，确保基本经费足额保障到位。新建和改扩建村级组织活动场所17个、修缮粉刷村级活动场所30个，全县99个村级活动场所全部达200m²以上。坚持大培训，实现强素质。把教育培训作为提升村干部特别是村党组织带头人工作能力和综合素质的重要举措，将村干部教育培训纳入全县干部教育培训计划。采取"走出去"与"请进来"相结合的方式，加大培训力度，增强干部能力素质。6月25日，组织各乡镇党委书记与部分扶贫干部50人在贵州省赤水市委党校学习为期5天的乡村振兴与脱贫攻坚专题培训班。组织第一书记、村干部及帮扶责任人参加区、市培训班4期共220人次，举办县级培训6期4100人次，使第一书记、帮扶责任人、村干部培训全覆盖。坚持大选拔，实现强班子。加强农村党组织带头人队伍建设，培养储备村级后备干部264名，确保每个行政村有2至3名后备干部；按照每村不少于5人标准配备村干部，新配备、调整28名村党支部副书记、副主任；因村制定《关于进一步选优配强村党组织书记工作实施方案》，从乡镇干部中调整更换村党组织书记8名，主任1名。加强对第一书记和驻村帮扶工作队的考核管理，实行季度督查通报制度，共通报第一书记21人次，调整撤换第一书记15名。强化激励监督，开展"双评双定"活动。在第一、二季度亮"黄星"的基础上，第三季度对被区、市通报批评及村"两委"班子成员出现违规违纪行为的6个基层党组织亮"黄星"。对因违规违纪受到处分、长期外出务工且不参加组织生活又不向党组织汇报、移民搬迁后不主动接转组织关系又不参加组织生活及符合"十项否决"标准或其他情形的86名党员亮"黄星"，正向激励反向监督作用凸显。全县共亮"黄星"基层党组织24个，亮"黄星"党员695名。聚焦引领脱贫富民，加强"两个带头人"队伍建设。围绕特色产业发展，做好农村致富带头人"扩面""提质""增效"文章，扩大和拓展农村"两个带头人"的数量和范围，全县共培育致富带头人1051名。依托厦门大学开展外出"取经培训"60人，依托县委党校培训300多人次。推进机关党建"三强九严"工程。开展专题督查。每半年对全县各机关党支部党建工作全面督导1次，针对"三会一课"、主题党日、党费收缴、"双评双定"等基本制度落实情况，共督查出32个党支部存在的问题162条，建立整改清单。对督查出的问题建立整改清单，明确整改要求、责任人及整改时限，加强督查问题整改落实。加大问责力度。对32个存在问题的党支部在全县范围内予以通报批评，将巡视整改与督查整改结合，对自治区党委巡视组反馈的党建责任不落实、整改不力的5名党组织负责人予以问责。结合县直有关部门党组和党组织建设实际，新设立党组7个，撤销党委2个，明确党组性质的党委3个，调整配备党组书记及班子成员19名。构建城市党建"四联四化"机制。印发《关于构建"四联四化"机制加强城市基层党建工作的实施方案》，在西苑、峰台等10个城市社区组建"联合党委"，全面推进在职党员到社区报到服务群众工作。组织10个社区党组织书记到银川市、吴忠市等地观摩学习。加强社区服务阵地建设，辖区共驻共建单位党员和社区全体党员共同参与的区域化党建工作格局。抓好非公和社会组织"两个覆盖"工作。指导成立工业园区党群工作部，全面排查撤销全县非公企业"空壳"党组织22个，调整正式党员不足3人的党组织29个；撤销社会组织"空壳"党组织8个，调整正式党员不足3人的社会组织党组织10个，撤销挂靠在村党支部的村级发展资金互助社、信用等级评级协会、用水协会等党组织136个（覆盖社会组织225个），解决非公企业和社会组织党组织"空壳"现象，全县非公企业和社会组织党组织覆盖率分别达83%、80%。

【人才工作】利用隆德党建网发布学习宣传贯彻落实自治区《关于实施人才强区工程助推创新驱动发展战略的意见》和固原市《关于进一步深化人才工作改革发展助推打好创新驱动攻坚战的实施意见》精神，结合实际制定《关于加快人才工作改革发展实施人才强县战略的实施意见》，印发《关于明确县委政府部门及其他单位人才队伍建设职责任务的通知》和《人才政策"八进"宣传落实活动实施方案》，明确县党政职能部门和企事业单位人才工作的职责和任务分工，扩大区、市、县重大人才政策、重要人才文件的知晓率和覆盖面。依托特色产业培育本土人才，围绕草畜、冷凉蔬菜、中药材、全域旅游、林下经济等产业，实施产业链人才建设工程；依托园区培育产业人才，把农民培育成产业工人；依托非遗马社火、魏氏砖雕、杨氏泥塑等非遗文化，培育文化人才；依托25个"扶贫车间"吸引附近1300多名农民就业，其中建档立卡贫困户400余人，以车间课堂为载体，打造农村实用人才培训创业示范基地，通过各项人才工作措施推动乡村人才振兴。完成创业培训235人次，劳动力素质提升培训3期179人次，优秀农村实用人才拓展培训18人次（其中电商培训8人，种养殖业培训10人）。全面完成人才项目建设，完成特色优势产业人才培育项目申报，已通过自治区审批，完成自治区第14批"基层之光"研修选派工作。对2014年以来隆德县实施的区市人才项目进展情况开展自查自评，针对项目资金使用管理情况进行审计。

【整顿整治】 提高政治站位抓整顿整治工作。县委常委会专题学习传达区市会议精神，研究下发实施方案，成立县委书记任组长、副书记任副组长、县委分管领导和各乡镇党委书记为成员的全县整顿整治工作领导小组，召开全县整顿整治工作推进会，乡镇、县直部门（单位）、村（社区）等基层党组织层层召开专题会议安排部署，县级包抓领导到村指导召开整顿整治工作部署动员会，明确整顿整治工作步骤、方法及相关责任。对确定为软弱涣散的基层党组织成立19个专项整顿整治工作小组，由县级领导担任组长、乡镇党委书记担任副组长、乡镇包村领导和村第一书记担任组员，负责各村整顿整治工作。县委成立由县级领导任组长的3个督导组，按照片区划分督导单位，开展两次全面督查。从严从实抓整顿整治工作。根据精准摸排，细化排查工作的开展程序及注意事项，抽调相关人员成立4个自查排摸工作组，按照共产党员参与宗教活动行为表现，坚持"两个全覆盖"，对全县23个党（工）委下设党支部全覆盖，每个党支部所有党员全覆盖。确定集中整顿重点对象19个，查摆问题，制定软弱涣散村党组织问题清单。精准帮教，为全县摸排出有信仰宗教或参与宗教活动党员的党支部建立教育转化工作台账，逐人建档。对建立整改台账的党员，由乡镇班子成员、包村干部、第一书记、村组干部，结成"一对一""多对一"或"一对多"帮教对子，开展帮扶工作。确保整顿整治工作成效。把整顿整治工作与加强班子建设结合起来，调整2个软弱涣散村党组织书记，督促第一书记积极履行"五大员"职责，加强对村后备力量的培养和管理。把整顿整治工作与提高党员干部素质结合起来，组织19个软弱涣散村党组织书记、村主任、第一书记参加区、市专题培训班，对全县所有软弱涣散村培训工作达到全覆盖。把整顿整治工作与加强党员监督管理结合起来。以"双评双定"活动为抓手，使得基层党组织严格落实组织生活制度，将党员信仰宗教和参与宗教活动作为党组织"评星定级"和党员"评星定格"反向监督内容之一，强化党员教育管理，提高党员党性意识。把整顿整治工作与健全基本制度结合起来。建立党员信仰宗教和参与宗教活动季度排查报告机制，实行申请朝觐人员资格联审联控，审核出申请朝觐共产党员30名，积极开展谈心谈话和批评教育，30名申请朝觐党员已全部向党组织作出检查，主动撤回朝觐申请，并签订不再信仰宗教和参与宗教活动承诺书。全县117名信仰宗教或参与宗教活动党员已初步得到转化，正在建立完善长效机制。把整顿整治工作与脱贫攻坚乡村振兴结合起来。以实施"6322"工程抓党建促脱贫攻坚促乡村振兴，推动基本党建制度落实，夯实农村基层党建工作基础。

宣传工作

【新时代农民讲习所】 探索建立新时代农民讲习所，围绕"为啥讲？给谁讲？讲什么？怎样讲？"的问题，研究制定讲习所建设方案、管理制度、考核办法等8个配套性文件，细化任务分工，制定责任清单，明确19个县直部门职责，落实48项工作任务。依托村党员活动室、文化活动室、村综合文化服务中心、闲置校舍等活动场所，在全县99个行政村、10个城市社区全部建立有场地、有机构、有师资、有标识、有制度、有设备、有资料、有管理员的"八有"新时代农民讲习所。建立覆盖县乡村的三级五类20支426人的讲习员队伍。制定讲习指导清单，编印《党的十九大精神宣讲手册》《乡村振兴战略解读》《怎样做一个新时代农民》《怎样做一个文明的人》等14种讲习教材，开展思想政治、民主法治、社会主义核心价值观、民族团结进步、社会主义先进文化"五项教育"和惠民政策、实用技能"两项培训"，让党的创新理论"飞入寻常百姓家"。通过乡镇党委书记讲理论、部门负责人讲政策、业务骨干讲实用技术、道德模范讲正能量、致富能人讲经验，常态化开展理论讲习、政策解读、乡间夜校、专技学堂、田园课堂、身边人讲身边事、文艺宣讲、现场云直播8项讲习活动，全县共开展各类讲习活动600余场次，培训教育群众2.6万余人。10月30日，县委书记袁秉和同志代表隆德县在全区宣传思想工作会议上作了题为"办好新时代农民讲习所 为打赢脱贫攻坚战凝魂聚力"的交流发言。

【理论武装】 把学习贯彻习近平新时代中国特色社会主义思想和党的十九大精神作为首要政治任务，在学懂弄通做实上下功夫。抓中心组学习：制定《隆德县委中心组2018年理论学习安排》《2018年全县各级党委（党组）理论学习中心组学习安排》《关于2018年隆德县干部理论学习的意见》等文件，指导推动全县各级党委（党组）理论中心组理论学习。把集体学习和研讨发言结合起来，明确学习主题，组织县委中心组成员围绕主题开展研讨发言。共开展县委中心组集体学习13次，集体研讨4次。抓党员干部学习：坚持开展干部素质提升活动，围绕全县重点工作，把集体学习、专题讲座、专题研讨和个人自学等有机结合，通过开展大调研、大讨论和"月读一书"等活动，抓实抓细党员干部的学习教育，使习近平新时代中国特色社会主义思想和马克思主义民族观、宗教观深入人心。举办各类专题辅导培训班19期5264人次，开展各类宣讲600余场次，受教育群众2.6万余人次。在五一、七一、八一、十一等节日庆典，组织全县领导干部参加升国旗爱国教育，通过国旗下演讲等形式，教育引导全县广大党员干部进一步树立"四个意识"，坚定"四个自信"。

【舆论引导】 结合庆祝改革开放40周年和自治区成立60周年各项工作，联系中央和区、市主流媒体，以宣传全县经济社会发展取得的成就为重点，对接做好"砥砺奋进六十年——全国主流媒体宁夏行""网络达人浪固原"等大型主题采访活动，展示隆德人民形象，提升隆德人民的自豪感幸福感。共在中央及区、市新闻媒体刊发新闻稿件450篇（条），其中央视宣传报道13篇（条），新华社8篇（条），人民日报5篇（条），宁夏日报29篇（条），固原日报53篇（条），其他各级各类媒体342篇（条）。发挥县电视台、"隆德发布"等主流媒体舆论引导作用，组织县级媒体深入基层，深度报道全县在脱贫攻坚、生态环保、经济建设、社会发展等方面取得的突出成就和先进经验，为全面建成小康社会统一思想，凝聚共识，凝聚民心。县广播电视台推出"脱贫攻坚进行时"、"整治城乡环境共建美丽家园"、"环境保护回头看"等主题报道、系列报道、深度报道和重点报道，《隆德新闻》播出稿件1200多条，其中民生新闻报道520多条，《脱贫攻坚进行时》《奋进新时代》《直击现场》《科普在你身边》四档自办栏目播出60多档。隆德发布推送信息277期，隆德政务网推送信息1200余篇（条）。

【意识形态】 严格落实党委（党组）意识形态工作责任制和网络意识形态工作责任制，县委常委会议专题研究意识形态工作2次，召开意识形态联席会议2次，召开全县意识形态工作汇报会，听取相关乡镇、部门意识形态工作汇报，安排全县意识形态工作。印发《2018年全县意识形态工作安排意见》，对全县意识形态工作进行总体安排部署。签订《2018年度党委（党组）意识形态工作责任书》，落实班子成员"一岗双责"，明确工作职责，落实工作任务。做好中央和自治区党委巡视组巡视发现问题整改落实工作，制定整改方案，明确整改时限，开展整改落实专项检查。

【乡风文明建设】 制定《"推动移风易俗 弘扬时代新风"主题宣传报道方案》，依托电视、广播、微博、微信、文化墙、宣传大牌、文化广场、群众舞台等宣传平台，通过刊播移风易俗先进典型、发放倡议书、绘制移风易俗文化墙、举办"农村民俗文化节"、"三下乡"等形式将移风易俗新理念、新知识、新思想传播到农村各个角落。指导各行政村完善村规民约，健全"四会"组织工作台账、会议记录、议事流程、四会章程等内业资料。把集中整治高价彩礼作为民风建设重点工作，制定出台《隆德县倡导移风易俗整治高价彩礼助力脱贫攻坚暂行规定》，建立红白事"三书一表"（移风易俗倡议书、承诺书、函告书、婚丧事宜登记表），使高价彩礼、大操大办等陈规陋习从根本上可管可控，杜绝因婚返贫致贫隐患。印发《关于开展民风建设示范村、移风易俗模范户评选活动的通知》，开展民风建设示范村、移风易俗模范户等典型选树活动，教育引导群众自觉抵制高价彩礼、大操大办、铺张浪费、不赡养老人、争当贫困户等陈规陋习和错误思想，树立正确的价值观、人生观。各乡镇推荐上报民风建设示范村40余个、移风易俗模范户150余户。发挥文化文艺宣传教育功能，举办城关镇道德模范颁奖晚会、移风易俗文艺晚会等5场（次），自助编排《彩礼！彩礼！彩礼！》等文艺节目4个，举办"礼说鹊桥美·情定笼竿城"隆德县移风易俗老巷子传统汉式集体婚礼，教育引导广大群众抵制高价彩礼，自觉移风易俗。制定《关于深入推进移风易俗做好对行政村"过筛子"工作的实施方案》，针对民风建设中存在的问题，逐村摸排、逐项督查、限时整改，健全体制机制，完善工作方法，推动民风建设纵深发展。

【社会主义核心价值观培育践行】 持续推进社会主义核心价值观"六进"活动，通过文化广场、文化墙、宣传大牌、宣传橱窗、雕塑彩绘、公交站牌等载体打造一批社会主义核心价值观宣传阵地，使休闲场所、文化广场、道路站牌等成为教育引导群众自觉践行社会主义核心价值观的宣传阵地。共打造社会主义核心价值观主题街道2条、主题公园1座、主题广场1处，县城区域公益广告实现全覆盖。印发《关于开展2018年度身边好人评选工作的通知》《关于开展"新时代好少年"学习宣传活动的通知》等文件，以"道德讲堂""善行义举四德榜""新时代农民讲习所"通过电视广播、微博微信为平台，做好宣传报道工作，引导全县干部群众自觉践行社会主义核心价值观，助推乡风文明建设，营造崇德向善的良好风尚。全县开展"自治区60周年感动宁夏人物""美德少年""身边好人"等先进典型选树活动，评选推荐"身边好人"110余人，其中评选产生"中国好人"1人、"新时代好少年"1人、"自治区60周年感动宁夏人物"1人、自治区"美德少年"1人。

【网络监管】 紧盯改革开放40周年和自治区成立60周年等重大时间节点，派专人负责网络舆情监测和处置工作，建立以各乡镇、各部门（单位）分管领导、专职（兼职）宣传员为主的全县网络通信管理员队伍，全县网络管理员达100余人，对全县96家新媒体全部登记备案，建立全县网络通信员微信群，围绕县委、政府中心工作和社会普遍关注的热点、难点、焦点问题，加大涉隆舆情收集、分析、研判力度和重大突发事件、敏感时期网上舆情监控力度。共收集处置涉隆舆情128条，成功化解115条，整理舆情参阅10期。完善隆德政务信息网、隆德发布、隆德广电及各单位官方微博、微信等新媒体平台，充实宣传内容，创新宣传形式，增强议题设置能力，形成网上正面宣传舆论攻势，营造风清气正的网络空间。

统战工作

【概况】 隆德县总人口18万，其中回族22985人，占全县总人口的13%，主要集中在张程、杨河两乡。

【民族团结】 以各民族"共同团结奋斗、共同繁荣发展"为主题。贯彻落实自治区民族团结进步"十三五"规划，出台《隆德县贯彻落实自治区民族团结进步创建活动十三五规划任务分工方案》，健全"五项机制"、"五大目标"、"八项工程"。县司法局、宁夏爱丽纳地毯厂等9家获民族团结进步先进集体。争取自治区少数民族发展项目资金717万元，分两批实施张程乡张程村、杨河乡玉皇岔村等脱贫销号村道路硬化项目20.27公里。

【宗教管理】 审批发放《清真食品准营证》8家，开展宣传培训、专项整治。开展重视民族宗教政务舆情监测监管，配合县网信办、公安局关注微博、微信等网站敏感信息和县内重点人员，掌握线上线下舆论主动权。加强宗教活动场所管理。建立健全宗教场所修建审批、民主管理、财务管理等规章制度，规范宗教事务管理。制定《隆德县民族宗教工作"三支队伍"教育培训实施方案》，培训"三支队伍"。8月中旬举办宗教界学习自治区第十二次党代会精神培训班。规范大型宗教活动管理。坚持"谁审批、谁负责"、"谁组织、谁负责"的原则和"事前审批、事中监督、事后总结"的办法，加强大型和跨地区宗教活动审批工作。严格宗教活动场所修建（翻建、迁建）申报审批。建立县、乡、村、宗教场所四级宗教网络机制，落实"属地管理"。

老干部工作

【思想政治】 强化对离退休干部的政治引领，

依托离退休干部党支部，利用集体学习、情况通报、结对帮扶等形式，教育引导离退休干部党员增强"四个意识"，在思想上政治上行动上同以习近平同志为核心的党中央保持高度一致。加强理想信念教育，推进离退休干部"两学一做"学习教育常态化。开展"畅谈十八大以来变化，展望十九大胜利召开"主题系列活动。通过开展"歌颂共产党、喜迎十九大"座谈交流、"我看十八大以来隆德发展变化、建言十九大专题考察调研"、"感恩新中国、喜迎十九大"书画摄影展、征文比赛、歌咏比赛等系列活动，引导老干部讲好隆德故事，为脱贫攻坚加油鼓劲。

【党组织建设】 落实离退休干部党建工作主体责任，将离退休干部党组织建设纳入全县各级党建工作考核体系目标，推进在离退休干部集中居住地、学习活动场所、兴趣爱好团体、社团组织中建立临时党组织试点工作，不断消除组织覆盖"盲点"。严格离退休干部党内组织生活。

【服务管理】 落实好老干部阅读文件、通报情况、重大节日走访慰问、参观考察、邀请老干部参加重要会议、重大活动等政治待遇制度。围绕全县中心工作向老干部及时通报情况，全年组织情况通报和参观考察等2次以上。全面建立生活困难离退休干部家庭帮扶机制，落实生活困难离退休干部家庭关怀政策，加强老干部活动中心的规范化管理，提高管理和服务水平，提高老年大学办学水平，加强师资队伍建设，拓展教学空间。广泛开展老干部文化比赛活动。组织开展为党和人民事业增添正能量活动。组织老干部为全县脱贫攻坚献计献力，在城乡困难家庭特别是困难学生帮扶方面发挥余热、奉献爱心。

党校工作

【教育培训】 全年共举办专题培训22期，培训各类干部6300余人。其中，全县村支部书记脱贫攻坚能力提升专题培训班1期112人，第一书记暨乡镇党委组织委员脱贫攻坚能力提升专题培训班1期122人，全县第三期村干部（主任）脱贫攻坚能力提升专题培训班1期99人，全县帮扶责任人"聚焦打好精准脱贫攻坚战"专题培训班3期2178人，全县妇联干部履职能力专题培训班1期125人，隆德县"五四"青年节暨团组织负责人培训班1期140人，全县环境卫生保洁暨污染防治监管网络员培训班3期1200人。隆德县第四期扶贫干部精准退出能力提升专题培训班1期，40人；与县妇联联合举办全县妇联干部家庭教育暨创业创新能力提升培训班1期，135人；全县干部职工家庭教育培训班3期，506人；全县第五期乡村干部精准扶贫精准脱贫能力提升专题培训班3期，306人；全县第六期乡村干部精准扶贫精准脱贫能力提升专题培训班3期，1390人。联合县委组织部组织全县49名党务工作者到福建闽侯县委党校参加专题培训班1期；组织59名学员到厦门大学开展"两个带头人"能力素质提升示范培训。对外承接神华宁夏煤业集团羊场湾煤矿党委"温党史忆初心强党性展作为"主题教育培训班2期100人。开展理论支教专题班11期，3000多人次接受加强意识形态管理教育；在7个新时代农民讲习所开展习近平新时代中国特色社会主义思想宣讲。在讲台上答疑解惑、应对社会思潮主要任务职责的同时，主动履行在网站、微信等新媒体上发声亮剑、传播正能量。借助"宁夏干部教育网络培训学院"平台，抓全县处科级干部和公务员三个班次824人的网络培训，引导干部、党员选修选学十九大专题、党章党史、政治理论、法律法规等课程。参学率、结业率居全区前列，固原市五县区第一。

党史档案

【**档案工作**】 启动馆藏档案数字化工作。加强档案业务监督和指导力度。检查全县各行业档案规章制度、业务规范的执行情况，围绕机构改革，以撤销、合并部门为重点，采取上门服务，加强档案业务指导。对县直机关单位和乡镇档案工作开展执法检查，开展对重点建设项目档案、机关文书档案、婚姻会计等专门档案的检查和指导。印发《机关档案工作规范化管理标准》300余册，分发各立档单位参照执行。开展重大活动的档案收（征）集、整理工作，接收专题档案资料进馆。2018年已接待查档利用者240人（次），利用档案380卷（件）；复印档案资料500多页。

【**党史工作**】 编纂《中国共产党隆德县大事记2017》，编审《中国共产党隆德县大事记2016》，年底完成编审印刷和编纂工作。参与全县纪念红军长征胜利83周年系列活动，参与编写《红二十五军在隆德》等党史著作、参与红二十五军纪念馆展陈相关工作，提供相关资料图片。

隆德县人大常委会

机构组成

隆德县第十七届人大常委会组成人员

主　任：王　勇
副主任：马国强　刘　玲（女）　杨智军　杨光祖
委　员：马天智　王立军　车怀文
　　　　冯存虎（回）　李玉贤（女）
　　　　刘　伟　张建龙　马　嫣（女、回）
　　　　彭军娥（女）　唐亚男（女）
　　　　田云飞　赵军维　张岁丑　郭永寿
　　　　刘　芳（女）　郭举国　鲍彪虎
　　　　张宏国　陈婉君（女）　孙小宁　王志忠
　　　　董丽芸（女）　杜彦兵　田　野
　　　　张显业
办公室主任：马天智
办公室副主任：马康斌
法制工作委员会主任：车怀文
财政经济工作委员会主任：刘　伟
教科文卫工作委员会主任：李玉贤
选举联络工作委员会主任：王立军

【第十七届人民代表大会第二次会议代表议案建议办理】 隆德县第十七届人民代表大会第二次会议期间，人大代表提出并转交县人民政府办理的议案、建议共35件，其中议案3件、重点督办建议17件、建议15件。建议交由10个政府部门主办，经过各承办单位的共同努力，35件议案、建议办结率100%。3件议案、17件重点督办建议、15件建议全部办结，办结率100%。

【人大代表议案】 全年共收到代表10人以上联名提出的议案、建议和意见56件，其中议案13件、建议和意见43件，涉及水利类9件、交通类7件、农林类5件、财政类8件、教育科学文化卫生类8件、住建类10件，综合类9件。列为重点督办建议办理的24件、列为代表建议办理的11件、因条件限制不列为本次会议建议的17件。

人大常委会会议

【隆德县十七届人大常委会第十次会议】 2月28日，隆德县十七届人大常委会举行第十次会议。

县人大常委会主任王勇，副主任马国强、刘玲及常委会委员和列席人员共29人出席会议。县人大常委会副主任马国强主持会议，审议通过县人大常委会2018年工作要点；接受唐亚男、陈鹏辞去县十七届人大常委会委员职务请求的议案。

【隆德县十七届人大常委会第十一次会议】 4月26日，县十七届人大常委会举行第十一次会议。县人大常委会主任王勇，副主任马国强、刘玲及委员等共38人出席会议。县人大常委会副主任马国强主持会议，会议审议通过《隆德县人民代表大会常务委员会关于专项工作报告满意度测评办法（试行）（草案）》《隆德县人民代表大会常务委员会关于办理审议意见情况满意度测评办法（试行）（草案）》，听取和审议县人民政府关于贯彻执行《中华人民共和国禁毒法》和《宁夏回族自治区禁毒条例》及公安工作情况的报告、县人民政府关于"七五"普法及司法行政工作情况的报告、县人民政府关于国土资源管理工作的报告、县人民政府关于民族宗教工作的报告，对会议审议的县人民政府专项工作报告进行满意度测评；审议通过人事任免的议案及其他。

【隆德县十七届人大常委会第十二次会议】 6月28日，县十七届人大常委会举行第十二次会议。县人大常委会主任王勇，副主任马国强、刘玲及委员等共42人出席会议。县人大常委会副主任马国强主持会议，听取和审议县人民政府关于贯彻执行《物权法》及城乡基础设施建设和城市管理工作情况的报告、县人民政府关于贯彻执行《宁夏回族自治区养老服务促进条例》及民政救助工作情况的报告、县人民政府关于环境保护工作情况的报告、县人民政府关于林业管理工作情况的报告、人民政府关于人力资源和社会保障工作情况的报告、县人民政府关于贯彻执行《宁夏回族自治区食品生产加工小作坊小经营店和食品小摊点管理条例》及市场监督管理工作情况的报告，县人民政府专项工作报告进行满意度测评、审议通过人事任免的议案、领导讲话及其他。

【隆德县十七届人大常委会第十三次会议】 8月31日，县十七届人大常委会举行第十三次会议。县人大常委会主任王勇，副主任刘玲及委员等共42人出席会议。县人大常委会副主任刘玲主持会议，审议通过《隆德县人民代表大会及其常务委员会实施宪法宣誓制度办法（草案）》，听取和审议县人民法院2018年上半年工作报告、县人民检察院2018年上半年工作报告、县人民检察院开展公益诉讼和"两法衔接"工作情况的报告、县人民政府关于2018年上半年国民经济和社会发展计划执行情况的报告、县人民政府关于2017年全县财政决算和2018年上半年财政预算执行及下半年预算调整（草案）的报告、县人民政府关于2017年度县本级预算执行和其他财政财务收支的审计工作报告、县人民政府关于县十七届人大二次会议代表议案、重点督办建议办理情况的报告、县人民政府关于民生实事办理情况的报告、县人民政府《关于2018年新增地方政府债券资金调整预算情况的报告》，对会议审议的专项工作报告进行满意度测评、领导讲话及其他。

【隆德县十七届人大常委会第十四次会议】 11月16日，县十七届人大常委会举行第十四次会议。县人大常委会主任王勇，副主任刘玲、杨智军及委员等共38人出席会议。县人大常委会副主任刘玲主持会议。审议通过《隆德县人民代表大会常务委员会组成人员履职管理办法（草案）》，听取和审议县人民政府关于脱贫攻坚工作情况的报告、县人民政府关于水务工作情况的报告、县人民政府关于贯彻执行《宁夏回族自治区农村集体经济承包合同管理条例》及农牧业重点工作情况的报告、县人民政府关于教育工作情况的报告、县人民政府关于文化旅游工作情况的报告、县人民政府关于贯彻执行《宁夏回族自治区农村公路条例》及交通运输工作情况的报告，对会议审议的专项工作报告进行满意度测评、审议通过关于提请确定隆德县人民法院人民陪审员名额的议案、人事任免的议案及领导讲话。

【隆德县十七届人大常委会第十五次会议】 12月11日，县十七届人大常委会举行第十五次会议。县人大常委会主任王勇，副主任刘玲及委员等共34人出席会议。县人大常委会副主任刘玲主持会议。听取和审议县人民政府关于六盘山工业园区建设情况的报告、县人民政府关于贯彻执行《宁夏回族自治区人口与计划生育条例》及卫生和计划生育工作情况的报告、县人民政府关于审计整改落实情况的报告、县人民政府《关于2018年新增地方政府债券资金调整预算情况的报告》、县人民政府关于县十七届人大二次会议代表议案和建议办理情况的报告、县人民政府关于县人大常委会审议意见办理情况的报告，对会议审议的专项工作报告进行满意度测评、对县人民政府办理县人大常委会审议意见情况进行满意度测评，通过关于补选隆德县第十七届人民代表大会代表的决定（草案）、关于召开隆德县第十七届人民代表大会第三次会议的决定（草案）、补选固原市第四届人民代表大会代表及领导讲话。

【隆德县十七届人大常委会第十六次会议】 2019年1月4日，县十七届人大常委会举行第十六次会议。县人大常委会主任王勇，副主任马国强、刘玲、杨智军及委员等共26人出席会议。县人大常委会副主任马国强主持会议。听取县十七届人大常委会代表资格审查委员会关于隆德县第十七届人民代表大会第二次会议以来代表变动及补选代表资格审查情况的报告，审议县第十七届人民代表大会第三次会议有关事项、县十七届人大三次会议议程（草案）、县十七届人大三次会议日程（草案）、县十七届人大三次会议主席团会议日程（草案）、县十七届人大三次会议关于代表提交议案截止时间的决定（草案），决定县十七届人大三次会议列席人员名单（草案）、审议县十七届人大三次会议主席团和秘书长名单（草案）、县十七届人大三次会议主席团常务主席名单（草案）、县十七届人大三次会议执行主席分组名单（草案）、县十七届人大三次会议副秘书长名单（草案）、县十七届人大三次会议议案审查委员会名单（草案）、县十七届人大三次会议计划预算审查委员会名单（草案），决定县十七届人大三次会议代表、列席人员编团、编组名单、县人大常委会工作报告（审议稿），通过人事任免的议案，组织县人大常委会2018年任命的国家工作人员进行宪法宣誓及领导讲话。

人大常委会视察活动

【第一次视察】 4月23日视察组25人视察：隆德

县公共法律服务中心；渝河普法园；隆德县公安局交巡警大队六盘山隧道中队；杨河乡社区戒毒康复中心工作站；隆德县渝河流域山水田林湖草综合治理项目现代化生态节水灌溉及高标准农田建设工程。

【第二次视察】 6月13日视察组22人视察：联合村"四个一"试验示范点；渝河流域环境综合整治工程联财段；沙塘人造花扶贫车间；沙塘救灾物资储备库；县城雨污分流道路改造工程；县城集中供热燃煤锅炉脱硫脱硝除尘改造工程；周记黑鸭小作坊、华天广场（电梯）；县第三敬老院第二老年活动中心。

【第三次视察】 8月16日视察组21人视察：前庄村整村推进扶贫开发、卫生厕所建设情况；笼竿城街心公园建设情况；沙塘许沟"四个一"工程建设情况；凤岭李士村集体经济。

【第四次视察】 10月26日视察组25人视察：隆德县文化馆；隆德县城区供水（第一水厂）；隆德县红崖经清凉至陈靳公路；隆德县陈靳清凉水库水源地保护；隆德县陈靳乡非物质文化扶贫车间；温堡乡新庄村盘龙山庄及美丽村庄文化旅游景点；宁夏杨氏彩塑传承保护基地。

【第五次视察】 12月6日视察组26人视察：渝河流域山水田林湖草综合治理工程；宁夏黄土地农业食品有限公司；隆德县正观花灯有限公司；隆德县陈靳乡小城镇建设；隆德县妇计中心。

隆德县人民政府

机构组成

隆德县人民政府组成人员

县　长：潘建宁

副县长：樊学双　海　丽　马　龙　高建军
　　　　谢国玉　陈国栋　马晓红　韩运祥
　　　　陆　俊

县长助理：林　隽

政府工作部门及负责人

政府办公室	主任	党锁锁
发展和改革局	局长	王　浩
扶贫开发办公室	主任	宋保童
教育体育局	局长	董玉科
民族宗教事务局	局长	马国林
公安局	局长	安继海
民政局	局长	朱平利
财政局	局长	柳国仁
司法局	局长	刘永兴
人力资源和社会保障局	局长	范宝平
国土资源局	局长	王建平
环境保护局	局长	杨卫东
住房和城乡建设局	局长	梁龙祥
交通运输局	局长	陈作彬
农牧局	局长	柳钰明
水务局	局长	魏先学
文化旅游广电局	局长	魏　瑜
卫生和计划生育局	局长	齐海军
市场监督管理局	局长	张世科
审计局	局长	许学军
林业局	局长	李耀国
安全生产监督管理局	局长	魏耀军
六盘山工业园区管委会	主任	空　缺

区、市直属单位

国税局	局长	马红军
供电局	局长	张世平
调查队	队长	白晶辉
气象局	副局长	范晓华
烟草局	局长	马学礼
邮政局	局长	李　渊
人　行	行长	陶　勇
建　行	行长	屈文杰
农　行	行长	李耀东

信用联社	理事长	李红星
村镇银行	行长	张根东
邮政储蓄	行长	陈利雄
移动公司	经理	方小程
联通公司	经理	陈鹏鑫
电信局	局长	王常虎
网络公司	经理	杨 升
人寿保险公司	经理	刘 亮
财产保险公司	经理	郭晓平
石油公司	经理	秦 东
新华书店	经理	焦 伟

乡（镇）党委书记、乡（镇）长

城关镇	书记	刘 勇
	镇长	仇旭春
沙塘镇	书记	张毓龙
	镇长	赵忠宁
联财镇	书记	李荣林
	镇长	刘小兵
神林乡	书记	柳永奎
	乡长	卜小强
陈靳乡	书记	马彦斌
	乡长	杨金福
山河乡	书记	杨云飞
	乡长	张 莉
奠安乡	书记	马晓红
	乡长	胡耀军
温堡乡	书记	罗永长
	乡长	赵 科
凤岭乡	书记	李龙君
	乡长	杨平安
好水乡	书记	王 峰
	乡长	温仲乐
观庄乡	书记	张兴科
	乡长	王 珅
杨河乡	书记	冶文军
	乡长	陈健祯
张程乡	书记	冯玉宝
	乡长	李 铎

常务会议

【政府第一次常务会议】 2018年1月19日，潘建宁县长主持召开县人民政府第一次常务会议。会议传达学习：《宁夏回族自治区安全生产"一票否决"实施办法（试行）》《宁夏回族自治区安全生产风险管控与安全生产事故隐患排查治理办法》《宁夏回族自治区安全生产行政责任规定》《宁夏回族自治区扶贫资金使用管理责任追究办法（试行）》，听取去年后两次县政府常务会决定事项落实情况汇报、2018年项目前期工作进展情况汇报、2015-2017年扶贫政策落实及资金管理使用审计整改情况汇报。研究同意：2018年第一批统筹整合使用财政涉农资金、2017年农村危房改造保障对象补助资金兑付、《隆德县2018年农村人造花扶贫车间改造建设实施方案（送审稿）》、《隆德县建档立卡贫困户特殊人群安置供养实施方案（送审稿）》、六盘山工业园区及有关资金使用情况，听取宁夏日普置业有限公司征收评估情况汇报。

【政府第二次常务会议】 2018年2月9日，潘建宁县长主持召开县人民政府第二次常务会议。会议听取县政府第1次常务会议决定事项落实情况汇报。会议决定：由张永强副县长牵头，水务局负责，2月15日前完成渝河流域山水林田湖草综合治理项目中的6号、7号、8号、10号、11号蓄水池开挖工程，2月22日全面复工建设，3月15日前完成所有蓄水池岸坡整治工作。由国土局、财政局、水务局负责，3月10日开工实施渝河流域山水林田湖草综合治理项目土地整理工程，4月30日前全部完工。由林业局负责，3月15日启动渝河流域山水林田湖草综合治理项目造林整地工程，3月20日开始栽植苗木。由审计局、发改局负责，全程跟踪监管渝河流域山水林田湖草综合治理项目，严格做好项目竣工审计报告，确保将渝河流域山水林田湖草综合治理工程打造成样板工程；学习自治区农村工作会议及自治区2018年脱贫攻坚工作会议、《省级政府耕地保护责任目标考核办法》及刘可为副主席批示、《自治区党委办公厅人民政府办公厅关于深入学习贯彻〈统计违纪违法责任人处分处理建议办法〉的通知》、《自治区安委会关于银川河东机场发生航班险情未及时上报信息的通报》、全县安全生产、信访维稳等工作情况汇报、水资源费平移为水资源税事宜；研究同意天鸿食品产业园厂房租金补贴、土地、资金事宜。

【政府第三次常务会议】 2018年3月1日，潘建宁县长主持召开县人民政府第三次常务会议。会议听取县政府第二次常务会议决定事项落实情况汇报；传达学习习近平总书记在党的十九大报告中关于民族宗教工作的重要论述和全区领导干部专题学习班精神、习近平总书记关于安全生产重要思想，安排部署全国"两会"期间信访维稳、安全生产工作；研究同意《隆德县贯彻自治区创新驱动战略实施方案（送审稿）》、《隆德县推进脱贫富民战略实施意见（送审稿）》、《隆德县贯彻自治区生态立区战略建设全国生态文明示范市责任分工方案（送审稿）》、《隆德县加快六盘山工业园区转型发展意见（送审稿）》、2017-2018年度老年人意外伤害综合保险补助、资金事宜。

【政府第四次常务会议】 2018年3月4日，潘建宁县长主持召开县人民政府第四次常务会议。会议研究同意：《隆德县关于全面贯彻党的十九大精神防范化解重大风险行动方案》《隆德县关于全面贯彻党的十九大精神坚决打好精准脱贫攻坚战行动方案》《隆德县关于全面贯彻党的十九大精神坚决打好污染防治攻坚战行动方案》《隆德县农村集体资产清产核资工作实施方案》。

【政府第五次常务会议】 2018年3月28日，潘建宁县长主持召开县人民政府第五次常务会议。会议听取县政府第二次常务会议决定事项落实情况汇报，会议决定：由林业局负责，加快"四个一"试验示范区苗木调运和栽植工作进度，3月31日前完成所有苗木调运工作，4月10日前完成苗木栽植工作（由农牧局负责），加快"四个一"试验示范区草籽调运工作进度，3月30日前完成草籽调运工作；研究通过《隆德县2018年10项民生计划为民办48件实事主要目标任务清单》《隆德县农村集体产权制度改革工作实施方案》六盘山工业园区集中供能建设项目、调整使用互助资金；安排其他工作。

【政府第六次常务会议】 2018年4月22日，潘建宁县长主持召开县人民政府第六次常务会议。会议听取县政府第五次常务会议决定事项落实情况汇报、传达学习自治区扶贫开发领导小组2018年第3次会议精神，研究通过《关于统一规范脱贫攻坚相关文件及政策的指导意见》，学习马顺清同志在2018年污染治理重点任务现场交办会上的讲话精神；研究通过《隆德县"绿盾2018"自然保护区监督检查专项行动实施方案》《隆德县全面开展集中式饮用水水源地环境保护专项行动实施方案》《隆德县进一步深化公务用车制度改革实施方案》《神林乡小城镇建设实施方案》《神林乡小城镇建设土地及房屋征收与补偿实施方案》《陈靳乡小城镇建设实施方案》《陈靳乡小城镇建设土地及房屋征收与补偿实施方案》《隆德县2018年移民产业发展实施方案》和"十二五"生态移民遗留人员安置资金、调整六盘山工业园区集中供暖建设项目事宜。

【政府第七次常务会议】 2018年4月26日，潘建宁县长主持召开县人民政府第七次常务会议。会议听取县政府第六次常务会议决定事项落实情况汇报、传达学习：《中共中央办公厅 国务院办公厅关于严禁自行出台政策发放工资津贴补贴有关问题的通知》《自治区党委关于深入开展违反中央八项规定精神突出问题专项治理的通知》、自治区安委会2018年第二次全体（扩大）电视电话会议及《地方党政领导干部安全生产责任制规定》精神，安排部署安全生产、信访、维稳、禁毒工作，听取农村环境综合整治及通用机场项目进展情况汇报。研究通过：《隆德县第三敬老院和第二老年活动中心"公建民营"社会化养老运营试点工作实施方案》、2018年第二批统筹整合财政涉农资金事宜。

【政府第八次常务会议】 2018年5月23日，潘建宁县长主持召开县人民政府第八次常务会议。会议听取县政府第六次、第七次常务会议决定事项落实情况汇报、听取各级人大议案建议、政协提案建议及民生实事办理情况汇报；研究通过：《隆德县人民政府工作规则》《隆德县脱贫攻坚领域突出问题整改方案》《隆德县2017年闽宁协作发展资金项目实施方案》《隆德县全面深化城乡社区警务改革实施方案》《隆德县交巡警合一警务机制改革实施方案》和调整发放艰苦边远地区津贴、土地及资金事宜。

【政府第九次常务会议】 2018年6月24日，潘建宁县长主持召开县人民政府第九次常务会议。会议听取县政府前七次常务会议决定事项落实情况汇报；研究通过：《隆德县各级各部门安全生产工作责任清单》、《隆德县各级干部安全生产职责清单》、《隆德县2018年林下经济发展实施方案》、《隆德县深入开展"招商引资年"活动加强产业招商工作实施方案》、六盘山工业园区10kv高压输电线路建设项目、《隆德县老城区片区二期土地及房屋征收与补偿实施方案》、城关镇杨店村红色研学基地集体用地、统筹自治区级"占补平衡"指标、国有建设用地划拨、2018年第三批统筹整合涉农资金及使用计划、2018年新增地方政府债券项目资金安排、发放2018年开斋节和古尔邦节民族团结奖、六盘山工业园区有关资金、义务教育均衡发展"三个增长"缺口资金、划拨原上梁卫生院资产、资金事宜。

【政府第十次常务会议】 2018年7月1日，潘建宁县长主持召开县人民政府第十次常务会议。会议传达学习：中共中央、国务院《关于打赢脱贫攻坚战三年行动的指导意见》精神、中纪委《关于六起生态环境损害责任追究典型问题的通报》和石泰峰书记、咸辉主席近期对中央环境保护督察"回头看"相关工作批示，听取全县中央环境保护督察群众举报转办事项办理情况和餐饮服务业油烟噪音污染排查整治专项行动进展情况汇报、学习《固原市政府投资项目管理办法》；研究通过：《隆德县农村人居环境综合整治三年行动实施方案（送审稿）》《隆德县农村人造花扶贫车间及外发点稳定就业奖励机制（试行）》、宁夏易巨能实业有限公司2017-2018年供暖期间煤差价补贴事宜。

【政府第十一次常务会议】 2018年7月23日，潘建宁县长主持召开县人民政府第十一次常务会议。会议听取县政府历次常务会议决定事项落实情况汇报、传达学习《关于发布宁夏回族自治区生态保护红线的通知》、听取上半年全县安全生产、信访维稳、扫黑除恶工作情况汇报；研究通过：《隆德县2018年政务公开工作实施方案》《隆德县创建全国卫生县城实施方案》、宁夏日普置业有限公司烂尾工程依法拆除、县监管场所整合、2018年第二批设施农用地、陈靳乡中心幼儿园资产划拨、驻村第一书记和帮扶工作队员补助资金、农业信贷担保风险补偿基金、2018年第四批统筹整合涉农资金及使用计划、资金事宜。

【政府第十二次常务会议】 2018年8月17日，潘建宁县长主持召开县人民政府第十二次常务会议。会议听取县政府第十一次常务会议决定事项落实情况汇报、传达学习：《关于加强和改进新时代伊斯兰教工作的实施意见》《关于防范化解地方政府隐性债务风险的意见》《关于进一步加强和改进突发公共事件信息报告工作的通知》、全区深度贫困地区脱贫攻坚推进会精神及隆德县贯彻意见、隆德县2018年征兵工作情况汇报、陈靳乡新兴塬土地流转费追缴进展；研究通过：《隆德县关于打赢脱贫攻坚战三年行动的分工方案》《隆德县全面落实中央第八巡视组反馈宁夏脱贫攻坚突出问题专项整改方案》《隆德县进一步推进就业扶贫促进贫困人口增收实施细则》《隆德县2018年闽宁对口扶贫协作项目实施方案》、宁夏顺通工程有限公司临时用地事宜。

【政府第十三次常务会议】 2018年9月18日，潘建宁县长主持召开县人民政府第十三次常务会议。会议听取：1-8月份全县安全生产、信访维稳工作情况汇报、老城区片区二期征迁进展情况；传达学习全区生态环境保护大会、环境保护重点任务督查推进会、自治区政府办公厅转发生态环境部《关于山西省临汾市国控环境空气自动监测数据造假案有关情况的通报》及马顺清副主席的批示精神、固原市创建国家公共文化服务示范区会议精神；研究通过：《隆德县创建国家公共文化服务体系示范区实施方案》《隆德县创建国家公共文化服务体系示范区建设规划（2018-2020）》《隆德县探索开展最低生活保障审批权限下放乡镇试点工作实施方案》、县城集中供热燃煤锅炉烟气治理节能改造、困难群众生活补助资金、全县城乡居民基本养老保险基础养老金提标、2018年第三批设施农用地、购买自治区级统筹占补平衡指标、国有建设用地、林业局办公楼拆除及资产调拨、2018年第五批统筹整合涉农资金及使用计划、资金、预发2018年政府效能奖事宜。

【政府第十四次常务会议】 2018年9月26日，潘建宁县长主持召开县人民政府第十四次常务会议。会议开展增强程序意识、推进依法行政主题法制宣讲；传达学习2014年中央民族工作会议、2015年中央统战工作会议、2016年全国宗教工作会议、2018年自治区第八次民族团结进步表彰大会及《中共中央、国务院关于加强和改进新形势下宗教工作的意见》《中共宁夏回族自治区委员会关于牢固树立马克思主义民族观宗教观加强新时代民族宗教工作的决定》《自治区党委宣传部、统战部、网信办、民委（宗教局）、公安厅关于加强网上涉宁民族宗教舆论引导和舆情管控工作的意见》。听取县政府第八次、十二次常务会议决定事项落实情况汇报、人大议案建议、政协提案建议及民生实事办理情况、县城集中供热燃煤锅炉烟气治理节能改造工程、六盘山工业园区集中供能项目进展情况及乡村学校、乡镇卫生院供暖准备情况汇报；研究同意六盘山工业园区8家企业稳岗补贴兑付及资金事宜。

【政府第十五次常务会议】 2018年10月22日，潘建宁县长主持召开县人民政府第十五次常务会议。会议传达学习：中共中央、国务院《关于保持土地承包关系稳定并保持长久不变的意见》及石泰峰、咸辉、马顺清同志批示精神，中央第二环保督查组对宁夏回族自治区开展"回头看"情况反馈会议，《关于建立自治区政府向自治区人大常委会报告国有资产管理情况制度的实施意见》《宁夏回族自治区人民政府重大决策出台前向自治区人民代表大会常务委员会报告工作制度》精神，固原市委办公室、市政府办公室《关于加强和改进新时代伊斯兰教工作的实施方案》。研究通过：《隆德县人民政府重大决策出台前向县人民代表大会常务委员会报告工作制度》《隆德县2019年投资项目计划一览表（第一批确定项目）》《隆德县2019年脱贫攻坚基础设施巩固提升项目实施方案》《老城区片区二期土地及房屋征收与补偿补充实施方案》、增加公安辅警工资待遇有关事宜、六盘山工业园区资金、2018年新增地方政府专项债券项目资金安排、资金、2018年未休年休假工资报酬事宜。

【政府第十六次常务会议】 2018年11月12日，潘建宁县长主持召开县人民政府第十六次常务会议。会议听取县政府第十四次、十五次常务会议决定事项落实情况汇报，传达学习自治区党委办公厅、政府办公厅转发《国家统计局办公室关于贯彻执行〈防范和惩治统计造假弄虚作假督察工作规定〉的函》；研究通过：《关于调整和撤销部分议事协调机构方案》《关于推进安全生产领域改革发展的实施方案》《隆德县政府投资项目管理和责任追究办法》《隆德县本级事业单位公务用车制度改革实施意见》《隆德经好水至兴隆公路建设项目实施方案(送审稿)》《隆德县"四个一"林草产业发展暨大果榛子产业带动项目合作协议》《宁夏粗粮加工有限公司项目建设合同》《隆德县良田食品有限公司酱醋酿造项目建设合同》《宁夏雄丰农副产品有限公司项目建设合同》《宁夏恒欣食品有限公司项目建设合同》《宁夏海鑫食品有限公司项目建设合同》《宁夏黄土地有限公司农业产品加工二期项目建设合同》《政府购买社会救助服务加强基层经办服务能力工作实施方案》《关于进一步加强高中教育的实施意见》2018年第四批设施农用地、国有建设用地、2018年农村人居环境整治以奖代补资金预算指标分配、聚能广场商业门店回购、2018年第六批统筹整合涉农资金及使用计划、及资金事宜。

【政府第十七次常务会议】 2018年11月28日,潘建宁县长主持召开县人民政府第十七次常务会议。会议传达学习:习近平总书记在民营企业座谈会上的讲话,在广东考察时的讲话,在中央财经委员会第二次会议上的讲话精神和中共中央政治局会议关于做好当前经济工作有关部署,全国、自治区、固原市扫黑除恶专项斗争推进会及石泰峰对全区扫黑除恶专项斗争推进会批示精神,全国教育大会、全区教育大会和全区"互联网+教育"示范区建设会议精神。听取县政府第15次、16次常务会议决定事项落实情况汇报。研究通过:全县2019年第二批基本建设项目及续建项目、《隆德县贯彻落实中央环保督察"回头看"及水环境问题专项督察反馈意见整改方案》、县公安局车辆报废及采购执法执勤车辆、国有建设用地、乡镇运转经费、城关镇村改居社区非农业户建房及其他部分乡镇城镇散居户建房补贴资金、2018年企业技术改造奖补贴资金、调整防疫津贴、2018年闽宁帮扶项目资金事宜。

【政府第十八次常务会议】 2018年12月9日,潘建宁县长主持召开县人民政府第十八次常务会议。会议传达学习:自治区党委办公厅、人民政府办公厅印发《关于坚持"导"的方略进一步做好新时代我区宗教工作的指导意见的通知》。石泰峰、咸辉、刘可为同志在《国务院安委会办公室关于河北省张家口市"11.28"重大燃爆事故的通报》批示精神及区市转发《国务院安委会办公室关于河北省张家口市"11.28"重大燃爆事故的通报》,全区质量大会精神;听取全县人大议案建议、政协提案建议及民生实事办理情况汇报、2019年第一批建设项目及重点建设项目前期工作情况;研究通过:《隆德县农村客运班线兼并改制实施公交化运营的工作方案(送审稿)》、国有建设用地、龙王池周边未开发绿化用地使用权回收、2018年危房改造县级补助资金、预发2018年住房补贴资金事宜。

【政府第十九次常务会议】 2018年12月21日,潘建宁县长主持召开县人民政府第十九次常务会议。会议听取第四季度安全生产、信访维稳、食品药品安全及农民工工资清欠情况汇报;讨论同意:《政府工作报告(送审稿)》《2018年国民经济和社会发展计划执行情况与2019年国民经济和社会发展计划草案报告(送审稿)》《2018年财政预算执行情况和2019年财政预算草案报告(送审稿)》;研究通过:《2019年元旦、春节"非遗过大年文化进万家"活动实施方案》《隆德县2019年产业扶贫实施方案》《隆德县农村环境卫生网格化管理办法》《隆德书院租赁合同》和转业士官安置事宜、2018年度金融扶贫示范村建设补贴资金、农村环境整治资金、杨俊杰征迁安置补偿资金、行政事业单位2018—2019采暖季取暖费差额补贴事宜。

县长办公会议

【第一次会议】 2018年1月15日,潘建宁县长主持召开2018年第一次县长办公会议。会议听取与上海市药材有限公司对接情况汇报、甘渭河综合整治工作进展情况、渝河流域砖厂关闭取缔工作进展情况、县城集中供热锅炉脱硫脱硝工作进展情况汇报。

【第二次会议】 2018年2月25日,潘建宁县长主持召开2018年第二次县长办公会议。会议听取第一次县长办公会议决定事项落实情况汇报、传达中央打好精准脱贫攻坚战座谈会议、2017年省级党委政府扶贫成效考核反馈问题整改情况、2017年宁夏精准扶贫工作成效第三方评估调查反馈问题、全县整治脱贫攻坚工作作风不实暨开展扶贫领域专项资金监督检查第三检查组反馈问题整改、全县1587户(4466人)贫困户家庭基本情况及产业发展需求情况汇报、全县建档立卡贫困户特殊人群救助供养安置进展情况汇报、全县贫困村贫困户未实现"五通八有"和"七有"目标摸底汇报、全县义务教育阶段控辍保学工作情况汇报。

【第三次会议】 2018年3月29日,潘建宁县长主持召开2018年第三次县长办公会议。会议听取2018年第二次县长办公会议决定事项落实情况、2018年全县建档立卡贫困户新增贷款计划及金融扶贫贷款工作情况汇报、人造花扶贫车间和外放点建设进展及就业情况、全县春季覆膜及特色产业进展情况汇报。

【第四次会议】 2018年5月18日,潘建宁县长主持召开2018年第四次县长办公会议。会议听取2018年历次县长办公会议决定事项落实情况汇报、传达学习石泰峰在全区脱贫攻坚突出问题整改推进会上的讲话精神,研究隆德县贯彻意见、听取扶贫领域相关文件清理规范工作情况、全县农村劳动力转移就业务工收入统计调查工作情况、"331"监管平台运行情况、全县人造花扶贫车间及外发点建设和运行情况、2018年建档立卡动态调整和进一步规范贫困户退出与贫困村出列工作汇报、建档立卡特殊人群安置供养进展情况汇报。

【第五次会议】 2018年6月14日,潘建宁县长主持召开2018年第五次县长办公会议,专题研究脱贫工作。会议听取2018年历次县长办公会议决定事项落实情况汇报、传达《关于开展2018年脱贫攻坚专项督查的通知》精神,安排隆德县督查准备工作、听取全县脱贫攻坚领域突出问题整改情况汇报、听取2018年扶贫基础项目建设进展、全县人造花扶贫车间及外发点建设运行情况、2018年农村危房改造、2018年产业扶贫进展情况汇报。

【第六次会议】 2018年7月20日,潘建宁县长主持召开2018年第六次县长办公会议,专题研究脱贫攻坚工作。会议听取2018年历次县长办公会议决定事项落实情况汇报、传达全区脱贫攻坚推进会议精神,研究隆德县贯彻意见、听取《自治区脱贫攻坚专项督查反馈问题整改责任分工方案》《九三学社宁夏区委会对口隆德县开展脱贫攻坚民主监督反馈问题整改方案》《固原市脱贫攻坚督查组反馈问题整改方案》和各级脱贫攻坚督查检查反馈问题整改、2018年度脱贫攻坚责任书完成、规范精准识别和精准退出档案资料及完善更新"扶贫云"信息、全县农村劳动力转移就业务工收入统计调查工作进展、全县金融扶贫工作进展情况汇报。

【第七次会议】 2018年7月30日，潘建宁县长主持召开2018年第七次县长办公会议。会议传达学习国务院及自治区"放管服"改革会议精神，听取隆德县"放管服"改革工作、隆德县国务院大督查准备情况、2018年上半年全面建成小康社会统计监测、全县上半年经济运行情况、2018年上半年全县城乡居民收入情况汇报。

【第八次会议】 2018年9月25日，潘建宁县长主持召开2018年第八次县长办公会议，专题研究脱贫攻坚工作。会议听取2018年历次县长办公会议决定事项落实情况汇报、精准扶贫、精准脱贫、2018年产业落实情况、2019年产业扶贫调查摸底工作情况汇报、特殊人群安置工作进展情况、农村危房改造任务完成情况、验收情况、资金兑付情况及农村改厕进展、数据录入、2014-2018年扶贫资金支付、"十二五"移民自筹款收缴情况、全县人居环境改善到户项目开展复查复核工作汇报。

【第九次会议】 2018年10月21日，潘建宁县长主持召开2018年第九次县长办公会议。会议传达学习习近平总书记在第五个国家扶贫日对脱贫攻坚工作的重要指示、盐池县脱贫退出现场会、全区脱贫攻坚重点工作及对口帮扶推进会议精神和全区扶贫办主任会议精神，研究隆德县贯彻意见、听取精准扶贫、精准脱贫自查自评问题整改、全县"两个带头人"及驻村工作队驻村帮扶工作开展、研究通过《隆德县做好国家、区、市贫困县退出专项评估检查工作方案》《隆德县做好国家脱贫退出考核验收工作方案》《关于进一步加强扶贫小额信贷管理意见》、听取"十二五"移民自筹款收缴及账务核算工作情况汇报。

【第十次会议】 2018年11月25日，潘建宁县长主持召开2018年第十次县长办公会议。会议传达学习《2018年贫困县退出评估检查工作方案通知》、《隆泾彭三县贫困村脱贫出列市级复查复审工作方案》、《隆泾彭三县脱贫退出市级初审工作方案》、听取前两次县长办公会议决定事项完成情况、全县脱贫退出自查自验自评情况督查整改、全县脱贫退出县级自评工作及复查复核评估工作反馈问题整改、《隆德县做好国家、区、市贫困县退出专项评估检查工作方案》和《隆德县做好国家脱贫退出考核验收工作方案》任务完成情况、农村电商运营督查、2018年全县农村建档立卡贫困户劳动力转移就业补贴支付进展情况汇报。

【第十一次会议】 2018年12月6日，潘建宁县长主持召开2018年第十一次县长办公会议。会议传达学习市纪委《关于5起扶贫领域腐败和作风典型问题的通报》《关于3起扶贫领域形式主义官僚主义典型问题的通报》，研究通过《隆德县贫困村脱贫出列市级复查复审反馈问题责任清单》《全县脱贫攻坚查漏补缺"回头看"工作方案》，听取闽宁协作项目进展及资金兑付情况、贫困劳动力就业培训完成情况汇报。

【第十二次会议】 2018年12月19日，潘建宁县长主持召开2018年第十二次县长办公会议。会议传达学习2018年脱贫攻坚成效考核工作专题会议精神，研究通过《隆德县2018年脱贫攻坚成效考核工作方案》，听取贫困村脱贫出列市级复查复审反馈问题整改、全县脱贫攻坚查漏补缺"回头看"工作自查整改情况汇报，通报贫困村脱贫出列市级复查复审反馈问题，安排部署整改工作、研究农村环境综合整治工作，安排部署环境卫生极差户卫生整治工作。

机构编制

【改革任务落实】 统一规范政府部门的行政职权事项。按照实现政府部门行政权力省、市、县三级的权力名称、类型、依据、编码相统一的"三级四同"要求，对县本级政府部门权力清单中的行政许可、行政确认、行政征收、行政给付、其他类五项职权事项进行统一规范调整，形成规范调整后的县本级政府部门权力清单（第一批）444项，其中行政许可项169项、行政征收15项、行政给付48项、行政确认45项、其他类型167项，在隆德政务网站予以公布；推进监察体制改革。按照中央和区市部署要求，配合有关部门做好全县改革试点工作，整合贪污贿赂、失职渎职查处和预防职务犯罪等反腐败资源力量，建立全县监察体制，明确监察委员会职能职责；深化承担行政职能事业单位改革试点。全县承担行政职能的6个事业单位中有2个完全并入主管部门，4个剥离行政职能归主管部门，保留公益职能；共置换行政编制17名，核减事业编制26名。

【机构编制工作】 组建党委巡察机构。根据《关于市、县（区）党委设立巡察机构等有关事项的通知》精神，设立中共隆德县委巡察工作领导小组办公室和中共隆德县委巡察组，明确巡察机构的职能职责、人员编制和领导职数；落实全县事业编制核减工作。以系统（部门）为单位，采取"一刀切"的方式，按5%的比例进行事业编制核减（中小学校、中职学校、乡镇卫生院、社区卫生服务站、乡镇事业单位除外），共核减全县事业编制76名；探索事业单位人员总量管理。落实公立医院人员总量管理，研究制定全县公立医院人员总量核定数，做好公立医院人员总量核准、备案等相关工作。完善编制实名制系统信息。落实《自治区机构编制实名制系统管理暂行办法》，从4月到8月在全县范围内集中开展机构编制实名制信息核对工作，摸清底数，加强和规范实名制信息录入，加大实名制信息审核力度，及时更新、公示实名制信息，推进机构编制政务公开；加强机构编制监督检查。做好"12310"投诉电话、信访、网络举报案件受理、办理工作。深化机构编制问题整改和审批联动机制，推动机构编制问题整改。全县消化解决全部（6个）历史遗留问题，未出现新的机构编制问题；加强事业单位登记管理工作。做好2017年事业单位登记年度报告工作，制定《事业单位法人年度报告公示单位及时间安排表》和《事业单位法人年度报告公示填报说明》，明确事业单位法人年度报告公示的上报时限、工作流程、应提交的材料及其规范填写方式，提高工作效率，全县149个法人事业单位均如期完成年度报告公示。

政协隆德县委员会

机构组成

政协隆德县第十一届委员会

主　席：王　升

副主席：毕世喜（回）　任小红（无党派）
　　　　任慧琴（女）

政协隆德县第十一届委员会常务委员（25名）

　　　王　瑛　王立群　王俊士　白俊明（回）
　　　兰亚东　吕　霄（女）　刘云峰
　　　刘巧玉（女）　刘永兴　刘旭升
　　　刘宏顺　齐海峰　杜丁宁　杨　玲（女）
　　　杨俊杰（回）　吴东相　张守宗
　　　张丽娟（女）　张金禄　郑守民
　　　赵小龙　　胡巧珍（女）
　　　黄全成　刘　彤　蒙稳祖

政协隆德县第十一届委员会

办公室主任：刘　彤

副主任：陈金龙

提案委员会

主　任：黄全成

副主任：陈　飞

法制财经与科教文卫体委员会

主　任：蒙稳祖

副主任：马具良（回）

学习宣传宗教与文史资料委员会

主　任：张金禄

副主任：支占军

"三委"综合办公室

主　任：程合佰

常务委员会会议

【第七次常务委员会会议】 2018年2月7日举行，应到常委29名，实到24名，县政协主席王升主持会议并讲话，县政协副主席毕世喜、任小红、任慧琴出席会议。会议集体学习国家主席习近平2018年新年贺词；传达学习中央纪委第二次会议和自治区纪委十二届二次全体会议精神，自治区政协十一届一次会议和市政协四届二次会议精神，自治区十二届人大一次会议和固原市四届人大二次会议精神；审议通过了《政协隆德县委员会2018年协商工作计划》。

【第八次常务委员会会议】 2018年3月29日举行,应到常委29名,实到25名,县政协主席王升主持会议并讲话,县政协副主席毕世喜、任小红出席会议。会议传达学习中共十九届三中全会和全国"两会"精神,审议通过《政协隆德县委员会2018年工作要点》《县政协2018年协商工作计划实施方案》《县政协2018年民主监督工作实施方案》《县政协各专委会2018年主要工作计划》《县政协各界别2018年度主要活动计划》,通报了政协隆德县十一届二次会议提案建议转办情况。

【第九次常务委员会会议】 2018年5月29日举行,应到常委29名,实到25名,县政协主席王升主持会议并讲话,县人民政府副县长马晓红应邀参加会议,县政协副主席毕世喜、任小红、任慧琴出席会议。会议传达学习习近平同志在纪念马克思诞辰200周年大会上的讲话,通报隆德县山水林田湖草综合治理工作、法检"两院"工作情况和城市拆建协调工作。委员们结合视察监督和情况通报对相关单位工作进行了热烈的评议发言并提出意见建议。

【第十次常务委员会会议】 2018年9月28日举行,应到常委29名,实到26名,县政协主席王升主持会议并讲话,县委常委、县人民政府副县长樊学双应邀参加会议,县政协副主席毕世喜、任小红、任慧琴出席会议。会议传达学习习近平总书记在宁夏视察重要指示精神、中共中央办公厅《关于加强新时代人民政协党的建设工作的若干意见》精神、自治区党委十二届四次全会精神。听取县人民政府关于隆德县脱贫攻坚工作及委员提案办理工作情况通报,听取了县教体局、卫计局、国税局有关工作情况通报。委员们结合视察监督和情况通报进行评议发言,对隆德县脱贫攻坚、教育卫生改革、依法治税工作取得的成绩给予充分的肯定,并针对具体问题提出一些客观可行的意见建议。

【第十一次常务委员会会议】 2018年12月18日举行,应到常委29名,实到27名,县政协主席王升主持会议并讲话,县政协副主席毕世喜、任慧琴出席会议。会议传达学习全国政协系统党的建设工作座谈会精神和自治区政协党组《关于学习贯彻落实〈关于加强新时代人民政协党的建设工作的若干意见〉的通知》《关于学习贯彻自治区党委〈关于加强和改进人民政协民主监督工作的实施意见〉的通知》精神。审议通过关于召开政协隆德县十一届三次会议的决定,审议通过政协隆德县十一届三次会议议程、日程、各次大会主持人建议名单、秘书长建议名单、副秘书长建议名单、秘书处及各组负责人建议名单、秘书处机构设置和各组职责、常务委员会工作报告报告人建议名单、提案工作情况报告报告人建议名单、人员分组及召集人名单、特邀人员名单、列席人员名单、提案审查委员会名单、提案提交截止时间的决定、大会发言委员名单、常务委员会工作报告、提案工作情况报告、关于表彰十一届二次会议以来优秀提案及提案办理先进单位和创新工作的决定、2019年协商工作计划等草案。

专门委员会

【提案委员会】 县政协十一届二次会议以来,共收到提案119件,立案31件。进一步加大督办力度，商请县委、政府主要领导督办重点提案，坚持县政协主席、副主席督办提案制度，办复率100%。提案委注重提案质量，提高提案整体水平，丰富协商形式，增强提案监督实效，主动加强与承办单位联系协商，形成齐抓共办协调高效的提案工作机制。加大社情民意信息工作，先后向区、市政协报送社情民意信息17篇。

【法制财经与科教文卫体委员会】围绕县委、政府的中心工作，组织委员先后对隆德县山水林田湖草综合治理工作、法检两院工作、脱贫攻坚工作、政协提案办理工作等进行专题视察、调研、协商和民主监督，形成有情况、有问题、有分析、有建议的调研视察报告5份，撰写理论文章10篇。

【学习宣传宗教与文史资料委员会】发挥文史资料"存史、资政、团结、育人"的作用，认真组织和服务委员履职学习。在深入调研的基础上，向县委提交"关于抢救性挖掘整理红二十五军在隆德相关史料，建设隆德县红二十五军纪念馆，结集出版《红二十五军在隆德》一书，开展专题研讨会等建议"。成立《红二十五军在隆德》编纂委员会和编辑部，组织专人开展史料征集采访工作，并成功举办"隆德县红二十五军纪念馆"布展启动仪式和研讨会。全年编发《政协工作简报》48期，在各级报刊和网站发表宣传稿件30余篇，较好地宣传委员履职成果，展示政协委员风采。

重要活动

【隆德县政协组织委员观摩视察隆德县重点工作和重点项目建设发展情况】2018年3月29日下午，县政协主席王升带领全体县政协委员对隆德县有关重点工作和重点项目建设发展情况进行观摩视察。委员们通过实地查看、面对面询问、听取现场汇报等形式，先后深入观庄乡前庄村人造花扶贫车间、闽宁福馨托养中心、工业园区宁夏黄土地农业食品有限公司等，实地察看隆德县重点项目建设、扶贫开发和工业园区建设发展情况。县人民政府副县长周建设，县政协副主席毕世喜、任小红及有关部门负责人参加观摩视察。

【县政协举办2018年委员履职能力提升培训班】2018年3月29日至30日，县政协举办2018年委员履职能力提升培训班。邀请固原市委党校陈燕副教授系统讲授中共十九大精神和习近平中国特色社会主义思想，对全国"两会"精神特别是宪法修正案、政府工作报告作重点解读辅导；邀请自治区政协办公厅研究一室陈子敏同志重点围绕新修订的政协章程，详细讲解人民政协的性质、定位、发展历程及新时代人民政协如何更好履行职能。培训期间，组织委员观摩了观庄乡前庄村人造花扶贫车间、县闽宁福馨托养园、六盘山工业园区宁夏黄土地农业食品有限公司。县政协党组书记、主席王升，副主席毕世喜、任小红，全体政协委员及机关工作人员参加培训班。

【市政协调研隆德县民营经济发展提升工作】2018年4月10日，市政协副主席、工商联会长何学虎带领调研组，调研隆德县民营经济发展提升工作。调研组先后深入宁夏黄土地食品有限公司、宁夏天鸿食品有限公司和隆德人造花工艺有限公司，通过听取汇报、实地查看的方式，对隆德县民营企业发展情况进行详细了解。随后召开座谈会，调研组对隆德县民营经济发展的提升工作给予肯定，希望隆德县在今后工作中，进一步加强组织领导，提升服务质量，切实为民营企业做好服务，帮助企业解决生产经营和项目建设中存在的困难和问题。县政协主席王升、副县长周建设陪同调研。

【自治区政协调研隆德县中小学（幼儿园）创新素养教育工作】 2018年4月17日，自治区政协副主席郭虎一行调研隆德县中小学（幼儿园）创新素养教育工作。调研组一行先后深入隆德县张程乡中心小学、隆德县第二中学进行实地调研。市政协主席马玉芳，县政协党组书记、主席王升，县委常委、县人民政府副县长杜海林陪同调研。

【全国政协来隆调研"巩固脱贫成果 保证长期稳定脱贫"工作】 2018年5月10日至11日，全国政协常委、农业和农村委员会主任，江苏省委原书记、省人大常委会原主任罗志军带领调研组来隆调研巩固脱贫成果，保证长期稳定脱贫工作。调研组一行先后深入工业园区人造花工艺有限公司、联财镇联合村、凤岭乡薛岔村，通过听取汇报、进村入户、与各级干部群众交谈等方式实地调研隆德县脱贫攻坚工作，调研组看产业、算收入、问需求、谋对策，详细了解隆德县脱贫工作推进、政策落实及当前工作存在的困难和问题，对隆德县脱贫攻坚工作给予充分肯定。区、市、县领导张柱、李泽峰、马玉芳、吴会军、何炜、袁秉和、潘建宁、王升先后陪同调研。

【市政协来隆德县视察公共文化服务体系建设情况】 2018年5月16日，市政协党组副书记、副主席马莲带领视察组来隆德县视察公共文化服务体系建设情况。调研组一行先后深入隆德县陈靳乡新和村、正观花灯有限公司、魏氏砖雕艺术有限责任公司进行实地视察。县人民政府副县长张永强、县政协副主席任慧琴陪同视察。

【市政协调研农业科技示范园区建设情况】 2018年5月28日，市政协副主席杨彦文带领调研组来隆德县调研农业科技示范园区建设情况。调研组一行先后深入隆德县联财联合蔬菜基地、中药材科技示范园区、沙塘许沟"四个一"工程等进行实地调研。县人民政府副县长陈国栋、县政协副主席任小红陪同调研。

【县政协组织委员视察隆德县山水林田湖草综合治理等工作并对法检两院工作开展民主监督】 2018年5月29日上午，县政协主席王升带领县政协常委和相关委员一行45人对隆德县山水林田湖草综合治理等工作进行视察并对法检"两院"工作开展民主监督。视察组通过实地查看、面对面询问、听取现场汇报等形式，先后深入神林庞庄北塬高标准农田水利建设点、联财联合林果蔬菜基地点、县城南河公园、隆元一号拆迁建设项目现场、法检"两院"等视察监督点，实地视察了隆德县山水林田湖草综合治理和城市拆建协调等重点项目落实情况以及法检"两院"的工作。县政协副主席毕世喜、任小红、任慧琴及有关部门负责人参加视察监督。

【市政协调研全域旅游发展工作】 2018年6月6日，市政协副主席马宝福带领调研组来隆德县调研全域旅游工作。调研组一行先后深入隆德县红崖老巷子、六盘山红军长征景区进行实地调研。县政协副主席任慧琴陪同调研。

【县政协开展脱贫攻坚大调研活动】 2018年6月12日，县政协主席王升带领相关政协委员，对全县脱贫攻坚工作进行为期两天的调研。调研组先后深入观庄乡石庙村，好水乡水磨村，凤岭乡薛岔村、于河村进行实地调研。调研组通过分组走访建档立卡户、召开座谈会等方式，实地了解全县脱贫攻坚工作情况和存在的问题。副县长陈国栋及扶贫办相关工作人员陪同调研。

【湖南省岳阳市政协来隆考察"推进产业扶贫助力脱贫攻坚"工作】 2018年7月13日，岳阳市政协主席、党组书记、市脱贫攻坚大会战指挥长徐新楚，岳阳市政协副主席孔福建带领考察组来隆德县考察"推进产业扶贫助力脱贫攻坚"工作。考察组一行先后深入陈靳乡新和村、观庄乡前庄村实地调研文化旅游扶贫工作、整村推进和扶贫车间建设工作。市政协副主席杨彦文，县人民政府副县长陈国栋、县政协副主席任小红陪同考察。

【江西省于都县政协来隆考察红色文化建设工作】 2018年7月18日，江西省于都县政协主席肖惜才、副主席蓝地寿带领考察组一行来隆德县考察红色文化建设工作。考察组一行先后深入隆德县红崖老巷子、六盘山红军长征景区进行实地调研。县政协副主席任小红陪同调研。

【县政协举办文化艺术界"汇聚各界力量·助推隆德发展"委员界别活动】 2018年7月26日上午，隆德县政协在老巷子停云美术馆举办"汇聚各界力量·助推隆德发展"文化艺术界委员界别活动。本次活动既是政协积极搭建平台，为委员协商建言开展界别活动的一次有益探索，也是政协汇聚力量广交朋友，助推隆德文化传承发展的需要。活动以参观"天津美术学院李旭飞山水画展"为平台，进一步加强委员之间的文化艺术交流，增强文化自信的共识。县政协党组书记、主席王升，党组成员、副主席任慧琴及相关委员参加活动。

【县政协深入薛岔村召开帮扶工作推进会】 2018年8月2日，县政协在薛岔村农民讲习所组织开展"三个年"活动暨帮扶凤岭乡薛岔村脱贫工作推进会。现场为薛岔村解决实际问题：给讲习所增加桌椅40套、整修田间道路19.6公里、护坡砌石197米、安装太阳能路灯65盏、支持青贮玉米收割机2台、配备健身器材1套，共计投入资金约400万元。会议由县政协党组书记、主席王升同志主持，县人民政府副县长陈国栋及县检察院、扶贫办、教体局、住建局、农牧局、凤岭乡6个单位负责人应邀参加会议。县政协机关全体党员干部，薛岔村部分党员、群众代表也参加会议。

【自治区政协主席崔波莅临隆德调研工作】 2018年8月8日至9日，自治区政协主席崔波莅临隆德县调研指导扶贫工作和政协工作。8日，崔波一行先后来到凤岭乡李士村、于河村、薛岔村和观庄乡前庄村，走访农户、体察民情，深入扶贫车间，现场听取乡、村负责人的汇报，详细询问农户的生产生活情况。9日上午，崔波莅临县政协机关看望全体机关干部，随后召开座谈会。市政协主席马玉芳、副主席杨彦文、县政协主席王升陪同调研。县委书记袁秉和、政府县长潘建宁先后陪同调研和参加座谈会。

【市政协来隆调研电子商务与物流配送服务体系建设和开展"百家规上企业突破"界别活动】 2018年8月14日，市政协副主席王政权一行来隆调研电子商务与物流配送服务体系建设和开展"百家规上企业突破"界别活动。调研组一行先后深入宁夏隆德人造花工艺有限公司、宁夏天鸿食品有限公司和电子商务综合服务中心进行实地调研，随后召开了座谈会。县政协副主席毕世喜陪同调研和参加座谈会。

【市政协视察隆德县食品安全工作】 2018年8月16日，市政协副主席杨志荣一行来隆德县视察食品安全工作。视察组一行先后深入天鸿食品有限公司、全都超市、金盛祥自助火锅进行实地视察。县政协副主席任慧琴陪同视察。

【隆德县政协组织召开"不忘初心、牢记使命——红二十五军在隆德"研讨会】 为了更好地继承和发扬好红二十五军的光荣传统和红军精神，进一步教育和激励全县人民在建成小康社会的道路上奋勇前进，8月17日下午，隆德县政协组织召开"不忘初心、牢记使命——红二十五军在隆德"研讨会。韩毅、李东平、陈伟洪等红二十五军将士后代代表应邀出席研讨会。党史、军事专家王晓建、胡伟东、谢耀谦、火仲舫、李西平应邀与会指导。亲见、亲闻红二十五军在隆德这段历史的三位老人雒宽、苏文源、牟庭贵应邀参加研讨会。县领导王升、宋亚俊、韩运祥、任小红，相关部门负责同志，《红二十五军在隆德》一书编写组的同志，隆德县政协系统和县党史办的全体干部参加研讨会。

【内蒙古巴彦淖尔市政协考察调研隆德县脱贫攻坚情况】 2018年9月4日，内蒙古巴彦淖尔市政协副主席王志云带领考察团来隆德县，考察调研脱贫攻坚情况。考察团先后深入到陈靳乡新和村、观庄乡前庄村，通过听取汇报、实地查看、进村入户、查阅资料等方式对隆德县脱贫攻坚情况进行考察调研。市政协副主席杨彦文、县政协副主席任小红陪同考察。

【固原市县（区）政协工作创新交流座谈会在隆德县召开】 2018年9月7日，固原市县（区）政协工作创新交流座谈会在隆德县召开。会议采取现场观摩和交流座谈的形式进行，上午与会人员先后来到县政协机关和渝河清凉河生态公园、三里店水库环城生态景观带、骆驼巷丝路文化公园、工业园区天鸿食品产业园、宁夏黄土地农业食品有限公司、宁夏爱丽纳地毯有限公司、县政协委员之家等地现场观摩，全面了解隆德县生态文明城市建设、县政协重点提案办理、政协委员助力脱贫攻坚、委员之家等工作情况。听取县政协帮扶凤岭乡薛岔村脱贫攻坚情况介绍。下午召开县（区）政协工作创新交流座谈会，隆德县政协作重点交流发言。市政协主席、党组书记马玉芳出席并讲话，市政协副主席马莲、呼延俊杰、杨彦文、杨志荣、王政权，秘书长张骞，市政协各专委会负责人及部分常委、委员，各县（区）政协主席、副主席及有关负责人参加会议。

【鄂豫皖三省政协调研组来隆调研"陕甘宁革命老区精准扶贫脱贫"工作】 2018年10月13日，全国人大代表、河南省政协副主席、民建河南省委主委龚立群，全国政协常委、安徽省政协副主席、民盟安徽省委主委、中国科学院院士郑永飞带领鄂豫皖三省政协调研组来隆德县调研"陕甘宁革命老区精准扶贫脱贫"工作。调研组一行深入观庄乡前庄村等地开展实地调研。区市县领导徐勇、马莲、王升陪同调研。

【海南省政协调研组调研隆德县脱贫攻坚工作】 2018年10月25日，海南省政协副秘书长房方带领调研组，来隆德县调研脱贫攻坚工作。调研组一行先后来到隆德县陈靳乡新和村、凤岭乡李士村，通过询问、听取汇报和实地察看的方式，对隆德县农村基础设施建设、乡村旅游发展、村级集体经济发展等脱贫攻坚重点工作进行详细了解。县政协副主席任小红陪同调研。

【隆德县政协召开加强党的建设成立功能型党支部工作推进会】 2018年12月18日上午，隆德县政协召开加强党的建设成立功能型党支部工作推进会。会上，学习《中国共产党支部工作条例（试行）》和全国政协系统党的建设工作座谈会精神及自治区政协党组《关于学习贯彻落实〈关于加强新时代人民政协党的建设工作的若干意见〉的通知》精神，通报了2018年县政协党建工作情况，宣读《隆德县政协设置各专委会功能型党支部的实施方案》。马成文同志宣布《关于同意设立县政协各专委会功能型党支部的批复》。固原市政协党组副书记、副主席马莲，隆德县委书记袁秉和出席会议并讲话，县委常委、组织部部长马成文出席，县政协党组书记、主席王升主持会议，县政协中共党员委员、政协常委及机关全体党员共70人参加会议。

【广东省阳江市政协来隆考察丝绸之路经济带产品示范区、西北特色农产品集散中心建设和文化历史开发保护利用工作】 2018年9月14日，广东省阳江市政协主席邱志勇一行来隆考察文化历史开发保护利用等工作。考察组一行先后深入隆德县红崖老巷子、六盘山红军长征景区进行实地考察。市政协主席马玉芳、县政协主席王升陪同考察。

重要文件

【2018年度协商工作计划】（2017年12月24日）（摘要）根据《政协隆德县委员会年度协商计划办法》要求，经县政协主席会议研究，报请县委同意，确定了县政协2018年度协商计划，共4个议题。中共隆德县委书记袁秉和在政协十一届二次会议上的讲话（2017年12月24日）（摘要）一年来，县政协和广大政协委员牢牢把握团结和民主两大主题，主动融入全县工作大局，积极协商建言、参政议政、监督献策，真正做到了政治协商有方、民主监督有力、参政议政有为，为县委、政府科学决策提供了有力参考，全面彰显了人民政协"智囊团"、"人才库"的作用，生动体现了人民政协的独特优势和精神面貌，县政协建言献策助力发展的"主旋律"更加高昂，广大委员履职尽责心系人民的"好声音"更加响亮。2018年是全面贯彻落实党的十九大、自治区第十二次党代会和市委四届二次全会精神，决战脱贫攻坚、决胜全面小康的关键之年。县政协和广大政协委员进一步增强政治责任感和历史使命感，围绕中心、服务大局，履职尽责、奋发进取，切实把思

想和行动统一到县委的决策部署上来，使政协工作更好地契合县委的战略决策、更好地贯彻县委的工作部署、更好地落实县委的具体要求，努力在全县改革发展实践中，凝聚新力量、创造新业绩、展现新作为。一要围绕中心工作，在服务大局上贡献新才智；二要坚持团结民主，在助力发展上做出新努力；三要树立民本情怀，在履职为民上取得新成效；四要加强自身建设，在提升能力上展示新形象。

法制　军事

社会治安综合治理

【总体情况】 全县党政组织紧盯平安建设"四项"约束性指标和9项主要指标，全面开展矛盾纠纷排查化解、宁夏回族自治区成立60周年大庆安保维稳、重点人员服务管控等7项重点工作，25项主要工作和48项细化工作，巩固提升"125"机制，"411"模式，创新探索"1+X+N"警务运行机制、一村一法律顾问、"1124"+"125"矛盾化解新机制，持续推进三级综治中心建设，完成交巡警改革。实现"五个未发生，三个下降"：未发生命案、未发生进京非接待场所上访、未发生较大及以上群体性事件、未发生重大安全事故、未发生涉枪涉爆致人死亡事件，刑事案件同比下降20.1%、治安案件同比下降13.7%、安全事故同比下降25%。成功打掉涉恶团伙1个，为2017年全区首例审判收网的涉恶案件。全县涉党政机关执行案件5件374.4万元已全部执结。

【工作部署】 重视程度持续加强。县委、政府高度重视综治及平安建设。县委常委会、政府政务会先后11次听取并研究政法综治及平安建设工作。县委书记袁秉和先后4次出席信访维稳综治及平安建设推进会，并对扫黑除恶、禁毒、信访维稳及平安建设工作亲自指示要求。安排部署周密。年初召开政法综治信访维稳工作会，每季度召开推进会，全面安排部署各项工作。印发《2018年综治及平安隆德建设实施方案》和48个子方案，逐一细化工作任务，明确牵头单位、配合单位，全力推动落实。责任压实到位。县委、政府与13个乡镇、41个综治成员单位，乡（镇）与辖区109个行政村（社区），均逐级签订综治及平安建设责任书，明确重点工作任务和主要职责，形成一级抓一级，层层抓落实的责任落实体系。督查督办见效。县综治办建立月通季报督查制度，每季度由县级领导带队，抽调县委督查室、政府督查室、综治办、维稳办、信联办等相关职能部门负责人，对全县13个乡（镇）、15个重点部门的综治及信访维稳工作进行全面督查督办，累计下发通报17次，涉及问题42项61个，全部整改到位。

【国家安全】 主动出击、抓早打小、露头就打，对重点人员全面落实管控措施。对"法轮功""全能神"等邪教组织通过"敲门行动"入户调查，落实管控责任，开展教育转化、见面录制视频等工作，转化解脱86人，在控掌握41人，查破2起"门徒会"案件，行政拘留4人，批评教育裹挟群众10人，社会效果良好。反恐怖维稳安全检查常态化。对全县宾馆旅店，物流，寄递业，加油站，网吧，歌舞娱乐场所，棋牌室，城市供水水源地，水厂，人畜饮水供水点，涉爆单位、涉枪单位，长途汽车站，公交公司，大型商场，医院，中小学校逐一进行检查，共发现各类安全隐患101处，均已全部完成整改。

【**惩治黑恶**】 坚持把扫黑除恶专项斗争作为一项重大政治任务，加强组织领导，明确工作任务，从实、从严、从快推进扫黑除恶专项斗争向纵深发展。领导重视，保障有力。县委、政府的高度重视，成立以县委副书记、政法委书记为组长的扫黑除恶领导小组，下设办公室，分别从法院、检察院、司法局各抽调一名业务能力强的工作人员，专门负责扫黑办日常工作落实。全县累计召开扫黑除恶领导小组会议3次，扫黑办主任会议3次，传达区市有关会议精神，研究贯彻落实举措。召开疑难案件协商会议2次，推动重点案件办理，开展扫黑除恶督查工作2次，全面压实责任，督促工作落实；扎实排摸，精准打击。以集贸市场、征地拆迁、非法集资、建筑工程、娱乐场所等为重点，通过开展逐乡座谈，与组织、纪检、市监、民政、信访等重点牵头部门沟通，以政法部门平时了解掌握及群众举报反映等方式，开展涉黑涉恶线索排摸，并建立线索排摸周上报、移交和双向反馈工作机制。对核查确定有涉黑涉恶线索的案件，坚持快侦、快诉、快审，主要领导靠前指挥，政法各部门相互配合，全力推进案件办理。全县共收集各类线索65条，录入全国扫黑除恶工作平台23条，查结26条，正在核查侦办39条，打掉涉恶团伙一个，9名成员均已领刑，为2017年全区首例成功收网涉恶案件。聚焦重点，打击乱点。按照"有黑扫黑，无黑除恶，无恶治乱"原则，持续加强对涉毒、赌博、非法集资、邪教等违法犯罪的打击力度，陆续开展"清风行动""三打击一整治"、"打击涉众型经济犯罪"等系列社会治安突出问题专项行动，有效挤压黑恶势力生存空间，净化社会治安环境。截至11月底，全县立治安案件246起，同比下降13.7%。

【**矛盾排查**】 坚持枫桥经验，创新社会治理模式。坚持以"125"机制为根本，巩固提升"411"模式，探索推行"一村一法律顾问"、"1124"+"125"矛盾化解新机制，全力开创矛盾纠纷排查化解工作新格局。2018年，全县"125"矛盾纠纷排查化解机制被中央政法委编入《各地创新发展"枫桥经验"部分实践成果汇编》，作为新时代枫桥经验实践成果向全国推广。全面落实"125"工作机制，彻底排查化解矛盾纠纷。以"125"机制为推手，全面落实"两排查一分析"制度，大量矛盾纠纷化解在基层，法院民事案件大量下降。截至目前，隆德县累计在宁夏矛盾纠纷排查化解信息系统录入矛盾纠纷3055件，化解3030件，化解率99%。聚焦热点问题，集中力量解决群众反映强烈突出问题。按照上级要求，全县先后召开7次专题会议，成立领导小组，第一时间对中央第八巡视组交办的7批17件、自治区交办的2件、市委交办的1件突出问题及全县19件涉法涉诉信访积案进行交办，按照"一案一领导、一案一策、一案一交办"的原则，通过实地走访、与当事人见面、查阅原始记录等方式开展调查，期间注重听取法官、检察官、律师的意见建议，形成解决方案，现已全部办结，其中包括成功化解仇某某长达9年的信访积案，社会反响良好。抓住重点矛盾纠纷，多措并举消除社会风险隐患。以婚恋家庭纠纷、邻里纠纷、征地拆迁为基础，发挥县、乡、村三级纵向化解格局，横向联通妇联、国土、民政等行业部门，调整婚姻家庭调解委员会、交通事故调解委员会等6个专业调解委员会。由县委政法委牵头，组成积案难案化解攻坚队，召开个案化解专题会议，综合法律、政策、人情等多方因素，提出措施化解矛盾。2018年，累计召开专题会议8次，下发交办单15份，解决沙塘镇和平村村民与县水务局之间因征地引起的矛盾纠纷，化解李某某因户籍变迁导致的系列权益不能享受问题，及时帮助城关镇竹林村村民李某某解决宅基地权属不明的矛盾问题等。

【专项整治】 持续开展金融电信领域风险隐患专项治理。对涉众型经济案件利益受损9名重点人，1个重点群体（善心汇案件涉及582人），4名"兴麟系"，中鼎非法吸收公众存款108人涉案2100多万，雄鑫非法吸收公众存款79人涉案1500多万，进行立案侦查，落实稳控责任，遏制事态发展，规范金融秩序。突出安全生产领域风险隐患专项整治。由县安监局牵头，开展道路交通、消防安全、建筑施工、非煤矿山、危险化学品、特种设备等专项排查整治活动，全面排查不稳定因素，集中力量消除隐患。全年累计排查道路交通隐患63处，整改63处；发现火灾隐患1443处，下发责令改正通知书799份，临时查封9家，责令"三停"单位22家，罚款6.83万元，拘留4人；检查建筑施工单位152次，排查整治安全隐患33处；检查黏土砖厂8家，排除隐患28处；对32家287台特种设备进行检查，排查安全隐患46处，已整改42处，剩余4处正在整改。对12家加油站和1家液化气站进行全面检查，发现隐患17条，整改17条，关停一家液氨制冷企业，并将残余液氨进行安全置换。

【构建服务网络】 抓住两类人员服务管理不放松。依托"社区矫正信息管理平台""安置帮教管理平台"，及时建立完善在管人员的个人档案，明确帮教人及措施。切实织牢织密两类人员的服务管理网络。截至目前，全县接受社区服刑人员280人，累计解除216人，目前在册72人。刑满释放人员233人，其中重点人员衔接率100%，帮教率98%，安置率98%。抓住精神障碍患者服务管理不放松。按照自治区《管理办法》和相关监管责任，对以往提供免费治疗的73例贫困患者，每季度为其做一次相关化验和心电图检查，并继续提供免费治疗服务；对符合条件的150名重型精神病患者，及时纳入"以奖代补"监管范畴，做好家庭医生签约服务，确保应治尽治、应管尽管。全力护航青少年茁壮成长。依托"青春护航"志愿者工作站，推动建立社区信息管理网络，开展"青春护航——关爱单亲家庭未成年子女和社会闲散青少年"行动。

【综治防控】 综治中心全面建成。全县13个乡（镇）、109个村（社区）综治中心已全面建成，县、乡、村三级综治中心正常运作，协调推动综治工作落地生效；交巡警改革深入推进。整合交通警察和巡逻警察的警力和职责，组建交巡警大队，下设城关、联财等6个交巡警中队，配备路面管控能力强，综合素质佳的15名民警，另聘39名辅警，全面强化路面勤务管理。推行以街面、社区楼院及行业场所、乡村公路为层次的三级巡区制度。按照"任务相当、方便管理、界定清晰、责任明确"的原则，科学设置社区网格。城市社区按照300~500户居民划分一个网格，农村社区以每个行政村为一个网格，每5~15户为一个网格小组，开展网格工作。全县共划分社区网格551个，其中城市有社区工作者60名，综合网格员49名，网格协管员117名，网格公益员952名。农村设有网格员502名；"1+X+N"警务运行机制逐步完善。在全县13个乡（镇）范围内共划分22个警务区，每个警务区设立1个规范化城乡社区警务室，配备1名专职社区民警，2名辅警，1名治安积极分子，负责信息采集、人口管理、安全防范、治安管理、服务群众等工作，逐步构建以城乡视频监控一体化为基础，集情报信息、打击犯罪、治安防控等功能于一体的新型社区警务体系，推进社会治安防控体系建设。推进雪亮工程建设。在前期摸底排查基础上，"雪亮工程"已完成方案编制和审查，完成第三方控制和审查，完成深化设计。

【宣传活动】 围绕综治宣传月、禁毒、安全生产、国家安全日、扫黑除恶、"12·4"宪法宣传日等宣传内容，累计开展20次大规模的宣传活动，散发宣传彩页、日历、手提袋等宣传品11.4万余份，发布手机短信10万条，邮政微信朋友圈推送信息10万条，隆德发布、平安隆德和政法部门微信、微博公众号等新媒体同步开展宣传报道，累计推送各类报道300余篇。乡（镇）利用唱大戏、赶集市，依托新时代农民讲习所，邀请政法干警以案释法，开展扫黑除恶宣传讲座220余场次，受教育人次达12万人次，覆盖所有行政村。

公 安

【扫黑除恶】 通过开展扫黑除恶有奖征文竞赛，向群众发放宣传折页、知识读本和挂历等，深入各乡镇开展专题宣讲，定期到农民讲习所开展法律讲座，利用"隆德公安"微信公众号和微博发布通告等形式，实现辖区群众全覆盖和行业场所无死角，群众参与度和知晓率不断提高；深入线索摸排，全县先后收集黑恶势力犯罪线索135条，梳理查结38条，正在侦办线索97条。组织召开专题推进会14次，成立专项工作组，开展"黄赌毒"突出问题、客运和农贸市场乱象整治，抽调精干警力成立专业队伍，组建扫黑除恶办公室，专攻扫黑除恶，2017年在全区率先打掉涉恶团伙1个，抓获团伙成员9名，成功移送起诉，团伙成员全部判刑，打响扫黑除恶斗争第一枪；严控命案发生。践行"枫桥经验"，不断完善"125"矛盾纠纷排查化解机制，规范运行"一村一警+村级警务专干"社区警务机制，全年化解各类矛盾纠纷348起，化解率99.7%，年内命案零发案。严打邪教组织。加强人员管控，梳理全县历年来321名邪教组织人员，及时登记死亡和外迁人员信息，加大顽固分子教育转化力度。严打非法活动，严控"法轮功""全能神"等邪教组织人员动向，严防非法聚集和滋事活动。捣毁"门徒会"窝点1处，查处行政案件2起，打击处理10人，收缴非法宣传资料70余份、手机5部、"十字架"7副。联合宗教部门取缔一起基督教违规宣教活动，收缴宣传资料308份，教育训诫14人。紧盯经济犯罪。提高群众防范意识，针对新型诈骗和网络传销手法，通过上街讲解宣传、发布"预警信息"等形式，提高群众防骗意识。认真开展摸排管控，对全县"四类"公司、建筑领域等企业开展摸排，对著名商标和专利产品企业进行跟踪服务，对存在违规行为的企业进行警告，责令限期整改。配合异地公安机关调查"杭州匹匹金融"等涉众型经济案件当事人400余名。侦办隆德县首例非法吸收公众存款案和网络传销案，涉案资金达1800万元，最大程度挽回群众经济损失。深挖侵财犯罪。传统"盗抢骗"案件立案180起，破案67起。抓获犯罪嫌疑人36名、判决13人、移送起送7人、判处五年以上2人、追赃10.38万元、破获跨区域系列案件4串41起，实现"五个上升"，电信诈骗案件实现"两升一降"。成功打掉王某某等未成年人盗窃团伙、石某某等人跨省系列盗窃团伙和席某某系列盗窃案、王某某系列电信诈骗案等一批有重大影响的案件。强化缉枪治爆。加大宣传力度，开展涉枪涉爆线索摸排，鼓励群众检举揭发，共计办理非法持有枪支案件9起，收缴各类枪支13支，全县未发生重大涉枪案件。深挖网安资源。积极开展网络安全宣传，扎实开展净网专项行动，办理行政案件2起，处罚未履行网络安全等级保护制度单位2家；处罚违规经营网吧1家；安装公共场所无线WIFI点位50个，开展网上日常巡查772次，发现处置舆情15起；配侦案件和开展定位114次，提供线索50余条，协助抓获嫌疑人16名、逃犯2名，管控人员15人，查找走失人员12人次。

【禁毒】 以"双百"示范工程和禁毒示范县创建为抓手，将禁毒工作纳入全县效能考核、干部考核以及综治考核等范畴，从人财物等方面全方位保障，招录16名禁毒专干，配足配强各乡镇社区戒毒康复工作人员，财政保障314.2万元禁毒经费全额到位。常态缉毒执法工作。查获吸毒人员20人，强戒9人，侦办涉毒刑事案件1起。加强涉毒在册人员管控，分赴银川、石嘴山等地对隆德县社戒社康、社会面以及戒断三年未复吸人员开展不定期突击尿检，实现社戒社康"精细化"管理和禁种铲毒"零种植""零产量"。全方位开展禁毒宣传。组织开展"六进"活动50余场次，青少年积极参与禁毒歌曲创作、才艺展示、禁毒知识竞赛和演讲比赛等活动，以"禁毒宣传月"为契机联合禁毒委成员单位掀起禁毒宣传高潮。国家和区市媒体先后刊发报道隆德县禁毒工作成效稿件62篇。高标准实施阵地建设。建成禁毒百米长廊、青少年毒品预防教育基地，全县行政村和居民区禁毒宣传栏覆盖率达100%，投资140万余元在县文化馆建成县级毒品预防教育基地。顺利通过自治区"双百工程"验收和全区禁毒示范县创建工作，全县禁毒工作位居全市第一。

【社会治安】 强化行业场所监管。按照"全覆盖、零容忍、严执法、重实效"的总体要求，加强对全县263家行业场所的日常监管，着力解决治安复杂场所的突出问题，有效遏制重特大安全事故的发生。开展治安突出问题整治。组织开展赌博违法犯罪专项行动，查处赌博违法案件10起，行政处罚39人，收缴赌资1.29万余元；加强食药环案件办理，查处行政案件17起、刑事案件3起。破获非法经营利用野生动物案件2起，收缴"三有"动物毛冠鹿死体1只、自治区重点保护野动物211只。织密治安防控网络。各派出所及治安行动中队全力加强对党政机关等重点部位和广场、车站、大型商场等人员密集场所的常态巡逻防控。全年两抢案件零发案。加强道路交通安全宣传。以"七进"交通安全宣传工作为抓手,进单位、企业、学校、乡村300余次,举办专题讲座和媒体宣传54场次,签订交通安全责任书5万余份,举办驾驶员培训班30场1500人,落实企业和单位主体责任。加强交通隐患排查治理。排查治理安全隐患34处,在312国道重点路段十字路口安装红绿灯和电子警察设施,完善西门和东门路段标志标线7820平方米,在中小学校和工业园区路口安装减速带1500米。治理黄标车63辆,报废率92.64%,报废老旧车120辆。加强交通巡逻管控力度。开展交通安全"百日行动"大检查,设立固定、临时检查点7个,与邻省、邻县公安机关和交通管理部门联勤联动,加强对过境车辆和超员超载车辆查处力度。常态整治县城道路交通安全秩序,严查乱停乱放、闯红灯等违法行为,严管上下学和周末期间校园周边交通秩序,做好"两员两站"建设,督促做好农村道路交通安全管理。加强监所安全管理。组织开展集中教育专项整顿,加强监所民警责任意识和岗位风险意识,圆满完成公安部督办的"12·15"和"8·05"团伙电信诈骗案77名犯罪嫌疑人出所庭审和交付执行。深挖犯罪线索36起,侦破14起。定期开展监所安全检查和隐患排查整治。县拘留所连续20年以上无安全事故被公安厅表彰奖励。

【审判执法】 循序推进"以审判为中心"的司法制度改革。规范运行"两统一"制度,与检察、法院等司法机关协调对接,审核刑事案件219起,移送审查起诉35人。全局智能化办案区改造率达75%,实现案件全程实时监督、提示和督办,规范民警执法行为,堵塞执法漏洞。达到对各类刑事、治安案件"事前审核、事中监控、事后纠错、案件考评、多警联动"的全流程和动态监督效果。构建执法质量考核新格局。制发《隆德县公安局案管中心接报警网上巡查日记录提示单》《隆德县公安局案管中心案件网上巡查周记录提示单》《隆德县公安局执法规范化建设分析通报》等288期,考评接报警5543起,考评案件519起,考评率100%,审核各类法律文书1561份,考评各种执法问题700余条。研究制定《隆德县公安局2018年执法规范化建设工作实施方案》《隆德县公安局2018年度执法规范化建设考核奖惩办法》。全面总结提炼好的经验做法,推动"互联网+公安政务服务"落地见效。顺应互联网发展趋势,组织开展培训3次,加大宣传力度,通过发放折页海报、现场宣讲、答疑解惑等方式,向群众讲解"互联网+公安政务服务"平台的作用、运行模式、能够办理的事项以及相关操作流程等。推进执法主体能力建设。全年举办执法培训班4期,参训民警、辅警达390余人次,全体民警、辅警积极加入E学习平台。全局专兼职法制员达16人。组织庭审旁听5次,提高民警证据意识和程序意识,特别是在依法审查取证方面有了新的认识。开展公安信访工作。全年公安信访接待11人次,受理行政复议、行政诉讼案件4起,审查申请人身保护案和信息公开案3起,均予以依法办结。

【警务保障】 向区厅和县财政争取支持,争取财政保障资金。有效缓解经费不足问题,如禁毒专项资金、基层民警伙食补贴、民警法定节假日加班补贴、增加辅警工资、各类工程建设资金等。不断加强公安装备建设。采购执法执勤用车8辆，规范使用、保养和更新管理警用装备配备，为全体民警配发4G执法记录仪、350兆数字对讲机，为一线办案部门配发移动警务终端21部；做好民警和新招录辅警被装申领采购发放工作；实施涉案财物集中管理平台建设和两所办案区智能化升级改造。推进公安基础设施建设。完成城关派出所迁建项目主体和联财治安检查站建设投入运行；做好机关业务用房、好水警务室、沙塘戒毒康复中心等改造和维修项目，按时完成县局档案室规范建设和观庄派出所改造扩建，提升全局基础设施建设水平。

【队伍建设】 坚持把学习党的十九大精神和习近平新时代中国特色社会主义思想置于队伍建设的首位，加强意识形态领域建设，压实领导责任和主体责任，建立完善意识形态工作实施细则、日常分析研判、定期汇报工作等制度规定，开展"三化"治理和整治，签订党员不准信仰宗教承诺书，严格微信、微博和工作群日常管控和监督，意识形态阵地建设得到加强。深化党组织建设，大力实施"三强九严"工程，落实书记抓党建主体责任，年内共发展共产党员5名，每季度通过党组织"评星定级"和党员"评星定格"活动，评选优秀党支部3个、优秀党员33名。成立离退休干部党支部，定期召开组织生活，按时缴纳党费。开展"不忘初心、牢记使命"主题演讲比赛，筑牢对党忠诚、服务人民、执法公正、纪律严明的思想根基。在建党97周年之际奖励先进党支部1个、优秀共产党员13名和优秀党务工作者6名，为20名离退休党员颁发从警纪念章。开展"四个年"活动，认真查摆突出问题，列出问题清单和整改清单。成立隆德县公安局纪检监察室，对"三不为"、"庸懒散软"等干部开展常态化执纪问责。查办移交批转案件和"12389"投诉案件28起，纪委问责5人，单位约谈15人。坚持从优待警不放松。坚持慰问、吊唁、体检等制度。全年慰问民警、患病家属46人，发放慰问金2.5万元。组织召开民警子女高考录取座谈会，发放助学金0.5万元。为外地民警争取解决公租住房一套。争取为4名去世退休民警落实抚恤金相关事宜。开展维权工作，组建维权委员会，调查核实上报维权信息6期。

【警务建设】 全面推行社区警务战略。协助县委、政府出台《隆德县关于全面深化城乡社区警务改革的实施方案》，在全县规范化设置22个警务区，为每个警务室配备1名社区民警和1名协警。选聘109名治安积极分子担任警务专干，协助开展基层基础工作，拿出54.5万元用于警务专干工资待遇保障，全额纳入县财政预算。基层社区警务力量基本实现"1+X+N"的目标。开展交巡警改革。经县委、政府研究制定《隆德县交巡警合一警务机制改革实施方案》，组建交通巡逻警察大队。设立"四队一室一中心"，调剂民警、协警16名，充实交巡警队伍，有力保障路面勤务警力。合理划分巡区，建立健全台账制度，规范巡区执法活动。投入290余万元建成2个交巡警执法岗亭、采购巡逻车11辆、修建电子警察8套、安装监控视频前端设备45个，有效提升打击和执法效能。开展监管场所整合。按照市局安排，全力支持配合做好整合工作，确保各项工作任务按期完成。强力推进职务套改工作。严格按照政策规定，对执法执勤和警务技术人员开展套改认定工作，同时与组织、人社、编办、财政等协调配合，推进改革工作落地见效。

【户籍管理】 开展移民搬迁后续户籍迁转工作。县委、政府主要领导高度重视，先后前往自治区相关厅局争取政策支持，公安局与扶贫办等部门多次向自治区公安厅、扶贫办汇报工作，争取加快解决移民户籍迁转工作。与扶贫办先后五次驱车前往大武口区、永宁县、灵武市对接，沟通协调全面启动移民户籍迁转。由一名分管领导亲自督办，每日了解迁转进度，妥善处理迁转工作中遇到的困难和问题。截至1月中旬，"十二五"期间搬迁县外劳务移民4690户1.7614万人，已迁转户籍4610户1.7550万人，完成迁转任务的98％，剩余不足80户人的户籍正在复核迁转中。

检察院

【机构设置】
检察长　　　黄占斌
副检察长　　梁生瑞　王　会
设办公室、政工科、反贪污贿赂局、侦察监督科、公诉科、民事行政检查科、控告申诉检察科（举报中心）。

【政治建检】 坚定检察机关的政治属性，始终把政治建设摆在首位。通过党组理论中心组学习、党员大会、讨论交流、知识测试等多个层级和形式，加强对习近平新时代中国特色社会主义思想及十九大精神的学习，筑牢"四个意识"，坚定"四个自信"，做到"四个服从"，践行"两个维护"，确保检察干警对党绝对忠诚。

【扫黑除恶】 自中央、区、市、县各级党委、政府部署扫黑除恶专项斗争以来，院党组及时召开动员大会，重点从思想认识、组织保证和业务素能提升三个方面进行部署，抓好战前动员和人员整合补充。在思想认识上，深刻认识扫黑除恶专项斗争，成立以检察长为组长的领导小组，集中学习中共中央、国务院《关于开展扫黑除恶专项斗争的通知》及相关司法解释，熟练掌握办理黑恶势力犯罪案件的法律规定和政策要求。依法在批准逮捕、审查起诉环节对陶某某等9人寻衅滋事案引导侦查取证，坐实恶势力犯罪，并从快批捕、从快起诉。这是全区首例一审当庭宣判的恶势力犯罪案件。开展多形式的集中宣传活动，公布扫黑除恶举报热线。落实"三长背书"制度。对2015年以来办理的寻衅滋事、赌博、故意伤害等8类案件进行"回头看"和"跟踪访"，排查涉黑涉恶线索。

【检察服务】 围绕县委政府中心工作，制定"深化'绿色检察'发展理念，为全县经济社会发展提供检察服务保障"的具体措施。加强与代表委员经常性、精准化联系，提升检察工作服务中心工作水平。将扶贫工作纳入党员"评星定格"考核，成立领导小组，制定帮扶措施，强化"三个落实"，尽心开展工作。通过慰贫助残、环境卫生整治、"送温暖"等活动，激发帮扶户内生动力，提升帮扶质效。院党组书记、检察长按规定开展"软弱涣散"村党支部整治工作。受理审查案件19件30人，批准逮捕26人。依法对无社会危险性及证据不足的4人不批准逮捕；受理移送审查起诉案件50件67人，依法不起诉2件2人。对一起涉案金额1500余万元、80多名受害人的非法吸收公众存款案和一起诈骗金额130余万元、30多名受害人的涉众型经济犯罪快捕快诉，及时打击。严格执行检察机关与监委衔接、配合等工作规定，对监委移送的5件职务犯罪案件快速审查、依法提起公诉，法院均作出有罪判决。开展法治宣传，履行普法责任。落实"谁执法谁普法"要求。在县第四中学开展"关爱祖国未来·擦亮未检品牌"为主题的检察开放日活动。检察长受聘担任隆德县中学法治副校长并以"成长路上·与法同行"为题带头进行法治巡讲。利用未成年人观护帮教站，开展协助监督考察工作，提升未成年人法律意识，观护未成年人健康成长。

【法律监督】 树立"在办案中监督，在监督中办案"理念，依法履行法律监督职责。监督侦查机关立案2件、撤案1件，发出《纠正违法通知书》2份，对刑事判决提出抗诉2件。检察长就3起职务犯罪案和1起妨害公务案应邀列席审判委员会，针对案件定罪量刑等发表意见。加强刑事执行检察监督，办理羁押必要性审查案件4件，向刑罚执行机关发出《纠正违法通知书》4份，《检察建议》7份。对全县社区矫正工作进行专项检察，推动社区矫正工作依法开展。强化民事行政检察监督，在民事审判、执行及行政履职监督中办理监督案件72件。开展协助农民工讨薪问题专项活动，协助农民工讨薪、弱势群体维权等支持起诉案件19件。学习推广新时代"枫桥经验"，集中开展解决群众反映强烈的突出问题，接待群众来信来访15件18人，均妥善处理，没有出现非法访、越级访和群体访。办理上级检察院交办刑事申诉案件5件，办理司法救助案件3件，发放救助金7.6万元。建成12309检察服务中心，打造实体、热线、网上、掌上"四位一体"的信访平台，走好新时代"网上群众"路线。

【维护公共利益】 主动向县委请示汇报，下发《关于支持检察机关全面开展提起行政公益诉讼工作，进一步推动法治隆德建设的实施方案》，高规格召开"两法衔接"暨公益诉讼工作推进会。就公益诉讼及"两法衔接"工作向县人大常委会做了专题报告。主动接受县政协委员对民事行政检察和公益诉讼工作进行重点视察和监督。开展公益诉讼，守护公共利益。按照各级党委及上级检察机关的部署和要求，在生态环境和资源保护、食品药品安全、国有资产保护、国有土地使用权出让等领域开展专项监督活动，办理行政公益诉讼案件27件，发出诉前《检察建议》37份。在确保食品、药品安全方面，及时向相关部门发出公益诉讼诉前检察建议，推动学校周边流动食品小摊点的治理。规范部分药店药品的出售、过期药品的销毁、医疗废弃物的处置。整顿农贸市场和各大商场食品的经营秩序，保障人民群众舌尖上的安全；在生态环境和资源公益保护方面，通过检察建议督促各乡镇对农用残膜面源污染进行全面清理，清除城区和乡村生活垃圾、建筑垃圾3万余吨，恢复因采砂被毁农田20余亩，清理被占用河道11公里，加强湿地和林地保护。在国有资产保护和国有土地使用权公益保护方面，核查学校合并和生态移民整体搬迁过程中的国有资产保护，督促收回土地使用权出让金39万余元。同时，加强行政履职监督，在履职中探索"一案双查"机制，既查检察建议的回复，又查实际的整改。

人民法院

【机构设置】

院　长　　　　陈君礼
副院长　　　　杨水鱼

设办公室、刑事审判庭、民事审判第二庭、立法庭、行政审判庭、审判监督庭、执行庭（执行局）、司法监督大队、政工科、桃山法庭。

【司法职能】 贯彻落实县委十四届三次，县十七届人大二次会议精神，制定《关于为实施乡村振兴战略和生态文明建设提供司法服务和保障的实施意见》，推动执法办案和服务经济社会发展有机结合。发挥司法职能，严惩生态环境违法犯罪行为，对7件行政非诉案件做出准予强制执行决定，对其中4名拒不履行处罚决定的被执行人采取司法拘留强制措施，对2名破坏资源环境犯罪分子判处刑罚。为特困群体参与诉讼开辟"绿色通道"，全年减、免诉讼费2.3万元。加大司法救助力度，对符合救助条件的74名申请人，发放司法救助款59.2万元。筹资3万余元，支持帮扶村发展村集体经济，投入2万余元奖励脱贫攻坚光荣示范户。筹集各类慰问物资1万余元，开展迎新春送春联、环境卫生整治等活动。组织"普法讲师团"开展送法进校园活动，为县城5所学校赠送《中小学生自我保护手册》500余份。聚焦扫黑除恶、环境保护、移风易俗、脱贫攻坚等重点工作，先后30余次深入农村集镇、车站广场、村组社区开展政策宣讲、普法宣传，发布法治要闻、典型案例，教育引导群众学法用法遵法守法。

【审判】 全年共受理各类案件2303件，结案2195件，结案率95.31%。审判执行主要指标位居全区基层法院前列。依法惩治刑事犯罪，推进平安隆德建设。受理刑事案件50件，审结48件，结案率96%，判处犯罪分子64人。严厉打击侵犯公民人身权利等暴力性犯罪，审理故意伤害案9件9人，对实施故意伤害的马某某判处有期徒刑5年。重拳惩处涉众型经济犯罪，审理非法吸收公众存款案1件2人，诈骗案3件3人，对诈骗金额达135万余元的齐某某依法判处有期徒刑14年。打击脱贫攻坚领域腐败犯罪，审理贪污、挪用公款、职务侵占等职务犯罪案件9件12人。开展"扫黄打非"和"缉枪治爆"专项活动，对6名涉毒涉枪犯罪分子分别判处3年不等有期徒刑。开展"扫黑除恶"专项斗争，加大舆论宣传，对近5年来审执结的各类案件集中组织排摸涉黑涉恶线索。用时20天成功审理全区首例涉恶案件，以网络直播形式对陶某某等9名被告人以寻衅滋事罪全部判处刑罚且当庭宣判，对社会危害不大、主观恶性不深、犯罪情节较轻且认罪认罚的32名被告人，依法适用缓刑或免予刑事处罚，对6件刑事附带民事案件调解处理。强化民商事审判，受理民商事案件1328件，审结1300件，结案率97.89%。审理人身损害、交通事故、医疗事故、提供劳务者受害责任等侵权案件189件，为120名当事人判付赔偿金485万元，维护当事人的合法权益。审理拖欠农民工工资、劳动争议等涉民生案件169件，追索劳动报酬120万元。审理民间借贷、金融借款纠纷案件271件，加大对高利贷、赌资贷和虚假债务的审查排除力度，核减高额利息210余万元，判决败诉12件，以司法裁判为导向，限制民间融资高额利率，引导金融资产优化配置，维护市场金融秩序稳定。审结买卖合同、建筑工程施工合同等纠纷案件275件。审理物权纠纷案件68件。贯彻家事审判机制和审判方式改革，实现家事审判司法功能与社会功能的有机结合。全年共审理婚姻家庭纠纷案件295件，通过心理疏导、情感修复、情亲参与，调解和好93件，判决不准离婚50件。以妇女儿童权益保护最大化原则，在对夫妻感情确已破裂的152起案件依法判决准予离婚的同时，判付抚养费180余万元，发出人身保护令3份。明确高额彩礼裁判导向，开展不赡养老人专项治理活动。巩固立案登记制改革成果，按照"四化"标准，设置立案登记、信访接待、诉讼引导等9个功能型窗口。探索"互联网+诉讼"模式，指引当事人网上自主立案，让当事人只进一次门，只跑一次腿，实现一站式立案，全流程服务。全年登记立案2088件，当场登记立案率达98%。建立信访事项专项处理机制，紧盯重点领域、重点人员，开展接访、下访活动，化解巡视组交办信访案件17件。指派"法官+法官助理"双组合模式为当事人提供诉讼辅导、法律咨询和判后答疑，及时回应群众诉求，全年接待来信来访群众1500余人次。加强安全保卫工作，落实院领导带班、干警值班、法警巡逻制度，确保机关安全零事故。不断做实诉前调解、委托调解、司法确认"三位一体"诉前多元矛盾纠纷化解新机制。诉前调解、委托调解矛盾纠纷110件，司法确认5件，通过分流化解，案件受理数比去年同期下降16.14%。

【执行】"基本解决执行难"是党中央的决策部署，是最高人民法院向全国人民作出的庄严承诺，党中央已将基本解决执行难纳入建设法治中国，推进社会诚信体系建设的高度来部署和推进。全面启动"飓风执行"专项行动，狠抓"七个一批"任务落实，利用"总对总、点对点"查控被执行人账户3.32万次，查封、冻结、扣押财产662.39万元，曝光失信被执行人5批共177人，限制高消费708人，拘留失信被执行人62人，以拒执罪对4案4名"老赖"判处刑罚。以"反规避、惩失信、促规范"专项执行活动为抓手，采取假日、凌晨、夜间等错时执行行动，执结涉民生案件261件，为农民工兑付劳动报酬204.75万元，执行赡养费、抚养费188.26万元，清理特殊主体案件16件。对于采取所有执行措施，确无财产可供执行的案件，依照法律规定依法终结本次执行程序。全年受理执行案件891件，执结813件，执行到位金额5480万元。有财产可供执行案件法定审限内结案率94.59%，终结本次执行程序案件合格率100%，执行信访案件办结率100%，案件执结率91.25%。各项指标均高出"基本解决执行难"第三方评估确定的"三个90%，一个80%"的目标任务。加大执行宣传力度，利用电视、报刊、微博、微信等媒体广泛宣传执行工作，创作微电影《执行初心》。

【改革创新】"繁简分流"改革成效显现。本着简案快审、繁案精审的原则，在立案环节综合案件难易程度进行甄别分流。对标的小、法律关系明确的案件，立案庭统一立为简易程序或小额诉讼程序，倒逼简易程序、小额诉讼程序"优先适用、强制适用"。全年共适用简易程序审理案件1137件，适用小额诉讼程序审结案件220件，简易程序、小额诉讼程序平均审理天数分别为38天、13天。对被告人认罪的26件刑事案件，适用速裁程序简化审理，从轻处罚。坚持司法依靠群众，以司法调解联络员为纽带，围绕婚姻家庭、相邻纠纷、人身损害赔偿等纠纷开展巡回审判，就地化解矛盾纠纷260件，指导人民调解组织化解矛盾纠纷156件。推进司法体制改革，实现"让审理者裁判、让裁判者负责"的同时，完善以审判权为核心，以审判监督权和审判管理权为保障的审判权力运行机制。建立"责任清单"和"负面清单"，明确院、庭长对案件的监督方式和权限，形成"放权不放任、有权受监督"的审判管理格局。发挥专业法官会议参谋智囊、过滤审查作用，对疑难复杂案件进行集体"会诊"，防止案件带病出门。稳步推进人员分类改革，通过3次入额遴选，全院员额制法官达到20名，统一招录聘任制书记员18名，组建法官、法官助理、书记员1∶1∶1的办案团队。适应"互联网+"新时代要求，突出大数据、互联网等现代信息技术对司法工作的支撑作用，通过加强案件节点流程管理、动态监测、督促催办，实现智能化管理。依托人民法院"四大公开平台"，全年在中国庭审直播网直播案件65件，在中国裁判文书公开网公开裁判文书1350份，裁判文书上网率达100%，建成集指挥调度、大数据分析、督查催办、网络查控等诸多功能为一体的执行指挥中心，率先启用人民陪审员网络管理系统。推进电子送达工作，全年开展电子送达2700条次，真正做到"让数据多跑路，让群众少跑腿"。按照上级法院要求开展电子卷宗随案生成及深度应用工作，从立案到审判分5个阶段对电子卷宗随案同步制作进行详细规定，电子卷宗随案自动生成率达100%，初步实现数据融通，资源共享。在8月份召开的全区法院电子卷宗随案自动生成及深度应用工作现场推进会上隆德法院作为宁夏唯一全国试点基层法院进行现场交流发言。

【监督】 自觉接受监督是人民法院践行司法为民宗旨的宪法要求。全年以书面或口头形式不定期向县委、人大汇报工作，向"两代表一委员"发送手机简报，通报重点工作。全年举办法院开放日7次，走访代表、委员200余人次，邀请代表、委员100余人次旁听庭审、见证执行、观摩指导，广泛征求意见，自觉接受监督。邀请县直各部门、各乡镇干部职工、村"两委"班子主要负责人500余人次走进法院旁听庭审、学习交流，以法庭为课堂开展法治宣传教育。依法接受检察机关法律监督，支持、配合检察机关履行职责。加强与新闻媒体沟通，及时发布工作动态、典型案例，主动接受舆论监督。

司法行政

【"七五"普法】 高标准通过区、市"七五"普法中期检查。早动员早部署，开展"七五"普法中期验收工作。成立考核组，于6月29日召开全县"七五"普法中期验收迎检工作动员会，启动全县"七五"普法自查自验工作。普法责任制度化。出台《关于全面落实普法责任制的实施方案》和《隆德县国家机关普法责任清单》，以"四清单一办法"为抓手，将责任清单细分成264项工作任务，分解落实到53个部门（单位）和13个乡镇，实现责任主体全覆盖、责任内容项目化和责任落实量化考核，创新开展工作，总结出"143工作法"。县人大、政协每年视察"七五"普法和司法行政工作，加强对"七五"普法的工作监督，形成大普法格局，构建"订单式"精准普法新模式，在"隆德普法"微信平台，开通"下单"

功能。各乡镇、部门单位、学校、企业、社会组织可以结合本单位领导干部、公务员、企事业单位经营管理人员、学生、社区（村）干部的法律需求"下单"，填写普法内容、法治宣传品的需求、参加人数、活动时间、地点等内容。普法办接到"订单"后，将根据个性化定制不同主题，安排县普法讲师团讲师到各机关单位、社区、企业、学校等提供"订单式"宣讲，有针对性地开展送"法律进机关"、"法律进学校"活动。"法律八进"品牌化。将"法律八进"普法品牌"做大做实"，各乡镇部门围绕"法律八进"建设标准要求，开展一系列丰富多彩的普法宣传活动。推进宪法"六进"活动，在全县集中开展宪法学习宣传教育"七个一"活动。利用党校等阵地对领导干部和公务员进行轮训，举办县级领导干部法律知识培训班2期，培训副科级以上领导干部469人次；组织全县干部职工开展"年度法律知识考试"以考促学，参考率达99%。全县中小学校配备专兼职法治副校长或法治辅导员44名，为在校学生讲法治课45场次，开展"大手拉小手 与法同行"系列活动和开学第一课暨"法律进学校活动"37场次，模拟法庭、安全实验演练、法治动漫画比赛、"中国梦我的梦"演讲赛等法治实践活动50余次。实施法律进乡村"六个一"工程和"法律进社区"十个一活动，结合"农民培训教育年"活动，组织县普法讲师团及乡镇司法所人员，开展"宪法进乡村""宪法进社区"活动，共开展宪法专题讲座165场次，开展送法下乡活动89次，发放法律宣传资料2万余份，受惠群众1万余人。建立企业法律顾问制度，开展法律进企业活动6场次，法治讲座6场次。为全县265个社会组织指配一名法律工作者挂点，为各社会组织开展法治讲座、提供法律知识咨询、公益性服务，增强行业协会负责人的法治意识，规范社团组织的运营。普法宣传信息化。改版提升"隆德普法"公众号，增加"七五"普法、公共法律服务、点单普法栏目，采取页面轮巡的新形式，让"隆德普法"紧扣司法行政职能，打造"掌上司法行政"。通过"两微一端"，先后发布信息2722条，开展"微互动"、"以案释法"等普法活动56次，参与人数2万余人，解答各类咨询744次，形成普法宣传全民互动局面。组织全县5000余名干部职工通过法宣在线开展宪法考试，以考试促学习。推行"云上普法"，实现普法零距离。构建"普法宣传＋公园体系＋互联网"的大平台，将29个主要执法部门的服务热线、普法二维码镶嵌在普法公园石刻上，使执法工作公开化，网络化。在全县各村组开展"微信扫一扫、法律进家门"活动，打通法律服务群众"最后一公里"。普法催生脱贫攻坚内生动力。司法所作为群众接触法律服务的第一站，针对扶贫工作中存在的部分农户对政策知晓率不高、内生动力不足等问题，为全县尚未脱贫的1587户建档立卡贫困户印发《致建档立卡贫困户的一封信》，当面对政策进行解读；对全县119户享受扶贫政策但仍无理取闹、不思进取等重点户，入户动员进行司法教育，从政策、法律角度引导他们转变思想，坚定致富信心，树立正确的人生观、价值观、世界观。

【矛盾调解】 加强组织领导，确保"大调解"专项行动扎实推进。贯彻落实全区司法行政"三个专项行动"精神，制定《隆德县矛盾纠纷专项行动实施方案》，对影响全县社会稳定的因素及矛盾纠纷进行全方位、多层面、拉网式排查，坚持"条块结合,以块为主"的原则,深入开展矛盾纠纷排查工作,确保专项行动取得实效;加强人民调解四张网建设,实现县、乡、村、村民小组调解组织网络全覆盖。全县有乡(镇)人民调解委员会13个、村(社区)调委会109个、村组(楼院)调解小组530个,专业性、行业性人民调解委员会6个,企事业单位人民调解委员会1个。发展"枫桥经验",实现矛盾不上交。坚持发展枫桥经验,探索出县级"1124"(第一个"1"是一名县级领导负责牵头;第二个"1"是县委政法委负责协调;"2"是信访局和司法局负责协调调解;"4"是信访事项涉及乡镇、部门负责,法院、公安局稳控化解),乡镇"125"("1"是乡镇党委副书记;"2"是辖区派出所、司法所;"5"是包村干部、第一书记、村两委班子、村监会、调解员等力量)的人民调解隆德模式,形成"主要领导负总责,各职能部门协同作战,依靠群众,源头预防"化解矛盾纠纷的新格局,成功化解中央、区巡视组交办的20年来积累的96件信访积案,集中力量抓培训,提升队伍效能。积极借助"人民调解大培训、大提升"的东风,组织基层司法所长、助理员、辖区各级人民调解员、律师开展业务培训,推动信访案件化解水平。目前,县、乡(镇)两级共开展人民调解员培训40余场次。全县各级调解组织共排查各类矛盾纠纷833件,调处833起,成功调解789件,调解率为100%,成功率为95%以上。

【社区矫正】 抓住两类人员日常管理不放松。健全接收、宣告、会见、迁居、考核、奖惩、监督管理等制度,严把"三关"(入口关、过程关、出口关),坚持"六个一"(一周一次电话汇报、一月一次书面思想汇报、每月一天公益劳动、每月集中学习一次、每月考核一次、每季度进行一次走访),加强管理教育,确保全县社区矫正人员无脱管漏管;坚持安置帮教工作衔接落实到位。以刑满释放人员信息化管理平台为支撑,对刑满释放人员安置帮教工作自接到释放通知之日起,就对其建立个人档案,明确帮教人,落实安置帮教措施。加强与民政、人社等部门协调联系,帮助刑满释放人员落实就业培训、生活救助等优惠政策,确保其顺利回归社会;严格落实排查、走访制度。司法所坚持在每月及重大节日和敏感时期,对辖区"两类人员"进行排查走访,增强工作针对性,确保敏感时期、重要节日社会稳定;强化社区服刑人员的考核评议工作。严格按照社区服刑人员计分考核办法规定,充分利用微信免费、便捷、互动性强的优势,建立微信群,通过与社区矫正人员的日常交流和对他们朋友圈的关注,及时了解掌握他们的思想动态、工作和生活状况,发现可能存在的潜在问题,有针对性地进行疏导、教育、帮扶工作。根据不同时期的工作重点和要求,推送微信内容,开展普法教育,搭建网上学习平台。通过微信,向社区服刑人员发布学习教育、公益劳动、报到提醒等信息100余条。加强信息化管理平台应用。提高信息化监管水平,推进信息平台的充分应用。上报"司法行政基层基础平台"数据;对"司法E通"矫正人员信息全录入,在矫人员信息实时更新;同时,针对重点人员,佩戴"电子手环",实现对其24小时有效管理,提升社区矫正监管效率和监管精确度;对"刑满释放人员信息管理系统"中初入狱和预释放人员及时核查,对刑满释放,解除劳教后的人员实行安置帮教工作。全县累计接收社区服刑人员280人，累计解除213人，目前在册68人。刑满释放人员230人，其中重点人员衔接率100%，帮教率98%，安置率98%。

【法律惠民】 阵地建设实现标准化。建成隆德县公共法律服务中心，依托司法所建立乡级公共法律服务工作站，依托村委会（社区居委会）设置村级公共法律服务工作室。配齐硬件设备，充实人员力量，实现多功能、专业化、高效率。截至目前，13个乡级公共法律服务工作站已全部建成，村级公共法律服务工作室共建成55个，其中村建成50个，社区建成5个，占109个村（社区）的50%。工作开展实现信息化。县级公共法律服务中心连通互联网和司法厅内网，使用《宁夏法律援助案件管理系统》实现法律援助从接待咨询、受理、审批等网上办理。服务水平实现专业化。严格按照"3+X"模式，增设公证受理、信访接待、妇女维权等岗位，实现群众办事少进门、少跑路、少折腾。同时，实现"一村（社区）一法律顾问"全覆盖。隆德县司法局将全县所有的律师资源整合，以乡为单位进行安排，实现13个乡（镇），109个村（社区）"一村（社区）一法律顾问"全覆盖。

【脱贫攻坚】 建立贫困户及"三留守"人员数据库，开通建档立卡贫困户法律援助"快车道"办理机制，构建起"纵向到底、横向到边、中心布局、网上直通"的法律援助网络，实现在服务对象和服务区域上的全覆盖；拓展公证业务，积极为政府重点工程建设、生态移民、劳务移民拆迁以及大县城建设、棚户区改造等热点、难点问题提供全程的公证服务。开展律师"进百村帮千户"和律师公益服务助推精准扶贫活动。实行律师包乡包村包户制度，为贫困户常年随时提供法律咨询、法律问题解答、政策法律法规的分析、免费代写法律文书和代理诉讼等。共办结为民办实事诉讼案件275件、非诉（公证）案件206件，为受援人挽回经济损失942万元，维护当事人的合法权益。抓好抓实扶贫工作。组织帮扶责任人到城关镇吴山村与扶贫户结对子、谋举措，做好扶贫手册填写、需求登记、政策宣传等工作，开展"送法律、送政策、送温暖"活动，指导和协助吴山村开展精准脱贫。

人民武装

【机构组成】

主　　任	袁秉和
副 主 任	李伍磊
部　　长	胡　炜（3月离任）赵　敬
政　　委	李伍磊
保障科长	张　强

【思想政治建设】 学习贯彻新时代中国特色社会主义思想和十九大精神。明确理论学习的首要任务和首要责任，按照"学懂弄通做实"要求，制定和落实习近平新时代中国特色社会主义和党的十九大精神学习计划，组织干部职工对十九大报告进行原原本本再学习，对《十九大报告辅导读本》进行专题研读，通读十九大报告3遍，认真阅读摘抄"五本书"〔《中国共产党第十九次全国代表大会文件汇编》《习近平谈治国理政（第二卷）》《习近平论强军兴军》《军委主席负责制学习读本》和《习近平强军思想学习纲要》〕，每

人撰写体会文章4篇，摘抄笔记上万字，开展"和平积弊大起底大扫除"活动，组织党委机关观看《厉害了我的国》《厉害了我的军》影视片，组织体会展评、理论测试；结合民兵整组训练开展双拥共建等工作，深入各民兵分队、清真寺、精准扶贫村和"三群体"中宣讲十九大精神30多次，加深单位全体干部职工对十九大精神的理解，增强高举旗帜、听党指挥的自觉性。加强党性修养，强化使命担当。组织学习贯彻新《党章》《军队党委工作条例》，通读《当代共产党人党性修养和锻炼》，对军委党的建设会议精神进行宣讲辅导，落实党章的制度规定，落实组织生活制度规定，开展党支部和党小组活动，组织党课教育2次，通过学习以后党员"四个意识"明显增强。强化法规意识和法制观念。注重法规制度学习，始终从学习掌握法规制度入手提高党员依法开展工作的能力。把法治思维和法治方式贯彻到各项工作和集体实践中，组织学习贯彻军委国防动员部下发的规范性文件（《政工条例》《党委工作条例》《战备调练工作条例》），加强党性修养，强化使命担当。

【国防动员】 抓学习聚共识，强化党管武装的政治自觉。组织学习习主席关于中国梦、强军梦系列论述，专题学习习主席在庆祝建军90周年和阅兵时的重要讲话和《关于推进固原市军民融合发展的意见》，参与协调军地领导讲授国防教育课6场次，强化干部职工的国防观念和政治意识。与教育局共同协调驻军组织高一学生军训，增强广大师生的国防观念。邀请老退伍军人为国防教育义务宣传员，宣传爱党爱国的思想根基。组织宣传14名立功人员先进事迹。在车站、312国道等显著位置设置国防教育公益广告牌6块。结合八一、国家公祭日、国防教育日等重大节日或纪念日，悬挂宣传横幅230条，发放宣传材料2万张。抓重点谋打仗，发挥党管武装职能作用。着力提高应急队伍水平，按照军区"一点两线三区"总体部署和分区民兵组织整顿命令，围绕应急力量提高"在位率"，专业力量提高"对口率"，特殊力量提高"贡献率"的目标，以军区民兵组织整顿量化考评为牵引，严格按照"八步法"要求，完成基干民兵和普通民兵队伍的整组点验任务，5月中旬接受宁夏军区民兵调整改革集中考评，成绩名列全区第七，固原市第二。围绕"考比拉"的要求，集中利用10天时间对民兵进行基础化训练。民兵军事训练严格按照分区年度训练计划训练，在10月份分区组织的基地化轮训中，克服各种训练困难，突出分队队列、轻武器实弹射击和分解结合、警棍盾牌术和防暴队形、灭火救援装备操作使用和卫生救护、交通指挥旗语和复杂路段汽车驾驶等课目内容训练，投入各类训练经费近10万元。组织7名专武干部参加宁夏军区集训，山河乡武装部部长杜晓龙取得全区识图用图第一名，好水乡武装部部长马敦海、山河乡武装部部长杜晓龙被宁夏军区表彰为优秀学员，全县专武干部综合成绩名列固原市第一；选派3名专武干部和5名民兵参加分区选拔性比武竞赛，取得固原市综合成绩第一名，民兵马红斌取得个人综合成绩第二名，山河乡武装部部长杜晓龙取得专武干部军事理论第一名，杨河乡民兵马晓龙取得民兵军事理论第一名；在6月25日至28日的军区比武竞赛中，全县3名专武干部4名民兵参加比赛，张程乡民兵马红斌取得全区民兵综合成绩第一名。采取集中、分散和线上互动等形式进行征兵宣传，在县城设立集中宣传点3个，2次到职中和高级中学进行集中宣传，累计发放宣传册5000余张，接听咨询电话1000余次，多次接待家长和应征对象，严格落实廉洁征兵规定，先后下发廉洁征兵宣传册、廉洁征兵监督卡、意见卡1500余张，通过前期严格走访调查了解新兵个人、家庭情况，联合公安局、教育局、民政局、监察局、街道办事处进行联合政治考核确定新兵，对初定兵员进行为期三天的役前训练，集中组织兵员观看国防教育宣传片，参观武警消防大队内务情况，对未定兵员安排基层武装部部长一对一做好思想工作，与应征对象及家长逐级签订责任保证书，制定拒服兵役处罚办法。确保走的安心，留的服气，并在十月中旬对兵员进行集中回访，确保征兵工作完成的有始有终。

【助力脱贫攻坚】深入开展联建联创。与双村党支部开展以"军地党建资源联享，精神文明联创、文体活动联谊联学联创、弱势群体联助"为主要内容的联建联创活动。确定该村发展冷凉蔬菜和基础母牛养殖的思路。坚持每年与班子成员过一次组织生活，开展一次党的创新理论宣讲，半年分析一次脱贫形势联建联创。推进产业养殖帮扶。建档立卡户新引进的基础母牛在县政府每头补贴4000元的基础上，由县人民武装部再补助1000元，为村集体新购进的19头基础母牛补贴费用1.9万元。对军烈属、退伍老兵和现役军人军属帮扶。在对神林乡双村帮扶的同时根据军区党委首长决策部署和分区党委首长要求，把精准扶贫特别是军烈属、退伍老兵、现役军人家属脱贫帮扶、优抚解困工作，作为政治任务和主管工程来抓，经过"大走访"和军区审定，帮扶优抚对象共14户，其中建档立卡户7户，非建档立卡困难户7户，教育救助6户，共计1.3万元，产业扶持5户，共计1.22万元；每户按照800元标准（500元慰问金，300元米面油），进行全面慰问，协调县民政局在8月30日前为全县重点优抚对象进行全面体检；协调"三群体"人员免费乘坐公交车。经县议军会议研究，协调民政局、交运局公交公司落实，建立涉军问题协调沟通机制，确保涉军问题的顺利解决。十一月二日中央军委国防动员部相关人员来隆德县进行扶贫检查，重点对神林乡双村帮扶项目和军人"三群体"帮扶对象进行检查。

【安全管理】高度重视安全管理工作，按照"统一部署、各负其责、上下联动、层层落实"的方法，贯彻"抓学习、抓训练、抓检查、抓落实"要求，分阶段查找不足，及时纠正。教育引导、组织全体人员学习安全条令、保密条例、军委国防动员部6个规范性文件，安全问题的应知应会考核和对2018年以来发生的事故案件进行通报，增强干部职工对安全问题的敏锐性。杜绝形式主义官僚主义问题。先后组织对具体内容进行自查，对军区和分区指出的各项具体问题，按照"问题备案、问题归零"的思路，一项一项归类、一条一条拉单挂账，一个一个制定整改措施。规范外来人员登记和各类库室管理；投资完善营门防车辆冲撞路障，检测更换14个灭火器材，完善各类安全设施；修订完善《干部职工管理规定》、《车辆管理规定》和《文电管理规定》。

【从严治军】强化廉洁自律，保持党员干部良好形象。学习贯彻《关于新形势下党内政治生活的若干准则》《党内监督条例》《中国共产党廉洁自律准则》《中国共产党纪律处分条例》，严格执行廉洁从政各项规定。开展"增强定力、守牢底线"党风廉政"每季一课"党课教育，组织党员到黑城子监狱接受警示教育，传达学习上级下发的违规违纪通知通报。观看《永远在路上》《浴火强军》《打铁还需自身硬》警示教育片，利用典型违纪案例为镜鉴，引导广大党员知敬畏、明底线。采取专题组织生活会形式，组织党员对照"六个必须"深刻检查、剖析问题，着力清除思想行为上的潜规陋习。

群团组织

隆德县总工会

【概况】 整合资源精准培训。以独办、联办的方式举办刺绣、编织职业技能培训班1期46人，在奠安乡景林村举办种植实用技术培训班1期50人，增强脱贫致富和稳定就业能力。加强劳模管理和服务工作。推荐表彰自治区级工人先锋号3个，五一劳动奖章1名。春节慰问困难劳模42人次慰问金42000元，组织1名劳模到区外休养。开展职工文体活动。4月26日至28日，在县体育馆举办全县职工运动会，来自各基层工会组织的23支代表队155名职工（农民工）参加比赛；6月11日，邀请宁夏理工学院大学生艺术团为全县职工举办学习宣传"习近平新时代中国特色社会主义思想"为主题的广场慰问演出。

【职工维权】 依法开展工资集体协商。落实政府与工会联席会议制度和协调劳动关系三方联席会议机制，启动2018年工资集体协商"春季要约"行动，指导全县67家建会企业签订工资专项集体合同，覆盖职工3956人，并签订六盘山工业园区行业工资专项集体合同1份，覆盖企业7家、职工1048人。事业单位、国有企业厂务公开、职代会推行率达100%，非公企业厂务公开、职代会推行率达95%以上。推进女职工工作：以"干部作风转变年"为契机，按照"三同时"原则建立女职工组织并录入工会信息平台。2月11日，邀请固原市"尊法守法·携手筑梦"服务农民工第十八分队的律师在南凤社区举办法律讲座，50多名女职工参加讲座。7月12日，举办宁夏总工会关爱职工百场心理讲座隆德专场，全县各机关事业单位80多名女职工参加。

【组织建设】 抓组建工会和发展会员工作，已建和新建工会结合工会信息化建设，采取"撤、并、改、整"的措施，开展"基层组织建设提升年"活动，"六有"标准化建设达80%以上。新建工会组织13家，发展会员2310名，实名制录入工会组织198个、会员17816人，工会组织和会员录入率分别为95.4%和93.7%；女工、劳模、民主管理、集体合同、工会干部等信息库录入率均超过75%。

【自身建设】 工会改革有序推进。按照隆德县委《关于印发隆德县总工会、共青团、妇联、科协等4个改革方案的通知》（隆党办发〔2017〕80号）精神，各项改革任务有序推进。2018年1月17日，召开隆德县工会第十次代表大会，一线职工占比56.4%，增设1名兼职副主席、1名挂职副主席，配备优化县总领导班子，提高机关运转效率、延伸服务职工触角、扩大工会组织覆盖面。

共青团隆德县委员会

【青年成长】 组织开展"青年大学习"活动，全县各级、各行业团组织立足行业实际，开展经典朗诵比赛、校园文化艺术节、十九大知识竞赛、手抄报评比、"红旗飘飘，引我成长"等活动。团县委举办"隆德县青年专题学习班暨公务员考试公益培训"。清明节联合县委宣传部、县人民武装部、隆德二中、隆德二小组织团员青年和官兵300余人在北象山烈士墓前开展"缅怀革命先烈 弘扬爱国精神 争做时代英雄"为主题的"清明祭英烈"活动。开展"全县团员青年学习《保密法》"活动。开展"法制进校园"机关开放日活动。组织各行业团组织和青年志愿者开展"爱在端午节·青年做先锋"主题活动。联合县禁毒办组织全县各行业各领域21支团组织代表队参加全县禁毒知识大赛。在"七夕"节举办"礼说鹊桥美·情定笼竿城——隆德县老巷子传统汉式集体婚礼大型公益活动"，为16对新人举办汉式集体婚礼，倡导移风易俗新风尚。

【创业就业】 实施青年"两个带头人"培育工程，联合发改局、就业局、市监局和金融团工委为7个青年致富带头人，提供市场咨询、政策扶持和金融贷款服务，辐射青年群众300余人次。组织全县青年电商创业者在共青团小店、工业园区电商服务中心开展青年电商沙龙活动8场次。联合县残联为残疾人托养中心电商创业青年配备价值一万元的电商发展所需的硬件设施，在残疾人托养中心建立团支部。在六盘山工业园区建设青年中心。在东关社区、残疾人托养中心、串河养牛合作社、杨河乡红旗村建立4个青年之家。

【志愿服务】 开展"暖冬行动"系列活动，在温堡乡新庄村、山河乡二滩村、神林乡神林村开展免费理发送温暖活动；"3·5"学雷锋活动期间，组织全县各乡镇、学校等团组织和志愿服务队深入敬老院、老饭桌、村（社区）等地开展关爱孤寡老人、农民工子女、留守儿童等"学雷锋"志愿服务活动。组织20名志愿者参加固原市文化科技卫生"三下乡"集中示范活动；开展关爱留守儿童志愿服务活动，利用大学生暑假返乡有利时间，开展"七彩假期"志愿支教活动，为全县贫困家庭学生和留守儿童进行义务课业辅导和亲情陪护。为2017年脱贫攻坚中涌现出的脱贫光荣户、移风易俗等活动的先进典型免费拍摄全家福；中高考期间，联合县青志协、县交管局、公交公司开展"圆梦六月，爱心助考"志愿服务活动。

【筹资助学】 团县委共整合协调各类公益捐助124.5万元，其中扶贫公益捐助13.5万元，助学资金111万元，资助贫困家庭大、初中、小学生1000余人。为杨河乡贫困户募集安装门窗公益资金3.5万元；联系宁夏康业投资有限公司为汉式集体婚礼募捐10万元公益经费；联系自治区水利厅职工爱心捐款20万元，资助大学生50名；在团县委和隆德县希望公益服务中心的争取和协调下，兴业证券为"乡村妈妈"留守儿童关爱公益项目捐款35万元，为全县贫困家庭留守儿童捐助助学金36万元；联系爱心企业为2018年贫困应届大学生捐助2万元；协调南京大学、厦门大学为隆德二中和隆德四中贫困学生捐资18万元。

【组织建设】 严把团员发展比例。下发《关于做好2018年全县发展团员调控工作的通知》，按照初中团员不超过30%，高中团员不超过60%的比例严把团员发展关。强化"团组织+社团"试点工作，开展"驻校蹲班"工作。做好少先队活动课进课表、节点主题队日活动等基础性工作，举办"全县少先队工作辅导班"，邀请浙江省少先队工作专家为全县180余名少先队辅导员和从事少先队工作的人员进行系统培训。强化"少先队+社团"试点工作，建立"红领巾小社团"。

隆德县妇女联合会

【创业担保贷款】 截至2018年10月底，全县累计发放妇女创业小额担保贷款10199户，72753万元。累计注入担保基金5600万元，其中县财政注入2800万元，区财政配套2800万元。注入风险补偿金200万元，累计贴息9140.21万元。2018年，全县民生计划发放妇女创业贷款任务1亿元，现已发放贷款914户8762万元，缓解农村妇女从事生产资金短缺难题。

【文明家庭】 开展"移风易俗 树文明家风"活动，在沙塘镇锦华村、张程乡桃园村、温堡乡夏坡村开展"学习贯彻党的十九大精神暨移风易俗树文明家风"巡回宣讲教育活动3场次；举办"抵制高额彩礼 反对家庭暴力"、"和谐婚姻家庭大讲堂"宣讲活动2场次；开展寻找"最美家庭"活动，向全国推荐表彰最美家庭1户，五好家庭1户，全区推荐表彰最美家庭2户；在农民讲习所宣讲家庭文明建设知识等6场次。邀请全国家庭教育专家讲师团讲师汤发良教授，开展5天全县各级妇联干部、政法系统、卫计系统、县直机关各部门、各乡镇干部职工家庭教育专题培训班，帮助家长们树立科学家庭教育理念。邀请吴忠市家庭教育讲师团来隆德县开展为期3天的家庭教育讲师培训班，全县各中小学、幼儿园分管德育校长、德育主任、德育教师及部分班主任共125人参加培训。

【护航春蕾】 10月31日至11月1日，固原市妇联、教体局，隆德县妇联、教体局联合举办"护航春蕾"宣讲活动，惠及隆德县二中、隆德县四中、联财中学、杨河中学、观庄中学、张程中学的3300多名农村女生。促进农村初中女生的健康成长，教育引导她们树立正确的世界观、人生观和价值观，帮助她们培养"自尊、自爱、自立、自强"的精神，激励她们坚持学业、立志成才，用知识改变命运，创造出彩人生。

【妇女儿童维权】 开展"建设法治宁夏·巾帼在行动—百家联动·送法到家"活动15场次。以"禁毒宣传月"为契机，宣传妇女儿童维权工作2场次，发放宣传资料2000余份。联合县委政法委、县法院、县公安局、县司法局、县民政局等相关部门合作开展婚姻家庭纠纷预防调解工作。开展贫困妇女儿童救助慰问，争取救助"两癌"贫困妇女项目、关爱妇女健康"爱妮保"项目、实施"母亲邮包"项目等资金44万元，用于救助隆德县贫困、孤残妇女儿童、单亲母亲等，帮助解决生活中的一些实际困难。

妇女维权：做好妇女信访接待工作，全年共接待来信来访41件次，调解率100%。及时发现涉及侵犯妇女儿童权益、严重影响家庭平安的重大案件和热点事件，通过媒体适时发声。参与综治矛盾纠纷"大排查""大调解"工作，及时排查和就地化解婚姻家庭等矛盾纠纷，有效防控由婚姻家庭矛盾纠纷引发的"民转刑"重大命案的发生。

【巾帼脱贫】 做好"两癌"检查，牵手"健康脱贫"；开展系列关爱活动，牵手三留守"暖心脱贫"；发挥两个致富带头人、女能手参与推进脱贫攻坚工作中的示范带动作用。以建设"坚强阵地"和"温暖之家"为目标，服务链接合作社社员、女工、贫困户切身利益。联合县扶贫办、县就业局、县农牧局等部门举办各类培训班21场次1298人。派驻到温堡村的驻村第一书记及工作队员，研究解决制约扶贫村发展的瓶颈问题，精准施策，助力全县脱贫攻坚。

隆德县残疾人联合会

【助残救残】 全面完成区、市残联下达的目标任务，托养服务：结合全县精准扶贫兜底脱贫攻坚，托养中心机构集中托养建档立卡贫困残疾人108名；投入10万元对100名残疾人开展居家托养服务。燃油补贴：将400名燃油补贴残疾人户指标任务分解到各个乡镇，下发燃油补贴发放通知，筛查落实享受对象；共投入资金10.4万元，每户260元通过乡镇打入残疾人"一卡通"。无障碍改造：推进农村贫困残疾人家庭无障碍改造项目，完成建档立卡贫困残疾人家庭无障碍改造179户，投入资金48万元。康复救助：按照残疾人需求，配发轮椅300辆，各种辅助器具1800件；开展0~6岁残疾儿童抢救性康复训练。委托隆德县福利医院开展0~6岁贫困残疾儿童抢救性康复训练项目。共训练脑瘫、智障和孤独症儿童18名。对0~6岁残疾儿童统计筛查，预新纳入康复救助6人，实现0~6岁残疾儿童康复救助全覆盖；康复服务上门服务，对建档立卡贫困和重度残疾人，委托隆德福利医院，于1月份和9月份上门入户，开展康复知识宣传、心理咨询、血压测量、心电图等康复服务，服务7200多人次，投入18.5万元。精神病服药与住院：1月份、5月份、9月份，三次邀请固原市精神病院专家为208名精神病患者进行免费义诊服药，对30名重度精神病人住院治疗每人补助1500元。投入资金26万元。教育培训：实现不缴费并给予生活救助上学全覆盖，残疾学生全部全面解决上学难问题，实行免学费和发放生活补助；加强特殊教育和特教学校毕业生就业安置，将特教学校12名毕业生全部安置到托养中心就业。对22名高校入学和学前教育残疾学生投入4.5万元扶持就学。残疾人技能培训，帮助残疾人就业创业，投入45.1万元，先后组织举办编织、电商、人造花、彩灯制作和手工艺品等培训班，培训残疾人303人次。通过托养中心辅助性就业和人造花扶贫车间就业基地，帮助12个整村推进贫困村365名残疾人实现就业，个人年收入4000~10000元。就业创业：对30名就业创业残疾人给予扶持，每人资助2000元，投入资金6万元；

对9名残疾人个体工商户交纳职工养老保险金进行补贴，投入3万元；加强人造花、纸箱厂、食品厂、国隆中药材、葆易圣药业等残疾人扶贫基地和扶贫车间建设，最大限度促进残疾人集中就业和就近居家就业。社会保障：协调民政、人社、扶贫等部门，对贫困残疾人全覆盖纳入社会保障，全县有6000多名贫困残疾人享受最低生活保障，做到应保尽保，全县贫困残疾人全部实行"0"缴费医保、社保政策，对残疾人特殊困难群体全部纳入福利院兜底脱贫保障。信息数据动态更新：启动残疾人基本服务状况和需求信息数据动态更新工作，成立领导小组，制订实施方案，召开动员会议，举办全县109个行政村（社区）调查员培训班，对全县8658名持证残疾人信息数据进行全面更新。

【残疾人机构托养】 发展残疾人机构托养服务，结合隆德县残疾人脱贫工作需求，县委、政府把隆德县残疾人托养中心建设纳入重点民生项目，先后投入建设和运营资金1800万元，将中心建筑面积由原来的2000平方米扩大为6000平方米。将132名符合条件的建档立卡贫困残疾人进行集中托养。按照标准化建设、规范化运行、制度化管理、个性化服务的要求，打造集残疾人托养、工疗、康复、就业、创业为一体的综合性托养机构，推动残疾人托养服务与辅助性就业服务有机融合，以托养+辅助性就业促兜底脱贫，从根本上解决残疾人的后顾之忧。坚持托养和就业相结合，增加残疾人家庭收入。在为托养对象提供服务的同时，利用隆德县残疾人人造花就业扶贫基地，组织22名有一定劳动能力的残疾人及家属到人造花总厂就业，月收入1400~2000元。在托养中心创办闽宁扶贫车间，为24名残疾人提供工疗就业，月收入达到500~1000元。坚持托养和创业相结合：中心搭建电商平台，帮助15名残疾人发展电商、创业就业。政府拿出专门资金，对50名创业人员进行岗前培训，制定优惠扶持政策，为创业的残疾人前3个月每人每月给予1800元岗前培训工资，中心建立手工艺制作室，为有一技之长的残疾人提供平台，制作、加工手工艺品，利用中心的电商平台进行线上销售，开创以托养+辅助性就业助力残疾人脱贫的"隆德模式"。

隆德县科学技术协会

【自身建设】 组建工青妇科协联合党支部，科协党员与工青妇党员一道参加组织生活；组建乡镇科协，完成乡镇科协组织全覆盖，乡镇分管领导兼任科协主席，学校校长、医院院长、农技站站长"三长"纳入乡镇科协，成员为党员（科技）致富带头人，乡镇农技推广中心加挂农技协联合会牌子。农村专业技术协会、行政村（社区）成立科普工作站，统一制作乡镇科协和科普工作站牌子；注册成立老科协。

【科普工作】 建设科普中国科普员队伍，下载科普中国APP，申请、注册、认证科普中国科普员160余名，推送、转发、浏览科普文章1.2万篇，分享基站4000多个；建设科普e站信息员队伍。开展"科普中国·百城千校万村行动"，建成科普e站13个，其中学校e站4个，协会e站4个，乡村e站4个，社区e站1个。培训科普e站信息员26人次。为群众随时查阅资料，学习科技，线上互动，网上销售提供方便；建设科技辅导员队伍，建成隆德二小、三小科学工作室，建成四中机器人工作室，建成隆德二中科技馆、创客工作室，培训科技辅导员5批次60多人（次）。组织开展"大手拉小手"活动，邀请专家给学生做航空航天知识报告。组织学生参观体验流动科技馆，激发学生求知兴趣；组织参加科技创新大赛，参加宁夏第33届青少年科技创新大赛，参赛作品、获奖数量位居全区各县（区）前列。参加宁夏第18届机器人大赛，隆德二中获机器人竞赛初中组总冠军。隆德三小、隆德二中获2018年度"全国青少年人工智能活动特色单位"，在宁夏21所学校中隆德占2所。在第18届中国青少年机器人邀请赛中，隆德二中杨福贵老师被授予"全国优秀教练员"，受自治区科协领导邀请，杜工作老师还专门给全区科技辅导员培训讲课；参加科普剧展演，隆德一小科普剧《智能生活的烦恼与快乐》参加全区展演，至此隆德县已连续四届代表固原市参加科普剧展演并获奖；隆德三小《"小鬼"当家》获全区第五届中小学科普剧原创微剧本三等奖，是固原市唯一一所获奖学校；建设农村中学科技馆，全县5个农村中学，2016年建成联财中学科技馆，2018年在观庄、杨河、张程和温堡中学首次建成虚拟数字化科技馆；建设科普长廊，结合实施乡村振兴战略，推动科普资源向乡村倾斜，建成隆德县山河苗木花卉协会（温堡乡新庄村）、隆德县六盘山中药材协会（联财镇赵楼村）、隆德县绿鲜果蔬协会（神林辛坪村）、隆德县瑞平马铃薯协会（好水乡后海村），"中国红"方管科普长廊4个，定期更新内容，喷绘张贴健康环保、绿色生态、防毒防邪、灾害防御等科普图文200平方米；开办专题栏目。推进科普中国V视快递落地应用，与县电视台签订合作协议，联合开办《科普中国·宁夏科普进行时（科普在你身边）》专题栏目，每周1、3、5晚播出，第二天早上重播，时长15分钟；服务全民科学素质提升，发挥牵头抓总作用，与成员单位签订全民科学素质共建责任书，分类指导四类重点人群（青少年、农民、城镇劳动人员、领导干部和公务员）全民科学素质工作。接受中国科协《全民科学素质纲要》中期评估。

【助力脱贫】 科技助力脱贫攻坚，邀请杨鹏斌、汪文帅、刘彩霞、李道胜等14名专家，举办实施乡村振兴战略·推进农业产业化建设、科学大讲堂·精准扶贫第三方评估政策解读、农产品电商培训班6天16场，为脱贫攻坚助力；开展"百名专家固原行"活动。邀请固原市专家王淑芳，本县专家服务团成员张守宗、马艳霞，围绕中药材种植加工、马铃薯种植及疫病防治、林下经济等深入田间地头、生产车间问诊把脉，集中培训答疑释惑；助推特色产业发展，采取支部+协会模式，新成立2家农村专业技术协会，对发挥作用好的协会给予奖励。申报隆德县神林蔬菜协会为2018年基层科普行动计划先进协会，申报张建龙为科普带头人，申报隆德县中药材运销协会、隆德县瑞平马铃薯协会在规范化建设方面给予资金支持。邀请区8家新闻媒体10余名记者对隆德县中药材运销协会种植基地、产品车间进行报道。

隆德县工商业联合会

【教育实践活动】 将"守法诚信、坚定信心"为重点的理想信念教育实践活动贯穿工商联工作全过程，分别召开党组会议、主席办公会议、执委会议进行学习和安排部署，引导非公有制经济人士牢固树立守法是最好的保护、诚信是最大的金字品牌的理念，把构建"亲"、"清"新型政商关系贯穿到理想信念教育实践活动全过程，把守法诚信作为企业文化建设的重要内容。规范机关单位及工作人员涉企服务和交往行为，形成政商双方交往规范、良性互动、共促发展的政治生态。组织企业参加区工商联组织的法律培训和警示教育等活动，引导企业照章纳税、安全生产、环境保护，实行民主管理，杜绝商业贿赂，构建平安企业、和谐企业，增强企业家的安全感、稳定感和信任感。

【服务非公有制经济】 深入企业调查研究，了解企业存在的困难和问题，为企业解决实际问题，推动非公有制经济发展的政策措施落地生根。在两会上，工商联界委员提出的多条提案、建议列入政府督办序列，并逐项得到及时办理。搭建非公有制企业"走出去""请进来"交流合作平台，推荐全县非公企业参加区、市组织的系列活动，促进与区内外企业间交流合作。与西夏区和西吉县工商联分别结成友好工商联，组织非公企业观摩考察、互促互学。发挥工商联的桥梁纽带作用，搭建政府、银行、企业对接平台，加强与发改、司法、税务、金融等部门的联系协作，协调解决企业实际困难。组织部分企业参加区市工商联在区外的考察学习，并积极与区外院校对接联系，八月底在江西社会主义学院举办30人为期一周的非公经济人士"坚定理想信念增强发展信心教育实践活动培训班"，提升非公经济人士思想政治素质，引导非公企业积极助力全县扶贫攻坚的态度和决心。

【组织建设】 巩固"五好"县级工商联建设成果，抓好已成立"四好"商会创建和新的商会筹建工作，加强隆德县花卉苗木园林商会等四个商会的阵地建设，为会员企业服务。选派商会会长参加区工商联在固原举办的培训班。抓好会员发展工作，壮大会员队伍，新发展企业会员2家，个人会员4个，会员总数达189个。

【助力脱贫】 引导非公经济企业结合行业和企业实际助力全县精准脱贫攻坚行动，通过产业培育、就业扶贫、捐资助贫等多种形式，参与全县精准扶贫工作。隆德县人造花工艺有限公司在全县成立了11个扶贫车间，解决就业人数达400多人，隆德县易巨能实业有限公司、隆德县四兴醋业有限公司、隆德县福利医院、宁夏向兴工贸有限公司、宁夏六盘山建筑工程有限公司、宁夏兴宇建设工程有限公司第二分公司、隆德县宾馆、宁夏金鑫房地产开发公司第一分公司等12家企业慷慨解囊共捐助资金11.05万元，助力全县脱贫攻坚。

隆德县文学艺术联合会

【文艺服务】 春节期间，组织隆德县书法家20余人到沙塘、陈靳举行"文艺进乡村·欢乐送百姓"送春联活动，为群众送春联1000余幅，丰富群众的文化生活。完成《六盘人家》文艺季刊的第一、第二期的编辑和出版工作。强化联络协调管理，发挥文艺家协会职能。完善为文艺家和基层协会服务的内容和形式，调动文艺家和基层协会繁荣发展文艺事业的积极性、主动性和创造性。抓好协会会员发展工作，加大联络协调力度，加强督导，发挥文联和各文艺家协会职能，促进隆德县文艺事业的发展。

【自身建设】加强机关建设和艺术家队伍建设,努力在干部培训、专业知识学习、优秀人才选拔等方面制定和完善各项举措,使文联各项工作全面得到提升。理清工作思路,坚持围绕中心开展文联工作。抓好党的建设,抓好理论学习,着力建设学习型机关,强化人员管理,落实奖惩制度,发挥激励机制加强行业管理,维护文艺家权益。

经济发展

【概述】 2018年，全县完成地区生产总值280787万元，按现价计算，比上年增长12.3%。第一产业59353万元，增长12.6%；第二产业88507万元，增长18.4%，在第二产业中，工业29813万元，增长3.8%，建筑业完成增加值58694万元，增长27.5%；第三产业132927万元，增长8.4%。人均地区生产总值17912元/人，增长11.6%。城镇居民人均可支配收入23361元，增长7.5%。农村居民人均可支配收入9277元，增长11.7%。全县实现社会消费品零售总额68017万元，比上年增长5.1%，其中：批发业39441万元，增长22.4%，零售业17393万元，减少22.8%，住宿业937万元，增长70.1%，餐饮业10247万元，增长9.3%，完成集市贸易成交额32029万元，增长6.0%。

农 业

【综述】 全县农作物播种面积39.66万亩，比上年减少2.2%，粮食作物播种面积30.90万亩，比上年减少0.0%，在粮食中冬小麦播种面积5.38万亩，比上年增长7.6%，豆类播种面积2.51万亩，比上年增长0.4%，玉米播种面积14.25万亩，比上年增加0.2%，薯类播种面积8.58万亩，比上年减少4.7%，油料播种面积2.60万亩，比上年减少2.5%，药材播种面积1.6万亩，比上年增长23.6%，蔬菜瓜果播种面积2.25万亩，比上年减少35.1%，其他作物（青饲料）播种面积2.25万亩，比去年增长43.3%。全年粮食总产量达到8.72万吨，比去年增长7.4%，其中：小麦总产量9684吨，比上年增长21.1%，豆类产量3100吨，比上年减少0.8%，玉米产量51585吨，比去年增长4.0%，薯类产量112825吨，比上年增长11.7%。粮食作物亩产282公斤，比上年减少7.2%，油料总产量2210吨，比上年增长8.4%。人均产粮664公斤，比上年减少12.9%，人均油料16.9公斤，比上年减少37.4%。

农村经济

【畜牧业】 以张程、杨河、凤岭、温堡草畜产业建设为重点，推进粮改饲试点工作，全县种植青贮玉米7万亩、紫花苜蓿2万亩、一年生禾草1

万亩，调制饲草20万吨（苜蓿包膜青贮0.5万吨），引进多年生牧草48个品种，试验示范220亩，推进"一棵草"工程，建立大北农饲料配送中心1个、经销网点13个，发放饲料650吨，完善多元化饲草体系。续建神林杨野河、凤岭李士2个千头规模肉牛场，新建观庄红堡、中梁、张程李哈拉等10个百头规模肉牛场。全县补栏肉牛1.2万头（其中基础母牛5650头），实施见犊补母1.5万头，购置冻精5.3万支，改良肉牛2.1万头，强力推进良种基础母牛扩繁和优质肉牛保栏。

【中药材】 以六盘山道地中药材为重点，发挥宁夏隆德县六盘山中药资源开发有限公司、上药（宁夏）中药资源有限公司的带动作用，种植大田中药材1.55万亩，渝河北塬林下种植药材1万亩，六盘山药用植物园野生资源修复与保护区5300亩。扶持发展中小型加工企业20家、专业合作社5家，培育农民经纪人15人，初加工中药材2180吨，销售1310吨。建立网店、微店5家，销售额达1500万元。

【冷凉蔬菜】 以沙塘良种场、神林介实公司等为主，春茬集约化穴盘基质育苗2800万株，阳畦育苗6000万株。新建成永久性蔬菜基地2个2608亩，其中联财镇联合村设施永久性蔬菜基地600亩，联财镇联合村露地永久性蔬菜基地1000亩、温堡乡杜川村露地永久性蔬菜基地1008亩。维修温堡乡吴沟村生态移民产业园区拱棚198栋200亩，建成供港蔬菜基地1350亩，全县种植蔬菜2.31万亩。新建成联财镇联合村、温堡乡杜川村、神林乡双村蔬菜集散地3个46.5亩，交易量1.8万吨。建成温堡杜川村1000吨蔬菜气调库1座，建成组装式冷藏库100吨6座、50吨2座，提升蔬菜产业冷链物流档次。

【休闲农业】 围绕全市旅游环线，打造隆庄、隆张及高速公路沿线色彩农业景观带，新建花田云海休闲农业示范点，改造提升盘龙山庄等7个休闲农业经营主体。争创国家五星级休闲农业示范点1家、自治区休闲农业示范点2家、宁夏休闲农业与乡村旅游三星级示范点2家，评选"中国美丽休闲乡村"2家、全国休闲农业园区（农庄）3家。举办首届"中国农民丰收节"，累计举办各类休闲农业活动30余场次，深入推进休闲农业提升年活动。

【农业农村改革】 印发《隆德县农村集体产权制度改革工作实施方案》（隆党办发〔2018〕38号），挂牌成立村级股份经济合作社29个，村级经济合作社20个，农村改革试点涉及45个村3个社区，界定村集体经济成员1.63万户6.12万人，量化资产5454万元，设置股权10.91万股。全县流转土地9.68万亩，培育发展村级土地股份合作社12家，入股土地6458.5亩，涉及农户759户，通过"自主经营"和"内股外租"形式，实现农村土地规模化经营。整合发展壮大村集体经济资金7117万元，按照"股份合作""投资收益""股份合作+投资收益""服务创收"等模式，全县102个村（社区）组织发展壮大村集体经济工作，年终收益299.16万元以上，分红80万元以上，其中实现收益10万元以上的有11个村，5万~9万元的有8个村，1万~4万元的有29个村，1万元以下的有54个村，实现"转化薄弱村、壮大一般村、提升富裕村"的目标。制定印发《隆德县农村集体资产清产核资工作实施方案》（隆党办发〔2018〕13号），成立县清产核资工作领导小组，按照清产核资"七项"工作流程，举办培训班38场900人次，覆盖118村（社区），清理经营性资产382.29万元，非经营性资产24193.53万元，资源性资产（集体土地）总面积163.69万亩，完成"三资"管理和农业农村部清产核资信息建设录入，通过市、县级验收，迎接自治区级验收。建成"隆德县农村集体产权综合管理平台"，全面启动农村产权抵押贷款试点工作，县财政注入担保抵押贷款风险基金150万元，已办理土地承包经营权抵押贷款43家264万元，抵押土地经营权面积554.42亩，抵押贷款额度77万元，贷款期限3年。县信用联社在联财镇联财村和好水乡后海村开展土地经营权抵押贷款试点工作。新培育合作社15家、家庭农场34家，全县新型经营主体累计达554家（合作社379家、家庭农场175家），其中评定县级示范合作社6家、示范家庭农场4家，农业社会化服务组织服务比重达10.7%以上。开展农村承包地确权"回头看"，排查统计确权变更农户2235户，做好确权变更工作，完善农村土地承包经营权登记管理信息系统。

【示范农业试验】 在沙塘国家农作物品种区域试验站开展新品种试验22组160个、展示50个80亩、示范3个1000亩。建立川旱地青贮玉米、马铃薯、蚕豆旱作节水试验示范基地3个1300亩，主推技术5项，创建胡麻标准化示范基地3个3100亩，糜子标准化示范基地3个1942亩，隆张、隆庄公路沿线种植油菜0.6万亩，亩产131.2公斤，总产量78.72万公斤，开展冬小麦免费供种试点示范1.8万亩，全县种植冬小麦5万亩，亩产174.7公斤，总产量874万公斤。

【旱作节水农业】 以乡镇为实施主体，加快全膜双垄沟播技术推广，采购地膜1660吨，建立张程、杨河10万亩和甘渭河流域（温堡乡）、朱庄河流域（凤岭乡、神林乡）2个万亩旱作农业示范基地，全县实施覆膜保墒集雨补灌旱作农业22.14万亩，其中籽粒玉米11万亩，亩产388.2公斤，总产量4270万公斤。

【马铃薯种薯繁育】 以企业为龙头，合作社为引领，基地建设为核心，示范推广马铃薯种薯繁育及主食化专用品种。采购青薯9号等原种1200.25万粒，建成原种繁育基地2400亩、一级种薯繁育基地4个5800亩，马铃薯主食化专用品种示范推广1400亩。全县种植马铃薯10万亩，亩产1257.2公斤，总产量2514万公斤。

【农业科技】 申报自治区、固原市科技项目4类13项，争取补助资金455万元，县财政投入科技研发经费450万元，增长30%以上，加大科技支农力度。鼓励企业加快技术改造、研发和自主创新力度，申报各类专利20项，获批2项，为企业发展提供有力科技支撑。实施科技特派员创业行动，选派科技特派员115名，争取专项资金36万元，建立特色产业示范园区（基地）5个，引进新品种5个、示范推广新技术12项。培育国家科技型企业1家、自治区级2家、市级3家，隆德葆易圣药业有限公司与宁夏医科大学建立"双导师互聘基地"，成立企业研发创新中心，被科技部命名为第二批星创天地，宁夏中药资源开发有限公司与北京盈科瑞创新医药股份有限公司签订创新平台共建协议，组建宁夏中药配方颗粒（隆德）技术创新中心。抽调农技人员99名，组建技术服务团队，驻村开展结对帮扶。实施"四个年"活动，推进基层农技人员知识更新、农民讲习所宣讲等培训，培训新型经营主体技术员、科技致富带头人、新型农民（新型职业农民、农村劳动力）4472人，增强脱贫攻坚实用技术实力，推进新品种新技术的推广应用。

【**农机化装备**】 落实农机具购置补贴设备15大类32个小类90个品目，全面完成全价购机补贴工作。推进农机免费管理，培训驾驶员205人、审验1058人、检验拖拉机5120台、挂牌入户226台，完成任务的100%。建立马铃薯全程机械化示范点2个3万亩，玉米全程机械化示范园区1个3000亩，投入深松旋耕整地机18台，深松整地2.3万亩，促进农机农艺深度融合。

【**农业绿色**】 推进农业绿色生产方式，实现投入品减量化、生产清洁化、废弃物资源化、产业模式生态化，提高农业可持续发展能力。以"减量替代""减量控害"为重点，推广测土配方施肥应用35万亩，实施测土配方施肥与化肥减量增效示范基地0.2万亩，农企共建马铃薯绿色防控基地2个0.5万亩、绿色增产示范基地0.13万亩，实施冬小麦"一喷三防"1.3万亩，建立有机肥替代化肥示范基地0.8万亩，推广秸秆生物反应堆技术应用300亩，农药使用量减少39%以上，节本增效12%以上。全面开展畜禽养殖污染综合防治，新建年产1万吨有机肥生产线一条，绿色养殖示范村6个，覆顶式防雨淋、侧溢、渗漏式粪污堆积场30个4500立方米，沼气池3座1600立方米，畜禽粪污综合利用75.1万吨（规模养殖场资源化利用5.62万吨），畜禽粪污资源化利用率达88.24%以上。回收残膜2200吨，加工颗粒546吨，残膜回收率达90%以上。加强秸秆禁烧，推进农作物秸秆综合利用，打捆收获农作物秸秆16万吨，农作物秸秆综合利用率达97%以上，全县11个乡镇70个村安装太阳能热水器2380台，实现贫困村贫困户全覆盖。

【**农产品品牌**】 建立健全农业投入品可追溯体系，覆盖全县101家生产、营销企业（合作社），发挥农产品质量安全检验检测站的职能作用，全年抽检种植基地、供应店农产品184批次260份，农产品质量检测合格率达98%以上。推进"三品一标"认证，完成无公害产地认定4个、无公害农产品认证4个，黄芪、秦艽通过国家地理标志认证，板蓝根、黄芪、黄芩获得国家GAP认定，隆德葆易圣药业有限公司获得中药材生产许可认证，通过GMP认证的中药材企业2家、QS认证的中药材企业5家。争创中国驰名商标和自治区著名商标，"六盘春"清真牛羊肉，"六盘雪红"辣椒，"六盘馨"马铃薯，"恒瑞元"中药材等商标获得自治区著名商标。

【**动物及动物产品检疫**】 全年免疫牛羊口蹄疫24.39万头（只次），免疫猪口蹄疫、猪瘟9.28万头（次），免疫高致病性禽流感、新城疫30.21万只（次），免疫小反刍兽疫11.68万只（次），应免畜禽免疫密度和牲畜标识佩戴率达100%。产地检疫畜禽6.4万头（只、羽），屠宰检疫生猪3264头、牛羊174头（只），市场检疫监督畜禽2.19万头（只、羽），安排专项经费47.2万元，建立非洲猪瘟防控点，规范设卡堵疫，落实疫情监测排查、生猪调运监管、生猪检疫屠宰等综合措施，全面加强非洲猪瘟防控，保障养殖业安全、动物产品安全、公共卫生安全和生态环境安全。

【产业扶贫项目】 全年实施农业财政项目51项（第一批36个、第二批15个），总投资13195.92万元，其中中央及自治区财政补助资金6013.785万元，县财政配套及整合资金1820.15万元，自筹资金5111.983万元。目前兑付农业财政项目资金12217.9万元，资金兑付率达96%，做到争取一批项目、实施一批项目、投产一批项目，推进现代农业提档升级。争取产业扶贫项目资金3506万元（其中闽宁协作资金128.74万元，产业扶贫资金3232.25万元，整合资金144.74万元），通过产业扶贫项目扶持，全县10289户建档立卡贫困户，种植蔬菜3558.27亩、蚕豆7813.252亩、马铃薯11034亩、冬小麦15703亩、籽粒玉米41000亩、胡麻10027亩、中药材5200亩，基础母牛补栏4958头、二元母猪67头、蜜蜂1452箱，实现总产值15600.51万元，户均增收15467.37元，人均增收3826.19元，人均产业纯收入达1897.66元，产业提供贫困户贡献率达37.6%以上。实施"四个一"示范带动工程，建成产业扶贫示范村10个，培育发展龙头企业10家、新型经营主体31家，发展致富带头人225人。采取"新型经营主体＋产业＋贫困户"等扶贫模式，深化"三带四联"帮扶机制，实现抱团发展，推进贫困户稳定增值收益。

扶 贫

【精准扶贫】 制定《隆德县2018年建档立卡动态调整工作方案》，创新"四个10户"精准识别比对法，结合2018年度扶贫对象动态管理和信息采集工作，在全县开展拉网式、地毯式排查，重点核查一般户中条件最差的10户和贫困户中脱贫标准较低的10户，共识别因病等原因致贫返贫109户394人，按照"两评议、两公示、一比对、一公告"识别程序纳入建档立卡贫困户范畴。对全县99个行政村农业人口进行排查，对摸排出的婚出和死亡的310人从扶贫云系统中清理，对婚入和新生的244人进行了数据补录。

【产业培育】 将产业扶贫作为到户精准扶持的重中之重，加大投入力度，发展致富产业培育。因地制宜做好"有土"文章，完善"三带四联""四个一"等产业发展带动机制，在全县打造产业示范村7个、培育扶贫龙头企业10个、合作社31家、致富带头人225名，带动全县建档立卡贫困户共种植各类农作物11.38万亩，补栏基础母牛5650头、二元母猪1526头、养羊1840只、养鸡28034万只，蜜蜂1955箱，全县有发展能力的贫困户均有1~2项可稳定增收的致富产业。创新"企业＋车间＋贫困户"模式，引导和帮助1940人到产业园区、制作基地务工，采取企业投资和政府补贴的方式，建成村级扶贫车间25个，配套人造花扶贫车间外发点12个，带动1130多名农村留守妇女、有基本劳动能力的残疾人就地就近就业，其中贫困户420人，人均月收入达1600元以上。完善以奖代补务工激励机制，采取"企业订单、培训机构列单、培训对象选单、政府买单"机制，完成劳动力培训4677人。设立生态护林员和公益性岗位，安排1490名无法离乡、无业可扶、无力脱贫的贫困户劳动力，参与林带保护、环境保洁等公共服务，并给予每年7000~10000元的工资收入，实现生态效益和贫困户增收双赢。按照"移民搬迁＋

产业配套"的模式,为每户生态移民户配套建设一座高效养殖圈棚,补助两头牛犊。已建成暖棚圈舍320座、补栏基础母牛588头、培训劳动力524人次,在移民村建成人造花、农副产品加工等扶贫车间4个,确保移民搬得出、稳得住、能脱贫、可致富。加强政银户合作,降低扶贫信贷门槛,建立金融机构尽职免责机制,撬动金融部门支持建档立卡贫困户发展特色产业。2018年新增贷款3933户18981万元,贫困户存量贷款8447户38905万元,覆盖率达90%。推进"扶贫保"政策落实,为10321户39881人建档立卡贫困户购买意外伤害险、大病医疗补充险等扶贫保险产品,做到建档立卡贫困户"扶贫保"全覆盖,发展致富零风险。把发展壮大村级集体经济列入农业农村改革重点工作,探索建立发展新机制,通过"股份合作""投资收益""股份合作＋投资收益""服务创收"等发展模式,推动"资金变股金、农民当股东、收益有分红"改革,因地制宜、科学谋划、大力扶持、整体推进,多层次、多渠道、多形式、多方位破解村级集体经济发展难题,全县共整合发展壮大村集体经济注入资金7117万元,投入到99个行政村和2个农村社区,全面消除村集体经济"空壳村"问题,年收益达299.16万元以上。

【贫困村基础设施建设】 按照"缺什么、补什么"原则,实施贫困村脱贫销号、已销号村巩固提升和非贫困村补短板"三大工程",改造提升水、电、路、网、文化体育等基础设施建设短板。全县99个行政村实现通村公路、文化广场、电商服务中心、文化体育设施、标准卫生室、经济合作组织、动力电等基本公共服务领域主要指标全覆盖,贫困户安全住房、安全饮水达到全覆盖。

根据国务院《关于完善县级脱贫攻坚项目库建设实施方案》的精神,以改善基础设施、发展社会事业、培育扶贫产业、壮大村集体经济为重点,出台《隆德县2018-2020年脱贫攻坚项目库建设实施方案》,全面完成2018-2020年项目库建设,共入库6490个项目,涉及资金23.06亿元。

【教育扶贫】 加大控辍保学力度,落实教育扶贫政策,通过义务教育阶段"三免一补"、高中学生免除学杂费、中职学生"两免一补"、高职及以上学生"雨露计划"、燕宝基金和助学贷款等途径,实现6105名建档立卡学生教育资助全覆盖,有效减轻贫困户教育负担,全县未出现因贫辍学学生。

【健康扶贫】 推进分类精准救治、分级诊疗,落实"一降一高四个全覆盖"(降低起付线,提高报销比例,基本医疗保险、大病救助、扶贫保、应急救助)健康扶贫机制,提高基本医保和大病保险保障水平,深化家庭医生签约服务、上门跟踪体检、"一站式"结算等措施,降低农村居民大病保险起付线、提高报销比例,加大医疗救助力度及商业健康保险兜底,确保贫困人口年度住院医疗费用实际报销比例不低于90%,或当年住院自付医疗费用累计不超过5000元。

【农村低保制度与扶贫开发政策】 将符合条件的建档立卡贫困残疾人纳入农村低保和城乡医疗救助范围,给予每人每年不少于3800元的保障资金,将符合条件的农村低收入家庭和兜底人群全部纳入低保范围,做到"应保尽保"。

【特殊人群集中安置供养】 通过农村敬老院、农村老饭桌、农村幸福院、残疾人托创中心、精神康复院等安置617名建档立卡特殊人群，投资建设残疾人托创中心，托养残疾人108人。

【社会扶贫】 创新"321"包扶责任落实机制，县级领导联乡联村最少包扶3户贫困户、部门联村科级干部最少包扶2户贫困户、一般党员干部最少包扶1户贫困户，且每个帮扶责任人帮扶不超过5户，全县2761名领导干部帮扶10321户贫困户，实现贫困户帮扶全覆盖。选派优秀干部219人到村担任第一书记和工作队员，实现行政帮扶全覆盖。各帮扶单位累计投入帮扶资金1898.11万元，用于贫困户产业发展、公共服务能力提升建设等。落实闽宁对口扶贫协作第二十二次联席会议精神，加强人员交流、创新扶贫方式、精准配置闽宁协作发展项目，建立减贫帮带机制。与福建对口帮扶县（区）开展互访6次，13个乡镇、10个行政村与闽侯县乡镇和村建立定点帮扶关系，签订帮扶协议，每年投入到各乡镇帮扶资金不少于20万元。2018年，争取闽宁协作发展资金3395万元，推进闽宁产业园、"扶贫车间"等项目建设，推动贫困户实现县内稳定就业、稳定增收，促进贫困人口脱贫致富。

【资金管理】 按照"多个渠道进水、一个池子蓄水、一个出口放水"的原则，整合各类涉农资金7亿元，已支付6.16亿元，支付进度88%，专项扶贫资金、脱贫攻坚地方债及闽宁协作发展资金共计31624万元，支付30558.27万元，支付进度96.63%。创新"三级审核、三级备案、一个平台监管"的"331"信息公开机制，为70个贫困村配置涉农惠农资金电子触控查询机、LED屏，开通农户手机APP客户端，确保涉农惠农资金阳光运行。

【惠农政策】 制定《隆德县开展扶贫领域作风问题专项治理暨"脱贫攻坚作风建设年"活动实施方案》，制定及修改完善《隆德县统筹整合使用财政涉农资金管理办法》《隆德县扶贫项目管理办法》《隆德县扶贫小额信贷管理办法》《隆德县农村集体经济组织资产及财务管理办法》等制度办法16项，抽调70名第一书记、99名农技人员，在全县99个行政村开展"大走访、大调研、大宣传"活动，通过发放宣传手册、宣传挂历、入户讲解等形式，使扶贫领域作风建设活动家喻户晓、人人皆知。开展以"两不愁（不愁吃、不愁穿）"、"三保障（义务教育、基本医疗、住房）"、环境综合整治、金融扶贫、政策知晓、"三率一度"等为内容的"十项清零行动"，以农村低保、危房改造、产业到户、教育扶贫、健康扶贫等为内容的"十个专项行动"和以"抓工作机制，促规范运行，抓宣传教育，促良好氛围，抓案件查办，促高压震慑，抓通报曝光，促警示教育"为内容的"四抓四促"整治行动，排查出工作措施不精准、项目实施不精准、驻村帮扶不扎实等7个方面共33个问题，列出问题清单，明确整改目标、时限、责任人。33个问题已全部整改完成，查处扶贫领域腐败和作风问题线索13件，给予党政纪处分28人，挽回资金41.66万元。

林 业

【造林】 完成六盘山重点生态功能区降水量400毫米以上区域造林绿化工程9.75万亩，其中人工造林2万亩、未成林补植补造6.75万亩、封山育林1万亩。发展经济林4800亩，其中红梅杏2160亩、核桃2000亩，打造联财镇联合村、神林乡神林村、沙塘镇许沟村、街道和城关镇星火、隆泉村6个"四个一"林草产业试验示范点，总面积850亩，栽植各类苗木和花卉35.2万株（枝）。利用六盘山外围林地、退耕地和移民迁出区土地资源，联合农牧等部门发展林下种植业和养殖业，完成林下药材种植1.5万亩，新建林下经济示范点11个，带动农户1500户以上，解决就业3100人以上。

【县城绿化】 以巩固"国家园林县城"建设成果为重点，在实施渝河、清凉河、北象山和南凤山生态治理续建工程的同时，新建清凉河二期、东门植物园景观改造和"三馆"（博物馆、文化馆、图书馆）、闽宁文化交流中心、工业园区及渝河人工蓄水池坡体绿化等工程，打造城区绿地景观、绿色廊道和绿色屏障，县城建成区绿化覆盖率达到40%。

【乡村绿化】 按照"乡村振兴战略"的总体要求，以小城镇、美丽村庄和脱贫销号村为重点，提升乡村绿化档次，打造生态宜居环境，完成12个乡镇、83个行政村、178公里乡村道路和76公里村庄节点绿化任务。

【绿色廊道】 以主干道路绿化提升为重点，在保护好现有林木的基础上，对县境内的高速公路、国道、省道和县道进行高标准绿化提升，结合落实河长制，实施渝河护岸绿化工程，建成河堤绿化景观带38公里，完成绿色廊道和河堤绿化76公里，形成针阔、乔灌、花草搭配的生态景观带。

【生态治理】 实施天然林保护、"三北"防护林和400毫米降水线精准造林工程等政策机遇，坚持以流域为单元，山、水、林、田、湖、草系统治理，加快生态治理与修复步伐。按照流域单元的地形特点和生态需求，坚持"科学规划，点面结合，适地适树，造管结合"，多林种、多树种持续推进，建立高效稳定的生态防护林体系和森林生态系统，提高流域内水土保持和水源涵养能力。

【人居环境】 全面实施乡村振兴战略，推进城乡环境综合整治，按照"科学规划、配套完善、村容整洁、发展产业、乡风文明"的要求，高标准、高质量完成县城和乡村绿化美化工程，坚持挖大坑、栽壮苗、浇透水、重管护，构建环城、环镇、环村、环路、环水、环园林网，不断提升城乡绿化档次和水平，形成布局合理、功能完善、景观优美的生态系统，为城乡居民创造良好的生产生活环境。

【产业发展】 立足脱贫攻坚大局，按照市委、政府关于"四个一"林草产业试验示范工作的决策部署，加强组织领导，强化推进措施，以理念科学化、种植规范化、管理精细化为目标，坚持先行先试，勇于打破传统栽植模式，引进"一棵树、一枝花、一株苗、一棵草"新品种，推进试验示范点建设，提升产业发展质量。按照"公司＋合作社＋基地＋农户"的模式，发展特色经果林和林下经济，优先聘用贫困户育苗，加快脱贫攻坚步伐。

【资源保护】 按照"一分造，九分管"的理念，落实林木资源管护制度，加大征占用林地审批、森林防火和林木病虫鼠害防治等工作力度，打击私挖乱砍、偷牧毁林、林区用火等行为，加强护林员队伍建设，实行承包管护责任制，确保营造一片、管护一片、成活一片，有效巩固生态林业建设成果。

水 利

【水利项目】 县规划总投资2.6亿元，实施流域治理、农村环境综合整治、水利扶贫等7大类14个单项工程。已完工12项，累计完成总投资2.1亿元。其中渝河流域山水林田湖草综合治理项目中的渝河北塬小型农田水利工程、现代化生态节水灌区及土地平整工程及生态林业供水管网工程，各参建单位昼夜施工，经过奋战25个白天黑夜主管道建成并通水运行，为项目区发展林业及设施农业及时提供用水保障。近4年建设的隆德县城乡供水工程于9月8日完工并正式通水，解决10.4万城乡居民生活用水及县城发展缺水难题。

【水利改革】 推进河长制见行动见成效为引擎，突出在"做实"上下功夫，各乡镇和相关部门联动，并网建设排污口6个，推广农药化肥减害控量应用36万亩，开展环境整治专项执法行动2次，投入资金160余万元，出动人员713人次、机械设备70台，整治河道岸线257公里，打捞水面漂浮物及清理垃圾162吨，落实自治区空间规划要求，完成全县河流水域岸线管理范围划界登记工作方案。开展夜间河道执法检查，打击河道非法采砂、非法排污等违法行为。以政府购买公共服务的形式落实106名巡河员、40名水库巡库员，加强河岸巡查及保护，对全县主要河道入河排污口进行摸底调查，分类整治，取缔入河排污口7处，对2处入河排污口申请报批备案并实行动态监管，制定城乡水源地和农村水源地保护划分方案，划定河流及水源地保护范围内畜禽禁养区和限养区范围，依法拆迁养殖场2家、关闭养殖场3家。7月6日，全区河湖长制工作（山区片）观摩座谈会在隆德县举行，水利部对隆德县开展河湖长制工作取得的成效表示肯定，创出的"隆德模式"和"渝河经验"值得其他市、县（区）学习借鉴。建设县级农村供水工程信息及自动化监控中心1处，在红堡、好水、桃山、渝河南部4处区域管理站新建区域监控分中心管辖范围内安装自动化控制设备。已安装运行的其他22座蓄水池自动化控制系统并入监控中心系统，实现对区域26处工程水量、水质、水压、水位、视频信息统一在线监测和控制。实施城乡供水信息及自动化工程，包括信息平台、水源监控、管网自动化控制、水质水量监测及远程服务，建设完成桃山水厂及远程智能设施，对桃山水库、地湾－范家峡水库、张士水库4座水源地装视频监控设施。完成水资源确权和农业水价改革试点工作，2018年，在渝河流域实施的山水田林湖草综合治理项目和渝河北塬小型农田水利灌溉工程中，对项目区用水量进行确权登记，并颁发取水许可证，对全县的企业用水摸底排查，对关停的企业撤销其用水指标，对新增的企业安装计量控制设施，实行精准确权，确保水流确权成果。实行节水补贴和奖励机制，从超定额累进加价水费收入、高附加值经济作物和设施农业供水利润、县级财政配置等途径筹集节水奖励基金，对节水突出的用水单位和个人进行了表彰奖励，并对工作突出的水管单位进行经费补贴，与县财政局、国税局协调对接，完成水资源费改税交接工作，联合对县供水公司、基层16个站所增值税发票系统（金税盘版）进行集中培训，并安装增值税发票系统，每季度向税务局按时上报企业用水量，在水费收缴时代收水资源税。

【水利扶贫】 坚持精准扶贫、精准脱贫基本方略，针对饮水、防洪、抗旱、行路、水土保持等问题，整合涉农资金2300万元，修建过水桥347座、塘坝3座、谷坊950座、涵洞465座、排洪渠92公里。结合县脱贫退出"十项清零行动"，组织各水管单位想方设法给贫困村铺设足够的供水管网，接通自来水。全县建档立卡贫困户自来水入户率100%，农村自来水入户率99.7%，自来水覆盖率100%。在结对帮扶的温堡乡杨坡村、前进村派驻第一书记及工作队员，研究制定帮扶计划，91名干部职工进行一对一帮扶，圆满完成帮扶工作任务。

项目建设

2018年隆德县基本建设项目汇总表

单位：万元

序号	项目名称	建设性质	建设年限	规模及主要建设内容	总投资	年度计划投资	工程进度安排	形象进度
	合计127项				1220486	724423		
	一、发改局6项				133600	67600		
1	隆德县通用机场建设项目	新建	2018—2020	建设1600米×30米跑道，新建停机坪9000平方米，航管综合服务楼2000平方米，塔台100平方米，机库1200平方米，配套供电、道路等基础设施	45000	20000	目前西部战区航管处已进行项目协同审批。正在积极加强与西部战区作战处和西部民航公司对接，尽快出具空域协调会会议纪要、选址会议纪要后，报经自治区政府审批，然后再报国家军委审批并推进下一步工程建设	目前西部战区航管处已进行项目协同审批。正在积极加强与西部战区作战处和西部民航公司对接，尽快出具空域协调会会议纪要、选址会议纪要后，报经自治区政府审批，然后再报国家军委审批并推进下一步工程建设
2	隆德县农业产品生产加工项目	新建	2018	建立马铃薯种植基地，在工业园区租用16和22号标准化厂房6栋约25920平方米，一期建设淀粉系列及方便面等农业产品生产线10条及其他附属设施	10000	10000	加强督促度，顺利完成第3、第4车间下半年投产	1.已建成4条生产线并投产；2.第3车间设备主体结构已安装完成；3.第4车间设备主体结构已安装完成

续表

序号	项目名称	建设性质	建设年限	规模及主要建设内容	总投资	年度计划投资	工程进度安排	形象进度
3	天然气综合利用项目	新建	2018	项目主要建设分输站及气源管道、城市燃气和天然气综合利用三大部分，主要由工艺站场及配套工程、线路工程、城市管网工程、汽车加气站工程和小城镇气化工程组成。铺设输气主管道36公里，建设LNG加工厂1个，建成县城加气站2座，建设居民用气供气系统	20000	14000	加快招标预算，预计七月底开工	图纸审查完成，工程预算完成，已开工建设，目前正在场地平整及修建围墙
4	中石油加油站迁建项目	迁建	2018	占地面积12547平方米，建筑面积967平方米，在红崖、竹林建设加油站2座。设置30立方米油气罐、柴油罐7具，购置加油机10台	2600	2600	红崖加油站已开工，正在建设中；竹林加油站已完成备案，正在办理土地手续	红崖加油站正在办理水电网连通，基础建设中；竹林加油站已完成立项、备案手续，正在办理土地等相关手续
5	隆德县中小企业孵化园四期建设项目	新建	2018—2019	新建单层8米高钢结构生产车间26幢，面积109680平方米；单层8米高钢结构物流仓储车间4幢，面积17280平方米	40000	15000	基础开挖大概三个月，然后规模修建	基础挖方18吨，完成2幢钢结构厂房安装
6	隆德县闽宁扶贫产业园区屋面并网式光伏太阳能发电项目	新建	2018—2020	在工业园区建46幢标准化厂房，面积约30万平方米，全部铺设光伏组件，安装太阳能电池板，PV装配支架及太阳能板架，采用固定式倾角安装，总容量20MW	16000	6000	目前正在寻找合作方，尽快洽谈好合作事宜，争取早日开工	企业已完成备案，因近期合作方突变，正在加快寻找客商洽谈具体合作事宜

续表

序号	项目名称	建设性质	建设年限	规模及主要建设内容	总投资	年度计划投资	工程进度安排	形象进度
	二、农牧局14项				243356	148090		
7	蔬菜产业项目	新建	2018	在沙塘和平、联财镇联财乡新建全钢架大拱棚400亩；新建永久性蔬菜基地1600亩，其中沙塘和平、联财镇联财乡各200亩，温堡杜川1000亩。在联财、神林新建蔬菜集散地2处，年销售蔬菜10000吨，并配套建设蔬菜保鲜冷藏库（可容纳5000吨蔬菜）	10200	10200	4月完成设施大拱棚建设，永久性蔬菜开始种植，5月建成永久性蔬菜基地，6—10月永久性蔬菜基地田间管理、验收，建成气调库	已完成联财联合600亩设施永久性蔬菜基地建设，建设联财联合设施、联财联合露地、温堡杜川露地3个千亩露地永久性蔬菜基地2600亩，完成联财蔬菜集散地保鲜冷藏库（可容纳5000吨蔬菜）建设。联财、神林蔬菜集散地正在建设，全县种植蔬菜3.6万亩
8	马铃薯种薯繁育、主食化品种推广及冬小麦免费供种试点项目	新建	2018	采购马铃薯原种800万粒，建设原种基地1600亩，一级种薯繁育基地1.5万亩，主食化专用品种示范推广基地2000亩。在温堡乡、观庄乡开展冬小麦免费供种试点面积12000亩，其中温堡乡5000亩，观庄乡7000亩	3280	3280	4月进行冬小麦中耕追肥，马铃薯种薯准备、切块播种，5月完成马铃薯种植，6—7月田间管理，6月收获冬小麦，9月马铃薯田间管理，10月种薯收获、贮藏等，全面完成建设任务	已完工
9	道地中药材产业化提升项目	新建	2018—2019	建设黄芪、党参等道地中药材育苗基地300亩，中药材野生资源修复1.2万亩；以加工企业（合作社）为重点，建设中药材加工车间2000平方米、储藏库1000平方米、晾晒场2000平方米、产品包装盒10000个、2个网店微店等基础设施建设。在工业园区建设中药材加工生产线	25000	15000	4—5月进行中药材种植，中药材加工车间、储藏库、晾晒场基础设施开工建设，6—9月建设中药材加工基础设施，进行田间管理，10月验收，11月总结	完成中药材育苗300亩，中药材野生资源修复1.2万亩。中药资源开发公司和隆德县国隆中药材科技有限公司按照GMP要求安装中药材加工车间设备

续表

序号	项目名称	建设性质	建设年限	规模及主要建设内容	总投资	年度计划投资	工程进度安排	形象进度
10	林下经济项目	新建	2018	发展以核桃、油用牡丹、构树、花椒、红树莓为主的特色经果林和花卉苗木1.7万亩,林下药材3.2万亩(其中上药集团1.2万亩)、优质牧草1万亩,发展特色林菌500亩;林下养殖鸡、鸭、鹅、鸽子等禽类15万只,驯养野猪1000头、鹿500只,饲养蜜蜂1万箱;建设林业林下经济示范点20个	15000	15000	4月申请印发林下经济实施方案,5—6月申报、审核、认定林下经济经营主体,7月各林下经济主体建设完成,8—10月进行验收,11月申请项目补贴资金并兑付	完成林下药材种植任务4万亩(400万元);林下养殖鸡13万只,驯养野猪768头、鹿353只,饲养蜜蜂7350箱,建设林下经济示范点2个
11	旱作节水农业及农机具购置补贴	新建	2018	推广以全覆膜技术为主、半覆膜技术为补充覆膜保墒集雨补灌旱作节水农业22万亩,其中全膜17万亩,半膜2万亩,黑膜3万亩;按照"应覆尽覆"的原则,全年残膜回收面积21.2万亩,回收残膜2200吨,加工颗粒550吨;购置补贴农机具880台(套),其中牧草加工机械500台,轮式拖拉机200台,其他机具180台	11000	11000	5月完成覆膜,6月覆膜验收,残膜回收,7—10月残膜加工,受理农户申请、验货,11月残膜加工,入户符合农机具到位情况,12月验收总结	招标采购地膜1660吨,完成覆膜面积22.14万亩。建成杨河、张程10万亩地膜玉米种植基地;建成甘渭河流域和朱庄河流域2个万亩示范基地;建成城关镇咀头至联财镇渝河北塬万亩高效节水农业示范区;建立凤岭乡齐兴、李士等村3000亩玉米机械化示范园区;补贴农机具38台
12	新型职业农民培训、基层农技推广及农产品产地初加工补助项目	新建	2018	围绕三大主导产业,在全县遴选培育900户科技示范户,建立三个科技示范基地,两所农民田间学校,创建一个五好乡镇农村服务中心;针对种植大户、养殖大户、家庭农场主经营者、农民合作社骨干、青壮年农民以及返乡创业大学生开展职业农民培训,培训人数300人;在冷凉蔬菜主产区建设100吨的果蔬保鲜库10座、50吨果蔬保鲜库6座、果蔬烘干库6座	680	680	4—6月对2017年新型职业农民培训后续跟踪服务,7月编制培训方案,确定培训主体,8—11月进行培训,12月总结	基层农技推广补助项目,目前完成900名科技示范主体遴选、90名技术指导员聘任,明确主导品种和主推技术,并实地开展产业技术指导工作,2个农业科技示范基地正在建设当中,农产品产地初加工补助项目按照建设方案要求,正在落实建设地址,购进建设材料及设备,100吨的2座库已开工建设

续表

序号	项目名称	建设性质	建设年限	规模及主要建设内容	总投资	年度计划投资	工程进度安排	形象进度
13	农业面源污染综合治理及废弃物资源化利用项目	新建	2018	在渝河流域新建病死畜禽无害化处理中心1个；在杨河乡建设绿色养殖示范村5个，新建畜禽粪污集中处理区1个；发展优秀农药经营示范店32家，新建废弃农药包装物回收点32家，建立或改建集中处置厂1个，年回收废弃农药包装物10万件；扶持新建1家残膜加工企业，年残膜回收面积21.2万亩，回收残膜2200吨，加工颗粒440吨	9000	9000	4—10月开展优秀农资示范店创建工作，并宣传培训农资经营人员，处置厂地基及主体建设，回收废弃物1万件，11—12月进行信息化基础设施维护，指导农资经营人员正确使用电脑、打印机、扫码枪等相关设施	畜禽粪污集中处理区在杨河乡串河村，由隆德县节能有限公司承建，有机肥场生产厂房基础设施建设基本完工，正在建设附属设施；病死畜禽无害化处理中心在温堡乡北山村建成；残膜回收面积21.2万亩，8个回收网点回收残膜2200吨，加工颗粒220吨。联合村，后海村，三星村为主，种植大户及其他家庭农场合作社完成有机肥替代化肥示范0.8万亩
14	休闲农业一、二、三产业融合发展建设项目	新建	2018	围绕休闲农业一、二、三产业融合发展建设项目，对8个休闲农业示范点进行改建提升。新建生态餐厅或农家乐餐厅3000平方米，建设乡村休闲住房50间（可容纳100人以上）；建设休闲步道500米；建设农产品电商销售平台，面积200平方米；建设农产品展示展销区2000平方米；建设加工车间2000平方米，建设保鲜贮藏库3000吨	6000	6000	4—5月确定实施主体，6—8月建设生态餐厅和农家乐，9月建设电商平台，10月建设保鲜贮藏库，11月验收，12月兑付资金	盘龙山庄已种植食用百合90亩，完成精品民宿征地地基建设，贝壳房、小木屋已经建成；清凉山庄种植油菜花120亩，已购进山野菜烘干及包装设备，电商服务中心、农产品展览厅正在建设当中；陈靳新和示范点已建成步道6公里，卫生厕所一个，修建多功能生态餐厅一处，建成锁链攀援步道500米，建设林下生态规模养殖园区300亩，种植中药材600亩，农事体验田20亩，药用牡丹130亩，红梅杏树桃树等230亩；神林山庄已完成安装太阳能路灯200盏，草莓采摘棚20座；毛家沟休闲农业示范点已建成全钢架拱棚360幢，已完成矮化密植苹果树240亩；锦山家庭牧场已完成1000亩核桃种植，50亩大樱桃种植；鹿盘人家已完成垂钓园基础建设，整体山庄亮化完成一半；五龙花卉"花田云海"目前种植花卉300亩，建设生态餐厅2000平方米

续表

序号	项目名称	建设性质	建设年限	规模及主要建设内容	总投资	年度计划投资	工程进度安排	形象进度
15	阳光沐浴及可再生能源清洁取暖项目	新建	2018	安装太阳能热水器2380台，配套建设洗澡房；推广小型生物质锅炉取暖技术，安装小型生物质锅炉1500台；争取推广空气源热泵电力取暖，安装空气源热泵电力取暖设备2500户	5196	5196	4月进行摸底调查确定用户，5月督促修建洗澡房进行太阳能热水器采购，6—9月安装热水器，10月验收	全县安装太阳能热水器1257台。其中：温堡乡265台；好水乡97台；观庄乡209台、陈靳乡215台、凤岭乡150台、奠安乡100台、神林乡107台、联财镇71台、沙塘镇63台
16	草畜产业建设项目	新建	2017—2018	见犊补母1.2万头，草原生态禁牧22.4万亩；种植青贮玉米4万亩，一年生禾草1万亩，多年生牧草2万亩，建设优质苜蓿示范基地2处，收储农作物秸秆10万吨，调制饲草15万吨，建设百头以上规模肉牛养殖场10个，新建暖棚猪舍21座，标准化猪舍17座、育肥猪舍4座，补栏二元母猪930头，消毒室240平方米、消毒池240立方米、排污管道1000米、沉淀池2250立方米，购置吸粪车6辆	15000	15000	4—5月完成饲草种植，建设圈舍，6月完成圈舍建设，7月完成草原生态禁牧补奖工作及圈舍附属工程建设，8月开始补栏，9—10月完成饲草调制15万吨，兑付补贴资金，11—12月组织验收	见犊补母采集信息7000头，上报草原生态禁牧实施方案，正在上传草原补奖信息，落实观庄红堡、中梁、倪套3个规模养殖场，正在建设中，其他正在对接落实，建设暖棚猪舍21座、标准化猪舍17座、育肥猪舍4座；采购、发放青贮玉米种子180吨，种植青贮玉米7万亩，一年生禾草1万亩，多年生牧草2万亩
17	渝河流域农业产业化发展项目	新建	2018—2020	种植蔬菜2.1万亩，新建蔬菜保鲜储藏库3个，蔬菜销售集散地3个；发展中药材种植基地2.3万亩，改造提升及新建中药材加工厂10个，开发中药材颗粒及保健品10个，微店10家；发展林下经济及林药间作2.8万亩，改造提升休闲农业示范点3个，发展林下养殖示范点10个	25000	21000	5—6月中药材及蔬菜种植，开工建设储藏库，7—8月田间管理，微店网店建设，9—11月组织验收及总结种植情况	目前种植蔬菜1.7万亩，已完成种植中药材2.3万亩，由宁夏明德中药饮片有限公司、宁夏六盘山中药资源开发有限公司、葆易圣、康之业等企业按照GMP要求安装中药材加工车间设备

续表

序号	项目名称	建设性质	建设年限	规模及主要建设内容	总投资	年度计划投资	工程进度安排	形象进度
18	宁夏固原国家农业科技示范园	新建	2018—2020	核心示范区种植中药材5000亩、育苗300亩，辐射带动全县种植中药材8万亩	37000	13600	4—5月田间种植，6—8月田间管理，9月验收	核心区以宁夏六盘山中药资源开发有限公司、上海医药集团等6家企业为主种植黄芪、黄芩、党参等5000亩，育苗300亩。辐射带动全县种植中药材10万亩（含林下仿野生中药材6万亩）
19	2018年现代畜牧业产业提升项目	新建	2018—2020	推广使用大北农饲料5000吨，涉及肉牛、肉羊、生猪两大类型10多个品种；邀请国家、区、市及大北农专家开展养殖技术指导和培训，培训500人次；选择2个规模养殖场示范"肉牛双犊技术"，年示范肉牛200头	6000	3134	4—5月完成饲草种植，建设圈舍，6月完成圈舍建设，7月完成草原生态禁牧补奖工作及圈舍附属工程建设，8月开始补栏，9—10月完成饲草调制15万吨，兑付补贴资金，11—12月组织验收	目前发放饲料425吨，其中杨河乡马峰林经销点发放牛羊饲料150吨，张程乡发放牛羊饲料26吨，沙塘镇王康宁经销店发放牛羊饲料25吨，联财镇李维维经销店发放牛羊饲料34吨，城关镇金牧经销店发放饲料45吨，联财镇边硕彦饲料经销点发放饲料24吨，沙塘镇王智经销点发放饲料9吨，温堡乡吴盘军饲料经销点发放饲料14吨，城关镇赵保信饲料经销点发放饲料26吨，县城方正经销点发放饲料82吨
20	六盘山（隆德）道地中药材产业园建设项目	续建	2016—2018	新建中药材种植基地2.5万亩，育苗基地1000亩，种质资源繁育圃200亩，野生中药材修复与保护基地4万亩，观光（花卉）中药材1000亩；培育企业6家，网店微店5家	75000	20000	4—5月田间种植，6—9月田间管理，培育企业、网店，10月中药材大田收获，11月验收、资金兑付	已完工

续表

序号	项目名称	建设性质	建设年限	规模及主要建设内容	总投资	年度计划投资	工程进度安排	形象进度
	三、林业局18项				46350	33750		
21	六盘山（隆德）重点生态功能区降水量400毫米以上地区造林项目	新建	2018	完成营造林8.25万亩，其中新造乔木林2万亩，未成林地补植补造3.75万亩，退化林改造2.5万亩	8200	8200	4—5月进行营造林种植，6—8月进行田间管护，9—10月对新造林进行补植，11月进行阶段验收	已完工
22	隆德县渝河流域经济林基地建设项目	新建	2018—2019	以渝河流域北山为主，营造以红梅杏、核桃等树种为主的经济林1.7万亩；未成林地补植补造5.5万亩；道路绿化41公里	16000	8000	4—5月进行造林，6—8月进行田间管护，9月对新造林进行补植，10月进行阶段验收	完成年度计划任务
23	天然林资源保护工程	新建	2018	完成37.1万亩森林资源管护任务，其中国有林22.2万亩，集体林14.9万亩	200	200	按月完成管护任务	按月完成管护任务
24	森林生态效益补偿基金项目	新建	2018	完成17.1万亩重点公益林管护任务	220	220	按月完成管护任务	按月完成管护任务
25	移民迁出区生态修复林业工程	新建	2018	完成1.0万亩中幼林抚育任务	1500	1500	4—5月进行造林，6—8月进行田间管护，9月对新造林进行补植，10月进行阶段验收	已完工
26	宁夏隆德县秦艽基地示范项目	新建	2018	完成林下秦艽种植0.5万亩；维修林区道路16千米，修建晾晒场1500平方米、蓄水池1座，围栏15千米	840	840	4月完成秦艽种植，5月维修林区道路16千米，6月完成蓄水池1座，7月围栏8千米，8月围栏7千米，9月竣工验收	已完工

续表

序号	项目名称	建设性质	建设年限	规模及主要建设内容	总投资	年度计划投资	工程进度安排	形象进度
27	隆德县专业扑火队营房建设项目	新建	2018	建设扑火队营房600平方米、辅助生产用房100平方米	300	300	4月完成土建，5月完成主体，6月完成内外装饰，7月完成附属建设，8月竣工验收	完成营房一层主体，二层框架及附属用房主体
28	隆德县林区防火道路建设项目	新建	2018	新建林区防火道路50公里，维修林区防火道路70公里	270	270	4月完成20公里新建，5月新建完成20公里，6月新建完成10公里，7月维修完成30公里，8月维修完成30公里，9月维修10公里，10月竣工验收	已完工
29	林木鼠害无害化综合防治技术示范推广项目	新建	2018	建设示范基地600亩，其中生物药剂诱杀技术示范区150亩；物理阻隔防控技术示范区300亩；生物不育剂防治示范区150亩；监测防治技术推广辐射示范区5000亩	100	100	4月建立药剂诱杀技术示范区，5月建立物理阻隔防控技术示范区，6月建立生物不育剂防治示范区，7—10月实验推广，11月竣工验收	已完工
30	国有林场基础设施建设项目	新建	2018	完成国有林场基础设施建设，实施金华林场迁建	320	320	4月完成奠安林场主体工程，5月完成金华林场土建，6月完成金华林场主体，7月完成内外装饰，8月完成附属设施，9月竣工验收	完成奠安林场主体工程，金华林场附属用房，配套工程完成70%
31	隆德县村庄绿化工程	新建	2018	结合脱贫攻坚工程，对重点村庄节点、道路等进行高标准绿化	3000	3000	4—5月完成乔木树种栽植，6月完成花灌木栽植，7月完成草坪种植，8—9月抚育管护，10月进行补植，11月竣工验收	已完成

续表

序号	项目名称	建设性质	建设年限	规模及主要建设内容	总投资	年度计划投资	工程进度安排	形象进度
32	隆德县县城绿地改造提升工程	改建	2018	绿化总面积1500亩，重点对老巷子、县城出入口和县城部分街心公园及植物园进行绿化提升	3500	3500	4月完成老巷子绿化，5月完成街心公园及入口绿化，6—8月抚育管护，9月进行补植，10月验收	已完成
33	隆德县清凉河张士段生态治理工程	新建	2018	对清凉河张士段3.5公里河道两侧坡面、河堤进行高标准绿化，主要栽植常青树2万株、垂柳1.2万株、紫穗槐400万株、桃树4.2万株，配套建设道路等基础设施	1800	1800	4月完成护坡平整及绿化，5月完成护坡两侧地带绿化，6月完成园路铺装，7—8加抚育管护，9月进行补植，10月验收	完成绿化栽植任务，配套基础设施正在完善中
34	隆德县主干道路绿化提升工程	新建	2018—2019	重点对"312"国道、隆庄公路等沿线进行高标准绿化美化	1800	1200	4月完成隆庄公路绿化，5月完成隆张等公路绿化，6—8月加抚育管护，9—10月进行补植	已完工
35	隆德县"四个一"试验示范项目	新建	2018	建设联财镇联合村、神林乡神林村、沙塘镇许沟村和街道村、城关镇星火村和隆泉村6个试验示范基地，基地总面积900亩，其中"一棵树"468亩，25个品种；"一株苗"75亩，22个品种；"一枝花"137亩，25个品种；"一棵草"220亩，48个品种	1200	1200	4—5月进行种植，6—8月进行管护，9月进行补植，10月进行阶段验收	已完工
36	隆德县六盘山西麓北象山片区流域综合治理项目	续建	2017—2019	完成渝河、清凉河、南凤山、北象山生态治理后续工程	6500	2500	4月完成两山绿化苗木补植，5月完成清凉河绿化苗木补植，6月完成道路养护及景观亭装饰，7—9月加强抚育管护，10月阶段验收	绿化任务已完成，配套附属工程80%

续表

序号	项目名称	建设性质	建设年限	规模及主要建设内容	总投资	年度计划投资	工程进度安排	形象进度
37	隆德县渝河人工湖绿化工程	新建	2018	对渝河流域开挖的11座人工湖坡体进行绿化，主要栽植旱柳3900株、紫穗槐72万株	500	500	4—5月进行种植，6—8月进行管护，9月进行补植，10月进行阶段验收	已完工
38	隆德县生态护林员补助资金项目	新建	2018	结合扶贫攻坚，在建档立卡贫困户中选聘100名生态护林员，每人每年补助1万元补助资金	100	100	按月完成管护任务	按月发放管护费
	四、水务局12项				83000	33680		
39	隆德县桃山水厂及温堡片区供水管网改造工程	新建、改造	2018	维修滤水池1座，新建沉砂池1座，节制闸1座，引水渠40米，铺设引水管道620米；新建日处理3600立方米净水厂1座，安装一体化水处理设备1套，新建500立方米蓄水池2座，50立方米蓄水池3座，铺设输水主管道共26.06千米，铺设支管道6.342千米，更换磁卡水表4133块	2100	2100	4月开工，11月建成	完成水处理车间、锅炉房主体1座，500立方米蓄水池1座，50立方米蓄水池1座，铺设各类管道共20千米，消能池1座，沉砂池1座，各类阀井15座
40	渝河北塬高效节水灌溉及水土保持工程	新建	2018	铺设管道152公里，滴灌带4300公里，首部枢纽1座，配套建筑物772座。发展高效节水灌溉面积0.6万亩	1496	1496	3月开工，7月建成	已完工
41	隆德县直峡水库除险加固工程	改造	2018	维修加固坝体、进行化学、充填灌浆渗漏处理，新建排水体；加固改造泄洪道；新建输水明渠；改造输水建筑物；增设雨量观测、变形、渗流及视频等监测设施	2600	2600	4月开工，11月建成	坝坡清基全部完成，正在进行清基土方，前坝完成坡砂砾石垫层1991.21立方米，基础浆砌石砌护完成143立方米

续表

序号	项目名称	建设性质	建设年限	规模及主要建设内容	总投资	年度计划投资	工程进度安排	形象进度
42	隆德县凤岭乡小城镇建设项目—供水工程建设方案	新建	2018	建水厂1座，铺设输配水管道12.84千米，200立方米蓄水池1座，过沟建筑物3处，过路建筑物6处	560	560	5月开工，10月建成	已完成蓄水池地基开挖及支模，管理房基础回填，水处理车间基础开挖、砌筑围墙30米
43	隆德县桃山、地湾、范家峡水库水源地保护工程	新建	2018	对桃山、地湾、范家峡三座水库作为城乡居民饮用水水源地实施保护，采用高标准围栏围护18公里	700	700	4月开工，11月建成	桃山水库坝面围栏已完成，范家峡、地湾水库正在基础浇筑
44	隆德县渝河流域水资源综合利用项目	新建	2018—2019	1.水源工程建设：新建新和水库1座，改造直峡等库坝7座；2.库坝及供水管网连通工程：共铺设管道73.0千米，连通库坝共16座，新建水厂3座，实现渝河流域内城乡居民同质联网供水；3.河道整治及山洪沟治理工程：治理河道4段合计27.6公里，共治理山洪沟25条，总长度22.5公里；4.现代化生态节水灌区工程：新建灌区2万亩、改造灌区5.2万亩，灌溉方式采用低压管灌，布设泵站4座，平整面积1.0万亩	62900	15000	3月开工，6月完成现代化生态节水灌区及土地平整工程，9月完成库坝及供水管网连通工程，12月完成年度计划任务	1.库坝及供水管网连通工程完成主管道铺设，50立方米减压池4座，500立方米蓄水池1座，排气阀井12座，200立方米蓄水池35座，闸阀井97座，完成工程量的60%。2.生态节水灌区及高标准农田工程完成干管铺设27.24公里；支管铺设103.1公里，蓄水池5座，过沟建筑物9处，过路顶管7处，各类闸阀井510座，镇墩260座，管线桩220座

续表

序号	项目名称	建设性质	建设年限	规模及主要建设内容	总投资	年度计划投资	工程进度安排	形象进度
45	隆德县观庄乡阳洼村片区综合开发项目	新建	2018	维修改造干渠3078米，维修改造支渠13条3445米，新建U30支渠10条2111米，修建跌水8座，安装闸门12座，安装Dn600预制混凝土过路涵管105米；铺设宽3.0米，厚0.15米砂砾石机耕路8752米，修建漫水桥7座、生产桥8座、2.5米高浆砌石护坡5米、U30预制混凝土边沟2470.0米；房屋顶改造780平方米，拆除2米高砖墙125米，修建M7.5砂浆砌砖墙120米，绿化院落350平方米。修建有效容积1.1万立方米垃圾填埋场1座	340	340	6月开工，10月建成	完成道路平整，院落硬化，护陂砌护
46	城乡供水信息及自动化工程	新建	2018	城乡饮水自动控制及信息化工程包括信息平台、水源监控、管网自动化控制、水质水量监测及远程服务等，完成信息、自动化技术培训	700	700	6月开工，8月建成	1.调度中心所有设备部署完毕，楼层摄像头安装完毕。2.阀井设备安装完成60%，太阳能及风机发电设备、监控设备全部到场，金属立杆加工完成。3.现地控制箱配线测试中。4.供水工程信息化系统原型设计：自动化监控模块原型修改完善。统计分析模块原型修改完善，完成100%。完成供水工程信息化系统软件开发框架搭建及供水一张图建库脚本的编写。供水一张图功能开发，完成10%

续表

序号	项目名称	建设性质	建设年限	规模及主要建设内容	总投资	年度计划投资	工程进度安排	形象进度
47	渝河流域沙塘段河道治理工程	新建	2018	治理沟道19.7公里,其中清泉沟11.2公里,张楼沟4公里,剡坪沟4.5公里。沟道清淤疏浚,岸坡砌护,建过水路面、防冲墙等重要建筑物	2500	2500	6月开工,12月建成	正在开挖土方
48	渝河河道峰台段河道治理工程	新建	2018	渝河上游段清流河道5.6公里,治理龚岔沟道3.1公里,进行清淤疏浚,岸坡砌护,建过水路面、防冲墙等重要建筑物	2030	2030	6月开工,12月建成	正在进行三通一平
49	倪套水厂、大水沟水厂、张银水厂技术改造项目	新建	2018	对倪套水厂、大水沟水厂、张银水厂进行改造提升	520.4	520.4	6月开工,8月建成	1.设备生产已完成90%；2.厂房浇筑基础砼,进度25%
50	隆德县三里店水库清淤扩容工程	续建	2017—2018	三里店水库已淤积库容483.5万立方米,现有效库容393万立方米,本次清淤面积50万平方米,平均清淤深度2.4米,清淤量120万立方米	2920	1500	建成	已完工
	五、交通局4项				64100	43100		
51	隆德经好水至兴隆公路	改建	2018—2019	改建隆德经好水至兴隆23公里公路,设计路基宽度10米,路面宽度9.5米,按二级沥青公路技术标准建设	16000	12000	4月完成项目建设前期各项审批工作	完成设计文件审批,正在协调土地问题
52	312国道隆德过境段	改建	2018—2019	改建二级公路42公里,路基宽10米,路面宽度9米	42000	25000	5月完成项目建设设计图审批工作	正在进行可行性研究审批及土地审批等前期工作

续表

序号	项目名称	建设性质	建设年限	规模及主要建设内容	总投资	年度计划投资	工程进度安排	形象进度
53	隆德县渝河流域田园综合体—道路工程	新建	2018	新建渝河北山水资源综合治理项目道路23公里，按四级水泥公路技术标准建设，设计路基宽度6.5米，路面宽度5米	2300	2300	4月完成项目建设前期各项审批工作，5—7月完成土方路基及桥涵工程，8月完成沙砾垫层工程，9—10月完成水泥混凝土路面工程，11月完成安全设施及排水工程并建成通车	已完工
54	农村公路建设项目	新建	2018	新建农村公路7条38.5公里，其中：清凉至张士滨河路7.3公里、十八里经打食沟至上赵家6.3公里、吴沟至王岔3.2公里、民联至新化7.2公里、李家嘴至林家湾2公里、玉湾至槽子梁2公里、棉棉湾至西山4公里，均按四级水泥公路技术标准建设，设计路基宽度6.5米，路面宽度5米	3800	3800	4—6月完成土方路基及桥涵工程，7月完成沙砾垫层工程，8月完成沙砾垫层工程，8—9月完成水泥混凝土路面工程，10月完成安全设施及排水工程，11月建成通车	清凉至张士滨河路、李家嘴至林家湾、玉湾至槽子梁三条公路已完工，十八里经打食沟至上赵家、吴沟至王岔、民联至新化、棉棉湾至西山四条公路正在进行路面基层施工
	六、住建局17项				226480	151954		
55	县城道路改造及雨水管网工程	改造	2018	改造县城长乐街、观泉街、文昌路、育才南巷、和平巷、连接线一及连接线二等七条道路5.34公里，敷设雨水主管道5.34公里。实施路面标线、路灯、绿化等附属设施工程	4987	4987	4月开工，10月完工	完成道路基础层铺设，正在建设水稳层

续表

序号	项目名称	建设性质	建设年限	规模及主要建设内容	总投资	年度计划投资	工程进度安排	形象进度
56	县城集中供热燃煤锅炉烟气治理节能改造工程	改造	2018	对原有3台46MW流化床锅炉、1台58MW和2台29MW链条锅炉进行除尘、脱硫、脱硝技术改造；对新安装2台58MW链条锅炉增设脱硝设施	7243	7243	5月开工，10月完工	循环水池正在开挖基础，进行管道地沟修建
57	老旧小区改造项目	改造	2018	对东关社区、隆德县中学住宅片区、商务局住宅片区等进行提升改造。社区巷道路面改造总面积1.8万平方米；社区巷道敷设D400雨水、污水管网各900米；新建检查井80座，雨水口80座；屋顶防水改造1.2万平方米；外墙装饰粉刷1.8万平方米；安装太阳能路灯20盏	800	800	4月开工，10月完工	完成建设任务
58	危房改造项目	新建	2018	改造农村危房828户	4554	4554	4月开工，7月完工	完成建设任务
59	小城镇建设项目	新建	2018	建设道路3公里，敷设排水管网5.2公里，通信电力等管线3.9公里；实施外立面改造10000平方米，建设农贸市场4200平方米，大棚710平方米。实施游园、文化舞台、公厕、绿化等附属设施建设	5000	5000	4月开工，9月完工	完成商业门店修建，正在敷设排水管网
60	美丽村庄建设项目	新建	2018	建设温堡杨堡、奠安旧街、神林叶河等12个美丽村庄，安装路灯360盏，敷设排水管网24公里，配套建设文化广场及垃圾处理等设施	6000	6000	4月开工，9月完工	完成建设任务

续表

序号	项目名称	建设性质	建设年限	规模及主要建设内容	总投资	年度计划投资	工程进度安排	形象进度
61	县城街道及公共设施维修工程	改造	2018	实施道路改造14860平方米，广场改造2340平方米，屋顶改造650平方米，建筑立面粉刷360平方米，实施给排水管网及检查井等设施维修改造工程	500	500	5月开工，8月完工	完成建设任务
62	农村改厕项目	新建	2018	实施农村改厕9002户	1800	1800	4月开工，10月完工	已完成
63	小区物业管理及环境提升工程	改造	2018	实施御景鸿府、南凤嘉园、红崖小区、阳光花园小区、中关村及西花园小区楼体粉刷26.32万平方米，场地硬化9.13万平方米，绿化2.8万平方米；维修室外给排水管网10.44公里，安装路灯188盏，铺设屋面防水7.82万平方米；设置垃圾箱60个，果皮箱94个；配备监控及办公设施，健全物业管理相关制度，培训管理人员，加强实施内容监管	2400	2400	4月开工，10月完工	完成建设任务
64	县城区雨污分流工程	新建	2018	渝河及工业园区铺设D600—800污水主管网14公里，D400支管网1公里，建设污水检查井351座；六盘山红军长征纪念馆途径杨家店至县城东门铺设D400—500污水管网16公里，建设污水检查井401座	2800	2800	5月开工，10月完工	完成方案文本编制及图纸审核

续表

序号	项目名称	建设性质	建设年限	规模及主要建设内容	总投资	年度计划投资	工程进度安排	形象进度
65	县城房地产开发项目	新建	2018—2019	西门片区：项目占地面积100亩，建筑面积约为10万平方米，配套建设道路、给排水、绿化等基础设施；南门片区：项目占地面积109亩，建筑面积约为10.9万平方米，配套建设道路、给排水、绿化等基础设施	90000	60000	9月开工，10月进行主体建设	隆元一號小区1号楼正在砌筑4层墙体，2号楼正在砌筑10层墙体，3号楼正在进行主体2层建设，4号、5号楼分别进行主体11层及14层建设，B段商业完成墙体砌筑，D段商业正在砌筑2层墙体，C段商业正在进行主体2层建设
66	县城棚户区改造项目	改造	2018	货币化安置棚户区住户350户	35000	35000	4月开工，8月完工	已完成货币化补偿277户
67	神林小城镇建设项目	续建	2017—2018	建设道路2774米，铺设排水管道4803米，预埋电力等管道3360米；建设农贸市场4768平方米，游园3853平方米，文化舞台280平方米；美化农宅5000平方米，实施景观带种植及路灯等工程	5000	3000	4月开工，10月完工	完成拆迁，正在敷设污水管网
68	建筑垃圾消纳场项目	续建	2017—2018	铺设1.5毫米单面HDPE膜65980平方米，修建渗沥液调节池1078.7立方米；修建道路6865.2平方米，敷设PPR管道1040米，电缆1500米；建设管理用房76平方米，设置围栏1508米；实施绿化及购置破碎机等	1896	1370	4月开工，10月完工	正在铺设HDPE膜，修建侧坝体

续表

序号	项目名称	建设性质	建设年限	规模及主要建设内容	总投资	年度计划投资	工程进度安排	形象进度
69	南凤嘉园B区2期建设项目	续建	2017—2018	新建11.5层框剪结构商住楼5幢，车库及停车位250个，配套建设供排水、供电、绿化等附属工程	18500	8500	4月开工，10月完工	正在进行消防及门窗等设施安装
70	三山府邸开发项目	续建	2017—2018	项目总建筑面积62740平方米，其中地上建筑面积50397平方米，地下建筑面积12343平方米；配套机动车停车位232个，非机动车和停车位580个	15000	6000	4月开工，9月完工	完成建设任务
71	观庄小城镇建设项目	续建	2017—2018	新建及改造道路4条，总长2.0千米；敷设排水管网2.0千米；安装高压钠灯60盏；埋设通信、电力管线总长3200米；新建农贸市场、牲畜市场各6000平方米；民族文化广场5000平方米；沿街外立面改造面积1.5万平方米；新建沿街商铺门面房1.5万平方米	25000	2000	4月开工，7月完工	正在敷设排水管道，实施外立面改造

续表

序号	项目名称	建设性质	建设年限	规模及主要建设内容	总投资	年度计划投资	工程进度安排	形象进度
	七、扶贫办7项				173260	133260		
72	隆德县2018年基础设施改造提升项目	新建	2018—2019	覆盖全县70个贫困村和29个非贫困村，新建排洪水渠466公里、巷道排水渠370.9公里、挡水墙900米、塘坝47处、涵洞543座、过水桥307座、泉水改造22个、动力电入户1405户、太阳能热水器1400台；购置垃圾清运车5辆、农用三轮垃圾车18辆、垃圾箱600个；建设农村社区服务站10个、农村老饭桌8个；改造卫生厕所（旱）4750户、卫生厕所（水）2421户；培育农家乐147家；完成道路绿化376公里、村庄绿化577公里、荒山造林1.82万亩；建设村级幼儿园6所、体育器材20套、薄弱学校改造10所，培育壮大村集体经济70个村，建设光伏扶贫示范村2个，涉及农户322户	100000	60000	4月5日开工建设，6月30日完成全部建设任务，7月开始验收	完成巷道硬化164公里，护坡21568立方米，水渠106公里，涵洞131座、过水桥21座、小农桥243座，新建围墙19.6万平方米、大门2375幢，形象进度达到90%；建设扶贫车间6个，外发点13个，老饭桌、幸福院32个，形象进度达到100%；完成10个美丽乡村建设、动力电入户350户，改造厕所1900户，太阳能路灯730盏，形象进度100%；生态林业建设9.75万亩、道路绿化254公里，发展经济林4800亩，其中红梅杏2160亩、核桃2000亩，栽植各类苗木和花卉35.2万株（枝），形象进度100%
73	贫困户产业培育项目	新建	2018	制定优惠政策，加大扶持力度。完成基础母牛补栏4500头、二元母猪补栏1000头、蜜蜂4000箱、鸡10万只，种植冷凉蔬菜种植4000亩、中药材5000亩、青贮玉米1.5万亩、蚕豆1.2万亩、马铃薯2万亩、苗木800亩，修建暖棚圈舍600幢、青贮池200座，购置铡草机1000台、小型中药材加工设备100台件，培育壮大新型农民主体70家，引进培育规模养殖场30个	60000	60000	2018年1月至2月，入户统计广大群众产业需求，编写《隆德县2018年产业实施方案》，3月全面开工建设，10月组织验收	扶持贫困户种植中药材（色素菊）5235亩、马铃薯11034亩、地膜玉米（青贮玉米）51814亩、蚕豆10117亩、冷凉蔬菜4283亩、优质牧草5579亩，补栏基础母牛3723头、二元母猪1539头、养羊1599只、蜜蜂1638箱。青贮玉米1.1万亩、蚕豆1.2万亩、马铃薯1.5万亩、苗木780亩，培育壮大新型农民主体70家，引进培育规模养殖场30个，形象进度100%

续表

序号	项目名称	建设性质	建设年限	规模及主要建设内容	总投资	年度计划投资	工程进度安排	形象进度
74	贫困户脱贫保险项目	新建	2018	按照"政府引导、市场运作、保本微利、共谋发展"的原则,创新工作思路,优化资源配置,制定《隆德县2018年"脱贫保"实施方案》,组织购买国寿扶贫家庭意外伤害保险、国寿扶贫保家庭大病补充医疗保险(保障型)、国寿扶贫小额信贷保险、村级互助社成员保险、政府扶贫救助残疾人责任保险和特色种养业保险等20多种,实现全县贫困户"扶贫保"全覆盖	1000	1000	2018年1—4月,制订《隆德县2018年"脱贫保"实施方案》,5月购买国寿扶贫家庭意外伤害保险、国寿扶贫保家庭大病补充医疗保险(保障型)、国寿扶贫小额信贷保险、政府扶贫救助残疾人责任保险和特色种养业保险等20多种,6月至11月,完成赔付工作	购买完成进度24%
75	贫困户素质提升项目	新建	2018	以建档立卡贫困户为主,以增强示范带动为重点,计划完成实用技术培训3000人,劳动力技能培训2000人,雨露计划资助1200人,驾驶员技能培训800人,村组干部、第一书记、技术人员培训300人	1000	1000	2018年1—3月,完成《隆德县2018年精准脱贫能力培训实施方案》,4月份完成培训机构招投标及培训对象摸底工作,5月份全面启动培训,12月份组织验收	完成培训2899人,完成69.2%,其中:雨露计划扶贫助学资助1200人,驾驶员培训719人,其他技能培训100人,致富带头人培训200人,实用技能培训680人,拨付雨露计划资金227.5万元
76	贫困户金融贷款增资扩面项目	新建	2018	以贫困户为主体,积极推行金融贷款增资扩面,在加大金融贷款力度的同时,对贷款额度没有达到5万元的建档立卡贫困户增补到5万元以上,累计发放贷款达到4亿元以上,贷款覆盖率达到90%以上	10000	10000	2018年1月至2月,完善金融扶贫实施方案、入户宣传等工作,3月全面启动贷款	全面实施"两免一补一贴"政策,以五家银行为主,投入1224万元,为10306户40094人建档立卡贫困户购买意外伤害险、大病医疗补充险、种养殖险、小额信贷险、残疾人意外伤害险等扶贫保险产品,形象进度55%

续表

序号	项目名称	建设性质	建设年限	规模及主要建设内容	总投资	年度计划投资	工程进度安排	形象进度
77	涉农惠农资金监管平台建设项目	新建	2018	以70个贫困村为重点，采购查询机、3~6平方米LED屏、路由器70台件，完善监管平台，方便广大群众查询各项扶贫政策、补贴资金，及时回应涉农惠农资金政策执行方面群众关心的热点、难点问题，做到公开、公正、透明	260	260	2017年9月开工建设，采购查询机、3~6平方米LED屏、路由器70台件，10月完成安装调试工作，11月完成项目验收工作	完成查询机、3~6平方米LED屏、路由器采购，安装调试项目验收等工作，形象进度100%
78	隆德县闽宁协作发展项目	新建	2018	加强与自治区扶贫办的联系与对接，深入开展"携手奔小康"活动，以建设闽宁扶贫示范园区、创建闽宁示范村、培育新型农民主体为重点，计划建设闽宁示范村5个（小康示范村）、培育新型农民主体10家、扶持入园企业10家，有力地推进闽宁协作健康发展	1000	1000	2018年1—2月，完成闽宁协作发展资金项目申报工作，3月中旬开工建设，10月份组织验收	完成工业园区闽籍企业增资扩产工作，建设扶贫车间6个、外发点13个，完成特色优势产业培育工作，扶持4家菌草种植农户和合作社，扶持4家中药材合作社，形象进度47%
	八、财政局6项				14027	14027		
79	固原市隆德县渝河流域山水田林湖草综合治理项目现代化生态节水灌溉区及高标准农田建设工程（第三部分神林、联财片区配套工程）	新建	2018	项目涉及灌溉面积1.363万亩，其中新增配套面积0.541万亩，改造面积0.822万亩。新建泵站1座、200立方米圆形蓄水池2座，10立方米减压池20座，新建过滤间2座，布设管道88.57千米，滴灌管1764.56千米等	1906.92	1906.92	该工程于2018年3月9日启动，3月13日正式开工建设。截至4月20日，按照设计及设计调整工程建设内容，除一标段1间过滤间座、刹坪水库东岸新增1台潜水泵，因设计调整生产厂家需特制，4月25日前进场并安装调试完工外，工程建设任务基本完工	工程建设任务全部完工

续表

序号	项目名称	建设性质	建设年限	规模及主要建设内容	总投资	年度计划投资	工程进度安排	形象进度
80	隆德县农业综合开发产业化发展项目	新建	2018	选取8家农民专业合作社或企业，对肉牛养殖园区圈舍、青贮池及冷凉蔬菜流通体系贮藏窖、气调库等基础设施进行财政投资补助	521	521	工程于4月1日开工，6月底竣工	工程已全部完工
81	隆德县"一事一议"财政奖补项目	新建	2018	硬化村内巷道41公里	1230	1230	工程已于3月15日开工，计划6月30日竣工	计划完成41公里，目前已完成60公里，超额完成
82	革命老区项目	新建	2018	由文广局实施三馆内装饰	1369	1369	正在组织招标	文化馆正在进行墙面和顶部装修工作，图书馆招标工作已完成，博物馆正在进行第二次招标
83	壮大村集体经济项目	新建	2018	杨河乡串河村、城关镇杨店村、陈靳乡新和村、温堡乡新庄村、张程乡桃园村五个村的壮大村集体经济项目	1000	1000	已上报具体方案，待财政厅评审后组织实施	方案已报财政厅评审通过
84	生态功能区建设项目	新建	2018	（待争取项目后确定具体内容）	8000	8000	正在编制具体方案	正在编制具体方案
	九、工业园区8项				45920	21520		
85	隆德县六盘山绿色农副产品（中药材）批发市场建设项目	续建	2016—2018	2018年主要建设1栋农副产品（中药材）交易市场，3栋仓库，面积为26000平方米。完成道路绿化工程	30000	5600	完成农副产品市场基础工程	三栋仓库主体结构已封顶,内外墙装修装饰完毕，1栋农副产品（中药材）交易市场正在基础开挖

续表

序号	项目名称	建设性质	建设年限	规模及主要建设内容	总投资	年度计划投资	工程进度安排	形象进度
86	2000吨食醋500吨酱油生产项目	新建	2018	项目占地10亩，主要建设生产车间及配套设施；购置原料粉碎机、自动灌装机等各种设备	2000	2000	生产用厂房主体部门（框架）施工建设	发酵车间一层主体完成，二层钢筋绑扎中
87	商品混凝土及粉煤灰炉渣免烧砖系列产品加工项目	新建	2018	项目占地30亩，主要建设商品混凝土搅拌站2座，生产车间及配套设施20000平方米；购置混凝土泵车2辆、运输罐车16辆	2000	2000	办公区域建设	完成商品混凝土搅拌站2座，生产车间及配套设施5000平方米
88	隆德县新型建材厂建设项目	新建	2018	项目占地17.42亩，主要建设机修车间、生产车间、砼搅拌站及场地硬化等配套设施	3770	3770	完成基础施工项目2800平方米	基础完成，钢结构进场，准备安装
89	隆德县广丰预制构件加工厂建设项目	新建	2018	项目占地面积4.09亩，主要建设生产车间、产品车间、原料库房、配套建设场地硬化等附属设施	820	820	基础工程施工，基础开挖及处理	基础完成，钢结构进场，准备安装
90	隆德县瑞隆新型建材厂建设项目	新建	2018	项目占地面积4.39亩，主要建设生产车间、成品展厅、库房、配套建设场地硬化等附属设施	800	800	基础工程施工，基础开挖及处理	基础完成，钢结构进场，准备安装
91	隆德县恒渊水泥制品厂建设项目	新建	2018	项目占地面积8.1亩，主要建设生产车间及办公用房、库房、配套建设场地硬化等附属设施	1530	1530	基础工程施工，基础开挖及处理	1#厂房主体完成，2#厂房基础完成

续表

序号	项目名称	建设性质	建设年限	规模及主要建设内容	总投资	年度计划投资	工程进度安排	形象进度
92	宁夏友林装配式建筑基地项目	新建	2018	项目占地20亩，主要建设标准化厂房及场地硬化等配套设施	5000	5000	完成基础施工部分	基础开挖
	十、文广局9项				139300	34300		
93	隆德县文化旅游基础设施建设项目	新建	2018—2020	1.基础设施：景区车行道路、生态停车场、游客服务中心、公共卫生间（化粪池）、游客集散广场、管理房；景区给排水工程；景区供电工程；景区背景音乐及广播系统工程；景区标示牌、导引牌、安全提示牌系统工程、景区咨询系统工程、农家客栈住宿服务工程。2.景区景观工程：观景平台、木栈道、景观亭、登山步道、登山台阶、游步道、景观广场及铺装工程、景区垃圾箱等环卫工程。3.建筑工程：老戏台、游客综合服务中心。4.绿化工程：北联灵湫景区道路两侧绿化工程；北联池水系边湿地生态治理建设工程；花海工程。5.节水灌溉工程：景区绿地及花海区域节水灌溉工程	100000	20000	2018年8月底编制完成可行性研究报告，9月至10月完成两报告一方案的编制，11月至12月办理土地预审、林评、环评等项目前期手续	目前正在编制完善两报告一方案及可行性研究报告

续表

序号	项目名称	建设性质	建设年限	规模及主要建设内容	总投资	年度计划投资	工程进度安排	形象进度
94	宁夏隆德花田云海田园综合体建设项目	新建	2018—2020	宁夏隆德花田云海田园综合体综合服务区、山地骑行区、花田小筑及洞穴留宿区、乡村生活及亲子体验区、房车营地综合服务区、鲜花湖畔餐饮区、科普教育及高科技实验栽培区、梯田花海观光区	15156.9	4000	3月开工建设10月完工	云海餐厅已经营业；温室采摘区改造完成；园区道路建设已完成，河道景观、采摘区、观光区开始种植，形象进度完成60%。原建设土地属工业用地，已上报自治区国土资源厅调整土地性质，计划变更为商业用地，待土地性质调整后，办理土地、选址等相关手续
95	隆德县凤岭乡于河村旅游基础设施建设项目	新建	2018	新建水冲式厕所1座100平方米，旅游标识牌1套，太阳能路灯20盏	100	100	4月开工，8月建成	工程基本完成，正在内部装饰及配置
96	固原市乡村旅游示范村基础设施建设补助项目	新建	2018	1.隆德县神林乡辛平村乡村旅游示范村基础设施建设补助项目：暖管道，其中主道500米，支管道1000米，暖片面积9600平方米。500A专变一台套，输电线路3000米。红军泉附属设施建设。2.隆德县温堡乡乡村旅游示范村基础设施建设补助项目：建设宽3米环山游步道1.8公里。建设专变电路1.5公里。建设园区小停车场一座800平方米。建设雨水蓄水池一座2000立方米	400	400	按工期安排推进	隆德县神林乡辛平村乡村旅游示范村基础设施建设补助项目：正在做附属设施。隆德县温堡乡乡村旅游示范村基础设施建设补助项目：正在修建园路和设计广场设施

续表

序号	项目名称	建设性质	建设年限	规模及主要建设内容	总投资	年度计划投资	工程进度安排	形象进度
97	隆德县旅游环线综合配套服务设施建设项目	新建	2018	建设隆张路、隆德—杨家店二段旅游环线。2018年完成隆德至张易段3个观景台,30公里双向彩色骑行道（宽2米）,游步道10公里,自行车换乘站2个。隆德—杨家店景观雕塑5个,凉亭3个,游步道5公里,大型停车场1个	800	800	4月开工建设,7月竣工	隆张路正在进行自行车骑行道建设,杨家店段待水利局项目实施完毕,方可进行游步道最后施工,其他工程已完工
98	山河乡、奠安乡文化站改造工程项目	改造	2018	乡计划生育服务站改造为乡文化站	200	200	内部粉刷刚刚结束	完成100%
99	三馆及老县衙建设项目	续建	2017—2018	文化馆建筑面积5000平方米,主要建设内容为馆内外装饰。图书馆建筑面积3200平方米,主要建设内容为馆内外装饰。博物馆设计建筑面积7000平方米,主要建设内容为展陈部分	10243	6800	隆德县博物馆（非遗馆）及图书馆建设项目工程已完成主体工程建设,正在进行室内和附属施工等,工程8月底交工。文化馆建设项目已完成主体施工,已经交工。老城墙修复已完成主体建设,8月底交工	隆德县博物馆（非遗馆）及图书馆建设项目工程已完成主体工程建设,正在室内、附属施工等工程。形象进度90%。文化馆建设项目已完成主体工程,已交工。形象进度100%。老城墙修复已完成主体建设,正在室外附属工程施工,形象进度90%
100	崇安民俗旅游开发项目	续建	2017—2018	新建（改建）养生院落、居民院落（四合院砖混结构）,改造老村部1处（配备停车场1处）、老戏台1处（配备文化广场1处）	12000	1600		

续表

序号	项目名称	建设性质	建设年限	规模及主要建设内容	总投资	年度计划投资	工程进度安排	形象进度
101	广播电视发射台站基础设施建设项目	新建	2018	在峰台嘴、扎营墩转发站新建机房500平方米，围墙300米，大门2座，院坪硬化1200平方米，道路硬化8公里	400	400	7月开工，12月完成建设任务	正负零已上，正在修建房屋主体
	十一、教体8项				11711	10006		
102	2018年幼儿园建设项目	新建	2018	新建好水乡中心，张程乡胡家湾、桃园、杨河乡岔口，城关镇十里村，观庄乡姚套村7所幼儿园3630平方米	908	908	4月下旬开工，5月份完成基础工程，6月完成框架一、二层浇筑，7月完成三、四层框架浇筑，8月完成主体核验，9月完成内外粉刷及设施安装，10月竣工验收并交付使用	张程胡家湾、张程桃园、城关十里幼儿园已开工建设，正在进行墙体砌筑建设
103	2018年全面改造项目	新建设备购置	2018	新建张程中学综合楼2300平方米，改造隆德二中等院坪、围墙，改造凤岭中心小学、张程中学屋顶，隆德四中教学楼室内外粉刷；并为张程中学等学校购置生活设施、教学设备仪器等	3500	3500	4月下旬开工，5月完成基础工程，6月完成框架一、二层浇筑，7月完成三、四层框架浇筑，8月完成主体核验，9月完成内外粉刷及设施安装，10月竣工验收并交付使用	张程中学、张程赵北孝小学校舍改造工程已完成改造。四中、二中正在室内外粉刷
104	2018年职业教育基础能力提升工程	新建设备购置	2018—2019	计划新建一栋山河食用菌生产实训楼3600平方米；新建峰台一栋大型实训农业机械设备车库2000平方米；购置旋耕机、覆膜机、播种机等大型农机具15台，大型工程机械起重机、叉车等5辆	1900	1600	4—5月完成各类设备的招标采购，6月完成安装、验收工作	首批600万元中药材实训设备采购任务已于4月10日完成，后续设备正在进行安装、供货

续表

序号	项目名称	建设性质	建设年限	规模及主要建设内容	总投资	年度计划投资	工程进度安排	形象进度
105	2018年普通高中改善办学条件项目	改造设备购置	2018	计划更换隆中400米塑胶跑道面层及草坪300万元，高级中学篮球场塑胶143万元，建设电子图书阅览室（含15万册以上电子图书及扫描借阅管理系统）240万元	683	683	4月下旬开工，5月份完成基础工程	高级中学教学楼屋面改造工程已于4月20日开工、正在进行屋面改造
106	2018年义务教育阶段学校建设项目	新建	2018—2019	计划新建隆德一小教学综合楼3300平方米、杨河小学实验楼2600平方米、杨河中学教学综合楼2600平方米，神林小学教师周转宿舍700平方米，建筑总面积9200平方米	2300	2015	4月下旬开工，5月完成基础工程，6月完成框架一、二层浇筑，7月完成三、四层框架浇筑，8月完成主体核验，9月完成内外粉刷及设施安装，10月竣工验收并交付使用	该项目已于4月18日开工，正在进行一层框架钢筋绑扎
107	隆德二中综合教学楼	续建	2017—2018	新建一栋四层框架结构楼房，建筑总面积4800平方米	1300	500	4月完成主体核验，5月完成内外粉刷及门窗等部分设施安装，6月完成水暖电安装及附属工程，8月竣工验收	已完成主体核验，正在进行外水暖电安装
108	隆德四中综合楼	续建	2017—2018	新建一栋四层框架结构楼房，建筑总面积2240平方米	520	200	4月完成内外粉刷及门窗等部分设施安装，5月中旬完成水暖电安装及附属工程，6月竣工验收	已完成竣工验收

续表

序号	项目名称	建设性质	建设年限	规模及主要建设内容	总投资	年度计划投资	工程进度安排	形象进度
109	全民健身活动中心	新建	2018	全民健身中心占地面积12000平方米（约合18亩）；建筑总面积4000平方米，两层框架结构	600	600	4月完成施工图设计审查、拦标审计，5月中下旬开工，6月完成基础工程，7月完成一、二层框架浇筑，8月完成主体验收，9月完成外墙保温及门窗等设施安装，10月完成内外粉刷及水暖电安装	已完成选址、建设方案批复。完成招投标，正在放线、开挖
	十二、民政局7项				7826	7701		
110	隆德县农村社区服务站建设项目	新建	2018	每个农村社区服务站投资20万元，主体建筑为一层砖木结构房屋，面积不少于200平方米，设置有多功能室、社区卫生和计划生育服务室、图书阅览室、文体活动室等活动场所	200	200	主体全部完成，8月完成室内装修，9月交工验收并投入使用	全部完成主体建设，正在装修
111	隆德县农村老饭桌建设项目	新建	2018	每个老饭桌建筑面积不少于100平方米，投资25万元，主体建筑为1层砖木结构房屋，设置餐厅、休息室、储物室、灶房等服务设施	200	200	已完成主体建设，正在调试设备，8月完成交工验收并投入使用	全部完成建设任务，正在调试设备
112	隆德县民政救助及救灾物资储备库建设项目	新建	2018	主体建筑为1栋一层钢架结构房屋，库内面积600平方米，设置附属用房及围墙、大门等200平方米。其中，申请国补资金280万元，其余由县级配套	4304	4304	正在招标，8月初开工建设，8月底完成主体建设，9月完成建设任务，10月底投入使用	已开工建设，正在进行基础开挖

续表

序号	项目名称	建设性质	建设年限	规模及主要建设内容	总投资	年度计划投资	工程进度安排	形象进度
113	第二老年人活动中心及第三敬老院设备采购项目	设备购置	2018	购置生活设备、电器设备、呼叫系统、餐饮设备及老人专用健身器材等相关设备	500	500	已完成招标	已完成招标,正在配备设备
114	隆德县殡仪馆和殡仪服务设施项目	新建	2018	主体建筑为1栋一层框架结构楼房。设置有殡葬服务大厅、殡仪区、餐饮和休息区、附属用房、停车场等附属工程。其中殡仪馆建设资金880万元,火葬场设备及其他设备689.5万元,其余附属工程227万元	1797	1797	正在进行装修	已建成主体建筑为1栋一层框架结构楼房。正在装修殡葬服务大厅、殡仪区、餐饮和休息区、附属用房、停车场等附属工程和购置火葬场设备
115	张程乡综合养老院建设项目	新建	2018	该项目总占地面积5亩,总建筑面积1000平方米。主体建筑为1栋二层框架结构楼房,设置床位30张,其中,老年人生活服务用房230平方米,包括休息室、餐厅(含配餐间)、沐浴间;保健康复用房212平方米,包括医疗保健室、康复训练室和心理疏导室;娱乐活动用房160平方米,包括阅览室、网络室和多功能活动室;辅助用房198平方米,包括厨房、洗衣室、公共卫生间等附属用房;围墙、室外管网、大门、院落硬化200平方米,同时配置生活服务、保健康复、娱乐等设备	500	500	正在招标,8月初开工建设,8月底完成主体建设,9月完成所有建设任务,10月安装设备,11月底投入使用	已完成招标,正在开挖基础

续表

序号	项目名称	建设性质	建设年限	规模及主要建设内容	总投资	年度计划投资	工程进度安排	形象进度
116	未成年人救助保护中心	新建	2018	规划总建筑面积3165平方米。主体建筑为三层框架结构楼，设计床位50张、福彩公益金配套建设服务大厅、技能培训室、图书室、多功能室等相关科室。其中，申请福彩资金200万元，其余由县级配套	325	200	6月完成招标并开工建设。12月完工	已完成招标，正在安装调试设备
	十三、卫计局1项				4200	4200		
117	隆德县医疗卫生机构设备购置及县人民医院、妇幼保健所装修项目	设备购置	2018	1.县人民医院购置核磁共振设备一套1800万元，医疗设备360万元。2.县妇幼保健所购置母婴安全及预防出生缺陷设备17件套200万元。3.12所乡镇卫生院购置远程会诊设备CR 1台。4.县中医院购置中医能力提升建设设备160万元，医疗设备280万元。5.县疾控中心购置免疫规划冷链能力提升设备438件套，总投资65万元。6.县医院、妇幼保健所装修工程	4200	4200	1.县人民医院购置核磁共振申请已报自治区医管会，等待审批。同时正在办理许可证。2.县妇幼保健所购置母婴安全及预防出生缺陷设备已到位。3.12所乡镇卫生院购置远程会诊设备CR 1台已到位。4.县中医院购置设备已到位。5.县疾控中心购置免疫规划冷链能力提升设备438件套已到位。6.县医院、妇计中心装修进度达到90%	1.县人民医院购置核磁共振申请已报自治区医管会，等待审批。同时正在办理许可证。2.县妇幼保健所购置母婴安全及预防出生缺陷设备已到位。3.12所乡镇卫生院购置远程会诊设备CR 1台已到位。4.县中医院购置设备已到位。5.县疾控中心购置免疫规划冷链能力提升设备438件套已到位。6.县医院、妇计中心装修进度达到90%
	十四、人社局2项				3280	3280		
118	公益性岗位	新建	2018	争取自治区财政购买城镇公岗90个，农村贫困户公益性岗位370个	1100	1100	计划8月中旬摸底调查，9月初安置	已完成

续表

序号	项目名称	建设性质	建设年限	规模及主要建设内容	总投资	年度计划投资	工程进度安排	形象进度
119	农村劳动力职业技能培训	新建	2018	争取自治区财政农村职业技能培训指标1800个	180	180		截至4月26日，完成1671个
	十五、环保局2项				3055	3055		
120	渝河工业园区至污水处理厂段综合治理项目	新建	2018	综合治理渝河工业园区至污水处理厂段6.2公里	2000	2000	5月初开工，6月完成削坡、河床平整土方工程，7月完成溢流堰、柳谷坊工程量50%，8月完成溢流堰、柳谷坊工程量100%，9月完成水草种植、绿化等	5月21日已完成施工招投标，已经完成削坡、河床平整土方、溢流堰、柳谷坊等工程
121	大气污染防治项目	新建	2017—2018	购置大型多功能清扫车3辆、小型多功能清扫车1辆、喷雾降尘车2辆；县城建成区淘汰20蒸吨以下燃煤锅炉10台，20蒸吨以下燃煤锅炉"煤改电"14台，31.5蒸吨、集中供热燃煤锅炉脱硫脱硝除尘改造4台	1055	1055	购置大型多功能清扫车3辆、小型多功能清扫车1辆、喷雾降尘车2辆；已经完成	已完成清洁设备采购
	十六、公安局2项				8791	4070		
122	隆德县公安局城关派出所迁建工程	新建	2017—2018	总占地面积9亩，主体总建筑面积2096.5平方米，其中办公办案备勤用房三层框架1914平方米，训练食堂用房一层框架142.5平方米，门房一层框架40平方米；附属部分包括路面院落硬化面积3157平方米，绿化面积2206平方米，透视围墙308米，伸缩电动门长度8米	885	885	4月20日前完成项目前期手续，4月21日开工建设，5月底完成基础建设，6—7月完成主体工程建设，8—9月完成主体装修及附属工程建设。10月竣工验收	主体已封顶

续表

序号	项目名称	建设性质	建设年限	规模及主要建设内容	总投资	年度计划投资	工程进度安排	形象进度
123	隆德县公共安全视频监控（雪亮工程）建设联网应用项目	新建	2017—2019	1.新建1600路视频监控，建设高清治安枪机982套，高清治安球机271套，全景拼接10套，探针微卡口178套，高清车辆卡口20套，违法停车一体化自动抓拍16套，智能人像采集单元60套，移动车载取证系统3套，电子警察系统59套。2.建设公共安全视频图像信息共享平台。3.建设公安分平台、综治分平台。4.建设县、乡、村三级综治中心。5.对现有视频专网、电子政务外网进行升级扩容，并进行横向打通。6.完成240路社会面视频接入	7906	3185	视频联网设计企业已招标确定，现在进行深化设计和专家评审阶段，五月初完成造价审计；监控中心建设工程施工企业招标资格预审已经结束，五月中旬开标确定施工企业	雪亮工程进行深化设计和专家评审阶段，完成造价审计，报市局审核；监控中心基建报县发改局批复实施
	十七、国土局1项				2000	2000		
124	宁夏高标准基本农田建设2017年度隆德县渝河（神林、联财段）北塬土地整治项目	新建	2018	建设10000亩高标准基本农田。建设内容为：土地平整工程、田间道路工程、农田防护与生态环境保持工程	2000	2000	3月：完成监理、施工招投标工作及施工单位开工建设。4月：完成土地平整工程。5月：完成灌溉与排水工程、田间道路工程。6月：全面完成建设任务	已完工

续表

序号	项目名称	建设性质	建设年限	规模及主要建设内容	总投资	年度计划投资	工程进度安排	形象进度
	十八、宗教局1项				900	900		
125	少数民族发展项目	新建	2018	硬化乡村道路30公里	900	900	4月11日开工6月30日完成工程建设	全面竣工
	十九、电信局1项				2300	1800		
126	隆德县智慧城市、三网融合、电子政务互联网+建设项目	新建	2018—2020	建成县内"无线宽带"服务平台。建成覆盖全县的视频监控系统，建成覆盖全县的电信4G网络。实现三网融合，县城光网覆盖。建成隆德县电子政务网，实现全区联网，建成区—市—县—乡—村五级电子政务网	2300	1800	已完成电子政务外网工程。完成覆盖全县的电信4G网络，县城光网覆盖	已完成电子政务外网工程。县城光网覆盖完成4个小区，电信4G网络建成16个
	二十、妇联1项				5000	5000		
127	隆德县农村妇女创业贷款项目	新建	2018	2018年预计发放妇女创业贷款5000万元	5000	5000	第一季度发放妇女创业担保贷款600万，完成全年任务的12%。第二季度，发放妇女创业担保贷款2600万，完成全年任务的52%。第三季度，发放妇女创业担保贷款4500万，完成全年任务的90%。第四季度，发放妇女创业担保贷款5000万，完成全年任务的100%	目前已发放妇女创业担保贷款5046万元，完成全年任务5000万元的101%

【项目情况】 以产业转型为重点、以创新驱动为牵引、以项目建设为抓手，主动作为，持续用力调、全力攻难点，促产业转型、高质量发展，全县经济实现稳中向好的良好态势。隆德县在自治区发改委组织的全区上半年经济运行综合考评中位列山区县（区）第一名，项目建设成为拉动县域经济增长的重要引擎。围绕创新驱动、脱贫富民、生态立区"三大战略"，立足县域经济发展实际，发挥项目建设拉动牵引作用。依托招商引进的上海医药公司、香雪公司做大做强中药材产业，引进休闲熟牛肉加工项目，补齐县肉牛产业加工链条，依托引进的宁夏黄土地农业食品有限公司加工生产的粉丝项目，作为县重点扶贫产业和军民共建项目，通过多种途径和方式向福建省、厦门大学、国资委等国有企业及重点推介购销黄土地企业粉丝产品，开启闽宁协作"消费扶贫"新模式，延伸马铃薯产业链。

【项目建设情况】 宁夏回族自治区60周年大庆项目（城乡供水工程、渝河流域环境综合治理工程）如期建成，14项市级重点项目已建成5项，在建9项，完成年度计划投资的85%，50项县级重点项目建成14项，在建36项，完成年度计划投资的81%。招商引进的黄土地粉丝加工项目，引进上市公司——上海医药集团，在县注册成立上药（宁夏）中药资源有限公司，2018年8月18日正式揭牌落地建设，原福建省莆田市市长詹毅、固原市委常委、政府副市长孟卫东参加揭牌仪式。承担的自治区60大庆项目和固原市重点项目开工早、进度快、效果好，得到区、市一致肯定，隆德县被列为自治区重点项目免检单位。在自治区、固原市组织的多次重点项目督查中隆德县是固原市唯一连续被通报表扬的县（区）。

引导企业加大技改投资力度，争取国家工业转型升级、工业强基、智能制造、绿色制造等各类专项资金，落实区、市创新驱动30条出台《隆德县贯彻自治区创新驱动战略推动创新发展实施方案》《隆德县加快工业园区转型发展意见》等文件，对符合条件的工业技改项目，采取贷款贴息、以奖代补等方式给予支持。运用新技术、新工艺、新设备加快中药材加工、食品加工、地毯纺织、人造花等传统行业转型升级，完成规上工业行业对标升级。新建中小企业孵化园四期工程，香雪中药饮片加工厂、中药材专业交易市场将陆续建成投产，黄土地粉丝厂8月底建成8条生产线，年产量能达到2万吨，推进天鸿食品产业园扩量升级。

【双创（创新支持创业、创业带动就业）示范基地建设】 依托六盘山工业园区，扶持打造双创产业扶贫示范基地，建设创业孵化、创新服务等功能区块，为创业者提供创新创业指导、融资建议等服务。支持招商引进的人造花企业在城关镇红崖社区、沙塘张树村、观庄前庄村、陈靳村、凤岭冯碑村等建立11个扶贫车间，解决企业劳动力不足、群众足不出户挣钱的矛盾，促进农民脱贫增收。加强与厦门大学、宁夏大学等科研机构合作，在工业园区建立研发基地，实现创新支持创业、创业带动就业、就业带动脱贫的良性互动发展格局。

【项目投资政策】 根据自治区相关文件尽快出台县促进民间投资的整体政策，从改善民间投资待遇、融资支持、降低成本、推进项目储备等多个角度，提出对民间投资的实质性支持措施。推进"放管服"，提高项目前期工作效率。推进"不见面"审批服务改革，实现涉及企业和群众的审批服务事项100%"不见面"办理。

【"互联网＋扶贫＋农村电子商务"】 完成99个村级电商服务站基础设施建设，覆盖率100%，其中63个已实现线上代购代卖、代缴费用，快递到村等便民服务，预计全年电子商务交易额1500万元以上。

【价格监测】 全县行政事业性收费统计、价格举报、建立健全收费目录清单、农产品调查等工作。经统计，2017年行政事业性收费总额1217万元，上缴财政专户1217万元，其中涉企收费108.37万元，同比下降17.3%。共受理价格举报6件，其中：价格举报案件2件，价格咨询案件4件，办结6件，办结率100%。

【工业园区建设项目实施】 孵化园四期按期开工建设，目前Ⅰ区已完成18栋厂房钢结构安装，六盘山中药饮片及深加工建设项目7栋功能建筑物土建结构工程、室外装修已经全部完成。动力中心的锅炉房、危险品库、污水处理正在进行招标中，电梯工程、高低压工程室内已完成80%暖通工程、消防工程室内已完成90%，厂区绿化及道路硬化工程基础工程已经完成。实施六盘山绿色农副产品（中药材）批发市场建设项目，2幢仓库全部完工，1幢冷库除门及收尾工作外其余已完工，交易市场钢柱、钢梁吊装全部完成，暖通、消防、给排水、配电等全部完成招标工作，10KV高压输电线路建设项目正在有序推进。黄土地水晶粉丝6条生产线、方便粉丝2条生产线全面投产，2018年实现工业总产值2460万元，实现销售收入2123万元。天鸿食品扩量升级，投资140多万元从广州新引进一条全自动麻花生产线，降低企业产品生产成本，提升企业投入产出效益。新招入园的雄丰农副产品加工项目在8月建成已投产运营，当年实现工业总产值216万元。葆易圣药业中药材加工项目在10月已完成技术改造，GMP认证工作有序推进，上药集团·康之业在携手合作GAP规范化种植基地的基础上已完成中药材加工项目合作并投产。兴宇粗粮加工项目办公楼完成装饰部分，粗粮加工车间、配件库、石磨油及食醋车间完成主体部分，食醋酱油生产项目发酵车间主体完成，外装完成。建材产业园5家企业建材建设项目中3家厂房主体外装全部完成，部分厂房进行内装和设备安装，2家进行钢结构安装。正观花灯2018年1月投产运营，当年完成工业总产值698万元。帮助人造花、爱丽纳地毯、黄土地等企业先后与自治区金融局、上海兴业证券公司、宁夏股权托管交易中心对接，引导企业做大做强。

【优化营商环境】 发挥园区招商引资主体作用，提请出台《隆德县六盘山工业园区优化提升和改革创新工作方案》，围绕全区工业园区整合优化和改革创新，推动园区体制机制改革，激发发展活力，创新服务方式，优化营商环境，形成新的集聚效应和增长动力。依托闽宁协作，开展专业招商、以商招商，采取"走出去、请进来"的方式，引进"建链、强链、补链、延链"项目，持续增强发展活力。与广州大法宝家具、福建惠源食品有限公司、厦门市源源生工贸有限公司、贝奇（福建）食品有限公司、北京京东世纪贸易有限公司等多家企业进行对接，2018年共引进上药中药、正观花灯等企业12家，落地项目16个，到位资金4亿元。

【政策扶持】 结合自治区党委、人民政府关于《推进创新驱动战略的实施意见》，提请出台《隆德县加快六盘山工业园区转型发展意见》并结合《隆德县贯彻自治区创新驱动战略推动创新发展实施方案》，园区企业加强对扶持政策宣传力度，助力园区企业提质增效，2018年协同发改局、扶贫办先后争取并拨付宁夏黄土地农业食品有限公司等11家园区企业技术改造综合奖补资金856万元，园区稳岗补贴资金46万元，扶贫闽作资金280万元，着力提升园区产业综合竞争力。

【配套服务设施】 推进工业园区低成本化改造，投资2120万元，实施园区低成本化集中供能改造项目，新上25T/h燃煤蒸汽锅炉1台，安装布袋除尘器、钠钙双碱脱硫塔装置、锅炉烟气脱硝装置及烟气在线监测设施，建设换热站1座，敷设供热管网2公里、蒸汽管网3公里，完成园区集中供能建设，保障园区企业供热和生产用能需求。鼓励六盘山中药与广州市香雪制药股份有限公司、中国医学科学院药植所、北京盈科瑞创新医药股份有限公司合作创建宁夏回族自治区中药配方科技（隆德）技术创新中心。黄土地食品与宁夏大学、厦门大学在园区创建食品研发中心。支持葆易圣、六盘山中药、兴旺特纺等企业申请实用新型等各项专利20项，授权8项，激发园区内部创新活力。

审 计

【审计情况】 全面完成23个计划内审计项目，提交审计报告36篇，审计专报5篇，审计发现各类违规、管理不规范资金38415万元，其中审计处理责令上缴收入1806万元，归还原资金渠道25万元，提出完善体制机制、加强管理的审计建议52条。对90个政府投资项目进行了审计，审计工程总造价72169.83万元，审计核减工程造价、节约政府投资3208.83万元。

【财政预算执行审计】 2018年采用"财政审计大格局"的方法，以县本级预算执行为重点，延伸审计农村一、二、三产业融合发展资金和大县城建设项目、"一事一议"项目、城乡供水一期工程、三里店水库除险加固工程、高产优势苜蓿示范建设项目、清凉河生态治理项目的建设情况及效益情况。重点关注各项财政支出改革政策、措施落实情况，财政资金分配、管理、使用情况，以及是否存在重大违法违纪问题，揭露政府性资金收、支、管、用等流程控制环节存在的问题，促进完善管理体制机制，规范预算执行，提高资金使用效益。

审计发现各项违规及管理不规范资金35363.14万元，涉及应缴未缴预算收入、一般预算往来款项长期挂账、财政存量专户设立不规范、虚列支出、未纳入预算统筹管理使用资金、社会保险基金管理不规范等问题。

【领导干部经济责任审计】 根据县委组织部委

托，按照"积极稳妥、量力而行、提高质量、防范风险"的方针，开展领导干部任期经济责任审计。审计中重点围绕领导干部的工作目标完成情况、经济决策情况、政策执行情况和遵守廉政规定等情况，对领导干部任职期间守法、守纪、守规、尽责情况作出实事求是、客观公正的评价，促进党政主要负责人更好地履行经济管理职责，为县委、政府管理和使用干部提供重要依据。

完成国土局等15个单位领导干部任期经济责任审计，其中任中审计12个，离任审计3个。从审计结果看，被审计领导干部任职期间，都能较好地完成县委、政府下达的目标任务，在重大事项决策过程中，能坚持集体讨论、集体决策，慎重履行职责，为规范部门经济行为做出了贡献。但在具体经济活动中，还不同程度存在政策执行不到位、财经纪律遵守不严格等问题。主要表现在原始凭证不完整、违规报销差旅补助、违规发放奖金、超标准发放增量绩效工资、往来科目长期挂账、挤占挪用项目资金等。

【政府投资项目审计】 根据《隆德县政府投资项目审计监督暂行办法及补充规定》，围绕政府投资建设项目资金管理使用、工程建设管理和绩效等方面，依照法定程序，委托社会中介机构对政府投资建设项目开展项目控制价和竣工结算审计，有效推动政府投资项目顺利实施。

共完成政府投资审计项目90个，审计工程总造价72169.83万元，审计核减工程造价、节约政府投资3208.83万元。审计发现部分项目建设单位在工程建设管理中存在一些问题，主要有未按设计图纸施工，施工内容与工程建设内容不一致，项目实施过程中随意变更建设内容，监理责任落实不到位，资料不齐全，部分工程施工不规范以及招标工程量清单与设计图纸不相符等。

【专项资金审计调查】 围绕"十三五"规划和脱贫攻坚目标，沿着政策和资金两条主线，关注精准扶贫、精准脱贫、政策实施、资金管理使用等，促进扶贫政策落实、规范扶贫资金管理、维护扶贫资金安全、推动完成脱贫攻坚任务，同时加强对社保、环保等民生资金和项目的审计，揭示和查处政策落实不到位、资金分配不合理等问题。

对县2015年至2017年财政扶贫专项资金分配、管理和使用情况进行了审计，审计发现各乡镇及相关单位在扶贫资金管理和使用方面还存在整村推进项目未履行可研、立项、批复、设计程序，财务支付手续不齐全，未严格履行合同约定条款，部分专业合作社资金核算不规范等问题。

对县2016年1月至2018年4月贫困村互助资金使用情况及75个互助社撤社情况进行了审计，审计发现的问题主要有互助资金发放程序混乱、手续不完整，一户多头借款，超标准出借互助资金，到期未归还借款，财务管理混乱、账务处理不及时，互助社撤社相关程序不规范、资料不完整等。

对2016年至2018年7月闽宁协作发展资金管理使用情况进行了审计，涉及宁夏隆德人造花工艺有限公司等40个单位及专业合作社。审计发现闽宁协作资金在管理使用中还存在挤占、挪用、滞留专项资金，培训费用支出手续不齐全、附件不完整，项目建设单位未将闽宁资金及时纳入账簿进行会计核算等。

对2017年医疗保险基金筹集管理和使用情况进行审计，并延伸审计县人民医院、县中医院、福利医院及桃山中心卫生院、凤岭卫生院五个定点医疗机构。审计发现的问题主要有门诊大病管理不规范，未按期及时上解医疗保险基金，重复报销医保基金，少报医疗费，职工个人账户支出收款人与协议服务机构名称不一致，报销医疗费用的发票与实际就医的医疗机构名称不一致，报销医疗费用金额与发票金额不一致等问题。

根据《隆德县人民政府2018年24号常务会议纪要》精神，委托中介机构对渝河流域山水田湖草综合治理项目涉及的5家建设单位、7个建设项目和36个施工标段进行了全程跟踪审计。针对审计中发现的工程程序不合法、施工不规范、资金支付不合规等问题及时提出了整改意见和建议，确保了工程顺利实施。

统 计

【2017年统计年报和2018年定报工作】 开展工业、能源、贸易业、服务业、劳动工资、房地产、建筑业等各专业的年定报工作。严把基层数据的审核和评估，做好统计定期报表工作，严格执行制度，抢抓时间效率，做到随报随审，出现问题及时解决，力求各项统计数据真实准确。通过细致有效的工作，统计年报和定报的各项统计数据都客观地反映了区域经济的运行状况，为县委、政府和有关部门决策提供了重要依据。

【统计调查】 按照区统计局统一安排部署，全面完成了小康监测调查、人口抽样变动调查、妇儿监测等统计专项调查工作。

【第四次全国经济普查】 2018年，国务院决定开展第四次全国经济普查工作，按照国家、自治区调查方案要求，完成了机构组建、普查指导员普查员选调、调查物资采购、调查员培训、小区划分、单位名录比对、单位清查等工作，为普查登记打下良好基础。

安全生产

【安全责任】 召开县直部门和乡镇领导参加的隆德县安全生产工作会议。县长与各副县长签订"一岗双责"责任书，县政府同安委会各成员单位签订安全生产责任书，各乡（镇）同行政村（社区）签订责任书，形成一级抓一级，人人管安全、人人重视安全的良好氛围。按照《宁夏回族自治区党政领导干部安全生产责任制实施细则》，调整了县人民政府县长副县长工作分工，由担任党委常委的政府领导分管安全生产工作。县委常委会、政府常务会分别进行6次研究安全生产工作。在全区率先制定下发《中共隆德县委 隆德县人民政府〈关于推进安全生产领域改革发展的实施方案〉》《隆德县各级干部安全生产职责清单》《隆德县各级各部门安全生产工作责任清单》。同时印发《关于进一步加强安全生产网格化管理的通知》和《安全生产工作考核细则》，明确安委会各成员单位安全生产职责，将安全生产工作纳入绩效考核、干部职务晋升、奖励惩处、评先评优工作。制定完善《安全生产风险管控和事故隐患排查治理工作制度》《安全生产"一票否决"实施细则》《安全生产源头管控和安全准入工作制度》《隆德县安全生产警示约谈制度》《领导干部非法干预安全监管执法记录、通报和责任追究制度》《安全生产举报奖励制度》等规章制度。每季度定期召开安全生产例会。

【督查检查】 县安委会主任、副主任经常性带队检查督查安全生产工作，重要节点及自治区成立60周年期间，均制定下发《安全生产大检查分工方案》，由各分管副县长分别带队深入各乡镇、重点行业领域督查督导，解决各领域安全生产存在的问题，确保全县安全生产形势稳定。2018年，县安委会（办）共组织相关部门对全县重点行业领域企业和单位进行集中检查16次，发现隐患31处，发出督办通知10份，全部整改完成。

【专项整治】 建立并组织实施"双随机"和重点监督检查相结合的执法制度，根据《固原市人民政府办公室关于印发固原市危险化学品安全综合治理实施方案的通知》和《隆德县危险化学品安全综合治理实施方案》要求，完成第二阶段整治任务和危险化学品检查维修作业专项治理工作。按照《自治区安委会办公室关于印发〈全区"除隐患　保安全"安全生产专项行动方案〉的通知》《隆德县2018年安全生产专项整治行动实施方案》《隆德县关于开展"百日安全专项整治行动"的通知》和《全县电动自行车消防安全综合治理工作方案》要求，在全县重点行业领域内开展安全生产专项整治行动。排查道路交通隐患12处，整改12处，现场查处违法行为7776起，非现场查处违法行为9318起（电子抓拍）；运管所对运输企业进行检查，共发现隐患51处，全部整改完成。检查生产经营单位1704家次，发现火灾隐患1443处，下发责令改正通知书799份、临时查封单位9家，责令"三停"单位22家，罚款6.83万元，拘留4人。住建局共检查建筑施工单位152次，排查安全隐患33处，全部整改到位。下发整改通知书18份，其中停工整改通知书9份，处罚2起，罚款1700元，企业信誉扣分各200分，建造师扣分3分。共检查黏土砖厂8家，排查隐患28处，督促逐条整改到位。安监局对全县12家加油站和1家液化气站进行检查，共发现隐患37条，整改37条。关停一家液氨制冷企业，并将残余液氨进行安全置换。市监局牵头对32家特种设备使用单位287台特种设备进行检查，下发特种设备安全监察指令书17份，排查安全隐患46处，已整改42处，其余4处正在整改。落实事故调查组组长负责、事故检查处挂牌督办、事故责任追究和问题整改督办制度，全县3起安全生产事故2起已处理结案，并在政府网站公开事故调查报告，1起正在调查中，不存在瞒报、谎报、漏报和迟报生产安全事故的情况。处理违法行为2件，罚款2000元，罚没不合格烟花爆竹300余箱，价值2.9万余元。

【安全保障能力】 制定出台《隆德县党政领导干部安全生产联系点制度》《关于成立各乡镇安监站的通知》，各乡镇全部设立安全监管机构，配备工作人员，明确监管责任。将安全生产纳入党政领导干部培训、将安全生产监管执法经费纳入财政保障范围。

【安全教育】 组织安委会各成员单位在职业病防治法宣传周、"安全生产月"、"11·9消防宣传月"期间集中宣传职业病防治及安全生产知识。共悬挂横幅标语42条，设置展板23块，发放安全生产宣传材料20000余份，现场答复群众咨询120余人次。开展"安康杯"竞赛、青年安全示范岗、平安校园创建等活动。加强安全生产应急救援体系建设，开展应急演练与救援6次，演练活动参演人数达到360余人，有效提高公众风险防范意识和自救互救等灾害应对能力。组织企业安全生产经营单位主要负责人和安全管理人员进行安全生产培训，培训人数101人，参考人数98人，合格人数83人，合格率82%。在全县高危行业推行安全生产责任保险，危险化学品企业已全部购买安责险。利用电视台、广播等媒体积极宣传《固原市烟花爆竹燃放管理条例》，在县城各社区、街道宣传栏、乡镇街道、村委会进行张贴，做到了户户皆知，人人知晓。

土地建设

【**耕地保护**】 与13个乡镇99个行政村签订耕地保护目标责任书，形成县、乡、村三级耕地保护体系确保县耕地保有量52.8万亩和永久基本农田42.3万亩的保护目标。由于县耕地后备资源严重匮乏，根据自治区级统筹占补平衡指标，2018年通过各方协调购买5000亩，确保县建设用地占补平衡。建立征地公告制度和补偿标准听证制度。制定征地方案，征求被征地农民及集体组织的意见建议。2017年办理失地农民养老保险565户1602人，2018年办理失地农民养老保险834户2283人。

【**节约集约用地**】 杜绝肆意大面积圈地占地和大厂区、宽马路、低厂房浪费土地的做法，提高容积率和土地利用效率。坚持报批一宗供地一宗，逐年累计消化批而未供。2018年共出让土地13宗153.7185亩，共收缴土地出让金15151.48万元。具体包括：宁夏永兴粮油有限公司4.55亩，宁夏宏丽粮油有限公司4.55亩，隆德县南凤粮油有限公司3.15亩，宁夏迪百特高山农业发展有限公司6.2亩，宁夏泽琪食品有限公司6.2亩，宁夏忠恒鑫建筑工程有限公司4亩，隆德新华书店有限公司1.34亩商业用地，宁夏大唐房地产开发有限公司商住用地46.03亩、宁夏鸿佳摩码置业有限公司商住用地23.15亩、隆德中油燃气有限公司等4宗工业用地54.09亩。划拨土地7宗252.3亩，具体包括：隆德县交通运输局隆张公路改扩建项目171.61亩，东环路改扩建项目10.88亩，隆德县公安局城关派出所项目12.51亩、隆德县水务局桃山水厂项目11.73亩，工业园区公共设施用地23.22亩，林业局清凉河生态治理工程17.08亩及金华林场迁建5.27亩。加强国土资源动态巡查和日常巡查力度，关注渝河流域9家关闭砖厂动向，及时上报有关信息。推动国土、公安、法院、水务、林业联合执法，促进全县国土管理秩序良好运行。2018年县继续加强开展闲置土地和批而未用土地清理处置，重点查处未批先用、未供即用等违法批地案件。加大土地开发利用违约违规处置力度，土地开发利用违约违规处置率提升到93.03%。

【**土地整理项目建设**】 全面建设完成高标准基本农田凤岭乡土地整理项目，该项目总投资2000万元，建设规模1.55万亩。涉及凤岭乡齐岔村、巩龙村、于河村、冯碑村、齐兴村。该项目于2017年9月开工，2018年4月底竣工。项目主要建设内容为土地平整工程、田间道路工程、灌溉与排水工程。该项目共平整土地1.52万亩，整修二级田间道路41条，总长33.907千米，整修生产路80条，长16.755千米，设置排水边沟总长16.198千米，涵洞11个。共栽植苗木9万株，其中：种植旱柳28500株、新疆杨18000株、油松35000株、云杉8500株。完成渝河流域山水林田湖草综合治理项目现代化生态节水灌区高标准农田建设工程。该项目位于沙塘镇、神林乡，项目区总面积676.76公顷，建设规模666.76公顷（1.0万亩），项目总投资2000万元。项目于2018年3月开工，2018年5月底完工。主要建设内容包括土地平整工程、田间灌溉工程、田间道路工程三部分。该项目共平整土地0.89万亩，整修砂砾石田间道路15条，总长3.15千米；整修生产路40条，长10.2千米；布设干管4.9千米，主干管3.58千米，分干管17.75千米，支管22.13千米，排水管6.08千米，出地竖管1.7千米，安装自动化控制设备一套。

【土地调查工作】 开展全县第三次国土调查工作，成立隆德县第三次土地调查工作小组及办公室，编制隆德县第三次土地调查工作方案，9月21日召开全县第三次土地调查工作启动会，各项工作有序开展。开展农村宅基地"两权合一"确权登记工作，2018年年底完成隆德县农村宅基地和房屋统一确权登记颁证全部外业测绘工作，已完成外业测绘和信息调查工作量的80%以上，全县各乡镇都召开农村宅基地和房屋统一确权登记颁证工作启动会。开展县河湖岸线确权划界工作，编制隆德县河湖水域岸线划界确权工作方案，预算隆德县河湖水域岸线划界确权工作资金214.29万元，已完成招投标，各项工作有序推进。按照隆德县测量标志成果普查和维护方案，已完成全县各类测量标志的外业调查工作。

【不动产登记】 县不动产登记中心都已按照隆德县编办文件划转到位，编制都已划转到不动产登记局，登记资料全部移交到不动产登记事务中心。在县政务大厅设置3个窗口，满足日常办件需求，日均办件量在30件左右，没有限号和出现凌晨排队及黄牛倒号现象。实现县不动产登记窗口全部"一窗受理、集成服务"的要求，避免群众反复跑路，能够一次性告知，不动产交易、税务通过纸质资料传递达到信息共享。解决历史遗留问题，解决县城住宅小区的历史遗留问题，办理不动产登记发证工作，部分案例成功入选《中国不动产全国百佳案例》。

企业运营

【隆德县电子商务综合服务中心】 隆德县电子商务综合服务中心位于隆德县六盘山工业园区闽宁扶贫产业园内，面积3000平方米。设立产品线下展销区、综合宣传区、培训中心、创客中心和物流快递服务区等5大功能区。是依托"国家电子商务进农村综合示范县项目"，以"政府扶持、企业运营、服务为主"为主导，以"中国扶贫电商网"平台建设为抓手，通过市场化运作，拓展本地电子商务市场，开展产品推介、营销策划、业务咨询、网上交易、商品配送收发和人才培训等专业服务。隆德县电子商务综合服务中心现有1个线下产品展示体验中心，1个电商运营中心，1个创客孵化中心，2个电商培训中心，在建1个电商物流中心。产品展销区主要展示中药材、服装鞋帽、文化旅游产品、食品、土特产、人造花等6大类约500余种产品，其中有100余种产品实现线上销售，2018年度实现交易额1815万元。综合服务中心将和全县已建成的村级电商服务站点辐射联动在一起，推动隆德电商发展，促进产业升级，为隆德农村服务，为隆德农民服务。

【隆德县正观花灯工艺有限公司】 2017年招商引资企业,总投资300万元,是隆德县人民政府与黄河出版传媒集团联合打造的非物质文化遗产产业基地,租用闽宁中小企业创业孵化园标准化厂房2幢3080平方米,主要制作各式花灯、彩灯、彩车、地灯、小型宫灯等,欲打造以隆德花灯为代表的北方特色花灯系列产品。隆德县正观花灯工艺有限公司以继承和发扬非遗文化为己任,促进和振兴非遗产业发展为使命,发掘非遗传承人,保护和发扬非遗文化,打造非遗产业,在新时代中国特色社会主义思想指引下,将以"正观花灯"为代表打造"南有自贡、北有隆德"的北方特色非遗文化品牌。2018年实现工业总产值698万元,销售收入191万元。解决就业58人。

【宁夏爱丽纳地毯有限公司】 2013年招商引资企业,由甘肃省静宁县爱丽纳地毯有限公司投资建设,占地面积92亩,总投资8600万元,已建成产品展厅、生产车间、员工餐厅、烘干室、办公楼等共计3万平方米。是一家集羊绒汽车坐垫、夏凉四季垫、工程地毯、家用地毯、艺术品挂毯等系列产品加工、销售为一体的现代化综合型企业,产品远销新疆、青海、云南、内蒙古、甘肃、陕西等地区,在全国各地的分销代理商达到107家。

2015年从比利时购进先进机织地毯设备PCI—400型1台,英国背胶机1台,购置辅料复合机一台,整经机1台,实现了从地毯原料、成品设计、生产一体自主化。2017年引进四季垫生产线一条,丰富产品的多样性。公司现已注册商标3个,分别为"爱丽纳"、"苹果"、"陇原红"。公司年生产各种地毯10万平方米,汽车坐垫3.5万套,夏凉垫5000套。2018年实现工业总产值2597.8万元,销售收入2233.1万元,解决就业86人。

【宁夏黄土地农业食品有限公司】 2017年招商引进的闽籍企业,项目总投资1.5亿元,租用闽宁中小企业创业孵化园三期6幢厂房25920平方米,建成年产16000吨马铃薯粉条和4000万桶马铃薯粉丝方便食品项目。项目完成后,年产值近3亿元,解决就业人员400多人。一期于2017年11月建成年产2000吨水晶粉丝生产线和年产2000万桶粉丝方便食品生产线各1条。完成投资2000万元,实现了当年招商、当年建设、当年投产。二期于2018年4月建成年产2000吨马铃薯粉条生产线和2000万桶粉丝方便食品生产线各1条。三期于2018年8月底建成年产3000吨水晶粉丝生产线4条。2018年实现工业总产值2460万元,实现销售收入2123万元,该项目的落地投产,为延伸县马铃薯产业链,形成马铃薯种植、淀粉加工、粉条及粉丝方便食品生产的马铃薯产业体系奠定基础,对解决马铃薯"卖难"问题,提高马铃薯附加值,增加县农民收入有着推动作用。

【宁夏隆德人造花工艺有限公司】 2013年招商引进的闽籍企业,总投资5000万元,公司90%的产品主要销往欧美、中东及东南亚等国家和地区,年出口创汇1000多万美元。公司租用闽宁中小企业创业孵化园一期标准化厂房4幢近1万平方米,安装各类生产设备270台(套)。2018年实现工业总产值5347万元,同比增长15.7%,销售收入5347万元,同比增长15.7%。公司建成以来,从多方提供就业岗位,带动贫困群众增收。该企业属于劳动密集型行业,操作工艺较为简单,可带动贫困群众、残疾人等就业困难人员实现县内就业增收。企业本部带动就业165人，其中建档立卡29人，残疾人员35人。针对农村留守老人、妇女有就业意愿，无就近就业渠道的矛盾，采取"政府投资＋社会帮扶＋企业自筹"和"村建、企用、乡管、县补"的模式，利用乡村闲置村部、学校等，在城关镇红崖社区、观庄乡前庄村、沙塘镇张树村、凤岭乡冯碑村建立扶贫车间10个，在清凉社区、联合村等建立产品外发组装点17个，带动就近就业364人，其中扶贫车间固定就业人员164人（建档立卡户42人），外发点用工214人，形成既解决企业用工困难又促进农民足不出户实现增收的双赢局面。为提升外放点劳动力能迅速掌握企业生产制度、工艺流程，企业统一组织各乡镇有培训意愿的群众，县公交公司免费接送，到企业本部让培训群众接受企业文化、公司管理、技能提升等方面为期1周的集中培训。

【宁夏天鸿食品产业园】 天鸿食品产业园由宁夏天鸿食品有限公司于2016年投资建设，项目总投资8000万元。规划占地面积42.64亩，规划总建筑面积24660平方米，建设厂房5幢，建筑面积23160平方米，食品研发中心1幢，建筑面积1500平方米。已入驻以生产杂粮糕点为主的宁夏天鸿食品有限公司、以生产薯片为主的宁夏海鑫食品有限公司、以生产油炸麻花为主的宁夏恒欣食品有限公司和以生产油炸大豆的宁夏雄丰农副食品有限公司4家企业。2018年，实现工业总产值4034万元。食品产业园定位为满足国内市场对健康食品的需求，对生产健康食品的小微型食品加工企业进行孵化。项目建成后可解决就业人员300人，同时辐射带动周边乡镇1500户4000多人从事订单农业、发展杂粮种植业，促进周边地区的农业产业化结构调整，吸引更多的农村剩余劳动力加入到粮食加工中来，并可间接带动餐饮、包装、运输等相关产业的发展，促进县地方经济快速发展。

【宁夏兴宇绿色粗粮加工建设项目】 2018年招商引资企业，由宁夏兴宇粗粮加工有限公司投资建设，项目总投资5300万元。项目引进现代食品加工技术，对现有杂粮生产工艺进行升级改造，挖掘民间传统杂粮独特配方及工艺，提高粗粮的应用价值和附加值，形成具有明显特色和竞争优势的杂粮产业。项目占地面积21亩，规划总建筑面积10193平方米，建设加工厂房4幢面积2529平方米，成品储存库及检验室1幢面积3264平方米，300吨气调库1幢300平方米，研发及附属设施4000平方米。拟建成荞麦、谷子、莜麦等粗粮，土坊手工醋和食用油加工生产线4条，配套设备24台（套）。加工车间、研发车间及附属设施正在进行装饰装修。项目建成后主要依靠本地小杂粮资源优势，以"公司＋基地＋农户"的生产经营方式，通过建立原材料基地、食品加工、保鲜储运、产品销售的上下游产业延伸和相互协作，加快产业优化升级，促进一、二、三产业融合发展，同时辐射带动周边乡镇农户从事订单农业发展杂粮种植业，促进周边地区的农业产业化结构调整，吸引更多的农村剩余劳动力加入到粮食加工中来，并可间接带动餐饮、包装、运输等相关产业的发展，促进县地方经济快速发展。

交通运输与城乡建设

交通运输

【**交通基础设施建设**】 2018年，取得公路建设项目共5项，总投资4.94亿元。其中好水至兴隆公路、"312"国道隆德过境段改建项目已正在进行项目前期的用地审批和招投标工作，渝河流域山水田林路湖河综合治理项目道路工程及9条38.5公里农村公路建设项目已完成建设工作，具体如下：

隆德经好水至兴隆公路建设项目，该项目起点接"312"国道隆德县城段，途经好水、红星、三星、串河、杨河、红旗等村，终点位于西吉兴隆，隆德境内全长23公里，按二级公路技术标准改建，路面结构为沥青混凝土，设计路基宽10米，路面宽7米，路面两侧各设1.5米硬化路肩，项目概算总投资1.9亿元。现已取得项目建议书、可行性研究报告、设计等文件批复。

"312"国道隆德过境段改建项目，改建"312"国道隆德过境段34公里，按二级沥青公路技术标准建设，总投资2.43亿元，该项目由自治区交通运输厅组织实施。现已完成项目建议书、可行性研究报告等相关文件的批复。

渝河流域山水田林路湖河综合治理项目道路工程，即沙塘镇清泉村至联财镇联合村公路，全长24公里，投资1750万元。项目起点与沙塘至杨河公路K0+740处相交，延渝河流域经沙塘、清泉、张树、神林、庞庄、辛坪、赵楼、联合等行政村，终点与中卫至静宁公路k329+730相交，设计路基宽度6.5米，路面宽度5米，按四级公路技术标准建设。该项目于2018年3月开工建设，7月底建成通车。该项目的建成，为项目区域提供了便捷的交通运输保障。

2018年，实施的农村公路建设项目7条29公里，总投资3500万元。分别为：清凉至张士滨河路4.5公里、十八里经打食沟至上赵家6.3公里、吴沟至王岔3.2公里、民联至新化7.2公里、李家嘴至林家湾2公里、玉湾至槽子梁2公里、棉棉湾至西山3.9公里，均按四级水泥公路技术标准建设，设计路基宽度6.5米，路面宽度5米。2018年3月20日开工建设，11月底全部建成通车。

自治区发改委下达的中央预算内投资项目2条9.5公里，总投资890万元。分别为：红崖经清凉至陈靳7.14公里、雷王至马湾2.35公里，按四级公路技术标准建设，路面结构采用在原水泥混凝土路面加铺沥青混凝土，设计路基宽度6.5米，路面宽度5米。于2018年5月11日开工建设，9月底已全部建成通车。

【公路养管】 全县农村公路总里程1215.2公里，其中省道77.8公里，县道28.5公里、乡道245.2公里、村道863.7公里。根据《宁夏回族自治区农村公路条例》和《宁夏回族自治区农村公路养护管理办法》等文件精神，农村公路养护实行"县道县养，乡道乡养，村道村养"的养护机制。县公路养护部门对省道、县道、乡道和主要村道599公里实行专业化、标准化养管，在养护工作中树立"超前"和"预防"的养护理念，提高县、乡、村公路防灾、抗灾能力，推进农村公路管理养护工作常态化、规范化养护。公路养护单位完成省道优良率82.62%，县道达59.62%、乡道达47.72%，村道达到32.2%，完成自治区公路管理局下达的养护技术指标。2018年下放各乡镇616公里村道公路养管职责，县公路养护部门负责技术指导和业务培训，按季度依据《村道日常养护管理量化考核表》检查考核并拨付养护补贴资金，县所有乡镇建立了村道管理机构，配备管理人员，完善乡规民约等管理制度和档案，县农村公路列养率达到100%。开展水毁抢修工作。2018年6月以来，县多次出现极端恶劣天气，尤其在6月份出现一次中到大雨局地暴雨天气，累计最大降水为93.7毫米，这次降水过程范围广、量大、持续时间长，导致县80%的农村公路出现水毁情况，其中有42处水毁路段较为严重。交通部门迅速制定了抢修方案，组织7个施工企业进行全面抢修，已全面完成了抢修工作，保障农村公路的安全畅通。开展农村公路安全隐患排查治理工作。投资1500万元，实施13条县道、24条村道波形钢护栏、标志牌、警示柱、交通标线等安全生命防护工程，于7月2日完成招投标并开工建设，9月底建成投入使用。对农村公路安全隐患进行全面排查，重点对桥梁、交叉路口、学校门口、急弯陡坡、临崖和事故多发路段进行详细的排查，共排查出隐患路段8处，建立安全隐患责任清单、安全隐患整改清单，对已损坏的警示桩、波形护栏进行维修、更换，对神杨公路、桃沙公路等陡坡路段安装了防护设施，对路堑、高边坡有落石危险的路段进行了刷坡整治。加强路政管理及超限超载治理工作。结合全县法制宣传活动，集中宣传公路相关法律法规，营造路政管理、超限超载治理工作的良好氛围。为严查侵害公路违法行为，路政人员外巡665人次，纠正查处各类路政违章33件，清除路障12处65平方米，依法审批"挖掘公路埋设管线"2件，路政案件查处率达100%。并联合公安交警、运政开展治超治洒工作，将超限率控制在2%以内，使货运车辆违法超限超载和遗洒滴漏污染公路的势头得到有效遏制。

【交通运输行业管理】 根据区、市、县安全生产相关安排部署，把交通安全生产工作放在首位，树立安全生产"红线"意识和"底线"意识，督促企业主动落实安全生产主体责任，确保全县交通运输安全生产形势总体平稳。按照"党政同责、一岗双责"要求，制订安全生产工作要点，细化分工，落实责任，逐级签订安全生产目标责任书，以签字背书形式加大管理考评，履行行业安全监管责任。围绕自治区60大庆安全稳定工作部署，以"百日安全专项整治行动"为载体，坚持行业全面检查与企业自查相结合、重点督查与执法检查相结合,落实"党政同责、一岗双责、失职追责"安全生产责任制和"三个必须"(管行业必须管安全、管业务必须管安全、管生产经营必须管安全),集中对交通运输行业易发、频发、多发的重点领域开展全面的安全生产大检查、大整治,消除安全生产隐患和漏洞,确保交通运输安全生产形势持续稳定。加强线索摸排,配合公安机关等相关部门,打击交通运输领域黑恶势力违法犯罪行为。打击组织煽动在交通在建工程中恶意索要补偿费、无故阻碍施工、干扰施工单位正常施工、恶意上访、恶意投诉、恶意索要经济补偿、恶意拖欠农民工工资等违法行为,打击道路运输中非法从事客运经营,非法拉客、垄断道路运输市场经营、非法开展串联罢运、恶意破坏营运秩序等违法行为,开展集中排查,将重点嫌疑对象纳入工作视线,及时跟进,及时上报,化解社会矛盾工作中发现涉黑涉恶线索,为交通运输领域发展营造安全稳定的社会环境。以"扫黑除恶专项斗争"契机,由交通部门牵头,抽调公安局交警队、运政等执法人员,对县域内和途经县的各类客运车辆秩序开展专项整治。加大路面稽查力度,重点查处私家车运营、违规揽客、沿途倒客、站外揽客、拉客、利用互联网发布揽客信息等违法违规行为。采取日常巡查和突击行动相结合的办法,通过一个多月的客运市场整治,查处2辆客车倒客、6辆私家车非法营运,有效净化县客运市场环境,保障广大经营者的合法权益。自治区60大庆期间,维护交通运输行业稳定维稳及安全生产等工作的重要性和紧迫性,做好信访维稳及安全生产等工作,加强与公安、信访等部门的沟通协作,关注社会舆情,及时共享信息、化解矛盾。对行业内人员的教育和管理工作,坚持摸排调查与化解控制紧密衔接,全力将矛盾化解控制在交通系统内部解决。

城乡建设

【城乡规划】 编制完成《隆德县县域城乡总体规划》和《隆德县县城总体规划》,组织编制《隆德县县域村庄布局规划》和《隆德县城停车设施规划》。办理"一书两证"的建设项目选址意见书11份,建设工程用地规划许可证11份,建设工程规划许可证38份。办理"一书一证"的工程选址意见书33份,乡村建设规划许可证25份。召开6次规委会,对陈靳小城镇建设方案、神林乡小城镇总体规划设计方案等项目进行审查。

【基础设施建设】 2018年,对东关村、西花园等老旧小区进排水管线等基础设施进行综合整治,硬化小区路面及停车场,敷设供水、污水管网,规范小区管理,使老旧小区改造真正成为顺民意、解民忧、惠民生的工程。实施雨污分流工程,敷设观泉街、长乐街、文昌路等7条县城主干道路雨水管网5.4千米,有效地减少雨水漫流,方便市民出行,缓解污水处理厂的压力,保证污水处理厂的处理效率,达到有效水资源利用。维修人行道1.5万平方米,对县城人民街、文化街、解放街等消防设施进行了安装改造。打造城市标志性亮化景观点,完成重大节日县城亮化美化景观布设。完成县城人民街、六盘山大道、312国道等处的路灯及电缆的检修,维修路灯100余盏,改造电缆1.2公里。提升县城三里店水库、高速引线、16处通信信号塔及华天广场等40多个节点亮化智能控制及日常检修维护，实现城市亮化全景观。优化各类绿地布局，按照"300米见绿、500米成园"的要求，按照古丝绸之路文化打造提升骆驼巷丝路文化公园，修建景观水系、绿地、休闲广场等基础设施，营造空气清新，生态良好的休闲公园。对宁夏易巨能热力有限公司8台20蒸吨以上的锅炉进行环保达标技术改造更新，拆除原环保设备，配套安装除尘、脱硫、脱硝系统设备。县工业园区新建锅炉房1座，安装25T/h燃气蒸汽锅炉1台，铺设蒸汽管网6000米，硬化场地2000平方米。通过改造提升，解决县城集中供热与工业园区供热存在问题。

【乡镇建设】 落实"产业兴旺、生态宜居、乡风文明、治理有效、生活富裕社会主义新农村建设"和"自治区开展农村人居环境三年整治行动"总要求，打造一批以特色产业为支撑，具有明确发展定位、特定文化内涵、独特景观风貌和较强聚集辐射功能的特色小镇和美丽乡村。2018年初，申报并开工建设12个美丽村庄，住建厅批复沙塘镇锦华村、神林乡叶河村等8个美丽村庄。硬化道路26公里，安装路灯360盏，敷设排水管网24公里，配套建设文化广场及垃圾处理等设施。美丽村庄建设已经全面完工。落实党中央、国务院和自治区党委、政府《关于扎实推进精准扶贫精准脱贫工作的实施意见》精神，以贫困村危房改造为主战场，以建档立卡户、低保户、五保户、贫困残疾人家庭四类重点对象为精准改造对象，秉持"应改全改"的目标，完成自治区下达的危房改造任务。实现户户有安全住房的目标，农村人居环境发生变化，为打赢脱贫攻坚战，实现乡村振兴奠定坚实基础。

【绿色城乡建设】 落实自治区生态立区战略，坚持把生态优先、绿色发展的理念贯穿于住房和城乡建设的全过程，推进城乡污水、垃圾处理等工作，营造良好的城乡生态空间，促进人与自然和谐共生。制定《隆德县城乡环境综合整治实施方案》《隆德县农村环境卫生保洁网格化管理工作方案》《隆德县农村污水处理及改厕工作方案》和《隆德县农村人居环境整治三年行动实施方案》，推行农村环卫保洁网格化管理，全县划定三级保洁网格1247个，采取"兜底贫困户+生态护林员+巡河员+就业困难人口"的方式，聘用保洁人员747名，定网格、定人员、定职责，定时开展清扫保洁。推进行政村生活垃圾填埋场全覆盖，配全农村生活垃圾收集转运设备，实行"户分类、村保洁、乡收集、县转运、区域处理"的生活垃圾治理模式，确保生活垃圾处理率达到100%。

【建筑垃圾消纳场及垃圾填埋场建设项目】 在好水乡张银村修建生活垃圾填埋场，加固垃圾坝，硬化进场路3500平方米，设置毛石挡土墙、场区围栏等。在城关镇吴山村修建建筑垃圾消纳场，平整场地48834平方米，建设框架结构管理用房76平方米，设置厂区钢丝网围栏1508米、监测井4座、箱式变电所1台，实施绿化等附属工程。

【污水处理站建设】 在杨河、观庄、神林、温堡、凤岭5个小城镇修建污水处理站，采用MBR处理工艺，设计日处理规模500立方米，排放标准按照《城镇污水处理厂污染物排放标准》（GB18918—2002）中一级A标准执行。污水处理站已经完成，正在调试安装污水处理设备。结合污水处理站建设，实施农村改厕12218户，开工建设9865户，信息录入2331户。污水处理站建成后，解决乡镇下游区域内水污染问题，保证群众的用水安全。

【工程质量监管】 2018年共监督房屋和市政工程112项，监督面积达54.42万平方米。其中新建工业和房屋建筑工程41项，建筑面积15.25万平方米，工程造价为72754万元，市政工程9项，工程造价8816万元。续建房屋建筑工程54项，建筑面积39.17万平方米，市政工程8项，工程造价44937万元。竣工备案工程19项。全县共7家建材企业，2家商品混凝土搅拌站，1家建材检测机构。通过对全县在建项目及建材企业的现场管理制度、地基基础、主体结构使用功能安全及内业资料的检查，基本均处于受控范围之内。落实建筑企业安全生产责任制，同各建筑施工企业签订《建筑工程安全生产目标责任书》46份，对全县在建和续建的房屋建筑和市政工程及乡镇建设工程项目进行全面检查，共检查工程项目37项，涉及施工单位21家，监理单位15家。共下发安全隐患整改通知书18份，其中停工整改3份。

【民生工程】 落实"房子是用来住的、不是用来炒的"发展定位，推进住房租赁市场发展和公共租赁住房货币化，推动保障房和商品房"两房"融合发展，关注市场变化，为全区经济社会发展作贡献。隆德县房地产市场销售活跃，供需基本保持平衡，房地产业健康快速发展，完成三山府邸小区和南凤嘉园B区2期项目建设，带动0.66万人口居住在县城，提高城镇人口比重。2018年区住建厅下达县棚户区改造任务350户，共征收财政局、老城区2个片区，已完成棚户区改造任务350户，补偿资金24500万元。扩容增效，提升承载能力，实施兴盛安置小区配套基础设施建设等重点工程，敷设给排水及供暖管网，硬化路面，弥补安置小区部分服务功能不足的问题。

【环境质量】 2017年年底，国控监测点位渝河出县断面全面消除劣Ⅴ类水体，达到国家环保部和甘宁两省区框架协议要求的Ⅳ类标准。2018年，渝河出县断面水质平均达到Ⅱ类标准，高于国家Ⅳ类考核要求2个标准，受到生态环境部督察办公室、全国河长办的通报表扬和自治区党委石泰峰书记的批示，治理模式和治理经验被自治区河长办发文在全区推广，治理成果入选国家和自治区改革开放40周年成就展。峰台区控监测点位水质均达到Ⅱ类标准。4个集中式饮用水源地水环境质量优良率达到100%，居全区前列。2018年，空气质量优良天数比例达到95.4%，居全区前列。

【生态环境管理】 成立隆德县城乡规划建设审查委员会，由县委、政府主要领导分别任委员会主任、副主任，强化"三线一单"硬约束，加快构建严守生态保护红线、环境质量底线、资源利用上线，制定环境准入负面清单，形成将三大红线作为综合决策的前提条件和重要约束机制，不允许为项目发展牺牲环境，不允许把降低环保门槛作为招商条件，不允许在承接产业转移过程中承接污染转移，不允许让各类平台、园区和项目载体成为新的污染源。在出台《县委、政府及有关部门环境保护责任的通知》（隆党办发〔2016〕63号）和《隆德县党政领导干部生态环境损害责任追究联席会议制度（试行）》（隆党办发〔2016

107号）的基础上，拟定《隆德县关于党政领导干部自然资源资产责任审计暂行办法》《隆德县环境保护"党政同责、一岗双责"责任制管理办法（试行）》《隆德县党政领导干部生态环境损害责任追究办法（试行）》等文件，靠实领导及部门环境保护党政同责、一岗双责和生态环境损害责任追究责任体系。按照"月调度、季督查、半年核查、年终考核"的要求，制定《隆德县大气污染防治工作调度的通知》，规定对问题突出、工作推进不力的单位，由县政府分管领导约谈乡镇及相关部门负责人，并在全县范围内进行通报批评，对未完成年度目标任务，导致全县未通过自治区、固原市考核的单位，由县政府主要领导对乡镇、部门主要负责人进行约谈，并对相关责任人进行严厉问责。根据《宁夏回族自治区企业环保信用评价及信用管理暂行办法》，与金融机构、发改、农牧、财政等部门实施企业环保信用评价、信用信息共享及失信联动惩戒机制，评为不同"信用等级"的企业将享受不同"待遇"。对天鸿食品、四兴醋业、葆易圣药业、中民恒丰农牧业有限公司、华宇淀粉等企业在信用贷款、自治区级龙头企业评定等方面进行信用评价，推动企业环保信用评价结果在行政许可、评先评优、信贷支持、资质等级评定、安排和拨付有关财政补贴资金等工作中广泛应用，促进企业主动提升环保信用等级。对固定污染源实施全过程管理和多污染物协同控制，按行业按时限核发排污许可证，全面落实企业治污主体责任，强化证后监管和处罚。资金投入向污染防治攻坚战倾斜，坚持投入同攻坚任务相匹配，加大财政投入力度。建立常态化、稳定的财政资金投入机制。建立生态环境保护行政执法机关、公安机关、检察机关、审判机关信息共享、案情通报、案件移送制度，加大危害生态环境违法犯罪行为的刑事制裁力度，推进生态环境刑事、民事、行政三合一审理，保持打击环境违法行为的高压态势。制定《隆德县全面加强生态环境保护坚决打好污染防治攻坚战的实施方案》《隆德县打赢蓝天保卫战三年行动计划（2018—2020年）》《隆德县关于实施乡村振兴战略的意见》等文件，推进生态环保工作向纵深发展。

【环保督察】 制订《隆德县贯彻落实中央第八环境保护督查组督察反馈问题整改方案及补充方案》和《隆德县贯彻落实中央环境保护督察"回头看"及水环境问题专项督察反馈意见整改方案》，成立县委和政府主要负责人任"双组长"的中央环境保护督察"回头看"及专项督察反馈意见整改工作领导小组，专门建立《县级领导同志包抓重点环保问题》工作机制，坚持以上率下、见人见事见责任、清单管理、限时办结、挂账销号。《宁夏回族自治区贯彻落实中央第八环境保护督查组督察反馈意见问题整改措施清单》列出的41条反馈意见中，涉及隆德县的14项任务已全部整改到位。特别是对"渝河水质由2013年Ⅳ类下降为2015年Ⅴ类或者劣Ⅴ类"的问题，先后实施渝河流域环境综合治理、渝河生态治理三期、神林污水处理站及集污管网建设、三里店水库清淤改造、清凉河生态景观长廊建设、县城雨污分流管网建设等14项工程，达到修复水生态，提高水质量，确保渝河出县断面水质稳定达到并超过了国家考核标准。中央第八环保督查组转办的群众投诉件"神林乡辛平村养殖鸡场污染空气；县第一污水处理厂未按照一级A污水排放标准建设，从建成起，未达标运行；马铃薯加工企业均无环保处理设施，仍继续生产"等3个问题也已整改到位。反馈的其他4个方面11个共性问题，均已办结。中央第二环保督查组"回头看"反馈隆德县的6个问题，均已办结。

【生态环境保护】 坚持良好生态环境是最普惠的民生福祉，山水林田湖草是生命共同体，按照系统工程的思路，实施"蓝天碧水·绿色城乡"系列专项行动，扩大生态功能区环境容量和生态空间，全方位、全地域、全过程开展，为群众提供更多优质生态产品。

解决渝河跨界水污染纠纷，把渝河从一条垃圾河、臭水河、滥泥河变成芳华清流、岸绿水清、鱼翔浅底的生态河、景观河。采取"截污治污、疏浚净源、生态修复、多元效应、长效管理"等措施，推进渝河水污染防治系列工程。封堵渝河沿线畜禽养殖场、马铃薯淀粉加工厂、城乡居民生活污水等非法直排口27处，依法取缔万吨以下马铃薯淀粉污染企业13家、河道非法采砂场5家、机砖厂9家，清理和转运三里店水库黑臭淤泥80多万方，拆除渝河河道违章建筑210平方米，新建县工业园区污水处理厂、沙塘镇污水并网工程及神林乡、联财镇污水处理站，实现渝河沿线城镇建成区所有生活污水全收集、全处理，一级A标准达标排放。自东向西，对渝河按生态景观、水质净化、自然修复3段进行疏浚净源、综合治理。实施渝河支流清流河、清凉河县城段综合治理及生态修复，清凉河张士段生态治理、县城雨污分流改造，三里店水库清淤改造，渝河水污染防治项目一二三期，渝河工业园区段综合治理、渝河流域环境综合治理，神林污水处理站管网配套等14个项目，在主河道建设壅水坝1座、混凝土溢流堰32道，柳谷坊土堰54道，旁路蓄滞净化池12处。通过垃圾清运、河床平整、生态护坡、岸线绿化、河堤加固、河道疏浚、巡检道路建设等工程措施，实现渝河47.1公里河道全流域系统综合治理。在平整清淤后的渝河主河道种植香蒲、鸢尾、菖蒲、水葱、千屈菜、水芹等水生、湿生植物550多亩，完成渝河岸线绿化43公里，打通两岸巡检道路38.6公里。生物措施和工程措施相结合，溢流堰和土法柳谷坊使污水处理厂尾水在河道的流动时间从原来直流的8小时延长到160多个小时，通过砂石河床的大面积自然曝气和水生湿生植物的吸附降解，达到脱氮除磷，增强水体自我净化和自我修复能力。经过治理的渝河在2018年平均达到Ⅱ类标准。通过治污与生态并重、治理与美化同步的综合治理模式，将渝河建设成一条生态廊道、湿地廊道、景观廊道，甚至经济廊道。主要体现在与产业发展相结合，投资2.6亿元，实施渝河流域山水林田湖草项目，改造北塬高效节水农田2.2万亩，敷设连通管道91.9公里，河边建设的12处旁路蓄滞净化池和北源上建成的10个大型蓄水池，蓄水量相当于一个中型水库，保障渝河流域5万亩基本农田的灌溉、2万亩冷凉蔬菜、2万亩道地中药材特色农业的灌溉。对促进渝河流域建成"生态循环现代农业示范区"，助推结构调整和脱贫致富产业提档升级有很大的推进作用。以"河长制"推动"河长治"。建立县委书记、政府县长分别担任县级总河长、副总河长，13个乡（镇）党委书记为乡（镇）河长，106个行政村党支部书记为村级河长，由7名县级河长、100名乡镇级河长、106名村级河长、30名民间河长、16名社会监督员、106名河道巡河员、

299名保洁员组成县、乡、村三级河长组织体系，实现县内河库河长全覆盖。在河道显要位置竖立县级河长公示牌8个、乡级河长公示牌20个、村级河长公示牌106个，设立县、乡、村三级河流界牌124个，公开各级河长名单、河长职责、治理目标及监督举报电话，接受社会各界监督。将河长制与湖长制融合实施，40座水库、29座骨干坝均纳入河长制管理体系，明确县、乡、村三级湖（库坝）长，并安排40名水库巡查员进行日常巡查，实现"河长负责、巡查员日常巡查、水管单位运行管护、民间监督"的管护模式。各乡（镇）及河长制责任部门配备直接责任人和河长制工作联络员，形成县、乡、村三级河长及河长制职能部门齐抓共管、高效协作的联管机制，强有力地保护河湖健康运行。带动全县实施农村改厕12218户。在杨河、观庄、神林、温堡4个小城镇修建污水处理站，采用MBR处理工艺，设计日处理规模500立方米，排放标准按照《城镇污水处理厂污染物排放标准》（GB18918—002）中一级A标准执行，解决乡镇下游区域内水污染问题。督促华宇和国联2个万吨以上马铃薯淀粉加工企业，按照环保部对马铃薯加工汁水还田试点的要求，聘请中国环境科学院制订了"一企一策"还田方案，汁水还田试点工作规范推进。制定《隆德县集中式饮用水水源地环境保护专项行动实施方案》，投资998.95万元，对直峡、清凉、黄家峡、张士、地湾、范峡、桃山等饮用水水源地实施保护工程，建设高标准围栏、安装摄像、语音提示设备和警示牌等，水源地水质达标率、规范化建设的力度和水平均走在全区前列。

【**大气环境治理**】　投资9742万元，完成县城集中供热燃煤锅炉脱硫脱硝除尘改造，县污水处理厂、沙塘信用社的2台小型燃煤锅炉煤改电和工业园区集中供能燃煤蒸汽锅炉及烟气治理工程。县城大中型餐饮企业油烟治理46家，完成任务的143%。出台《隆德县2018年秸秆杂草禁烧工作网格化管理实施方案》，强化秸秆综合利用与禁烧管控，秸秆综合利用率达到98%，无焚烧现象。建立环保、气象部门联合会商环境空气质量监测预报预警机制，提升科学预报预警能力。强化"煤尘"管控，制定管理办法，在县城集中供热区内严禁使用硫分大于0.5%、灰分大于10%的高硫、高灰分煤种，其他地区禁止使用劣质煤、不合格煤。全县9家散煤销售单位全部建立管理台账。细化"扬尘"管控，成立县城市综合执法局，深化"以克论净·深度保洁"精细化环卫保洁工作机制，新购大型喷雾降尘车2辆、大型多功能清扫车3辆，小型清扫车1辆，县城机械化清扫率达90%。施工工地以"六个百分百"（即工地周边百分百围挡、物料堆放百分百覆盖、工地百分百湿法作业、路面百分百硬化、出入车辆百分百清洗、渣土车辆百分百密闭）为目标，落实全冻、全覆盖、全绿化等管控要求，累计检查、巡查在建工程项目42次，下发扬尘治理整改通知书3份、停工整改通知书2份，23处工地扬尘得到全部治理。实化"汽尘"管控，全县12家加油站已全部完成油气回收治理工作，全部销售国Ⅴ排放标准的汽油。投资1000多万元，购置纯电动环保公交车24辆。报废老旧黄标车70辆，报停53辆，淘汰更新超标出租车116辆、货运车34辆。

【**生态保护红线**】　按照"应保尽保、应划尽划"的原则，将生态功能重要区域、生态环境敏感脆弱区域全部纳入生态保护红线，确定纳入红线面积305.82平方公里。按照自治区"一规程三方案"（《宁夏回族自治区生态保护红线勘界定标技术规程》《宁夏回族自治区生态保护红线勘界定标工作方案》《宁夏回族自治区生态保护红线勘界定标技术方案》《宁夏回族自治区生态保护红线勘界定标监理方案》）要求，投资120多万元，发挥生态保护红线的管控作用。

财政 税务

财 政

【财政收支】 2018年全县财政总收入完成53506万元，下降12.84%，主要为社会保险基金收入，如机关事业单位养老保险减少5882万元、企业职工基本养老保险减少8352万元。2018年全县一般公共预算支出完成284158万元，下降1.64%。从结构看：个人工资性支出完成58006万元，占支出总额的20%；事业发展及公务性支出完成226152万元，占支出总额的80%。分科目看：一般公共服务支出15949万元，公共安全支出7212万元，教育支出41725万元，科学技术支出1265万元，文化体育和传媒支出3969万元，社会保障和就业支出34954万元，医疗卫生支出16342万元，节能环保支出10769万元，城乡社区事务支出37797万元，农林水事务支出84493万元，交通运输支出8983万元，资源勘探支出1254万元，商业服务业支出276万元，国土资源气象等事务支出3433万元，住房保障支出11247万元，粮油物资储备管理事务支出266万元，债务付息支出3924万元，其他支出300万元。

【一般公共预算执行】 2018年全县公共预算总收入完成294342万元。其中：一般公共预算收入完成11102万元，返还性收入4713万元，一般性转移支付收入144007万元，专项转移支付收入111812万元，上年结余收入110万元，调入资金1226万元，地方政府一般债务转贷收入21372万元。

2018年全县公共预算总支出完成294342万元。其中，一般公共预算支出完成284158万元，下降1.64%；上解上级支出75万元，增长226%；债务还本支出9971万元，下降79.9%；结转下年138万元。

【政府性基金】 2018年政府性基金总收入完成22114万元。其中，2018年政府性基金收入11000万元，下降12.75%，上级补助收入2570万元，上年结转收入544万元，地方政府专项债务转贷收入8000万元。政府性基金支出完成21868万元、增长24.91%，结转下年支出246万元。

【社会保险基金】 2018年社会保险基金收入完成42490万元，下降11.59%。其中：企业职工基本养老保险基金收入5656万元，失业保险基金收入226万元，工伤保险基金收入279万元，城乡居民基本养老保险基金收入4987万元，机关事业单位基本养老保险基金收入9595万元，上年结余21747万元。

社会保险基金支出完成42490万元，下降12.68%。其中：企业职工基本养老保险基金支出11735万元，失业保险基金支出159万元，工伤保险基金支出373万元，城乡居民基本养老保险基金支出3962万元，机关事业单位基本养老保险基金支出14381万元，上解上级支出92万元，年终结余11788万元。

【政府性债务】 2018年年初政府性债务余额106585万元。其中：一般债务102898万元，专项债务1987万元，政府负有担保责任的债务1700万元。当年新增债务29372万元。其中：地方政府债券资金19470万元（一般债券资金11470万元，专项债券8000万元），再融资债券9902万元。当年偿还债务10853万元。其中：一般债务偿还10298万元，政府负有担保责任的债务偿还555万元。年末政府性债务余额125103万元。其中：一般债务113971万元，专项债务9987万元，政府负有担保责任的债务1145万元。截至2018年年底，政府负有偿还责任债务的债务率为44.7%。

【风险防控】 贯彻"防范化解重大风险"决策部署，制定《隆德县全面贯彻党的十九大精神坚决打好防范和化解重大风险行动方案》《隆德县防范和化解地方政府性债务风险工作方案》，完成隐性债务清理核实，将债务偿还列入预算安排，按时偿还债务本息，政府债务控制在自治区下达限额以内。对16家投资公司和4家房地产企业开展非法集资风险摸底排查，严厉打击非法集资、金融诈骗等违法犯罪活动。

【资金监管】 依法执行预算管理，把财政监督检查贯穿于财政资金安排使用全过程，形成人大监督、审计跟进、财政参与的"三位一体"预算执行监管体系，对全县11个部门（单位）2017年会计信息质量、"三公经费"和年终结转结余进行了监督检查，规范会计行为，使全县会计信息质量提高，资金管理更加规范。

税　务

【税费收入】 全年入库税费41962万元，其中入库税收收入16187万元，同比增长3.2%，增收494万元，组织征收社保费23547万元，同比下降27.6%，减收8975万元，征收工会经费50.7万元，同比增长70.8%，增收21万元，残保基金收入13万元，同比增长3.8%，增收0.5万元。落实各项税收优惠政策，抓好减免税调查分析，为各类纳税人减免各项税收6944万元。按月向地方党委政府汇报税收收入进度、地方税源管理等工作开展情况，为县委、政府的决策提供真实可靠的数据资料。

坚持依法征税、应收尽收，安排年度收入计划，统筹规划组织收入工作，确保完成上级税务局下达的收入任务，实现"稳增长、调结构、促改革、惠民生"。强化税收分析，密切关注地方经济发展态势，以组织收入和加强征管为立足，以数据管理和信息技术为支撑，坚持按月召开税收分析会，强化重点税源行业、重点税源企业的税收预警分析，开展税收形势、政策效应、税收风险、经济运行等专题分析，及时把握税收收入运行情况，提高组织收入预见性。精准落实减税降费优惠政策，围绕县委、政府提出的"完成贫困县摘帽历史使命"，针对性地做好政策宣传、解读辅导，不折不扣落实结构性减税政策，加快审核审批速度，确保政策及时落实到位，扶持地方企业不断做大做强。

【依法治税】 加强征管基础工作，强化税源清理和摸底，特别是对房地产开发和建筑工程项目，逐户逐项开展信息采集并建立台账，按月对工程进度和纳税情况进行分析比对，力求重点税源底子清、数据准、入库及时。对重点行业推行"模型化"管理模式，确定房地产业、建筑业、制造业、住宿餐饮业、交通运输业等五个行业建模管理，将取得的第三方数据、征管系统数据等制作表格式的管理台账，坚持每周四召开专题会议讨论相关业务，通过内外信息比对、各税种间比对、分析筛选疑点、强化纳税评估、及时移交稽查等手段，力求堵塞征管漏洞、降低执法风险、提升干部技能。目前，房地产建筑业、住宿餐饮业、制造业的管理模型已初步建立应用。通过风险应对形式入库税款930万元。坚持每月19日税收分析会制度，对重点税源增减变化进行分析，对变动较大的及时进行核实处理，确保应收尽收。按照遏增量、清存量、打团伙、核查阻断抵扣链的方法开展系统治理虚开发票工作。完成所有新办纳税人实名采集工作，调减纳税人发票用量56户次、发票265份，调整离线开票时间48户次。对1户涉及接受虚假发票和2户涉及偷税的企业移交稽查处理，对涉及取得假发票的1户企业正在核查中。以做好"地方税136（抓住一条主线、贯彻三个环节、管控六个税种）一体化链条式管理"为抓手，围绕土地流转一条主线，通过风险预警等方式，抓好耕地占用税等六个税种的管理。地方"十一税"共计入库3619万元，同比增长33.7%，增收913万元。实行涉税资料清单管理，对发票管理等涉税资料精简报送，严格落实清税证明、简易注销"免办服务"和"承诺制"容缺办理，邀请15名纳税人进入大厅"零距离"体验自助办税、实体办税、"最多跑一次"等服务措施，增进征纳双方理解，营造和谐税收环境。对增值税税率降低、小微企业政策优惠、科技企业研发费用加计扣除等各项减税措施进行宣传和落实，开展税收政策措施落实情况自查自改工作，确保每一户应享受税收优惠的企业"应享尽享"，共计减免税6694万元，扶持了民营企业的快速发展。做好环保税和水资源改革工作，及时向县委、政府汇报，成立工作领导小组，建立起协作配合机制，分解工作任务，全面核实排污类型等基础信息，梳理登记取水地点等涉税数据，组织干部职工培训5次，辅导纳税人15户次完成资料传递10次。共入库环境保护税58万元，水资源税32万元。

加强干部执法督察，落实总局税收执法考评与过错责任追究暂行办法，按期开展执法督察和税收执法检查，把日常检查与专项检查有机结合，既查税收征管情况，又查税收政策落实情况。对发现的问题，及时提出整改意见和纠正期限，严格过错责任追究。开展"七五"普法工作，结合税收工作实际，以推进依法行政为抓手，探索普法工作新思路、新方法，结合"税收宣传月"、"宪法宣传日"活动开展，推进税法"八进"，规范税收行政执法行为，增强干部法治意识和税收风险防范意识。依法行政，按照区局《税收执法标准化指引》要求，执行税收法律法规税收政策，规范税收执法案卷的整理装订。

【征收管理基础】 做好个税改革工作，针对个人所得税政策变动大、涉及人员多、落实范围广的特点，要以提升税务干部和纳税人的能力水平为重点，采取上门辅导、培训班、印发宣传资料等各种形式，扩大政策宣传效应，保证工作的顺利开展。强化地方税管理，加强和地方相关部门的密切协作和沟通，获取第三方涉税信息，定期召开工作推进会，及时发现解决问题，并依托市局"地方税136一体化链条式管理"模式，规范地方税基础管理，增加地方税收收入。做好防范发票虚开治理工作，落实制定的实施工作方案，严把发票领用关、做好解除非正常纳税人核查工作，发挥以查促管的积极作用，提高防范和打击虚开骗税工作水平。加强税收风险管理，在应对好上级税收风险任务的基础上，通过加强风险模型化管理和提升干部风险应对能力，开展本级税收风险预警分析工作，提高税收风险应对水平。督促企业健全内部财务制度，规范财务管理，做好财务核算，降低企业纳税风险。做好非税收入划转工作，把握时间节点，建立政府主导、部门协作、职责明确、配合紧密的工作机制，落实划转工作方案，抓好组织实施划转交接工作，确保划转前谋划准备到位、划转中移交衔接到位、划转后管理服务到位，充分发挥好机构改革后的合力效应。

【创新服务】 举办纳税人学堂税收政策辅导培训11场600余人次，印制发放最新税收政策读本3000册，针对涉农企业和行政事业单位，印制发放温馨提示表200余份，帮助纳税人掌握相关涉税事项，及时履行纳税义务。召开"两会代表委员及纳税人话春风""问需求，优服务"等纳税人座谈会4次，征求意见建议4类8条，全部完成整改。开展"便民办税春风行动"，在做好规定动作的同时，开展纳税人与办税人员角色互换、青年志愿者送服务进企业等活动，严格落实"最多跑一次"工作，推出"最多排一次队""最多跑一窗"服务，增设4项"最多跑一次"事项，进一步方便纳税人。

【税收队伍建设】 开展"岗位大练兵、业务大比武"和"四新"网络竞赛活动，通过建立微信学习群、推行业务讲座制和落实大厅周三小夜校等措施，提高干部业务技能，举办各类培训10期350余人次，在市局举行的2次地方税业务比赛活动中均获得第一名的好成绩。结合"干部作风转变年"活动，制定县局"不作为慢作为专项整治方案"，扭转干部队伍中存在的"懒、软、松、散、慢"的工作作风，开展"立标杆，做表率，树形象"活动，班子成员深入一线指导和督促工作开展，解决困难和问题，形成"一级做给一级看、一级带着一级干、一级跟着一级学"的良好工作模式。推行周一例会制、工作清单制、微督查制、责任倒查制、廉政纪实制、合署办公制六项工作机制，从工作安排、任务落实、责任追究等方面，推进任务落实，提升工作质效。按照合署办公的原则，将业务相近的科室合署，对业务进行整合，做到对口工作有人负责，内部相互配合，重点工作全员参与的工作模式，力求人力资源的优化配置和业务工作的有效整合。在法治文化长廊、健身房、党员活动室、图书室等"一廊六室"的基础上，建设书画室、电教室、税史室和荣誉室，打造"一廊十室",已完成电教室和书画室建设。其中电教室配置桌椅11套、电脑22台,为干部和纳税人的业务培训、上机操作提供了更好的支持。书画室建成之际,邀请6名县书协会员开展书画交流活动,现场创作20余幅与税务相关的书法作品充实到书画室。制定共性指标14条、个性指标74条,并按期开展考核,推进绩效文化建设,开展"绩效管理 与我同行"主题演讲等绩效文化活动4次,干部对绩效工作的认同感和责任感进一步提升。打造拴心留人工作环境,制定每月活动计划,按月开展文体活动,对职工食堂进行升级改造,添置保鲜柜、消毒柜、蒸车等厨房设备,干部生活环境得到改善。加强农村税务分局建设,坚持人、财、物向一线倾斜,建设完善"小食堂、小菜园、小阅览室、小活动室、小职工宿舍"等。

金融 保险

金 融

【概况】 12月末,全县金融机构人民币各项存款余额50.92亿元,比上年下降5.2%。人民币各项贷款余额25.87亿元,增长6.4%。金融业完成增加值1.61亿元,同比下降4.3%,下拉经济0.3个百分点。

【隆德县农村信用合作联社】 各项存款余额203595.15万元,较年初增加4650万元,增长2.34%,占全县份额的39.08%,完成计划任务的20.22%,存量、增量与增速均居全县金融机构首位。各项贷款10884户88071.53万元(不含转贴现),较年初增加6025.06万元,余额增长7.34%,占全县份额的55.82%。完成计划任务的54.77%,存量与增速居全县金融机构首位。五级不良贷款余额2837万元,较年初下降3万元,不良贷款率2.03%,较年初下降0.12%,完成计划任务的100.11%。全口径不良贷款持续保持零余额。全县拨备覆盖率495.88%,资本充足率19.61%,核心一级资本充足率18.54%,各项监管指标均优于上年、优于监管标准。电子银行替代率73.19%,较年初增加15.90%,完成计划任务的109%。

抓政策先机,巩固拓展农村主阵地,做精做深县域大市场,抓好"春耕备耕"支农工作,满足农民春耕备耕需求。累计投放春耕支农贷款33969万元,较上年同期增加5414万元,增长18.96%,支持10813户农户全面完成2018年"春耕备耕"生产任务。全年涉农贷款净增5821.30万元,余额达84416.63万元,农户贷款减少408户,贷款覆盖面达40.85%,支农服务主力银行地位更加巩固。完善并全面推广"六盘山文化系列贷"模式,为"乡村振兴"战略开出"金融良方",帮助贫困户做好"农业+""田园+"文章,推进旅游与农业、林业、文化、康养等乡村振兴产业深度融合,创造性转化红色文化、历史文化、民族文化、民俗文化、农耕文化等文化资源,将全县99个贫困村集中到围绕休闲农业基地、人文历史景点、六盘山红色旅游和隆德非遗物质文化旅游村建设发展特色产业上来。用金融力量支持贫困户打造集生态建设、休闲农业、观光旅游、民俗体验、文化创意、健康养生、特色美食等为一体的综合产业特色致富路。全年共投放"六盘山文化旅游系列贷"贷款6亿元，支持全县1299个经营主体，4395余户2万余贫困人口创业、就业。为百姓脱贫富民注入金融活水，解决"贷款难、难贷款"，"担保难、难担保"的问题。

成立村级信用评级协会，建立农户信用评级体系，发挥信用记录的杠杆作用，推进"信用户"、"信用村"、"信用乡（镇）"创建活动，评定信用户19491户，农户建档评级率达84%；信用村51个，评级率达51.51%；信用乡（镇）7个，评级率达53.84%，信用企业127户，金融扶贫示范乡镇5个，共授信6亿元，建档立卡贫困户评级授信达100%。

以黄河IC卡、电话终端、便民服务终端等金融机具为载体，完成农村金融服务点建设工作，改善农村地区支付结算条件。历时两年，投入60多万元，在金融空白乡张程乡建成隆德县第一个综合性多功能便民服务点，填补张程乡18年没有金融网点的历史空白。在张程乡建立"金融扶贫示范乡"一个，金融扶贫示范村一个，建立9个金融服务示范站，获得政府补贴63万元，投入3143万元信贷资金帮助459户建档立卡户走上脱贫致富建设小康之路。累计发行各类银行卡5.92万张，营销网银1934户，手机银行8678户，短信银行6.98万户，布放POS机234台，布设CRS机29台（含2台ATM机），现金循环机8台，智能柜台1个，设立离行式自助银行2个；累计激活社保卡124545张，办理工会卡900张，电子银行交易替代率达到73.19%，形成"户户都有黄河卡，村村都有电话终端，乡乡都有便民服务终端"的服务格局，金融服务覆盖率达到100%。设立"六个一"（即：一台三农便民服务终端，一副具有统一标识的门头、风险提示牌匾，一台点验钞机，一套残损币兑换仪，一个保险柜，一套灭火设备）标准二级便民金融服务点10个，助农取款点99个，改造便民服务点门头78个，配置移动营销终端14个。

开展"农信进万家"扶贫扶智工作，设立"金融知识辅导站"。培养选聘业务骨干为金融指导员，提供基础便民金融服务，帮助百姓学习金融知识、了解惠民金融政策，通过"以案释法"强化金融风险防范意识，促进贫困户从被动接受扶贫向主动谋求脱贫转变，成功打开金融扶贫扶智新局面。开展"农民讲习所金融知识辅导"114场，普及金融政策、知识及致富信息120余项，惠及全县99个贫困村5万余人。在金融服务"村村通"的基础上，走出一条金融知识"村村懂"的扶贫新路子。

【邮储银行隆德县支行】 隆德支行根据存款结构和市场情况，开展各种营销活动，采取多种措施，定目标、定任务，参与各种公益性活动，促进业务的发展，利用业余时间进行岗位技能练兵比赛，在市分行组织的业务技能比赛中荣获第一名的好成绩。挖掘存款增长点，利用与政府合作关系，由银行领导牵头多渠道营销财政性存款和行政事业单位存款。贷款主要以精准扶贫贷款、农户小额贷款、妇女创业贷款为重点业务，主动融入地方经济建设，支持妇女创业和建档立卡户的服务工作，提前完成县下达精准扶贫1000万元的任务，建立金融服务示范点三所。加强服务管理，提升服务水平，发展和维系客户。利用服务硬件设施，加强大堂引导服务，落实柜面优质服务要求，对每个客户提供周到的服务，增加客户的满意度，增加客户数量和回馈价值，优质服务维系了客户群体。强化内部管理，确保安全无事故。2018年是邮政储蓄银行"第四个发展战略"关键之年，支行不断强化内部管理，加大对风险点的检查督导，确保各项业务的健康平稳运行。

各项存款余额13177万元，其中储蓄存款6552万元，公司存款6625万元。贷款指标完成情况：截止2018年11月隆德支行共发放各类贷款746笔6178万元，累计净增43笔1363万元，累计结余1438笔9398万元。与2017年同期相比发放数和净增数均高于2017年同期，2018年隆德支行贷款主要以精准扶贫贷款、农户小额贷款、妇女创业贷款为重点业务，其中精准扶贫贷款累计发放203笔1315万元，结余675笔3273万元。不良贷款控制情况：五级分类不良贷款余额91笔82.55万元，不良率0.88%，累计收回不良贷款23笔61.13万元，较年初增长35.29万元。

【隆德六盘山村镇银行股份有限公司】 强化"存款是立行之本"的理念，强化责任意识，强化考核机制，做大做强隆德六盘山村镇银行股份有限公司行存款规模，为各项业务发展打下良好基础。经营班子及营销部门要做好调研，跟踪资金流向，锁住资金源头。制定稳存增存策略，细分市场、细分客户，制定有针对性的营销措施，营销、培育、优化各层级存款客户。对接政府，营销财政性账户和机关事业单位代发工资户，扩大财政性存款份额，弥补存款营销短板。优化考核机制，将全行员工的收入与银行业务发展有效对接，提升全员工作主动性和积极性。细分行业和客户，按照重点支持类和扶持类、稳定发展类、严格限制类的行业划分，分别施策。做好老客户的维护工作，扶优限劣，对优质客户要持续加大营销力度，满足客户的融资需要。通过社保卡激活，加大对公务员客户群体的获客力度，大力拓展"如意随薪贷"业务。抓住隆德县打造旅游城市的机遇，拓展旅游文化贷款业务，围绕"六盘山红色旅游"做文章，打造旅游银行新概念。持续做好金融精准扶贫推进工作，履行村镇银行"支农扶农""普惠金融"的职责。加大乡镇小微企业和个体经营户的营销，加大对农业合作社、家庭农场、农业大户的扶持力度，做到抓大不放小，两手都要硬。争取妇女创业、大学生创业等贴息贷款份额，在保证原有额度前提下，力争实现户数和额度双增目标。经营班子做好市场调研工作，掌握隆德县域内各行各业信贷需求动态，加大对小微企业、工业园区企业和政府主导行业的跟进服务。根据监管部门强监管要求，完善资金业务相关制度、流程建设，规范资金业务授权管理。计划财务部持续做好资金业务内部流程管理设计，规范业务操作行为，杜绝操作风险，加强资金业务流动性管理，在保证资金头寸满足业务需求的前提下，做到资金收益最大化。各项存款余额4.82亿元，较上年增长0.67亿元，完成目标任务的166.65%。加大社保卡激活率和使用率，各部室分片包干，对机关事业单位进行上门服务，批量激活，累计激活社保卡4681户，拓展城镇职工优良客户群体。代理隆德县城镇离退休职工代发工资业务，为储蓄存款持续增长打下良好基础。全年累计推出贷款7400万元，新增优质贷款客户60户金额6190万元。各项贷款3.55亿元，较上年增长0.45亿元，完成目标任务112.93%。累计投放"如意随薪贷"136户2400万元。成立"文化旅游贷款"中心，推出"文旅贷"，全年累计投放文化旅游贷款4户225万元。响应"打赢脱贫攻坚战"

的号召，大力开展金融精准扶贫，累计发放建档立卡扶贫户贷款527户2144万元，累计投放产业带动扶贫贷款1.5亿元。

搭建网点柜台、自助设备、手机银行、微信银行、各类智能终端等组成的多层次、全方位、立体交叉营销服务平台。通过电子银行渠道推广，以低廉、快捷的营销渠道占领更广泛的营销空间和客户群体。持续加大社保卡激活力度，使用PAD对所有机关事业单位上门服务，批量激活，进行存款、贷款、电子银行业务一体化营销，加大获客渠道。

保　险

【中国人寿隆德支公司】　大期交指标1078万，达成1055万，达成95.6%。标保指标456万，达成367万，达成77%。大短险指标806万，达成1200万，达成148%。

个险渠道首年期交指标848万，达成830万，达成97%，标保376万，达成291万，达成74%，个险短险86万，达成75万，达成86%；年初员工184人，年末员工243人，年初组经理以上主管16人，年末19人。

银保渠道期交指标230万，达成223万，达成95%；标保指标80万，达成83万，达成102%。银保短险指标20万，达成21万，达成101%。团险渠道年度指标700万，达成1106万，达成158%。

推进职场标建、主管自主经营、331落地、导师队伍建设，四个季度的周单元工作模式推进，以及快速扩充收展队伍。331岗位人员有销售支持岗1人、发展岗1人、人员管理岗由个险部经理兼任，运营岗和培训岗的工作暂时也是兼任，正在招聘配备。四个团队分职场经营已经运作一年有余，硬件上相关的设施都已配备完善，软件方面，除了职场功能组成员不太稳定以外，日常的辅导训练、早会、各类助推销售和增员的会议经营、简单的客户经营都已具备独立运作的能力。销售增员习惯已经培养成自展为主，高效互助为辅的模式。通过一段时间的周单元工作的推进，抓拜访量已经成为公司主管管理团队的核心习惯。随着长期坚持的科技10分钟，销售队伍对于各类软件的运用也有了显著提升。员工由年初的24人，增长到51人，出勤26人，占比51%。宁夏区分公司的政保业务合作不断深化，隆德公司跟上区分公司每一步，与当地党委、政府和部门沟通联系，建立良好的合作关系，多项业务在全区率先承保，尤其是"金盾保""扶贫保""环卫保"等业务均是全区第一家全覆盖承保，收获区分公司搭建的政保业务所有的红利。拜访开拓法人业务、小民营企业等，在其他短期险，如卡折、建工险员福计划等方面有所突破，信贷保险的市场份额也在不断提升。实现结构优化、多点开花。抓好保规队伍和客户经理队伍的持续发展，借力基本法，只有增加员工数量才能掌握真正的主动，使自营业务和渠道业务形成有效互补。在银行代理渠道方面，多维护，多疏通观念，与代理渠道合作，拓宽业务收入来源。做好销售转型，利用好渠道自有的客户资源，把经营客户放在首位，为增员、深挖和转介绍做好铺垫。持续防范销售误导，非法集资、反洗钱等重点风险，不断在队伍中做宣导和检查，在理赔保全等服务方面与客户沟通，争取不出现投诉等情况，高度重视声誉风险，在公司内部，落实两会议事规则、严格遵守三重一大原则，重要事项全部上会讨论，培养合规意识。在全员会议上、个人沟通上，一直把合规经营放在重要位置。

【中国人民财产保险股份有限公司隆德支公司】 截至12月31日，实现保费收入4145.12万元，较上年增长813.79万元，增速24.43%，其中，车险保费为2475.98万元，较上年增长515.74万元，增速26.32%，农险保费为1107.18万元，较上年增长274.04万元，增速32.89%，商非保费收入561.96万元，较上年增长21.86万元，增速为4.43%（其中意健险保费271.95万元，较上年增长1.31万元，增速0.48%，责任险258.39万元，较上年增长24.53万元，增速10.49%，财货险保费31.62万元，较上年增长1.25万元，增速4.12%）。全险种实现利润959.36万元，较上年增长411万元，完成年度计划234%，其中车险384.36万元，商非212.05万元，农险362.94万元，综合成本率76.85%，较上年降低6.67个百分点。

在2018年初，经理室先后重新调整各部门人员，聘任有能力、素质高、有担当的人担任部门经理，融入公司发展战略当中。为调动员工的积极性、工作能动性、责任心和团队精神，整合业务资源，分清渠道，修订完善规章制度，理清工作职责，制定中短期考核办法，完善薪酬激励机制。严格的考核管理机制，按月下达任务，将提前续保、微信绑定、营销管理系统和人保V盟的出单等纳入考核细则。参照员工上年同期业务量，制定不同的增长比例，按月下达保费任务，根据市场竞争实际，按月制定各项切实可行的考核政策，按月兑现各项奖励，按完成任务的比例、续保率的高低、提前续保时间的长短，给予不同的奖励，对竞回的优质业务加大奖励力度。

【商非险种】 2018年新增险种"人人安康"百万医疗保险、城乡居民住宅地震巨灾保险、短期出口贸易信用保险小微企业综合保险、房屋综合保险、家庭农用机械综合保险、诉讼保全责任保险，实现保费收入8.77万元。维护信用社借款人意外险业务保费41万元，公益性岗位团体意外险保费39.75万元，承保人数883人。

根据政府出台的《隆德县2018年"扶贫保"实施方案》，确定保险险种和投保对象，成功续保全县3136名建档立卡贫困户扶贫救助保险，收入保费31.36万元，公益性岗位团体意外险39.75万元，实习生团体意外险1.96万元。

2018年学幼险保费任务目标120万元，挑战125万元。利用多年与教育部门良好合作关系，通过放假前走访全县各学校，制定学幼险收缴方案，安排部署开学前两天收缴工作，从社会聘请110人左右，分26个展业组赴全县各校收取学幼险保费，共承保中小学生1.3万人，实现保费收入126万元，超额完成了学幼险任务目标。

2018年初，分别出台《2018年隆德县政策性农业保险方案》《2018年隆德县蔬菜价格保险方案》和《隆德县2018年扶贫保实施方案》，为推进年度农业保险提供政策保障。

【理赔效能】 2018年对于理赔部门来说，是各项工作提升的一年，理赔部全年坚持"以客户为中心"的转型方向，围绕"服务提升、过程管控、科技理赔、队伍建设"的核心工作要求，优化资源整合配置来提升客户满意度，最终通过理赔部门全体员工的不懈努力，理赔各项指标获得大幅度提升，一直位居全区前五名，有力地支持了业务发展。

教育　体育

教　育

【学校】 2018年，全县有各级各类学校132所，其中幼儿园54所（含民办幼儿园1所）、小学67所（含教学点23所）、初级中学7所、高级中学2所、职业中学1所、特教学校1所。在校学生24944人，其中学前幼儿4316人（民办幼儿园139人），小学10783人，初中5932人，普通高中2771人，职业中学1089人，特教学校53人。教职工2502名（其中特岗教师61人），其中中小学教师2283人（其中普通高中408人，职业中学135人，初级中学597人，小学1120人，特殊教育23人）、幼儿园147人、局机关事业单位72人。

【教育民生工程】 加大资金争取力度，全年争取薄弱学校改造、改善普通高中办学条件、义务教育阶段学校建设项目、职业教育基础能力提升工程等项目资金1.0937亿元。新建、扩建峰台十里、张程桃园、张程胡家湾、二幼等7所幼儿园，新建张程中学综合楼、杨河小学教学楼、神林小学教师周转宿舍、四中多功能教室和体育看台、隆德中学体育看台，完成高级中学、职中、三小、张程赵北孝小学等20所学校的校舍维修改造，塑化高级中学、温堡中学和观庄中学篮球场，为3所高中学校采购所需的教育教学设施设备。严把项目建设进度、质量和安全关口，严格监督管理，科学规范操作，各类项目建设工程按期保质保量完成，是2018年全区唯一完成幼儿园建设项目任务的县（区）。

实施网络在线同步课堂建设，探索"一拖二""优质学校带薄弱学校"教学模式，建成网络在线同步课堂21间（主讲教室5间，接收教室16间），筹建"宁夏教育云在线课堂试点县"项目在线课堂18间（主讲教室7间，接收教室11间），解决农村小规模学校师资短缺，开不足开不起课程的困难。构建信息技术为支撑的高效课堂模式，推进全区在线课堂试点县建设，创建二中、四中为区级信息化应用示范校，争取资金、政策、技术等方面的支持，打造信息技术应用典型。利用宁夏教育云平台，开通20个县级名师网络工作室，45个课程社区，28所学校开通了智慧校园，其中二中、二小被评为区级智慧校园应用示范学校。

注重信息化应用培训，借助国家对口扶贫项目，组织在校老师先后赴北京师范大学、华东师范大学、厦门大学、福州闽侯等地培训考察，学习借鉴教育发达地区教育信息化工作典型经验。举办中小学校长、骨干教师信息技术应用能力提升培训班，参训180人，提升利用信息技术开展教学管理和课堂教学水平。目前，全县校园网建有率100%，"班班通"多媒体设备覆盖率100%，实现了"校校通""班班通""人人通"全覆盖。

将贫困学生资助同脱贫攻坚紧密结合起来，按照"六个一"（即"一阵地、一平台、一册、一图、一表、一卡"）工作思路，落实从幼教到大学的"五级资助"，构建"从一到六"资助效益链（即突出幼儿到大学生的"一个体系"，抓好学生及家长"两个群体"，打造扶助"建档立卡"学生、关爱留守儿童、救助残疾儿童"三个亮点"；覆盖乡、村、组、户政策宣传"四个层面"，完善学前到大学的贫困学生"五级信息"，实现学业有教、监护有人、生活有助、学习有趣、健康有保、安全有护"学生六有"），学生资助工作做到"三个精准"，即资助标准精准、资助对象精准、资金分配精准，实现"三个不少"，即对象一个不少、项目一个不少、资金一分不少。2018年，累计实施教育精准惠民资金7217.87万元，惠及学生28754人。其中，学前资助417.57万元，惠及幼儿4454人；义教阶段各种减免和资助资金4054.85万元，惠及学生16525人；普通高中阶段资助资金684.9万元，惠及学生2309人；中职阶段各种助学金和减免费用600.46万元，惠及学生1077人；大学阶段资助资金1459.83万元，惠及学生4389人，办理生源地信用助学贷款4027人，资金2567.35万元。实现对全县10289户建档立卡贫困家庭的10819名学生资助全覆盖，其中70个贫困村建档立卡家庭3502户学生6105人。全面开展学生资助政策宣传活动，加强对贫困学生感恩、诚信和励志成才教育。

完善规章制度，健全内控制度，完善人力、财力和物力保障体系，确保学生吃得安全、吃得舒心。严格落实《学校食堂卫生管理制度》等14项制度，严格遵守《食堂管理员职责》等9项职责，严把食堂准入、原料采购、食品贮存、清洗消毒、安全用餐、食品留样"六个关口"。强化失职问责，对山河学区4名相关人员进行问责处理。开展感恩教育和节约粮食教育，培养学生良好的生活学习习惯和感恩情怀。加强资金运行日常监察，杜绝现金交易，做到"日记、周清、月结"，坚持大宗食材政府招标采购，推行"明厨亮灶"工程，从加工到配送全程透明，确保资金和食品"两个安全"。全年落实营养改善计划资金1043万元，惠及学生9310人，学生在校期间每天享受5.6元的营养餐，落实资金202万元为农村2761名学前幼儿提供午餐。

【制度机制改革】推进现代学校管理制度建设，按照"一校一案、一校一策"标准要求，指导督促城关、沙塘、神林等7个乡镇学校完成章程建设，完善相关制度措施，查漏补缺、监督整改，整体提高学校管理水平。完善督导评估体系，制定《隆德县教育督导室2018年度督导工作任务指标》和《责任督学2018年督导工作任务分解》，落实责任督学岗位职责，分解细化工作任务，开展专项督导3次、过程性随机督查50余次，责任督学在责任区学校开展专题督查平均20次，下发《督学责任区随访督导意见书》10次，指导和规范学校办学行为。编制权力清单，按照"三级四同"要求，对照《自治区教育系统权力清单指导目录（第一批）》和《自治区体育系统权力清单指导目录（第一批）》，编制《隆德县教育体育局权力清单（第一批）》，共梳理行政许可、行政确认、其他类3类职权事项21项，其中教师资格认定、临时占用体育场地设施批准等行政许可类8项；普惠性民办幼儿园认定、社会指导员认定等行政确认类5项，依法治校示范校创建评选、民办学校修改章程的备案等其他类8项。

规范招生行为。制定《隆德县2018年各级各类学校招生计划》和《隆德县2018年各级各类学校招生录取办法》，幼儿园、义务教育阶段学校严格按照"划片、就近、免试"制度招生。一小、二中等学校对招收新生采取电脑随机分班，随机配备班主任及科任教师，并邀请人大代表、政协委员、学生家长和社会各界全程参与监督，确保招生分班的公平公正。普通高中严格按照指标招生，杜绝超名额、超标准招收学生。关注残疾适龄儿童入学。完善以特殊教育学校为主，随班就读、送教上门相互补充的特殊教育发展模式，保障和不断扩大残疾儿童少年接受义务教育机会，特教学校上学学生54人，随班就读学生83人，送教上门34人，每月送教2次以上。健全随迁子女就学制度。按照《隆德县义务教育阶段进城务工人员随迁子女就学管理办法》，保障流动人口随迁子女在城区各幼儿园、二小、三小、四中就学。消除大班额、大校额。通过增加班额、控制插转学生等措施，全面消除了56人以上大班额，采取小学划片招生、初中"对口直升"控制学校规模，学校学生全部控制在3000人以内。

出台《关于进一步加强控辍保学工作的通知》《关于印发控辍保学工作责任追究办法的通知》等文件，严格执行"党政线"和"教育线"双线制、"三保四包一帮"责任制、"五长制"等包保责任制和责任追究制，明确乡镇、部门及工作人员职责，形成全县上下齐抓共管的工作局面。开展"千名教师进万家"活动，进村入户排查适龄少年儿童入学情况，向辍学学生家长下达《义务教育阶段劝学通知书》动员辍学学生返校。针对有辍学经历的学生、"学困生"等易辍学学生建立防辍工作机制，严防新增辍学学生。对残疾在家儿童开展送教上门，确保平等接受义务教育。动员已毕业但未接受高中教育的在家学生在职业中学接受职业教育或技能培训。2018年6月底，全县118名辍学学生全部动员返校；秋季学期新增9名辍学学生经动员全部返校就学，返校率100%，辍学学生人数为0。

成立专项治理工作领导小组，出台《隆德县关于切实减轻中小学生课外负担开展校外培训机构专项治理行动的通知》，发布《隆德县关于切实减轻中小学生课外负担开展校外培训机构专项治理行动的公告》，明确工作目标、路线图和部门职责，按照"一票否决"原则，从"办学场所、建筑面积、校舍安全、消防安全、校舍来源、办学经费、办学规模与培训内容"七个方面，通过摸底调查、联合执法、建立黑白名单、与教职工签订杜绝有偿补课责任书、教育学生不参加非法校外教育机构培训等措施对34所校外培训机构进行了整治。确权18所，需重新分类登记2所，新审批7所，关停7所。所有确权校外培训机构完成系统录入。

关爱留守儿童，利用闽宁资金在三小、二中举办留守儿童暑期实践体验活动夏令营，开展自理实践、心理辅导、认识伪科学等学习体验实践和研学旅行活动，386名留守儿童参加夏令营活动，60名建档立卡家庭学生赴福建进行一周的研学等活动，新华网、央视网、凤凰网站、宁夏日报、宁夏新闻网站、固原市人民政府网站等全国、区市多家媒体对夏令营活动进行宣传报道。为加强两地学生体育文化等交流，先后2次组织交流团赴闽侯县开展两地中小学生篮球友谊赛，参加非遗传承进校园活动，并参观重点中学、少体校、博物馆等。加强师资交流培训、帮困助学活动，与厦门大学、闽侯县建立结对帮扶合作关系，帮扶以来，共筹集资金863万元，为17所学校配备了教学设施设备、资助贫困学生6102名，先后有20批148名骨干教师投身隆德教育事业，建立厦门大学隆德四中研究生支教点，进行义务支教和结对帮扶活动。

学前教育提质增量。制定《隆德县特殊教育三年发展计划（2018-2020年）》，按照规划分步推进学前教育。加强幼儿园创新素养教育，开展"送教下乡"活动，规范办学行为强化教育督导，按照年度计划完成16所幼儿园办园行为规范等专项督导，提升全县幼教水平。高中教育取得突破。着力解决制约高中教育发展的瓶颈问题，延伸基础教育成果，制定《隆德县普及高中阶段教育实施方案（2018-2020年）》《关于进一步加强高中教育的实施意见》，逐步健全经费投入、人才引进、师资培养、教学质量提升、贫困学生资助等保障体系，高中阶段毛入学率计划2020年达到93.2%。职业教育效益显著。强化"一拖四"发展模式，建成中草药种植和汽车检测线2个特色实验实训基地，夯实职业教育发展基础。建成电焊等9个工种的职业技能鉴定处，开设刺绣品制作、手工编织、剪纸专项能力职业技能鉴定班105个，完成职业技能鉴定8630多人，范围涵盖固原市、中卫市6县2区100多个行政村。优化专业设置，建设焊工专业等5个市级骨干专业，专业加强联合办学，将护理和学前教育专业学历层次提升为大专。特教水平稳步提高。制定《隆德县特殊教育三年发展计划（2018-2020年）》《隆德县第二期特殊教育提升计划实施细则（2017-2020年）》，有计划推进特殊教育。发展非义教阶段特殊教育，鼓励和支持学前教育、高中教育学校接收残疾儿童和少年，推进职业中学残疾人培训，为残疾少年儿童接受教育提供更为优质便利环境，初步形成了布局合理、学段衔接、普职融通、医教结合的特殊教育体系。

完善多级应急处置机制，多次召开安全工作专题会议，进行工作部署，与各校签订《隆德县教育系统社会治安综合治理工作目标管理责任书》，层层落实安全责任，注重安全常规管理，利用班团校队会、国旗下讲话、主题教育日、法制课堂、宣传橱窗、各类新媒体平台，开展交通、消防、食品、禁毒、法制、心理健康等宣传教育活动，强化师生安全防范意识。组织防灾减灾应急演练活动，指导学校周期性开展各类应急演练，5·12全国防灾减灾日，集中组织各校进行防震应急演练，并把5月9日至5月15日确定为防灾减灾宣传周，在全社会开展安全教育宣传活动。做好学校日常监管，突出技防，发挥校园监控设备作用，加强人防，重点对外来人员入校、学生请假出勤、住校生管理、家校联系等环节加大管控，堵牢安全漏洞。加强安全重点防控，围绕遏制校园欺凌事件、防溺水、预防交通事故等重点工作，通过出台措施、警示教育、抓关键环节、开展联合专项治理等方式，保障学校和师生安全及合法权益，维护正常教育教学秩序。强化气象安全预警，通过气象局预警平台，"第一时间"发布气象预警信息，要求学校及时做好暴雨、滑坡及次生灾害的预防工作，确保校产安全。联合公安、交通、文化、市监、工商等部门，加大校园周边环境和文化市场集中整治，进一步优化校园周边环境。

【素质教育】 抓学校德育工作，建立党组织主导、校长负责、群团组织参与、家庭社会联动的德育工作机制。利用重大纪念日、节庆日，以活动为引领，丰富德育工作阵地和德育形式，开展"不忘初心、牢记使命，培育新时代好儿童""传承红色基因，争做时代新人""清明祭英烈""岗位学雷锋标兵""正能量的传递者""最美乡村教师""美德少年""身边的好人""感动校园人物"评选等德育教育和实践活动，培养师生文明习惯和社会责任感。树立先进典型，发挥榜样力量。隆德二中《用文化滋养心灵，以德育开启心智》德育案例被教育部评选为2018年全国中小学生德育工作典型经验。马志林等8名教师荣获2018年度全区"最美乡村教师"称号；咸顺利等10名教师荣获全县"最美乡村教师"称号；乡村教师胡义龙爱岗敬业的典型事迹被《人民日报》以《我看到孩子眼里的星光》为题进行报道；马欣灵校长被评为2018年马云乡村校长奖，成为宁夏首位获此殊荣的校长；特教教师王亚莉敬业奉献被中央文明办评为"中国好人物"；杨金龙同学被评为首届新时代"宁夏好少年"，并在中央广播电视总台主办的"寻找最美孝心少年"活动中荣获2018年"媒体特别关注孝心少年"。

制定《隆德县创新教育实施方案》，通过创新课堂教学模式，培养学生的创新思维和实践能力等措施，探索和总结创新素养教育的方法和模式，培养学生的创新精神和实践能力。8月7日，在全区中小学（幼儿园）创新素养教育推进工作会上，张程小学做经验交流发言。加强学生阅读，制定《隆德县中小学（幼儿园）2018年开展阅读活动实施方案》，指导学校开展课外阅读活动。注重综合实践教育，出台《隆德县中小学生研学旅行工作实施意见》，下发《关于开展隆德县中小学生研学旅行基地评选工作的通知》，加强实践基地建设，评定红崖老巷子民俗文化村、隆德二中六盘山珍稀植物标本馆等8个基地为第一批隆德县中小学生研学旅行基地。

【教学教研】 以《隆德县中小学幼儿园教学工作规范》为标准，严格教学日常管理，加大对教学计划、教研计划、课程安排、课堂教学、备课情况、教案编写、作业批改、中高考复习预案、薄弱学科转化及规范化教学等常规工作的督促检查，确保学校开齐开足开好课程。开展课堂教学诊断，按照"听课发现问题、互动商讨方略、点评反思提升"的思路，采取推门听课、认真核查、交流反馈和客观建议的方法途径，对问题进行诊断性评价，指导和督促教师不断优化和改进教学方法。构建新的课堂教学模式，以"课堂教学改革与校本教研"为突破口，以"新课堂的构建"、"一师一优课、一课一名师"、教师技能大赛等活动为依托，以高效课堂2所市级试验基地校、3所联盟校，10所"一拖二"县级试验校为基础，积极培植和构建信息技术支撑下的新课堂模式，隆德一小"326激趣灵动课堂"教学模式、隆德二中"激趣导学,六环轮动"大课堂教学模式、张程小学"自主、合作、探究、展示"的"5+1"高效课堂模式不断趋于成熟和完善,成为可推广可复制的教学模式,带动全县信息技术与学科教学的深度融合。创新教研模式,开展多层面教研,通过区域教研、联片教研、网络教研等形式,开展校际联合、多元导师、集体备课、课堂大练兵、技能大赛、网络研修、优秀课例征集、微课比赛、听课、磨课、议课、研讨等形式多样的活动,构建合作发展的教研生态。在"一师一优课、一课一名师"网上"晒课"活动中,推出省级优课12节,部级优课6节;在全区中小学(幼儿园)创新素养成果评选和全市教师技能竞赛、杏坛杯、"五个百"等各级各类竞赛活动中,获奖教学案例101个、论文及教学设计618篇、优质课309节,立项课题98项。落实城乡学校携手帮扶计划,城乡帮扶学校实现校本教研一体化,开展校本教研26场次,送教下乡49节次,培养农村青年骨干教师180名。

【校园文化建设】 加强教育宣传,通过宁夏教育厅网站、县有线电视台、"隆德教育"微信公众号、隆德政务网、《隆德教育》、二中校刊《长风》及校报、职业中学校刊《职教新风》、一小校报《泉水叮咚》、三小校报《笋芽儿》等媒体,宣传教育发展的新思路、新理念、新成就。传承非遗文化,发掘县域文化精髓,依托入选第二批自治区级非物质文化遗产名录、第四批国家级非物质文化遗产名录的六盘魏氏砖雕,在县青少年活动中心成立魏氏砖雕工作坊,培训学生60人。推动特色校园文化建设,在隆德四中组建隆德县青少年民俗腰鼓队。加强科普教育,投资26万元在县青少年活动中心建成地震科普馆,利用信息、数字多媒体、虚拟现实等科技手段,以模拟体验、趣味参与、互动交流的方式,融地震知识普及与体验为一体。组织科技辅导员参加纸飞机制作、机器人项目等能力培训。争取资金10万元,建成城关小学乡村学校少年宫,全县乡村少年宫达到8个,组建各类兴趣小组搭建学生综合实践能力提升平台。加强科技场馆建设,协调资金150万元,建成5个农村中学科技馆。组队参加第33届宁夏青少年科技创新大赛并取得优异成绩,在青少年机器人比赛中,与全区97支代表队进行9个单项的争夺,取得了两个冠军,三个一等奖,一个二等奖,两个三等奖的好成绩。积极开展文化艺术活动,先后举办全县第六届校园艺术节、"文明礼貌月"系列活动、"庆六一"系列活动、第三届青少年合唱艺术节、寒暑假免费兴趣培训班、"送文艺"下乡等活动。

【教育教学质量】 备战中高考,指导学校制定完善的中考高考教学方案及毕业复习预案,组织初中、高中毕业班学科教师参加全区中、高考研讨会,召开全县中、高考复习研讨会,进行复习经验和中、高考备考情况展示交流,组织全县中、高考模拟考试,进行综合素质测试,加强考前心理疏导,积极打造平安高考、平安中考。2018年,县内外高考人数2077人,三本上线1100人,上线率52.96%;二本上线659人,上线率31.73%;重点上线310人,上线率14.93%。其中县内考生1680人,三本上线713人,上线率42.44%;二本上线343人,上线率20.42%;重点上线75人,上线率4.46%;县外隆德籍考生397人,三本上线387人,上线率97.48%;二本上线316人,上线率79.6%;重点上线235人，上线率59.19%。中考考试人数1733人，总分平均分477.2分，文化课总分平均分375.1分。全县总分620.5分以上优秀人数166人，优秀率9.57%，511分以上良好人数722人，良好率41.66%，438分以上合格人数1103人，合格率63.64%；文化课总分527分以上优秀人数107人，优秀率6.17%，434分以上良好人数587人，良好率33.87%，372分以上合格人数929人，合格率53.61%。

【教师队伍建设】 完善教师补充机制，出台优惠政策，吸引免费教育师范生签约工作，争取免费教育师范毕业生2名。近5年来，共争取补充教师381名，其中招聘特岗教师298人，事业编制教师70人，免费教育师范生13人。教职工平均40.74岁，教师平均年龄呈现进一步年轻化。硕士研究生学历教师达到18人，大学学历教师达到1813人，教师普遍趋于年轻，学历层次不断提高，师资力量逐步趋向年轻化、知识化、专业化。借助"2018国培计划培育性项目县"建设，落实项目资金及其他师资培训资金共169.65万元，保障培训的有序开展和培训效果。坚持"外派培训倾斜农村学校，重点项目培训突出青年骨干，县域短期培训围绕全员"原则，开展以校本研修为基础，"国培""区培""市培""县培""校培"五级联动的多层次、多形式、全方位培训活动，参加各级各类培训教师共8369人次，其中继续教育全员培训7399人次、骨干教师培训336人次、校园长培训133人次、学科带头人培训511人次。聚焦学科带头人和中青年骨干力量培养，认定县级以上各级各类骨干教师466人，其中区级105人、市级74人、县级287人，区、市、县三级骨干教师梯队建设覆盖面不断扩大。

教师职称评审工作，制定《隆德县2018年中小学（幼儿园）教师专业技术职称评定方案》，确保职称评审的公开公平公正，推荐上报高级教师职称85名（其中农村老教师政策照顾52名），一级教师职称165名。全县高级教师455人，一级教师851人。保障教师基本工资待遇，按月核发奖励性绩效工资，完成2344名教职工薪级工资增资和艰苦边远地区津贴标准调整工作及108名特岗教师转正占编和新聘2名师范公费生入编工资标准核定工作，并补发奖励性绩效工资和农村教师补贴，为236名教师发放和补发教龄津贴。落实乡村教师岗位生活补助政策，为乡村教师核发农村教师补贴和乡镇工作人员补贴，153名农村特岗教师发放班主任津贴。开展教师资格认定和注册工作，认定中小学幼儿园教师资格118人，注册在编在岗教师2318人，修正注册123人。

落实《隆德县关于推进县域内义务教育学校校长教师交流轮岗的实施办法》，推进优质学校校长、教师向薄弱学校、偏远农村学校交流，交流校长及中层领导66名、教师173名。开展支教工作，县城学校选派10名教师到观庄、杨河、张程等乡中小学、幼儿园支教。开展教体局消除超编工作，目前，教体局机关事业单位核编49人，近年来由于工作职责和工作量的逐年扩大，岗位设置随之不断增加，教体局陆续借调了部分教师补充到新增岗位，导致严重超编。今年9月中旬起，教体局按照《关于对县直部门借调工作人员进行清理清退的通知》（隆组发〔2018〕68号）精神，多措并举逐步消除分流超编人员20人，完成消除超编目标的50%。

体 育

【体育事业】 开展"阳光体育"运动,规范体育课开设,落实"大课间"和"每天锻炼一小时"工作要求,组织开展毽球、跳绳、乒乓球、篮球等课外体育活动,开展田径、篮球等体育运动会,确保学生每天在校有锻炼时间。实施"一校一品"体育特色项目,强化学校篮球、足球、田径等体育运动队的组建、管理和业余训练,开展夏、冬集中培训,举办暑期中小学生足球、篮球、武术等训练营,加强了体育后备人才的训练与选拔。建立分学段足球竞赛体系,足球运动普及面不断扩大。举办春季中小学生田径运动会,秋季青少年篮球、足球、校园啦啦操联赛,提高学生竞技体育水平。

【体育健身设施设备配置】 改善群众体育健身环境,全民健身活动中心完成主体建设任务,增补及更换社区、乡镇、村组体育健身设施。拓展场馆开放广度,实行全年无假日对外开放,接待锻炼人群60多万人次,形成体育场馆由低收费到免费开放的运营模式。配齐体育健身器材,落实资金49.8万元,配发篮球架10个、健身路径器材13套、乒乓球台11张、羽毛球柱5根。全县99个行政村10个社区累计配发篮球架134个,健身路径器材155套,乒乓球台214张。

【社会体育队伍建设】 加强体育社团建设,全县成立了羽毛球协会、钓鱼协会、篮球协会、乒乓球协会、武术协会、健身舞蹈协会、象棋协会、足球协会、交谊舞协会、广场舞协会、旗袍舞蹈协会、体育舞蹈协会等12个体育单项协会。各协会每年常态化组织开展2~3次比赛活动。加大体育人才培训力度。加强社会体育指导员、农村体育专职、兼职人员的配备、培训工作,培训388名三级社会体育辅导员,并颁发国家三级社会指导员证书,全县国家三级裁判员达到560名,整体提升了社会体育队伍素质。

【群众体育活动】 落实《全民健身计划纲要》,举办各种常规体育竞赛和综合性体育运动赛事36次,其中隆德县首届"提振乡村精神、助力脱贫攻坚"农民篮球争霸赛、隆德县第二届环六盘山国际自行车邀请赛、宁夏黑坑精英赛钓鱼爱好者参与比赛,均有国外及全国队员参赛,参赛面广,宣传效应大。开展国民体质监测,监测人数500多名,提高了受测群众的数量,发挥国民体质监测在运动康复等方面的优势和作用。隆德县武术协会被区体育局授予全区武术协会二级单位。先后荣获全区棋王争霸赛第二名和第五名,全区气功大赛三等奖,宁夏第四届全民健身暨第三届全民健身联系站点交流大赛太极拳优胜奖,宁夏第四届全民健身节暨第三届自治区级全民健身联系站点交流展示体育道德风尚奖,百城千村交流展示系列活动暨第四届宁夏健身气功站点联赛三等奖。

卫生　文化

卫　生

【概况】 隆德县共有医疗卫生机构26个，其中，县级公立医院2个，其他医疗机构（县妇幼保健院、疾控中心）2个，其他县级医疗卫生计生机构3个，社区卫生服务站4个，乡镇卫生院13个，民营医院2个。现有卫生计生工作人员992人，其中专业技术人员848人，占85.48%；标准化村卫生室123所，乡村医生196名；全县共设床位909张，每千人拥有床位5.18张，每千人拥有卫生专业技术人员4.83人（按2017年年末常住人口17.54万计算）。2018年1—9月隆德县基层医疗卫生机构门急诊146948人次，县级医疗卫生机构门急诊153365人次，基层医疗卫生机构门急诊人次占比49%，高于全国平均水平。医疗费用增长幅度为1.15%，低于全区增长幅度。县人民医院医疗服务收入占比24.63%，中医院医疗服务收入占比34.09%，全县医疗服务收入占比26.9%。传染病报告发病率300.69/（10万），卫生厕所普及率达76.4%，孕产妇死亡率0/（10万）。2017年度婴儿死亡率6.15‰，比2016年降低3.61个千分点；出生缺陷发生率532.6/（10万），比2016年降低2.33个万分点。

2018年1月，观庄乡卫生院和凤岭乡卫生院被国家卫计委命名为群众满意的乡镇卫生院，获自治区人民政府2017年度卫生计生工作综合目标管理二等奖，自治区健康宁夏建设领导小组2017年全区健康宁夏建设工作考核优秀县荣誉，固原市人民政府2017年度卫生计生工作综合目标管理二等奖。今年，全县21所村卫生室争创群众满意的基层医疗卫生机构，等待近期验收命名。

【健康扶贫】 开展调查摸底，实施精准医疗，全县健康扶贫工作开展。成立了由县、乡、村三级卫生计生工作人员组成的调查组，发动乡镇卫生院公共卫生医师、乡村医生、计生专干、驻村第一书记、帮扶队员等力量进村入户，摸底造册，为精准帮扶、精准治疗奠定良好基础。2018年10月底，根据"全国健康扶贫云动态管理系统"，全县所有建档立卡户里核准患病人员4766人，已入院救治或签约4526人，救治率97.46%。建档立卡已脱贫8719户35628人，未脱贫1587户4466人，在未脱贫人口中因病致贫返贫529户1473人。经过县乡人员核准，健康人群766人，患病707人，（其中，大病43人，慢病636人，重病28人），因病致贫率为1.58%。按照全面精准的原则，逐村、逐户、逐人、逐项进行摸底调查，并将统一制作的健康扶贫绿卡、家庭医生服务协议书、致建档立卡户的告知书及专家医疗团队制定的治疗方案发放到每一名健康扶贫对象手中。健康扶贫对象全部实行"先诊疗后付费""基层首诊，双向转诊"制度，"三个一批"大病集中救治614人次，慢病救治7100人次，重病救治219人次。享受财政兜底补助1547人次，累计享受兜底资金1056495.79元，平均个人自付522.95元，平均个人自付比例9.55%。开展健康扶贫工作，对健康扶贫对象除各种保险报销外，对群众个人承担的费用实行政府兜底，减轻群众脱贫负担。2017年至2018年2月26日之前，县内住院均享受"零付费"优惠政策，实行政府兜底。2018年1—3月，全县建档立卡因病致贫返贫户总住院737人次，住院总费用311.7万元，县财政兜底个人自付38.4万元。2017年度"一站式"结算政府兜底资金实际报销拨付到位比例为100%。

【创新家庭医生签约】 6月1日召开2018年家庭医生签约服务推进会，要求围绕重点人群、重点疾病开展个性化签约，完善服务模式，细化服务内容，提高签约服务质量和效果。按照普通人群不低于35%、重点人群不低于65%的要求，开展签约服务。2018年1—9月，常住人口签约77810人，签约率50.1%；0~6岁儿童签约5930人，签约率65.5%；65岁及以上常住人口签约7841人，签约率65%；孕产妇签约509人，签约率67%；高血压患者签约7443人，签约率80%；糖尿病患者签约980人，签约率80.1%；肺结核患者签约38人，签约率100%；严重精神障碍患者签约363人，签约率100%；农村建档立卡贫困人口签约37092人，签约率100%。

【中医药】 县人民医院设立中医科，中医院建设治未病中心，全县乡镇卫生院均建有中医馆、设置中药柜，配备中医或全科医学类别执业医师。90%以上的村卫生室能提供中医药服务，中医药服务网络建设日趋完善，基层中医药服务能力提升。乡镇卫生院中医药服务量逐年上升，村卫生室的中医药业务能力逐年加强，40%以上的村卫生室配备中药饮片大于100种，其余村卫生室配备中成药均大于50种。通过专题培训、义诊、发放宣传品等方式，开展《中医药法》宣传培训。

【公立医院改革】 推进分级诊疗，创新医保支付方式，完善现代医院管理制度，完善药品供应保障机制，健全综合监管制度，规范行业行为，丰富医联体建设内涵，加大控费力度。县基层医疗卫生机构门急诊146948人次，县级医疗卫生机构门急诊153365人次，基层医疗卫生机构门急诊人次占比49%，医疗费用增长幅度为1.15%，药占比29.50%，医用耗材占比18.9%。县医院医疗服务收入占比24.63%，中医院医疗服务收入占比34.09%，全县医疗服务收入占比26.9%。

【医联体、专科联盟建设】 县人民医院和沙塘镇中心卫生院、观庄乡卫生院、神林乡卫生院建立紧密型医联体，县中医院和温堡乡桃山中心卫生院建立紧密型医联体。医联体内部人员双向流动，县级医院和乡镇卫生院按1∶1流动，流动时间约为三个月，流动期间人员绩效工资由原单位下发。县、乡医务人员互换轮训，不收取任何培训费用，并安排有临床工作经验的高年资医务人员进行带教，优先安排实地操作。县级医院根据医联体需要下派人员到乡镇卫生院长期蹲点坐诊、带教。结合"凡晋必下"和"千名医师下基层"政策，对晋升职称的医师全部下派至各乡镇卫生院和社区医疗机构，开展为期一年的基层服务。利用优质资源的下沉，促进分级诊疗取得实效，并进行处方互动、药品共享的探索，带动其向紧密型医联体模式发展。成立医疗质量质控中心，对医联体内部医疗质量进行监管。乡镇卫生院心电图、影像通过远程会诊可报送县人民医院，由县医院专家会诊后可将结果返回到乡镇卫生院。乡镇卫生院检验科室未开展的检查可将标本送往县级医院进行化验，化验结果将由县级医院反馈到乡镇卫生院。2018年1—12月，县级医院结合"凡晋必下"和"千名医师下基层"政策，下派12个医疗团队24人在各乡镇卫生院和社区开展门诊检查5321例，协助家庭医生签约9589人，带教查房238次，特殊病例讨论48次，抢救危重病人76人次，疾病筛查402例，专题讲座培训174次，规范制度36项，培训人员400余人。双向转诊：下转病人1637人次，上转病人1980人次。远程会诊：对下级医院远程会诊1381例，申请上级医院远程会诊589例，开展远程教学30次，培训人员386人次。

【对口帮扶】 制定《2018年度隆德县"千名医师下基层"对口支援活动实施方案》（隆卫计发〔2018〕46号），从全县公立医院（中医院）、公共卫生机构中选派29名卫生专业技术人员对口支援乡镇卫生院，并接受区外、自治区和市支援医院选派的17名卫生专业技术人员对口支援县医院、中医院和奠安乡卫生院，活动覆盖全县18家医疗卫生机构，包括县人民医院、县中医院，以及13家乡镇卫生院和3家社区卫生服务站。按照国家和区市有关要求，火箭军总医院、清华大学附属第一医院、福州市第一医院等5家医院与县医院建立对口支援关系。目前，清华大学附属第一医院已对11名确诊的患儿接至北京进行手术。火箭军总医院于6月份派6名专家，10月派5名专家来县医院开展对口帮扶，助推普外科、骨科、心内科、中医康复科、放射科的诊疗能力。还先后为县医院捐助了40万元的心电监护仪和50万元医疗设备。福州市第一医院于8月中旬派2名骨干医师来院驻地帮扶3个月。福建省仓山区医院为县医院捐赠25万元胃镜治疗设备。

【基层医疗卫生机构】 按照"看病就医方便经济、医疗服务安全可靠、公共卫生服务可及、内部管理规范有序、农村居民满意信任"创建标准和区、市创建要求，开展群众满意的基层医疗卫生机构创建活动。2018年，有21所村卫生室申请创建群众满意的基层医疗卫生机构，正在等待区、市卫计委（局）达标验收。

【"互联网+医疗"建设】 按照区、市安排部署，实施"互联网+医疗"信息化建设，开展远程分级诊疗试点工作，推进分级诊疗建设。县人民医院先后成立心电诊断中心、放射诊断中心、远程诊断中心，成功开展远程门诊，使县内"互联网+医疗"趋于完善。将远程会诊收费上报发改局备案，在县人民医院公示并纳入到收费系统，医保报销正在进一步研讨中。隆德县向上级医院申请会诊305例，其中，申请儿科1例、儿科神经康复科1例、肝胆外科1例、血液内科1例、新生儿科1例、心外科1例、肾内科2例、妇科2例、呼吸内科4例、内分泌科10例、神经内科16例、心血管内科22例、放射243例。接受上级医院远程教学培训23次，听课145人次。县医院接受福州市第一医院专家远程视频讲座2次，培训134人次。组织乡卫生院参加远程教学及远程讲座培训。远程教学2次，培训200人次左右；远程培训8次，培训达560人次。共受理乡卫生院上传的离线远程影像及离线远程心电会诊326例，实时静态心电766例，合计1092例。

【药品供应保障机制】 加强基本药物配套使用管理，维护国家基本药物配备使用主导地位，县、乡、村三级使用基本药物比例达到指标要求。规范目录药品和医用耗材挂网采购，推进采购"两票制"，实施普通医用耗材跨省区联合采购。健全短缺药品供应保障分级联动应对机制，将日常性监督检查和重点药品监测、短缺药品监测有机结合起来，促进临床合理用药，保障药品和医用耗材供应。

【民生计划项目】 完成宫颈癌检查6506人，完成任务的100.09%；农村妇女乳腺癌检查2501人，完成任务的100.04%；新婚夫妻实施免费婚前医学检查1086人，完成任务的90.5%；新生儿遗传代谢病筛查（先天性甲状腺功能低下症、苯丙酮尿症、先天性肾上腺皮质增生症和6-磷酸葡萄糖醛酸脱氢酶缺乏症），新生儿听力筛查，新生儿48种遗传代谢病筛查821人，完成任务的68.4%；农村居民上消化道癌免费检查1000人，完成任务的100%；发放婴幼儿辅食营养补充品3118人，为孕产妇及所生婴儿预防艾滋病、梅毒和乙肝母婴传播进行综合干预服务，已检查孕产妇及所生婴儿824人，完成任务的68.67%；完成孕前优生健康检查881人，完成任务的88.1%。

【重特大疾病健康补充医疗保障机制】 参照自治区对建档立卡贫困患者的有关政策，引入商业保险机制，强化个人参加商业保险意识，建立以农村居民个人出资（每人每年20元）为主，政府适当补助（每人每年10元）和商业保险公司承担风险（最大风险控制在15%以内，超出部分由政府全额承担）的方式，购买商业健康大病保险，提高大病患者保障水平。2018年，隆德县购买商业保险54295人，共缴纳保费1085900元。将农村居民患者大病保险起付线由现在的8100元下调至3000元，报销比例在普惠性基础上再提高5个百分点，并对患有20个特殊病种的农村居民患者，在此基础上报销比例再提高2个百分点。重特大疾病病种及符合范围的医疗费用，基本医疗保险、大病保险、大额医疗保险、公务员医疗补助、扶贫保、民政医疗救助资金、疾病应急救助、商业健康保险等报销后，参保职工自付2万元以上、城乡居民自付1万元以上的，重特大疾病补充医疗保险基金按一定比例报销，年度累计最高封顶限额50万元。对个人负担较重或难以纳入基本医疗保险报销范围的费用，通过一事一议的办法每年年底集中审定报销一次。

【人才培养】 制定并实施卫生计生人员培训计划，坚持思想道德教育与专业技术培训并重，加强思想政治工作，提高职业道德素质。选拔人员参加自治区统一组织的住院医师规范化培训项目，2018年参加住院医师规范化培训的人员共有12人，其中8人为订单定向生。乡镇卫生院和社区卫生服务站主要加强以全科人才为重点的医疗卫生人才队伍建设，全科医师转岗及助理全科医师培训9名，参加"基层之光"培训5人，参加中医优才培训和中医骨干培训6人，参加临床骨干医师培训2人。先后派出了6名骨干专业人员外出进修学习，提高管理者的管理水平和医务人员的医疗技术水平。利用县医院和中医院两个培训基地，举办十余期培训班，方便广大医务人员交流学习，满足继续教育规定的学时需求。鼓励卫生人员参加学历教育，提升理论水平。在全区"千名医师下基层"项目中，选择符合条件的具有中级及以上职称的临床医师（含中医）、公共卫生医师、护师、检验医师、影像医师29名，下派到社区卫生服务站和乡镇卫生院，提高了基层医疗机构的综合管理水平和服务能力。

【医养结合新模式】 根据《关于印发隆德县加快推进医疗卫生与养老服务相结合工作实施方案的通知》（隆政办发〔2016〕80号）精神，按照"政府引导、政策扶持、多方参与、统筹规划"的总体思路，鼓励并支持福利医院在隆德县养老院建立"医养结合"型医疗机构。于2018年9月同意在县社会福利院内部设置隆德福利医院一分院，主要为服务对象提供健康管理、疾病预防、老年保健，以及常见病、多发病的一般诊疗、护理，诊断明确的慢性病治疗，急诊救护，安宁疗护等服务，形成"医中有养、医联结合、养中有医、养医签约、两院一体、居家巡诊"等6种医养结合服务模式。

【基础建设】 完成县医院住院综合楼和妇幼保健计划生育服务中心综合楼建设项目，县妇计中心9月底完成整体搬迁。在2016年建设102所标准化村卫生室的基础上，2017年新建21所标准化村卫生室，实现了123所标准化村卫生室建设全覆盖。2018年，自治区六十大庆中央代表团为隆德县基层医疗机构捐赠全科诊断仪122台、心电监护仪19台。中国红十字会为县村卫生室捐赠电脑23台价值6.6万元。区卫生健康委员会为乡镇卫生院配备价值281万元的全自动生化仪7台、彩超8台。县卫计局多方筹措资金为村卫生室配齐必需的办公设备和常用医疗设备，完成全县标准化村卫生室软件硬件设施配备要求。

【传染病防控】 按照《中华人民共和国传染病防治法》，巩固县、乡、村传染病防控网络，落实重大、重点传染病防控措施，提升传染病防控水平，严防传染病在县内暴发流行。各单位均能够按照《中华人民共和国传染病防治法》要求，开展辖区内传染病报告管理工作。1—11月，被考核检查的医疗机构共报告法定传染病205例，报告率100%。2018年1—12月，全县未报告突发公共卫生事件。全县以乡为单位适龄儿童建卡、建证、建册率均为100%，卡、证、册相符率达95%以上。各类疫苗接种率均达99.3%以上，乙肝疫苗首针及时率为99%。无乙脑、流脑及14岁以下儿童乙肝病例发生。开展国家扩大免疫规划，加强免疫预防工作规范化管理，提高预防接种工作质量和服务水平。开展2月龄到6周岁以下儿童脊髓灰质炎和麻疹类疫苗强化免疫查漏补种工作，基本实现了消灭脊髓灰质炎阶段性目标。

【免疫规划】 制定印发《隆德县预防接种规范管理专项活动技术方案》，召开了预防接种规范管理工作会议。举办隆德县预防接种规范管理业务培训，对免疫规划工作进行详细培训，培训到位率100%。全县共有预防接种机构176家，工作人员214人（县级16人，乡级30人，村级168人），通过考核以上接种机构均达到相应接种资质，人员持证上岗率100%。加强疫苗和冷链管理，全县有预防接种单位176家，均制定和报送疫苗计划，疫苗出入库记录完整。全县冷链设备总数为201个，均建档录入信息系统。规范开展温度检测单位159个，开展自动温度检测单位1个。针对"冷链薄弱问题"，自治区疾控中心民生项目为全县配发冷链疫苗专用车1辆、随车温控系统1套、乡村级疫苗储存冰箱120台、冷藏包300个。做好接种前告知和疫苗针对疾病监测，确保接种安全，对接种前告知工作进行强调，各预防接种单位均按照要求开展接种告知和接种程序公示工作。加强疫苗针对疾病监测，各接种单位每旬开展疫苗针对疾病监测，监测报告率100%。在全县开展预防接种漏报调查，传染病漏报调查，确保预防接种规范管理工作顺利实施。

【性病、艾滋病监测】 实施艾滋病关怀救治工作，制定符合实际的防控工作方案，成立由主管县长任组长，卫生、公安、文化等部门为成员的防控领导小组，密切部门协同合作，做好联防联控工作。2018年11月，全县医疗机构共开展各类人群检测11652人次（手术病人2206人，其他就诊者6968人，婚前检查1172人，孕产妇检测1306人）。医疗机构检出HIV感染者6例，检出梅毒抗体阳性19人。自愿咨询检测114人，未检出HIV阳性病例。公安司法监管羁押人员检测52人，未发现HIV阳性者，发现梅毒感染者1例。对吸毒人员进行检测，无HIV感染阳性者。

【结核病防治】 隆德县自2016年12月启动中盖结核病综合防治项目以来，按照《中华人民共和国传染病防治法》及全区中盖结核病防治会议和《关于实施中盖结核病项目三期工作的通知》精神，落实经费保障，以开展群众性的预防为主要内容，以强化登记和治疗、依法控制为突破口，坚持"综合治理、归口管理、部门合作、全社会参与"的工作方针，全县群众结核病患病率得到了明显控制，因病致贫现象得到改善，项目工作进展顺利。3月份下发了《隆德县中盖结核病项目三期实施方案》，对相关人员进行了培训，明确项目实施内容、工作流程和机构间协调机制。3月24日"世界结核病防治日"，各医疗卫生单位分别采用多种形式的宣传活动，现场发放宣传海报600余份，各类宣传知识手册300册，围裙500条，手提袋500个，毛巾100余条，接待咨询群众300余人次，制作防治结核病宣传展板4幅、横幅15条。开展中盖结核病项目专家咨询义诊活动。2018年度，全县登记肺结核患者48例，系统管理的肺结核患者48例，系统管理率为100%，达到任务指标要求（≥90%）。全县肺结核患者管理率均≥90%。

【狂犬病规范化处置及疫苗接种】 自2014年隆德县报告1例狂犬病病例后，在县疾控中心、县医院、各乡镇卫生院先后设立了狂犬病暴露处置门诊，覆盖率达100%。完善暴露门诊登记制度，做好暴露后规范处置和预防接种工作。加强人员培训，提高工作能力，对暴露处置门诊工作人员和防疫专干进行培训指导，提高暴露后处置能力。强化宣传教育，提高群众对狂犬病的认识，在暴露处置门诊、预防接种门诊、宣传栏等地方张贴狂犬病知识宣传海报，同时利用各种宣传日和暴露患者接种期间，对广大群众进行狂犬病知识宣教，提高群众狂犬病知晓率，增强主动防范意识。

【基本公共卫生服务】 推进城乡基本公共卫生服务均等化，根据自治区卫生计生委《关于进一步加强专业公共卫生机构在基本公共卫生服务工作中职能作用的通知》（宁卫计基层〔2015〕191号）和《关于做好全区基本公共卫生服务项目信息报送工作的通知》（宁卫计办室〔2015〕220号）要求，自2015年10月起，全县实行基本公共卫生服务项目工作进度季报告制度和半年通报制度。

全县完成65岁以上老年人健康管理7745人，老年人健康管理率为64.2%；全县活产数1068人，0~6岁儿童数9102人，产妇数1044人，全县共计完成0~6岁儿童健康管理8094人，完成孕产妇健康管理1043人。国家免疫规划疫苗11种疫苗单苗报告接种率达95%以上，基层医疗卫生服务机构传染病疫情报告率为100%，重性精神疾病规范管理人数604人，管理率达74.5%。完成城乡居民高血压管理人数9441人，高血压患者规范管理率为87.8%；完成城乡居民Ⅱ型糖尿病管理人数1257人，Ⅱ型糖尿病患者规范管理率为81.7%，卫生协管信息报告率100%，随访管理结核病患者48人。

2018年1月至2018年12月，县居民健康档案纸质建档人数累计达到140681人，电子建档人数累计达到140681人，电子建档率为90.6%，达到任务指标要求（电子健康档案建档率≥78%）。全县电子建档率均达到任务指标要求。电子建档率超过核拨人口数的乡镇及社区分别是：奠安乡（146%）、山河乡（104%）、好水乡（100%）、凤岭乡（99%）、陈靳乡（98%）。

【慢性病防控】 借助居民健康档案、医疗机构门诊接诊、健康体检等方式方法，加大高血压、糖尿病患者的发现力度。2018年，全县共管理高血压患者9441例，规范管理率81.2%。管理糖尿病患者1223例，规范管理率81.84%。利用各种宣传日、宣传活动，通过设立咨询台、宣传栏，发放宣传折页、宣传手册以及开展健康讲座等方式不断提高人群知晓率，营造全面参与防控高血压、糖尿病的良好局面，树立高血压、糖尿病可防可控的意识，降低因病致死、致残率。加强慢病防控能力和队伍建设，落实国家基本公共卫生服务规范，提高高血压和糖尿病患者健康管理率、规范管理率与血压、血糖控制率，实现患者的动态管理。

【农村环境卫生监测】 按照《2018年隆德县农村环境卫生监测项目技术方案》要求，随机抽取5个乡镇的100户家庭和5个乡镇的中小学各1所进行调查，采集土壤样本20份送区疾控中心进行检测。完成了现场监测、问卷调查、样本采集、样品检验、数据录入上报工作，已提交区中心等待审核。

【隆德县人民医院概况】 隆德县人民医院是一所集医疗、急救、预防、保健、教学于一体的综合性二级甲等医院，是全县的医疗中心、120急救中心，承担着县域及毗邻县乡30余万人口的医疗保障和乡镇卫生技术人员培养以及宁夏师范学院医学部、甘肃省医学院、陕西海棠职业技术学院医学专业的教学实习任务。编制床位420张，现开放340张。设置临床科室13个、医技科室6个。有职工410人，有64排螺旋CT、DR、电子胃镜、腹腔镜、四维彩超等大中型医疗设备和绩效考核系统等信息化管理系统。2018年，全院接诊门急诊病人102693人次，治疗出院病人13687人，实施手术1461例，检验36742人次，放射21698人次，心电图13172人次，彩超2888人次，胃镜2045人次，病理1750人次，ICU治疗3815人次。

【药品供应】 取消药品加成，为群众让利264万元（财政补偿52.8万元）。执行药品集中招标采购制度和药品供应"两票制"，所有药品全部按照"三统一"制度集中采购，5万元以上的设备全部进行挂网招标采购。加强与药品配送企业的合作，保障了药品及耗材的供应。

【控制医疗费用】 县医院下力气控制医疗费用，将基本药物使用率、药占比、次均费用等各种指标纳入绩效管理系统。开展处方点评，制定高价、高营养药监控目录，对其使用情况实施重点监控。全年药占比下降到23.53%，百元医疗收入消耗的卫生材料费用下降到19.9元，检查化验收入占医疗收入比为21.59%，次均费用门诊157.55元，住院4156.54元，医疗收入6524.65万元，医疗服务收入占比为35.48%，平均住院天数8.3天，床位使用率95.7%，业务收支结余率5.9%，管理费用率24.1%，百元医疗收入成本126%，资产负债率12.37%，医院人员支出率38.32%。与上年相比，各项指标有了显著变化，基本都达到规定标准。

【医保支付方式改革】 按照固原市关于县级医院单病种付费不低于100个病种的要求，制定了101个单病种目录，并于11月予以实施。至12月底，共进入单病种付费5个病种、31个病例。落实"先诊疗后付费"制度，门诊覆盖率100%，住院覆盖率90%。医保、大病保险、民政救助、精准扶贫、商业保险等全部在县人民医院经"一站式"程序报销。基本药物使用金额比例达到40%，医保药品使用率95%，城乡居民报销比例78%、城镇职工报销比例85%。调整了医疗服务价格，调高116项、调低18项、新增13项，使医院、患者达到双赢。

【人才培养】 投资30多万元，派出10名骨干医师、2名专科护士赴三甲医院进行3个月到1年的专科进修，外出短期培训189人次（护理52人次）。院内开展医疗、护理培训35期，落实技术练兵11期，继续医学教育6期，累计培训人员3500人次。全院专业技术人员"三基三严"理论考核3次，使全院医务人员基本专业知识和技能得到了巩固和提高，全院学风显著好转，有10名临床医师取得执业资格证书、9名取得助理资格证书，是历年来取得资格证最多的一年。

【医疗质量管理】 根据"双提升"要求和医院安排，县医院将医疗质量作为重点工作来抓，制定和印发符合实际的各科诊疗流程，院领导班子下移重心，经常深入临床一线进行跟踪查房，检查医护交接班情况、病历书写、治疗用药以及护理、院感质量管理等核心制度落实情况。建立医务人员不良积分管理办法。全院甲级病历率94.49%，处方书写合格率95%，危重病人抢救成功率93.8%，治愈好转率96.48%，基础护理合格率96.9%，全部住院病例30日内再住院率1.24%，比上年下降0.1%，抗生素使用率门诊下降到18.72%、住院下降到45.78%，基本达到规定标准。推进临床路径管理，全院应进入临床路径病例2823例，实际进入2433例，入径率86.18%，完成2221例，完成率91.28%，占出院病人总数的20.80%（出院病人12188例）。非惩罚性不良事件上报99例，其中药品安全事件70例、器械安全29例。加入自治区医疗纠纷调解机制，为230名一线医务人员投入41万元保险费。今年，发生医疗纠纷4起，均进入医调委解决。

【中医院】 中医院成立于1991年，在原城郊乡卫生院基础上发展而来，基础比较薄弱。2009年建成医院门诊楼实现医院的迁建，2013年建设住院综合楼扩大了医院规模，人员从十几人增加到现在的148人，建筑面积从原来不足1000平方米增加到8800平方米，业务收入也从2008年的20余万元增长到2017年的2330万元。

中医院于2014年7月经自治区卫计委评审达到二级甲等中医医院标准，为宁夏中医医院医联体会员单位。总占地面积9600平方米，建筑面积8800平方米。编制床位120张，实际开放200张。现有职工148人，编制内人员32人，聘用人员116人。有专业技术人员120人，其中，中医药专业技术人员14人，高级职称人员27人。共设置临床、医技科室10个，医疗设备有GE双排CT、CR、麦迪逊彩超、富士能电子胃镜、全自动生化仪等，中医诊疗设备有自动牵引床、中药熏蒸机、艾灸仪、煎药机等。医院建有电子病历、His、Pacs系统及病案管理系统，正在向信息化管理方向迈进。2017年，接诊门（急）诊病人近5万人次，住院病人4440余人次，业务收入2330万元。截至2018年11月底，接诊门（急）诊病人5万余人次，出院病人4320人次，完成业务收入2199.15万元。医院在治疗风湿病、面瘫、各种痛证、中风后遗症以及骨折脱位等方面具有优势。中医院2010年被国家中医药管理局命名为"全国农村中医工作先进单位"。

【医疗设备采购】 开展医疗设备采购工作，改善医院硬件设施，优化医院环境，规范医疗质量，提高群众就医体验。根据医院工作与发展需求，采购CT球管、二维彩超、血细胞五分类、中心供氧、部分中医设备。

【推进项目工作】 完成中药房规范化建设项目、基层适宜技术推广项目、针灸专科建设项目、"治未病"建设项目、"国医堂"建设项目。利用项目经费支持，选派药剂、护理、临床等相关专业技术人员外出短期培训进修，年度共派出各级各类培训人员40人次。采用"请进来"的方式，加大护理、院感、质控等方面的院内培训，年度组织各级各类院内培训、演练共12场次，参与培训人员达1000人次。

【基础设施建设】 利用二级医院等级评审的有利时机，规范化验室、供应室、急诊科、手术室等科室的布局、流程。利用公立医院改革补助资金，在调研的基础上，为功能科室采购一套价值185万元的二维彩超。为化验室补充了价值183万元的化验检验设备，购置5分类血细胞仪、发光仪、血凝及全自助生化分析仪，为"治未病"中心购置了价值47万元的中医体质辨识仪和脉诊仪等中医"治未病"设备，为口腔科购置了价值20万元的口腔综合治疗仪2台，为中心供氧站购置了一台价值423元的中心供氧设备。

【"治未病"中心建设项目】 根据"治未病"中心建设实施方案，按照全区统一标识、统一服务标准、统一服务规范等内容，建成县"治未病"站，为群众提供中医健康咨询评估、干预调理、随访服务等预防保健服务，发挥中医药在"治未病"中的主导作用，提高"治未病"理念在县内的普及度，增强群众的健康水平。

【针灸专科建设项目】 针灸科作为中医院特色优势专科，在治疗腰痛、面瘫、肩疑症等常见病方面疗效显著、优势明显。2018年，申报创建自治区中医重点专科建设项目，医院投资30万元，开展专科能力建设，进行科室维修、完善功能分区、购置设备，开展人员培训，提高专科人员的专业理论和诊疗水平，发挥重点专科的辐射示范、带动作用，提高全院综合业务能力。

【中医药服务能力提升】 落实自治区基层中医药服务能力提升工程"十三五"行动计划，加强中医药人员在职培训。2018年共有3名医师到区内外进修、跟师学习，加强在职中医药人员学历教育，有12名医护人员通过函授、业余学习等形式，提高学历层次和水平。结合医联体创建，做好城乡对口支援工作，加强对基层人员中医药知识继续教育工作及中医适宜技术推广工作，由院组织副主任及以上医师对全县基层人员开展专科知识教育，提高适宜技术推广及基层中医药服务能力。目前共开展2期，参训学员300余人。

【千名医师下基层】 开展千名医师下基层活动，中医院组织具有中级及以上职称的临床医师（含中医）、护师、药剂、公卫五类专业技术人员10名（临床医师6名、护师2名、药剂1名、公卫1名），分组到张程乡卫生院、联财镇卫生院、杨河乡卫生院、西苑卫生服务站、温堡乡桃山中心卫生院开展下基层活动。指导卫生院建立完善相关制度及医疗规程，开展相关业务培训20场次，组织查房20余次、专题讲座12场次，指导规范病历、处方等医疗文件的书写，指导卫生院建设中医馆，每个卫生院推广2~3项中医适宜技术，指导开展公共卫生服务，参与家庭医生签约服务，累计参与签约近8000人。

【综合医改】 加强人事制度改革，实行全员聘用制管理，全面推行公开招聘制度。根据医院功能定位及医、护、技、药、管等不同岗位职责要求，建立符合医院特点的薪酬分配制度。建立医院薪酬总量正常增长机制，将医疗服务收入扣除成本并按规定提取各项基金后，主要用于人员奖励，并纳入绩效工资总量中，按绩效考核结果发放。

发挥医院自主分配权，分类分岗确定薪酬。制定绩效考核方案，突出技术岗位、服务岗位、一线岗位，兼顾各科室平衡，重点体现知识、技术、劳务、管理等要素，真正做到多劳多得、优绩优酬。实行编制内外人员同岗同薪同待遇。

巩固基本药物制度改革成果，严格执行国家基本药物制度和自治区药品"三统一"政策，药品配送率达95%，履约汇款及时率达100%，能够满足群众需求。医院全部执行"取消药品加成"政策，全县公立医疗机构药品"零差率"销售实现全覆盖。对临床需求的国家基本药物全部通过药品采购平台实行网上采购，保障基本药物供应，提高医院基本药物品种率，目前达到53%。

抓自治区中医医院对口支援中医院的机遇，通过2018年下派的4名医师的帮扶，提高医院管理及业务水平。结合中医院医疗联合体建设，将全县6个乡镇卫生院、1个社区卫生服务站全部纳入医联体，实施县、乡、村卫生一体化管理，依托乡镇卫生院中医馆建设，发挥中医医院优势，提升基层服务能力，推进家庭医生签约服务，促进医疗资源下沉，落实分级诊疗制度。医院每月下派中医专科医师到乡卫生院开展业务指导、坐诊、人员培训等工作，帮助乡镇卫生院提升专科医疗水平。落实职称评审"凡晋必下"和"千名医生下基层"制度，对晋升职称者必须要求要有为期一年的基层服务经历，到各乡镇卫生院和社区医疗机构开展下基层医师共计10人。结合健康扶贫工作，建立基层转诊患者绿色通道，为基层转诊的危急重症和疑难病患者提供优先就诊、优先检查、优先住院等便利服务。

【专科建设】 中医院骨伤科为自治区中医重点专科建设项目，医院开展临床专科建设，投资50万元，购置自动牵引床、按摩床等医疗设备，提高专科硬件设施水平，强化人员培训力度，增强专科服务能力。该科室手法复位、小夹板固定治疗骨折脱位的保守疗法是全区为数不多开展传统骨伤技术的科室之一。

【医联体建设】 落实分级诊疗和县乡村一体化管理工作，促进乡镇、社区等基层医疗卫生机构中医服务水平得到提升，中医院牵头组建隆德县中医院医疗联合体，将县域内中医工作基础较好的6个乡镇卫生院、1个社区卫生服务站纳入医联体统一管理，建立人才双向流动、患者双向转诊等机制，落实人才培养计划及家庭医师签约服务，建立中医院医联体医疗服务团队，负责为成员单位开展学术讲座、业务指导、技术帮扶、人才培养、家庭医生签约等工作。发挥中医院的辐射带动作用，落实双向转诊、分级诊疗，推动中医医疗资源下沉，更好地解决群众看病就医问题。

【医疗服务质量管理】 建立抗生素预警监测制度，掌握抗生素使用适应症，根据抗生素的抗菌谱、药动学特点和致病菌的敏感度选择抗生素，具体病人具体分析，制订个性化治疗方案，杜绝抗生素滥用，防止抗菌药物的不良反应及耐药性的发生。2018年，医院抗生素使用品规37个，使用人数7724人，销售金额77.75万元，抗菌药物使用率13.87%。

严格执行护理操作各项规章制度，坚持查对制度，落实中医护理操作常规。坚持护士长手册记录与考核制度，落实护士行为规范。倡导护士文明用语，结合护士节等重大节日，开展护理礼仪大赛及最佳护士评选活动，提高护理人员综合技能。执行消毒隔离制度，加强院感工作，有效提高了护理质量，确保医疗安全。

【行风建设】 实施"亮牌行动"，窗口服务人员全部挂牌上岗，部分岗位同时设置台签。加强文明服务教育，制定医院工作人员礼仪、仪表、文明用语及行为规范，加强对窗口服务人员的职业教育。公示岗位职责，公开监督举报电话，接受群众监督。建立完善投诉举报受理及相应处置管理办法，将投诉处理结果与绩效工资、奖金等挂钩，建立约束激励机制。推行检验检查报告及时发放制度，能即时出结果的即时发放，能当天出结果的当天发放。大型设备检查项目出具检查结果时间不超过48小时，常规检查项目出具结果不超过30分钟，急诊检查随到随查随出结果。

【公共卫生工作】 按照第三版基本公共卫生服务规范，落实国家基本公共卫生服务项目和自治区妇幼卫生"七免一救助"等惠民政策。居民健康档案管理实现纸质建档9251人份，建档率100%，建立电子档案9251人份，电子建档率100%，动态管理人数1928人数，动态管理率50%。实施健康教育。2018年，共举办讲座和咨询活动20场次，接受教育群众4010人次，办健康教育专栏45次，发放宣传资料12类3486份。加强0~6岁儿童管理，新生儿访视53人，访视率100%、管理率100%。加强孕产妇保健工作，产后访视管理人数53人，早孕建卡率100%、孕妇健康管理率100%、产后访视率100%。加强老年人管理，辖区共有65岁老年人801人，实际管理788人。加强慢性病管理，筛查高血压患者374人，实际管理374人，管理率100%；筛查糖尿病患者38人，实际管理38人，管理率100%。加强对重性精神疾病管理，筛查发现病例16人，实行登记管理16人。疫苗接种情况，2018年，管辖0~6岁儿童859人，其中常住儿童859人共接种1119人次（其中卡介苗接种2人次，乙肝接种79人次，脊灰IPV接种37人次，脊灰OPV接种156人次，无细胞百白破接种204人次，白破疫苗接种73人次，A群流脑疫苗接种93人次，麻风疫苗接种41人次，乙脑疫苗接种113人次，甲肝疫苗接种86人次，麻腮风疫苗接种94人次，A+C流脑疫苗接种141人次）。疫苗接种率分别为：卡介苗接种率100%、乙肝接种率100%、麻腮风接种率100%、百白破接种率100%、脊灰接种率100%、白破接种率100%、A群流脑接种率100%、甲肝疫苗接种率100%、A+C流脑3岁组接种率100%、6岁组接种率100%。加强传染病及突发公共卫生事件管理，疫情报告率、突发公共卫生事件相关信息报告率均为100%。落实死亡报告制度，应报告9人，实报告9人，死亡报告率100%。加强卫生监督协管，对各村卫生室建档管理，对卫生监督协管员培训5次，对学校传染病管理、食品安全、村卫生室各督导6次，进行量化分级管理。开展乡村医生签约服务，今年共签约3750户8560人，签约率92.53%。2018年，全镇农村孕产妇免费住院分娩53例，免费为6~24月龄儿童发放营养包1470包，为全镇85%以上的常住居民建立电子健康档案，对特殊人群进行跟踪随访，完成年度任务数量。

文 化

【公共文化】 抓文化阵地建设，完成奠安乡和山河乡两个文化站的维修改造，建成二滩、卜岔村两个文化舞台，在104个村"七个一"全覆盖的基础上，实施村级文化阵地扶贫工程，建成7个村文化活动室、6个文化广场。文化活动室按标准，给剩余的41个村配备二胡、板胡等乐器和点歌机、音箱等播放设备，实现104个村全覆盖。文化活动场所完成全县104个村文化管理员的配备。开展"春节民俗文化"活动，开展"古韵升渝河·今颜展风姿"秦腔展演15场，文化惠民"送戏下乡"演出30场次，各类文化活动500余场次。县城广场文化演出完成35场次，文艺小分队乡村文化广场演出30场次，各乡镇举办文化活动200余场次，各村举办文化活动500余场次。2018年，扶持培育文艺团队4个，隆德县人民秦腔演艺有限公司传承演出完成320场次。组织了"4·23"世界读书日宣传活动，向全县机关事业单位及企业、个人发放隆德县图书馆赠送图书爱心公益倡议书；开展了全国、全区"书香之家""书香之乡"评选活动。县图书馆在文化和旅游部第六次全国县级以上公共图书馆评估定级中荣获国家二级馆。加大非遗传承力度。在二小形成皮影戏传承基地，三小形成剪纸、刺绣活动小组，四中开展篆刻传习课堂，职业中学开展剪纸校本课程。隆德县的魏氏砖雕和杨氏彩塑非遗传承基地已建成运营。

【文化旅游】 建成神林辛坪、陈靳新和、观庄前庄、陈靳清凉等12个旅游特色村，其中，区级示范村1个，市级示范村2个。建成大型生态餐厅5家，农家乐68家。完成隆泾、隆庄、隆张3条旅游环线基础设施建设。建成观庄前庄、温堡新庄等5个3A级旅游厕所。2018年以来，成功举办西北五省区非遗博览会暨到隆德过大年春节民俗文化系列活动，组织参加第四十一届中国（广州）国际家居博览会、第十三届彩霞杯工艺博览会、第十四届中国（深圳）国际文化产业博览会和"5·19"中国旅游日宣传推介、产品营销、文化交流活动，以及"中国书法之乡"授牌十周年暨隆德县旅游宣传推介活动、首届"中国农民丰收节"等活动。对所管辖6个景区（景点）、68家生态餐厅（农家乐）等范围内的路牌、标识牌、宣传标语规范化情况进行了全面清理排查，当场责令两家企业彻底整改，清理了不规范标语。加强对外交流，到2018年年底完成各类培训1000人次。组织出外交流20场次，吸引外地文化人才来隆交流30场次。提高产品市场竞争力，与"固原有礼"达成合作意向，建成1个文创产品专营店。全县共接待游客118.7万人（次），同比增长13.4%。实现旅游社会总收入4.74亿元，同比增长13.1%。文化旅游产业带动就业人数1800余人，文化产值已达4000万元。

【广电事业】 无线广播电视数字覆盖工程。实施邓山广播电视转播台、峰台嘴、扎营墩广播电视基础设施建设项目，扩大中央无线数字广播电视信号覆盖率，实现无线广播电视数字全覆盖。推出"脱贫攻坚进行时""整治城乡环境共建美丽家园""环境保护回头看"等形式多样的主题报道、系列报道、深度报道和重点报道。《隆德新闻》播出稿件1200多条，其中，民生新闻报道520多条。向中央、区、市主要媒体投稿播出40多条，农村电影放映1832场。抓电视台节目栏目建设，开设《脱贫攻坚进行时》《奋进新时代》《直击现场》《科普在你身边》四档自办栏目，已播出60多档。

方志工作

【方志编修】 编修地方志的文化传统始创于明朝万历年间，到1935年，共修旧志五次，现存旧志三部。隆德县于1987年成立专门的地方志工作机构，修志三十年完成第一轮、第二轮县志的修编工作。常规编写《隆德县2017年鉴》，组织收集本年度全县重大活动的图片及资料，到各乡镇、机关单位、企业及活动现场收集工作总结及声像资料，认真编审《隆德县2017年鉴》，从体例、结构、内容、祥略等方面多次讨论、修改，年底印刷成册。按照区市方志部门要求，向区方志办和市方志办提供《宁夏年鉴》《固原市年鉴》所需的县情资料与图片。参与区、市组织的各项活动，制定"五一八"地方志宣传活动方案，向各单位、部门赠送宣传品。组织撰写地情专题文章5篇，发表3篇，获奖1篇。《隆德县旧志合编》获中国版协2018"优秀古籍"二等奖。

社会保障与精准扶贫

劳动就业

【就业创业】 全县城镇新增就业1467人，失业人员实现再就业387人，就业困难人员实现就业246人。全县城镇登记失业率3.65%，低于4.0%的控制目标。全县培养小老板152人，培育小企业99户，创造新岗位867人，创业带动就业1713人，发放创业担保贷款2500万元。抓好技能培训，提升就业创业能力水平，整合人社、扶贫、农牧、教体等部门培训资源，建立以精准扶贫培训为目标的综合性培训平台，发挥现有人力、物力、财力作用，增强培训的精确性，实现涵盖年龄结构、家庭状况、文化程度、技能层次以及培训愿望、就业现状、收入情况等的贫困劳动力电子信息库，做到劳动力状况底数清、现状清和需求清。确定电焊、手工制作、中式烹调等15个工种培训项目，并采取就地就近培训方式，组织各类培训机构到乡（镇）、村（组）对农村劳动力进行"零距离"培训与鉴定；完善培训开班备案审批、过程视频上传、督查考勤等制度，确保培训质量。2018年，开展劳动力素质提升培训39期1843人，创业能力培训325人。实施劳务输出，做到劳动力转移与企业用工的"双赢"。以召开企业招聘会、下乡赶集和组织人员实地观摩园区企业等方式，保障园区企业用工需求，目前向黄土地、人造花等4家企业输送员工268人。开展"春季沿海、夏季邻省、秋季进疆"三大专项转移就业行动，挂牌成立闽侯县、隆德县劳务协作工作站，拓展新的就业基地和渠道，全县转移农村劳动力3.97万人，实现工资性收入8.02亿元。搭建服务平台活动，推进"双创"带动就业，出台《关于推进大众创业万众创新实施方案》《关于进一步做好农民工服务工作的实施意见》《六盘山工业园区援企稳岗及以工招工奖励办法》《隆德县关于众创空间建设的实施方案》《关于支持农民工等人员返乡创业的实施方案》和《关于进一步推进就业扶贫促进贫困群众增收的实施细则》6个文件，促进创业带动就业。2018年，集中打造了老巷子创业孵化园和笼竿城创业示范街"一街一园"。安置城岗174个，农岗511个。落实灵活就业人员社保补贴594人198.4万元，为345人次发放失业保险金84.09万元，为申领失业保险金的职工代缴医疗保险25.73万元。

【保障民生】 改善服务民生，提升社会保障能力，县城镇职工基本养老、医疗、失业、工伤和生育保险参保人数分别达9345人、10687人、5278人、6835人和6648人，分别完成目标任务的100%、105%、100%、102%和117%；城乡居民基本养老保险和医疗保险参保人数分别达到73867人和135315人，分别完成目标任务的100%和101%。严把"扩面关"，实现法定参保人群全覆盖，巩固"全民参保"登记工作成果，组织社保经办人员深入各乡镇、社区，做好政策宣传和统计，以扩大覆盖面。严把"稽核关"，严格审核养老、医疗待遇发放，不定时、不定期开展入村稽核，对高龄、体弱、多病重点群体进行上门直接认证，对重复申领、死亡冒领养老保险待遇惩处的案例进行宣讲。建立联动机制，与公安、民政等部门协调，查实人员生存状况。现已追回社保基金7.8万元。严把"支出关"，在收缴支付环节上下功夫。实行财务收支两条线管理，加大对社保基金征缴、支付稽核力度，确保社保基金应收尽收，联合财政、卫生等部门开展专项检查，打击违规套取医保基金、挂床住院、过度医疗等违法违规行为，堵塞管理漏洞。落实政策，确保相关人群享受待遇，落实被征地农民参加养老保险政策，按照"先保后征，应保尽保"的原则，参保率和征缴率均达100%。现已办理参保登记手续1890人，核定且缴费1890人，393人已享受被征地农民养老金待遇，征缴养老保险费1.1亿元，发放养老金830万元，人均月养老金928元。推广"社保云"，方便群众办理人社业务。推行网上经办、掌上办事模式，鼓励群众使用掌上"12333"、手机APP、网上人社系统、自助服务一体机等平台办理社会保障业务。建立商业健康大病保险制度，通过降低农村居民大病保险起付线，防止"因病致贫"。建立重特大疾病补充医疗保险制度，对患有重特大疾病的参保职工和城乡居民，在基本医疗保险、大病保险、扶贫保险、民政救助报销后，给予再次报销，以减轻其就医负担。

【民生服务】 按照"先易后难"的工作方法，秉承事实，认定清楚，合理调解各类事项，确保案件处理准确，维护劳动者权益。加强劳动保障监察执法，开展"六个率"（建设项目在办理施工许可证之前，必须缴纳农民工工资保证金，落实劳动合同签订与备案、分账管理、实名制管理等规定，按工程进度落实不低于22%的进度款拨付）专项检查，切实维护劳动者的合法权益。共开展专项检查3次，涉及16个建设工程领域的531名劳动者。缴纳农民工工资保证金165.1万元，收缴率100%。农民工工资银行支付率97%，实名制管理率、农民工工资与工程款分账管理率、22%进度款拨付率均为100%。完善劳动关系协调机制，受理劳动争议仲裁案件3件，已办结3件，结案率达100%，劳动人事争议调解成功率达60%以上。完成企业劳动合同签订893份，签订率达98%。严格劳动用工专项检查，落实《劳动保障法》，规范用人单位劳动用工行为，对全县49家行政企事业用人单位开展检查，涉及职工人数共997人，规范县用人单位劳动用工行为，维护了劳动关系和谐稳定。做好案件的处理工作，共接待投诉来访者256人次，为75名劳动者追发拖欠工资97.3万元。做好工伤认定工作，利用劳动执法检查，向用人单位和劳动者发放资料，宣传工伤保险法律法规，提高工伤保险覆盖面，确保劳动者在遭受意外伤害时得到社会补偿。目前，调查取证工伤事故7起。

【人事人才工作】 建立3653名专业技术人员岗位设置信息管理数据库，874名公务员信息数据库，1865名大学生实名登记数据库，人事人才工作实现精细化管理。规范行政审批事项。依据区政府有关文件精神，全面推进机关事业单位工资制度改革，提高机关、事业单位艰苦边远补贴标准，人均增资106元，完成4763名机关事业单位人员晋级升档审批工作，调整了266名工作人员乡镇补贴，实施县以下公务员职务与职级并行制度22人。推进人才招聘引进工作。坚持"人才向基层一线流动"的原则，通过公开招聘形式，补充基层一线公务员和事业单位工作人员。今年招录公务员13人，招聘事业单位工作人员69人。规范事业单位管理。以岗位管理、聘用为基础的101个事业单位3653名事业单位人员人事制度改革阶段性任务初步完成，流动人员管理得到有效规范，2327名中小学教师职称改革工作全面落实。推进以工作绩效为核心的事业单位工作人员考核评价机制，开展行政机关公务员岗位绩效平时考核工作。采取集中轮训的方式，培训公务员40人次，参训率达100%。在自治区、县绩效管理考评和绩效奖励资金发放相关政策的基础上，建立和完善科学绩效考评指标体系和考评结果运用机制，激励各部门充分履职尽责。实施公立医院薪酬制度改革，提高医疗服务质量水平，现已制订方案，待各试点单位（县医院、中医院）将绩效分配办法上报审核后，组织实施。

【脱贫攻坚】 做好低保扶贫有效衔接，制定下发《隆德县农村最低生活保障制度与扶贫开发政策有效衔接工作实施方案》，开展社会救助"十项清零行动"和农村低保兜底脱贫专项督查，对农村低保政策落实及兜底脱贫情况进行全面排查。全县建档立卡贫困户保障1580户4405人，政策兜底保障591户1171人，建立完成建档立卡贫困户享受最低生活保障台账、电子档案；把2416名"三留守"人员分别纳入80岁以上高龄津贴保障范围、低保保障范围和孤儿保障范围，扎实推进精准扶贫。

【社会救助】 提高社会救助水平，农村低保A类由295元／人／月提高到400元／人／月，B类由265元／人／月提高到320元／人／月，C类由180元／人／月提高到210元／人／月。提标后，农村低保人均年保障金额达到3800元，财政人均月补差水平不低于222元。城市低保A类由440元／人／月提高到560元／人／月，B类由360元／人／月提高到480元／人／月，C类由305元／人／月提高到380元／人／月，发放低保资金1.4亿元。推进社会救助系统信息化建设，对18181户社会救助家庭进行了经济状况核对，取消不符合低保条件292户405人，确保社会救助工作更加精确、公平、公正。

【城乡低保审批权限下放乡镇试点】 组织召开最低生活保障审批权限下放乡镇试点工作动员会，通过审批权下放，有效优化社会救助工作流程，提高城乡低保审批效率，实现城乡低保审批和监督管理的有效分离，提高救助对象准确度和审批时效，增强群众对救助工作的满意度，发挥低保政策在打赢脱贫攻坚战中的兜底保障作用。

【福利保障】 推动建立孤儿基本生活养育自然增长机制，孤儿及困境儿童福利保障水平提升，提高孤儿养育津贴标准，父母双亡孤儿由700元/人/月提高到737元/人/月，事实无人抚养孤儿由500元/人/月提高到531元/人/月。扩大孤儿养育津贴保障范围，对符合条件的具有本地户籍且18周岁以下的困境儿童，其基本生活补助参照事实无人抚养孤儿养育津贴每人每月发放531元。全县共有孤儿158户201人，共发放孤儿养育资金138万元。分散五保和农村80岁以上高龄老人供养标准年人均分别达到3120元和3240元。分散五保520人，共发放五保津贴170万元；高龄老人1552户1668人，共发放高龄津贴540万元。城乡医疗救助保障36432人，发放资金1350万元；临时救助保障3.8万人次，累计发放救助资金600余万元；中央自然灾害生活救助1008余万元，划拨各乡（镇）救灾资金1300万元。建成85个儿童之家。

【残疾人两项津贴发放】 全县共有各类残疾人1.6万人，占全县人口的8.36%，其中一、二级重度残疾人5874人。一、二级重度残疾人每人每月发放生活津贴100元、护理津贴80元。2018年年初财政一次性拨付县民政局残疾人津贴900万元，拨付到户到人1094万元。

【优抚安置】 全县共有优抚对象558名，发放重点优抚对象优抚金200余万元，60周岁以上农村籍退役士兵414人，发放生活补助金130万元，优抚对象抚恤补助政策全面落实。累计组织18名重点优抚对象参加短期疗养。优抚对象信息化管理水平提升，优抚对象入户核查完成率达100%，信息采集认证率达100%，资料完整度达100%，优抚对象信息系统联网建设完成率达100%。认真贯彻落实安置政策，符合政府安排工作条件的安置率达100%。

【养老服务体系建设】 投资4557万元，建成隆德县第三敬老院和第二老年活动中心，新增床位420张，制定出台《隆德县第三敬老院和第二老年活动中心"公建民营"社会化养老运营试点工作实施方案》，正在进行招标工作。在县中心敬老院开展"医养结合"试点，率先出台《特殊人群救助供养工作实施方案》，实施保障性救助帮扶，建立脱贫攻坚"两不愁、三保障"全覆盖长效机制。对615名特殊人群通过农村敬老院、农村老饭桌、农村幸福院、残疾人托养中心、固原市精神康复医院进行分类安置，实现特殊人群集中救助供养全覆盖。其中，农村老饭桌安置410人、农村敬老院安置43人、农村幸福院安置23人、残疾人托养中心安置15人、精神康复院安置17人、其他方式安置107人。全县共有特困供养人员933名，其中集中供养413名。现有县中心、沙塘、桃山、温堡、杨河5所农村敬老院和沙塘1所社会福利院，陈靳、夏坡2所互助养老院，集中供养特困人员413名，集中供养率47%。建成73个农村社区服务站、90个农村老饭桌、38个农村幸福院；建成城关镇红崖、西苑、南凤嘉园、南河、东关、隆泉、隆观7个日间照料中心，为已建成的老饭桌每年发放1万元的运营经费。

【民政服务机构安全管理】 集中对全县各养老

机构开展安全隐患大排查、大整改。制定《全县养老服务机构安全检查工作方案》，成立安全隐患排查整改工作领导小组，与消防、安监等部门联合行动，排查安全设施等各类隐患并及时整改落实。与各养老机构签订《安全目标管理责任书》，做到月通报、季检查、半年小结、年终总结。在各养老机构建立微型消防站，抽调人员专门从事微型消防站"消防员"工作，在五保老人居住的每个房间里配备灭火器、烟感器。按照"权责明确、网格到底、责任到人"的目标，将各敬老院按每15人划分一个网格，实行24小时值班制，将供养对象的安全管理、日常生活、就医护理等事务全部纳入网格内。定期组织各养老机构召开院民会，广泛宣传，教育供养对象在日常生活中避免一切安全隐患。

【社会事务】 为更好地保护地名文化遗产，对21个行政村村名恢复原名称，提升行政区划调整的科学化、规范化水平。挖掘地名文化属性信息，推动地名普查成果转化。组织专人撰写了《隆德县标准地名录》《隆德县标准地名志》《隆德县标准地名词典》《隆德县标准地名图集》。城乡系列地名标志设置进一步完善。出台《县级行政区域界线联检工作实施方案》，完成县界联检工作任务，平安边界创建水平继续提升。开展千年古县城的论证评审工作。加快殡葬设施建设，建成占地面积260亩的隆德县莲花山公墓，新建隆德县殡仪馆和殡仪服务中心，出台《关于严禁乱埋乱葬的公告》，全面遏制城区周边非法墓地的滋生蔓延。推进婚姻登记，于2014年11月开始，实行婚姻登记集中办理，严格登记流程，登记工作制度化、信息化，婚姻登记集中办理确保登记者在正常工作日办理各类业务，杜绝乡镇登记点工作人员兼职过多，群众办理业务找不见人的现象，方便群众办事。加强对工作人员的培训和管理，提高服务质量，实现规范管理。婚姻登记群众满意率、登记合格率、档案完好率均达到100%。

表彰奖励

效能目标管理考核奖

乡镇

第一组（7个）

优秀：城关镇　联财镇

良好：沙塘镇　杨河乡　温堡乡　观庄乡

一般：神林乡

第二组（6个）

优秀：凤岭乡

良好：陈靳乡　好水乡　奠安乡　山河乡

一般：张程乡

县委部门（单位）、群团组织及人大、政协机关（19个）

优秀（6个）：县委办　组织部　宣传部　政法委　政协办　纪委监委

良好（10个）：统战部　人大办　团委　残联　妇联　编办　党校　工商联　工会　档案局

一般（3个）：科协　老干部局　文联

县政府机关单位

综合经济管理部门（10个）

优秀（3个）：政府办　扶贫办　财政局

良好（5个）：发改局　水务局　农牧局　住建局　林业局

一般（2个）：园区管委会　交通局

社会管理服务部门（13个）

优秀（4个）：卫计局　公安局　教体局　司法局

良好（7个）：环保局　文广局　人社局　城市公共服务中心　市监局　国土局　审计局

一般（2个）：安监局　民政局

区（市）属单位（20个）

优秀（6个）：国税局　供电局　调查队　信用联社　气象局　人行

良好（11个）：村镇银行　农行　邮储银行　建行　运管所　电信局　人寿保险公司　移动公司　网络公司　人保财险公司　烟草局

一般（3个）：联通公司　邮政局　新华书店

脱贫攻坚先进集体及先进个人

脱贫攻坚先进集体

1. 脱贫攻坚先进乡镇（13个）

一等奖（3个）：联财镇　凤岭乡　好水乡

二等奖（5个）：城关镇　温堡乡　沙塘镇　杨河乡
　　　　　　　　陈靳乡

三等奖（5个）：奠安乡　张程乡　神林乡
　　　　　　　　观庄乡　山河乡

2. 脱贫攻坚先进单位（12个）

县委办　　　县政府办　　　县委宣传部

县发改局　　县教体局　　　县公安局

县民政局　　县自然资源局　县住建局

县交通局　　县水务局　　　县卫健局

3. 驻村帮扶先进工作队（15个）

县纪委　　　县人大办　　　县政协办

县委统战部　县司法局　　　县财政局

县文广局　　县环保局　　　县城市公共服务中心

团县委　　　县妇联　　　　县法院

县检察院　　县税务局　　　县人民医院

4. 闽宁协作先进集体（6个）

联财镇　观庄乡　凤岭乡　县人社局

六盘山工业园区管委会　县残联

5. 农村人居环境综合整治先进乡镇（13个）

一等奖（4个）：凤岭乡　陈靳乡　奠安乡　山河乡

二等奖（4个）：城关镇　温堡乡　张程乡　好水乡

三等奖（5个）：沙塘镇　联财镇　神林乡
　　　　　　　　杨河乡　观庄乡

6. 农村人居环境整治先进村（6个）

联财镇赵楼村　观庄乡前庄村　城关镇三合村

张程乡杨袁村　陈靳乡清凉村　奠安乡新街村

7. 就业扶贫先进乡镇（5个）

一等奖（1个）：观庄乡

二等奖（2个）：沙塘镇　凤岭乡

三等奖（2个）：城关镇　陈靳乡

8. 金融扶贫先进集体（6个）

县人行　　　县信用联社　县建设银行

县农业银行　县邮储银行　六盘山村镇银行

9. 特色产业培育先进乡镇（6个）

一等奖（1个）：杨河乡

二等奖（2个）：联财镇　温堡乡

三等奖（3个）：沙塘镇　神林乡　张程乡

10. 肉牛养殖示范村（5个）

杨河乡串河村　张程乡桃园村

凤岭乡冯碑村　温堡乡杨坡村　沙塘镇锦屏村

11. 中药材种植示范村（2个）

观庄乡林沟村　沙塘镇新民村

12. 蔬菜种植示范村（2个）

联财镇联合村　赵楼村

13. 马铃薯种植示范村（1个）

好水乡后海村

14. 壮大村集体经济先进集体（6个）

凤岭乡薛岔村　奠安乡景林村

温堡乡杜川村　沙塘镇光联村

联财镇联合村　杨河乡红旗村

脱贫攻坚贡献奖（10个）

宁夏康业投资有限公司

宁夏隆德人造花工艺有限公司

宁夏黄土地食品加工有限公司

宁夏天鸿食品有限公司

县委政法委　县审计局

县工商联

县委党校

国家统计局隆德调查队

国网隆德县供电公司

乡镇先进扶贫工作队（6个）

城关镇扶贫工作队　好水乡扶贫工作队

沙塘镇扶贫工作队　温堡乡扶贫工作队

奠安乡扶贫工作队　陈靳乡扶贫工作队

先进个人

1."两个带头人"先进个人

（1）党组织带头人先进个人（10人）

城关镇：赵　凯

沙塘镇：张西明

陈靳乡：赵小龙

好水乡：马文刚

温堡乡：张显业

山河乡：陈小明

观庄乡：张宏国

奠安乡：陈发祥

杨河乡：摆世军

张程乡：赵定雄

（2）农村致富带头人先进个人（40人）

温堡乡：杜向荣　谢海军　杜万言　宣　臣

城关镇：柳志清　马富成

沙塘镇：柳应禄　张跟生　张建龙　杜定安

联财镇：黄小正　赵有和　杨　玲

观庄乡：王正国　聂宝种　周永峰　苏　府

杨河乡：摆世虎　冯银龙　白世强

陈靳乡：黄收成　柳沛林　杨敢峰

好水乡：潘跟平　赵堆良　蒲银科

神林乡：杨瑾瑞　柳　峰　柳收五

奠安乡：丁彦军　张红利　蒙玉新

山河乡：朱国富　王　霞

凤岭乡：卜国强　李九生　于仓正

张程乡：马富荣　张国珠　张　伟

2.优秀第一书记（10名）

神林乡杨野河村第一书记：赵继刚

（宁夏黄河农村商业银行）

联财镇赵楼村第一书记：贾　伟（自治区发改委）

观庄乡后庄村第一书记：张睿智

（县扶贫和移民服务中心）

陈靳乡陈靳村第一书记：李　娜（县委组织部）

张程乡五龙村第一书记：雍兴余（县统计局）

沙塘镇新民村第一书记：张海江

（宁夏建设投资集团）

奠安乡马坪村第一书记：杨　鹏（县就业局）

沙塘镇光联村第一书记：马利军

（人民银行银川市中心支行）

张程乡赵北孝村第一书记：景高堂（县公安局）

城关镇咀头村第一书记：刘艳兄（县委巡察办）

3.扶贫开发先进工作者（20名）

张正强　自治区住建厅驻隆德县危房改造工作
　　　　　监督员

孟继平　奠安乡党委副书记

柳浩溪　张程乡党委副书记

刘　存　山河乡副乡长

马继良　杨河乡武装部长

张　强　县委办干部

梁志勇　县政府办干部

黄洁旖　观庄乡扶贫干事

党小娟　凤岭乡扶贫干事

柳江艳	神林乡扶贫干事	何青云	县农业农村局干部
李盼盼	山河乡扶贫干事	杜 彪	温堡乡干部
火盼盼	县扶贫办干事	柳 杰	县扶贫办干部
王生明	县扶贫办干事	张芳琴	山河乡干部
梁 震	县扶贫办干事	海月英	张程乡干部

5. 社会帮扶先进工作者（18名）

齐志亮	县教体局职工	朱小平	原县安监局副局长
冯 佳	县教体局职工	王 鸿	县农业农村局干部
陈万里	县人民医院职工	梁喜太	县档案局局长
路世洲	县水务局职工	张明洲	县市场监管局干部
金 鹏	县卫健局职工	张来平	县文联副主席
薛建军	县民政局职工	丁国荣	县气象局干部

4. 农业农村工作先进个人（20名）

张存科	观庄乡党委副书记	张涵珠	县移动公司职工
彭映红	城关镇副镇长	张建东	县邮政公司职工
曹小龙	沙塘镇副镇长	郑建明	中国石油隆德经销部经理
沈镇隆	联财镇副镇长	姚华恒	县网络公司职工
祁 恒	神林乡副乡长	陈文远	县电信公司职工
齐国虎	奠安乡副乡长	魏建英	县联通公司职工
兰亚东	陈靳乡副乡长	杨志清	县人寿保险公司职工
陈 明	好水乡副乡长	田 芳	县人保财险公司职工
禹喜红	凤岭乡干部	李 骏	县烟草公司职工
苏世军	杨河乡副乡长	夏宁学	县新华书店职工
陈 鹏	县发改局副局长	王 谦	县总工会经审会主任
魏俊清	县财政局干部	杜双成	县人行职工
马 勇	县住建局干部	**6. 致富光荣户与光荣脱贫户（1178户）**	
王银库	县中药材产业办主任	**7. 县级致富光荣户和光荣脱贫户（100户）**	
刘 峰	县农经站副站长	**8. 乡级致富光荣户和光荣脱贫户（1078户）**	

隆德县2018年获奖情况一览表

序号	奖项名称	颁奖单位	颁奖时间	文号依据（名称和文号）	奖励等级	备注
1	全国义务教育发展基本均衡县	国务院教育督导委员会	2017年12月	关于转发《国务院教育督导委员会办公室关于印发对宁夏回族自治区义务教育均衡发展督导检查反馈意见的函》的通知（宁政教督办〔2017〕76号）	国家级	颁发奖牌
2	优秀项目单位	中国癌症基金会国家卫生计生委农村癌症早诊早治项目专家委员会	2017年12月	国家重大公共卫生服务项目农村癌症早诊早治项目2015—2017年度上消化道癌早诊早治项目	省部级	
3	教育部第一批教育信息化试点优秀单位	教育部	2018年1月	《教育部关于第一批教育信息化试点验收结果的通报》（教技函〔2017〕77号）	省部级	
4	第二批全国中小学中华优秀文化艺术传承学校	教育部	2018年2月	《教育部关于公布第二批全国中小学中华优秀文化艺术传承学校名单的通知》（教体艺函〔2018〕2号）	省部级	
5	2018年全国中小学国防教育示范校	教育部	2018年6月	《关于公布2018年全国中小学国防教育示范校名单的通知》（宁教体卫办〔2018〕34号）	省部级	
6	县图书馆被评估定级为二级图书馆	文化和旅游部	2018年8月13日	《文化和旅游部关于公布第六次全国县级以上公共图书馆评估定级上等图书馆名单的通知》	省部级	
7	群众满意的乡镇卫生院	国家卫生计生委办公厅	2018年2月7日	自治区卫生计生委办公室关于转发《国家卫生计生委办公厅关于公布2016—2017年度群众满意的乡镇卫生院和2017年优质服务示范社区卫生服务中心名单的通知》的通知	省部级	

续表

序号	奖项名称	颁奖单位	颁奖时间	文号依据（名称和文号）	奖励等级	备注
8	计划生育基层群众自治示范县	中国计划生育协会	2017年12月29日	中国计生协《关于确认第一批全国计划生育基层群众自治示范县的通知》（国计生协〔2017〕54号）	省部级	
9	水利工程、农田水利基本建设工作贫困县（区）排名第一	自治区人民政府办公厅	2018年7月26日	《自治区人民政府办公厅关于2018年上半年工作大督查及考评激励的通报》（宁政办发〔2018〕79号）	自治区级	
10	民政工作贫困县（区）排名第一	自治区人民政府办公厅	2018年7月26日	《自治区人民政府办公厅关于2018年上半年工作大督查及考评激励的通报》（宁政办发〔2018〕79号）	自治区级	
11	脱贫攻坚工作贫困县（区）排名第二	自治区人民政府办公厅	2018年7月26日	《自治区人民政府办公厅关于2018年上半年工作大督查及考评激励的通报》（宁政办发〔2018〕79号）	自治区级	
12	创业就业工作贫困县（区）排名第二	自治区人民政府办公厅	2018年7月26日	《自治区人民政府办公厅关于2018年上半年工作大督查及考评激励的通报》（宁政办发〔2018〕79号）	自治区级	
13	环境保护工作贫困县（区）排名第二	自治区人民政府办公厅	2018年7月26日	《自治区人民政府办公厅关于2018年上半年工作大督查及考评激励的通报》（宁政办发〔2018〕79号）	自治区级	
14	城市建设管理工作贫困县（区）排名第三	自治区人民政府办公厅	2018年7月26日	《自治区人民政府办公厅关于2018年上半年工作大督查及考评激励的通报》（宁政办发〔2018〕79号）	自治区级	
15	固定资产投资工作全市排名第一隆德县奖励前期工作经费100万元	自治区人民政府办公厅	2018年7月26日	《自治区人民政府办公厅关于2018年上半年工作大督查及考评激励的通报》（宁政办发〔2018〕79号）	自治区级	

续表

序号	奖项名称	颁奖单位	颁奖时间	文号依据（名称和文号）	奖励等级	备注
16	全区卫生计生工作综合目标管理二等奖	自治区人民政府	2018年1月17日	自治区人民政府《关于兑现2017年度卫生计生工作综合目标管理责任书的决定》（宁政发〔2018〕6号）	自治区级	
17	招商引资指导性目标任务完成二等奖	自治区人民政府	2018年2月6日	《自治区人民政府关于兑现2017年招商引资指导性目标任务奖励的决定》（宁政发〔2018〕9号）	自治区级	
18	党的十九大安保维稳工作先进集体	自治区综治委	2017年12月6日	《关于表彰党的十九大安保维稳工作先进集体和先进个人的决定》（宁综治委〔2017〕9号）	自治区级	
19	2013—2017年度全区社会综合治理先进集体	自治区综治委	2018年2月		自治区级	颁发荣誉证书
20	全区禁毒示范县	自治区禁毒委员会	2018年3月		自治区级	颁发奖牌
21	第二届自治区文明校园（2018—2021年自治区文明校园）	自治区精神文明指导建设委员会	2018年4月	《关于复查确认继续保留荣誉的自治区文明县城、文明行业、文明村镇、文明单位及命名确认的第二批自治区文明校园的通报》（宁文明委〔2018〕2号）	自治区级	
22	全区民族团结进步模范集体	自治区民族事务委员会	2018年9月6日	《关于组织拟表彰的全区民族团结进步模范集体和模范个人参加表彰大会的通知》（宁民委发〔2018〕91号）	自治区级	颁发奖牌
23	全区健康宁夏建设工作考核优秀县	自治区健康宁夏建设领导小组办公室	2018年7月19日	《自治区健康宁夏建设领导小组办公室关于对2017年全区健康宁夏建设工作考核优秀县市区予以激励的通知》（宁健组办发〔2018〕5号）	自治区级	
24	2017年度全区农田水利基本建设"黄河杯"竞赛二等奖	自治区农田水利基本建设指挥部	2018年1月15日	《关于表彰2017年度全区农田水利基本建设"黄河杯"竞赛获奖单位的决定》（宁农建指发〔2018〕1号）	自治区级	

续表

序号	奖项名称	颁奖单位	颁奖时间	文号依据（名称和文号）	奖励等级	备注
25	筹资动员工作二等奖	宁夏青少年发展基金会 自治区希望工程办公室	2018年4月27日	《关于表彰2017年度希望工程筹资动员先进单位的决定》（宁青基办〔2018〕8号）	自治区级	
26	全区共青团工作目标考核一等奖	共青团宁夏回族自治区委员会	2018年2月8日	《关于表彰2017年度全区共青团工作目标考核先进单位的决定》（宁团发〔2018〕2号）	厅局级	
27	全区"四好农村路"示范县	自治区交通运输厅	2018年6月15日	《关于命名第二批自治区级"四好农村路"示范县的通知》（宁交办发〔2018〕173号）	厅局级	
28	星级司法所创建工作先进集体	自治区司法厅	2018年2月28日	《关于表彰全区星级司法所创建工作先进集体的决定》（宁司发〔2018〕5号）	厅局级	
29	全区扶贫系统先进单位	自治区扶贫开发办公室	2018年2月		厅局级	颁发奖牌
30	成功侦破公安厅挂牌督办案件贺电	自治区公安厅	2018年4月8日	自治区公安厅贺电	厅局级	宁夏公安信息网
31	基本公共卫生服务项目绩效考核自治区三等奖	自治区卫生和计划生育委员会 自治区财政厅	2018年8月7日	自治区财政厅 自治区卫生计生委《关于下拨2018年基本公共卫生服务中央补助金的通知》（宁财社指标〔2018〕544号）	厅局级	
32	2017年度基本公共卫生服务项目绩效考核总排名第六	自治区卫生和计划生育委员会 自治区财政厅	2018年4月10日	自治区卫生计生委 自治区财政厅《关于2017年度全区基本公共卫生服务项目绩效考核情况的通报》（宁卫计发〔2018〕100号）	厅局级	
33	全区第四届幼儿园优秀自制玩教具展评活动优秀组织奖	教育厅	2018年7月	《关于公布全区第四届幼儿园优秀自制玩教具展评活动评选结果的通知》（宁教办函〔2018〕122号）	厅局级	

续表

序号	奖项名称	颁奖单位	颁奖时间	文号依据（名称和文号）	奖励等级	备注
34	第五批自治区科普示范学校	自治区科协 教育厅	2018年7月	自治区科协 自治区教育厅《关于命名第五批自治区科普示范学校的通知》（宁科协发普字〔2018〕111号）	厅局级	
35	2017年科普中国·百城千校万村行动县级优秀组织单位	自治区科协	2018年7月23日	自治区科协《关于公布宁夏2017年科普中国·百城千校万村行动工作总结检查评审结果的通知》（宁科协发普字〔2018〕119号）	厅局级	
36	宁夏第二届青少年科学节优秀组织单位	自治区科协	2017年12月19日	关于表彰宁夏第二届青少年科学节优秀组织单位及个人的决定	厅局级	
37	2017年度全区社会保险信息宣传工作先进单位	自治区社会保险事业管理局	2018年3月27日	《自治区社保局关于表彰2017年度全区社会保险信息宣传工作先进单位的决定》（宁社保发〔2018〕6号）	厅局级	
38	2017年度全区社会保险经办工作先进单位	自治区社会保险事业管理局	2018年3月28日	《自治区社保局关于表彰2017年度全区社会保险经办工作先进单位的决定》（宁社保发〔2018〕7号）	厅局级	
39	2017年度成本工作优秀集体	自治区物价局	2018年1月23日	《自治区物价局关于表彰2017年度成本工作优秀集体和优秀个人的通知》（宁价成发〔2018〕4号）	厅局级	
40	全区休闲农业创意大赛优秀组织奖	自治区农产品加工局	2018年7月25日	关于公布《2018年全区休闲农业创意精品大赛"优秀组织单位"的通知》（宁农加局发〔2018〕10号）	厅局级	
41	全市卫生计生工作综合目标管理二等奖	固原市人民政府	2018年2月6日	固原市人民政府《关于兑现2017年度卫生和计划生育目标管理责任书的决定》（固政发〔2018〕5号）	市级	
42	2017—2018年度固原市劳动关系和谐企业（工业园区）	固原市人力资源和社会保障局	2018年9月3日	《关于召开固原市劳动关系和谐企业（工业园区）表彰会议的通知》（固人社函〔2018〕228号）	市局级	

续表

序号	奖项名称	颁奖单位	颁奖时间	文号依据（名称和文号）	奖励等级	备注
43	全市文化广播电视工作一等奖	固原市文化体育新闻出版广电局	2018年3月		市局级	颁发奖牌
44	固原市"兽医大比武"活动先进集体奖	固原市总工会 固原市农牧局	2018年8月1日		市局级	颁发奖牌

隆德县2018年创新工作一览表

序号	重大创新名称	简要描述
1	聚焦问题 精准施治——隆德县系统综合治污还渝河"芳华清流"	隆德县坚持以习近平生态文明思想为指导，秉持生态立县战略，按照聚焦问题、清单管理、源头控制、分段治理、精准施策的思路，2016年以来，累计投资2.6亿元，采取"截污治污、疏浚净源、生态修复、多元效应、长效管理"等措施，扎实推进渝河水污染防治系列工程。一是强化"截污治污"；二是强化"疏浚净源"；三是强化"生态修复"；四是强化"多元效应"；五是强化"长效管理"（隆德县渝河综合整治工作被国家环境保护督察办公室以"昔日污水横流 今朝碧水绿荫宁夏渝河整治成效明显"为题，在《环境保护督察简报》专刊75号上向全国推广，自治区党委书记石泰峰同志作了批示）
2	多元共治 三级联管——打造水清河畅岸绿的生态廊道	2017年以来，隆德县委、政府提高政治站位，坚定治理决心，坚持多元共治、三级联管，通过水资源保护、水污染防治、水环境改善、水生态修复综合治理，渝河治理保护取得明显成效，先后得到全国人大执法检查组、水利部、环保部、环保世纪行——宁夏行动、环保部西北督查局的充分肯定，受到当地群众及外来游客的普遍好评（水利部推进河长制工作领导小组办公室以"宁夏回族自治区隆德县以河长制为平台推进河湖综合整治"为题，在《河长制湖长制工作简报》2018年第71期上向全国推广）
3	隆德县被确定为国家级和自治区级农村集体产权制度改革试点县	2018年6月12日，农业农村部关于确定2018年农村集体产权制度改革试点单位的函，将隆德县确定为全国农村产权制度改革试点县。根据《关于自治区级农村集体产权制度改革试点县的批复》（宁农（经）发〔2018〕14号）将隆德县确定为自治区农村集体产权制度改革试点县
4	隆德县被民政部确定为社会救助改革综合改革试点县	民政部《关于开展社会救助综合试点改革的通知》（民办函〔2018〕111号），将隆德县确定为全区唯一一个社会救助综合改革试点县。9月27日上午，县委、政府召开了全县低保审批权限下放乡镇动员会，并邀请自治区民政厅救助处处长方仲权及固原市民政局局长马晓华出席会议
5	隆德县被农业农村部确定为全国农村一、二、三产业融合发展先导区	2018年10月22日，经过地方推荐和专家评审，隆德县被农业农村部确定为创建2018年全国农村一、二、三产业融合发展先导区

续表

序号	重大创新名称	简要描述
6	隆德县建立"125"工作机制全力化解社会矛盾纠纷	"125"矛盾纠纷排查化解工作机制是隆德县贯彻《自治区矛盾纠纷排查化解办法（试行）》的具体体现。"1"就是落实乡镇党委主体责任，书记作为第一责任人，副书记专门负责抓落实；"2"就是组织辖区派出所、司法所两支工作力量，建立快速处置、稳控化解两个应急机制；"5"就是整合包村干部、第一书记、村两委班子、村监会、调解员五支力量，定期或不定期进村入户，排查化解各类矛盾（2018年11月，中央政法委基层社会治理局总结提炼的《各地创新发展"枫桥经验"部分实践成果汇编》将隆德县"125"工作机制向全国推广）
7	隆德县加快培育发展村级集体经济助力全县脱贫退出	2018年，隆德县将以创建全国农村集体产权制度改革试点县工作为契机，以增加农民财产性收益为方向，以发展壮大村级集体经济为目标，实现"转化薄弱村、壮大一般村、提升富裕村"的发展目标，推进集体收益扶贫创新工作。力争村集体经济年收益5万元的村达到30%以上，集体经济"薄弱村"转化率达到20%（《宁夏工作研究》2018年第6期以"加快培育发展村集体经济助力脱贫攻坚"为题，向全区作经验推广）
8	隆德县创新财政支农资金"投改股"机制助推脱贫富民战略实施	近年来，隆德县委、政府高度重视，认真贯彻中央农村综合改革和稳步推进农村集体产权制度改革的意见，把农业农村改革列入全县重点工作推进，借鉴宁夏区内外农村产权制度改革成功经验，创新财政投入使用方式，推进农业财政支农资金"投改股改革"，建立将财政扶持农业农村发展资金按比例以股份形式量化给村民和村集体经济组织持有，实现"资金变股金、农民当股东、收益有分红"的运行新机制，有效提高了财政资金使用效益，使其保值增值，构建了紧密的利益联结机制，实现了财政扶持、企社发展、集体壮大、农民增收的多方共赢新格局（《宁夏工作研究》2018年第8期以"积极推进财政扶持资金'投改股'改革"为题，向全区作经验推广）
9	隆德县坚持"托养+"助力残疾人脱贫致富	隆德县残疾人托养创业中心于2015年5月立项建设，主体工程投入1380万元，建成一幢6层6000平方米的框架楼，2017年8月正式建成投入使用。通过政府购买社会服务方式，中心由隆德县福利医院承接。目前，中心托养残疾人81名，是全区唯一一家集残疾人托养、工疗、康复、就业、创业为一体的县级综合性托养机构（2018年9月18日，中国残联第七届执行理事会副理事长、党组成员程凯同志，在隆德县《多措并举 精准施策 积极探索残疾人精准脱贫新路子》一文作出批示，将隆德县的经验和做法向全国推广交流；《宁夏脱贫攻坚》简报2018年第13期以"宁夏隆德探索残疾人脱贫攻坚新模式"为题向全区推广；自治区党委书记石泰峰及国务院扶贫办、福建省、江苏省、黑龙江省代表团先后调研观摩）
10	隆德的绿，已深入人心——隆德县人居环境整治成效显著	一是建设洁净整齐新农村，隆德在村容整治上花大力气，河流保护、厕所改建、垃圾处理等稳步推进，村庄净化，环境美化；二是打造绿水青山靓名片，绿色发展让乡村旧貌换新颜，依托绿水青山，隆德正不断丰富发展休闲农业和乡村旅游内涵；三是促进农村旧貌换新颜，盏盏民心灯照亮好生活，乡村有了太阳能路灯，给乡村生活和文化发展带来了新活力；四是倡导文明和谐新民风，农民讲习所熙熙攘攘，农村有了学习惠民政策和实用技能的好阵地，践行移风易俗已经成为常态；五是搬进宽敞明亮新民居，危房改造正在进行，隆德县计划全面消除土坯房，贫困户住进了设备齐全的安全住房；六是走出产业融合致富路，"生态+民俗+旅游"的"三加"路径，盘活了生态环境和传统文化，发展乡村旅游产业，助力脱贫富民（2018年11月1日《农民日报》第六版——农村改革40年 人居环境大整治专版刊发题为"日出六盘耀新绿"的报道，对隆德县城乡环境整治工作的经验和做法进行推广）

续表

序号	重大创新名称	简要描述
11	办好新时代农民讲习所为打赢脱贫攻坚战凝魂聚力	2018年10月29日，全区宣传思想工作会议上，袁秉和同志代表隆德县作了题为"办好新时代农民讲习所为打赢脱贫攻坚战凝魂聚力"的交流发言
12	隆德县李士村"五驾马车"发展壮大村集体经济助力脱贫致富	隆德县凤岭乡李士村成立股份经济合作社，整合资金210万元，结合农村集体产权制度改革，探索推行"党支部+合作社+农户"的村集体经济发展模式，建立实行"资金变股金、农民当股东、收益有分红"的运行新机制，将200万元股本按照500元/股标准折股量化，共设置4000股（其中，村集体占15%，持股600股，村集体组织成员占85%，持股3400股）。坚持村委会自主经营，对6幢闲置学校校舍进行改造，建成昌信农家超市、凤河醋厂、意兴油坊和小杂粮磨坊，并组建农机服务队。目前，5个经营实体已实现净利润21.9万元，预计年经营收入120万元，年净收益37万元以上，全村286户常住户（股民）户均可分红880元以上（2018年10月17日，国务院扶贫开发领导小组关于表彰2018年全国脱贫攻坚奖的决定〈国开发〔2018〕11号〉中，隆德县凤岭乡李士村党支部书记齐永新获"全国脱贫攻坚奋进奖"，并在中央电视台现场颁奖；2018年8月15日，宁夏新闻网以"李士村的'五驾马车'不简单"为题进行了宣传报道）
13	隆德县圆满承办"西北五省·人文一脉"2018年首届西北五省区非遗文化旅游博览会暨到隆德过大年民俗文化旅游节	自治区人民政府副主席王和山同志对隆德县人民政府《关于2018年首届西北五省区非遗文化旅游博览会经费的请示》和县文化旅游广电总局分别于宁夏星秀文化传媒有限公司和宁夏新民俗文化开发有限公司签订的《"西北五省·人文一脉"2018年首届西北五省区非遗文化旅游博览会暨到隆德过大年民俗文化旅游节项目等费用框架协议》《"西北五省·人文一脉"2018年首届西北五省区非遗文化旅游博览会暨到隆德过大年民俗文化旅游节文化展部分项目框架协议》，以及县委办公室、县人民政府办公室《关于印发〈2018年"来隆德过大年"春节民俗文化活动实施方案〉的通知》，县人民政府办公室《关于印发〈2018年首届西北五省区非遗文化旅游博览会暨到隆德过大年旅游节活动分工方案〉的通知》作出批示
14	隆德县"七五"普法工作亮点纷呈	一是"143"工作法，即抓住一个核心，强化四项措施，落实三项保障；二是"旁听庭审"互动式"以案释法"，抓住普法"关键少数"；三是法制教育"第二课堂"，塑造"未来多数"；四是"两微一端"打响新媒体宣传"隆德品牌"；五是新媒体矩阵"1+N"模式，彰显普法张力；六是"墙上司法局"助推法律服务"云上送达"；七是"一村（社区）一法律顾问"开启家门口法律专家模式；八是构建"订单式"精准普法新模式；九是"普法宣传+公园体系+互联网"织密法治文化阵地（2018年6月14日，中国普法网报道了《让普法工作"动"起来的"隆德模式"》；2018年9月28日，《宁夏法治报》报道了《隆德县"订单式"普法打通服务群众"最后一公里"》。2018年5月31日，在自治区依法治区领导小组普法办公室主办的"崇尚宪法厉行宪法 推进法治宁夏建设"座谈会上，隆德县司法局作了交流发言。8月份在全区"七五"普法中期检查督导培训班上作了交流发言）
15	创新机制 持续发力——隆德城乡社区警务改革成效显著	社区警务改革两年来，隆德县公安局严格落实各级党委政府及区厅警务改革工作会议精神，以警力下沉、警务前置、共建共治为着力点，在全区范围内首创"治安协管员"制度，首建"一村一警+治安协管员""6995"平安联防电话及"125"矛盾纠纷排查化解工作机制，彻底改变原有警务模式，揭开了社区警务改革全新的一页（2018年9月7日，隆德县委常委、公安局局长安继海同志在全区警务改革经验交流会上作了《创新机制 持续发力——隆德县城乡社区警务改革成效显著》的交流发言）

续表

序号	重大创新名称	简要描述
16	隆德县创新驱动发展推动创新型县建设	2018年，隆德县认真贯彻落实中央和区、市创新发展的各项决策部署，围绕脱贫攻坚总体目标，深入实施创新驱动战略，大力发展中药材、草畜、冷凉蔬菜、林下经济等特色优势产业，优化营商环境，搭建创新发展平台，着力推进大众创业、万众创新，努力构建科技、经济、社会、文化、生态互动互促的发展机制，科技创新驱动发展取得了显著进步，创新型县建设申报工作有序推进。根据《科技部关于印发创新型县（市）建设工作指引的通知》（国可发农〔2018〕57号）精神，经科技厅推荐，隆德县积极申报，向自治区科技厅报送《关于隆德县创新型县建设实施方案的请示》（隆政发〔2018〕95号），并按照方案有序开展创建工作
17	隆德县供水工程惠泽城乡居民	隆德县水资源总量7214万立方米，人均占有水资源量400立方米，是全国平均值的六分之一，低于全区670立方米的平均值，也低于500立方米的国际严重缺水线。隆德县城乡供水工程运行后，历史性地破解了多年来制约隆德发展的水资源瓶颈问题，对保障和改善全县群众生产生活用水，确保全面打赢脱贫攻坚战具有重要意义（2018年9月22日，《宁夏日报》进行了报道）
18	隆德县山水林田湖草一体化推动绿循环	隆德县整合财政、国土、农牧、林业、交通、水利6个部门，统筹"山水林田湖草"整体保护、系统修复和综合治理，将全县水资源最大化利用，使既有生态建设成果得到有效盘活，并依靠生态运营成果反哺生态建设，推动"以山养山、以绿养绿"的"绿循环"（2018年5月14日，《人民日报》进行了专题报道；2018年9月21日，《宁夏日报》进行了报道）
19	隆德县实施"6322"工程抓党建促脱贫攻坚促乡村振兴	隆德县"6322"工程实施情况以专题调研作为约稿形式报送《宁夏党建研究》；联财镇联合村、凤岭乡李士村"6322"工程实施情况先后被固原市各县及邻近省区多次观摩学习，并获得一致肯定；"6322"机制及其中的一些做法被宁夏党建网、固原日报等媒体报道
20	隆德县建成农产品和投入品可追溯体系建设项目	建成了农业投入品质量追溯系统、农产品质量安全追溯监管系统、质量安全追溯监管展示系统三个管理系统，并成功运行使用。石嘴山市农牧局、大武口农牧局、惠农区农牧局前来观摩学习
21	隆德县移风易俗活动助力脱贫攻坚	2018年8月17日，隆德县组织开展"礼说鹊桥美·情定笼竿城"——移风易俗老巷子传统汉式集体婚礼大型公益活动，向全县广大群众倡导婚事简办、勤俭节约，建民风、清社风、树家风（共青团宁夏区委书记王伟同志对隆德县移风易俗工作给予充分肯定，并要求转发个市县予以推广；举办的集体婚礼在中央电视台新闻频道播出，同时各类新闻媒体对此项活动进行了全方位报道）
22	隆德县推行工学结合促贫困人员家门口就业	2018年11月27日，《中国劳动保障报》第6102期第2版地方亮点板块，以"有技能 就业稳 收入高——隆德县推行工学结合促贫困人员家门口就业"为题，进行了报道推广
23	隆德县建起"医养结合"养老服务新模式	今年以来，隆德县社会福利院与县福利医院协议合作，双方探索建立以养老机构为依托、以特困人群为服务对象、以医院为服务载体、以专业医师和护理团队为基础的新型医养结合模式（固原市人民政府网站、《固原日报》进行了报道）

隆德县2018年亮点工作一览表

序号	亮点工作名称	简要描述
1	隆德县小流域治理成效入选改革开放40周年成就展	近年来,以梯田建设、造林种草、生态修复、沟道坝系建设为抓手,相继开展了清流河、城南等生态清洁型小流域综合治理工程和观庄片区、山河片区等水土保持综合防治工程及中型以上病险淤地坝除险加固工程,全县水土流失得到有效扼制,生态环境明显好转,城乡面貌发生了翻天覆地的变化,初步形成了布局合理、流域相连的水土保持综合防护体系,产生了明显的生态、经济和社会效益(在北京国家博物馆举办的"全国改革开放40周年成就展"上,展示了隆德县清流河小流域建设成就)
2	真情实感真抓实干 助力隆德脱贫攻坚	2018年2月12日,习近平总书记在四川成都市主持召开打好精准脱贫攻坚战座谈会,会上隆德县委常委、副县长樊学双向总书记汇报了隆德县脱贫攻坚进展情况
3	隆德县以龙头企业为抓手全力推进特色产业提质增效	隆德县以创建"六盘山(隆德)高海拔马铃薯绿色食品基地"为目标,以马铃薯种薯繁育及主食化专用品种示范推广为抓手,以马铃薯加工企业为龙头,全力推进马铃薯产业提质增效和转型升级。全县年均种植马铃薯10万亩左右,平均亩产鲜薯1500公斤,总产稳定在15万吨左右,总产值9000万元以上,带动农民增收600元。(中共中央政治局常委、全国政协主席、中央代表团团长汪洋,率中央代表团一分团考察了宁夏黄土地农业食品有限公司,新华网2018年9月21日进行了报道)
4	2018年宁夏第四届全民健身节暨隆德县第二届环六盘山国际自行车邀请赛顺利承办	8月12日,2018年宁夏第四届全民健身节暨隆德县第二届环六盘山国际自行车邀请赛在隆德县开幕,来自印度、巴基斯坦、乌兹别克斯坦、阿尔及利亚等6个国家的20名外籍运动员和全国各地的560名国内自行车运动员参加(中央电视台、中国新闻网、新华网等70多家媒体对第二届环六盘山国际自行车邀请赛进行了报道)
5	隆德县动物疫病净化创建场通过农业农村部现场评审	2018年7月21日,农业农村部评估专家组王建一行对全国第三批"动物疫病净化示范场""动物疫病净化创建厂"进行现场评估,隆德县宁夏正荣肉羊繁育有限公司顺利通过验收评审
6	隆德县兽医机构效能评估通过农业农村部验收	2018年10月18日—19日,农业农村部专家评估组对隆德县开展县级兽医机构效能评估工作进行现场评估验收,专家组对41个评估指标所涉及的内容进行了核查,形成了兽医体系效能评价表,隆德县顺利通过验收
7	隆德县召开全区马铃薯机械化种植现场演示田间日活动暨农业农村部主要农作物生产全程机械化项目推进会	2018年5月10日,全区马铃薯机械化种植现场演示田间日活动暨农业农村部主要农作物生产全程机械化项目推进会在隆德县召开。自治区农机局、推广站、中部干旱带及南部山区各市县农机中心负责人、技术专家实地观摩了隆德县沙塘马河马铃薯试验示范基地建设情况

续表

序号	亮点工作名称	简要描述
8	科学谋划　统筹实施——积极争创国家农村人居环境整治示范县	隆德县对标自治区三年行动目标任务，努力打造干净整洁的农村环境，全力推进美丽宜居隆德建设，扮靓宁夏"南大门"，积极争创国家农村人居环境整治示范县
9	扎实推进闽宁协作　助力隆德脱贫攻坚	历届援宁工作队大力弘扬总书记在福建工作时倡导的"滴水穿石、马上就办、真抓实干"的工作作风，立足"三留守"人数多、思想观念不够解放、因病因残致贫问题突出，一是把扶贫车间建在老百姓家门口，"送岗上门"离土不离乡，就近就业；二是"富脑袋"与"富口袋"并重，做好两县人才理念交流的红娘；三是真情实意帮扶弱势群体，为他们在奔向美好生活的路上添把力；四是千方百计对接资源，脱贫路上众人拾柴火焰高（2018年2月，隆德工作组樊学双作为代表向总书记汇报闽宁协作工作；10月樊学双同志获得全国脱贫攻坚贡献奖，并赴中央电视台颁奖现场领奖）
10	多元共治　三级联管——建设水清河畅岸绿的生态宜居新隆德	2017年以来，隆德县以习近平生态文明思想为指导，秉持生态立县战略，以全面推行河长制为抓手，在全县范围内纵深推进水生态综合治理，以渝河流域综合治理工程为引领的水资源保护、水污染防治、水环境改善、水生态修复工作取得了阶段性成效（2018年7月6日，全区河湖长制工作〈山区〉观摩座谈会在隆德县召开，县人民政府副县长陈国栋同志代表隆德作了典型经验交流发言；自治区河长办《关于转发隆德县渝河治理经验的通知》〈宁河长办发〔2018〕14号〉向全区推广）
11	加强创新　完善管理——推动预算绩效管理工作再上新台阶	近年来，隆德县以"深化预算绩效管理改革"为中心，不断强化资金源头控制，科学推进预算绩效管理工作，确保项目支出绩效目标管理全覆盖。通过预算绩效管理改革，增强了部门单位绩效管理意识，促进了基层政府科学理财，提升了基层财政预算绩效管理水平，优化了资源配置、规范了项目实施，提高了财政资金使用效益（2018年1月19日，在全区财政工作会议上，县人民政府副县长马晓红代表隆德县作了交流发言）
12	勇于担当、主动作为，打好脱贫攻坚法治拳	近年来，隆德县坚持以习近平新时代中国特色社会主义思想为指导，深入学习贯彻党的十九大和全国、区、市司法行政工作会议精神，坚持以人民为中心，强化司法行政职能作用，发挥法治在脱贫攻坚中的重要作用，为全县脱贫攻坚提供优质高效的法律服务和坚强的法治保障（2018年10月27日，司法部部长傅政华来宁调研司法行政工作并召开座谈会，隆德县司法局刘永兴同志作了交流发言）
13	隆德县民族团结进步创建工作扎实推进	隆德县民族团结进步创建工作以习近平新时代中国特色社会主义思想为指导，围绕"共同团结奋斗、共同繁荣发展"主题，坚持"中华民族一家亲，同心共筑中国梦"创建工作总目标，按照各民族建设小康同步、公共服务同质、法制保障同权、民族团结同心、社会和谐同创的总任务，坚持以脱贫攻坚统领经济社会发展大局，以保障和改善民生为根本，深化民族团结进步教育，铸牢中华民族共同体意识，加强各民族交流交往交融，精心打造民族团结进步创建示范点，提升创建活动成效，为全面推广民族团结进步创建活动积累了经验（2018年7月24日下午，全区民族团结进步创建互观互检观摩团在隆德县现场观摩民族团结示范点）

续表

序号	亮点工作名称	简要描述
14	全区休闲农业观摩培训会在隆德县召开	2018年9月28日,全区休闲农业观摩交流会在隆德举办。自治区农牧厅、农产品加工局、乡镇企业发展服务中心、宁夏休闲农业协会、各市县农牧局负责人及业务主管人员80余人参会
15	全区乡村旅游工作观摩团来隆德县红崖老巷子调研观摩	5月28日,全区乡村旅游工作推进会参会人员在自治区旅游发展委员会主任徐晓平的带领下,现场观摩学习隆德县红崖老巷子·民俗文化村乡村旅游发展情况
16	隆德县首例涉恶案件9名被告人一审全部领刑	按照中央扫黑除恶专项斗争安排,本着"有黑打黑、无黑除恶、无恶治乱"的原则,坚持以"零容忍"的态度和"除恶务尽"的决心,集中力量、形成合力,深入排查、重拳出击,以猛药去疴、刮骨疗毒的决心和信心,坚决铲除黑恶势力滋生蔓延土壤。为维护社会和谐稳定、促进社会公平正义、保障人民安居乐业提供坚强有力的司法保障(宁夏扫黑除恶专项斗争领导小组办公室在宁夏政法综治扫黑除恶专项斗争专报第19期、第23期上对隆德县予以通报表扬)
17	隆德县坚持发展"枫桥经验"开创人民调解工作新格局	隆德县自坚持发展"枫桥经验",实现"矛盾不上交"试点工作以来,狠抓人民调解创新发展的责任落实,探索出"立足基层组织,整合力量资源,就地化解矛盾,维护社会稳定"工作新经验(2018年10月23日,自治区党委办公厅《综合信息》第156期以"隆德县坚持发展'枫桥经验'开创人民调解工作新格局"为题对隆德县创新人民调解工作向全区进行推广)
18	隆德县组织留守儿童赴福建省开展"七彩假期"活动	隆德县主动出击,提早谋划积极对接清华大学、北京大学、南京大学、美国弗吉尼亚大学等14所国内外高校支教团80余名志愿者为隆德县900余名留守儿童送去了假期的温暖;组织63名留守儿童于8月3日至8月8日赴福建闽侯县和厦门大学开展留守儿童"七彩假期"夏令营活动(共青团宁夏区委书记王伟同志对隆德县关爱留守儿童工作给予充分肯定,并要求转发各市县予以推广;组织留守儿童赴福建省开展"七彩假期"活动在人民网、福建省教育厅、东南卫视综合频道、宁夏经济频道等媒体进行了全方位宣传报道)
19	隆德县狠抓德育教育全面落实立德树人	隆德县狠抓学校德育工作,建立党组织主导、校长负责、群团组织参与、家庭社会联动的德育工作机制。隆德四中杨金龙同学被评为首届新时代"宁夏好少年",马志林等8名教师荣获2018年度全区"最美乡村教师"称号,咸顺利等10名教师荣获全县"最美乡村教师"称号,胡义龙、王亚莉、马欣灵3名教师热爱教育事业的感人事迹被中央等知名媒体进行宣传报道(2018年4月10日,《人民日报》以"我看到孩子眼里的星光"为题报道了隆德县联财小学教师胡义龙爱岗敬业典型事迹,同时隆德县多名德育教育工作者被评为全国、全区德育先进工作者)
20	隆德县清风校园建设取得了显著成效	2018年,隆德县以办人民满意教育为目标,以创建廉洁清风校园活动为载体,认真落实党风廉政建设责任制,扎实推进教育系统党风廉政建设和反腐倡廉建设,形成了浓郁的"敬廉崇洁、风清气正"良好氛围,清风校园建设工作取得了显著成效(9月30日,在自治区教育工作委员会召开的全区教育系统政风行风建设暨"清风校园"创建工作推进会上,隆德县教育体育局围绕"清风校园"创建作了交流发言)

续表

序号	亮点工作名称	简要描述
21	隆德县积极推进创新素养教育取得显著成效	2018年，隆德县在多年探索和积累的基础上，依托县域人文历史特色大力发掘教育教学资源，以创新素养教育为目标，深入推进教育综合改革，不断完善教育保障体系，着力提升教育硬件设施和软件实力，逐步形成了以增强学校管理活力，畅通家校共育渠道，提升教师从教能力，培育学生创新精神为主要内容的"四位一体"的推进创新素养教育模式，取得了阶段性工作成果
22	隆德县高质量推进"四好农村路"建设	隆德县坚持按照"建好、管好、护好、运营好"的总体目标，全面推进"四好农村路"建设，把农村公路作为"带产业、连基地、接市场、促增收"的基础工程，着力构建"内畅外联"、布局合理、结构优化的农村公路网络体系，"四好农村路"已成为隆德县引领美丽村庄建设、服务新农村经济社会发展、改善农村运输条件和发展环境，提升群众出行的重要支撑和保障（《关于命名第二批自治区级"四好农村路"示范县的通知》〈宁交办发〔2018〕173号〉，隆德县被自治区交通运输厅授予全区"四好农村路"示范县）
23	隆德县多措并举强力推进公共法律服务平台建设见成效	隆德县多措并举，强力推进公共法律服务平台建设见成效。"1"是实现了"一村（社区）一法律顾问"全覆盖；"2"是法律援助为民办实事诉讼案件任务和法律援助案件总任务均提前完成；"3"是三纵三横平台建设成效显著。"4"是开展好四个专项行动，确保法律援助提质增效，惠民利民
24	隆德县大力推行"两个优先"的生态扶贫模式带动贫困户致富增收	隆德县按照"生态补偿脱贫一批"的要求，大力推行"两个优先"的生态扶贫模式，对全县建档户中具有劳动能力的人员进行统一组织，对建档户培育的苗木进行统一选购、统一栽植、统一管理，有效化解了建档户苗木销售难的问题，使建档户通过参与造林和销售苗木获得经济收益，从而实现脱贫出列的目标（《人民日报》2018年5月14日，以"固原隆德县4万群众搬迁移民，让贫瘠的土地得到修复——奔向好生活 留下好生态"为题，对隆德县大力推行"两个优先"的生态扶贫模式在全国范围内进行推广）
25	隆德县突出加强基层组织深入开展"三大三强"行动	隆德县突出建强基层组织，深入开展"三大三强"行动。凤岭乡李士村党支部书记齐永新荣获全国脱贫攻坚奋进奖，并在中央电视台综合频道、人民网、央视网、新华网等各大媒体进行了报道；"2018年网络媒体宁夏行"对李士村进行了采访，并在多家媒体进行了报道；全区"致富路上有你"专题访谈节目固原片区在隆德县陈靳乡新和村取景录制；7月3日《人民日报》、人民网以"宁夏隆德县陈靳乡新和村党支部夯实党建，打通乡村振兴路"为题对陈靳乡新和村抓党建促脱贫攻坚促乡村振兴进行了报道，《宁夏日报》以"前进吧！我的前庄"为题对观庄乡前进村进行了报道
26	隆德县突出引领脱贫富民大力加强"两个带头人"队伍建设	2017年12月15日—12月18日，全国贫困地区培育致富带头人工作现场会将联财镇赵楼村、陈靳乡新和村确定为现场观摩点，现场会上相关领导对隆德县"两个带头人"工程实施情况给予了充分肯定；全市经济观摩会上主要领导也给予了充分肯定，全县"两个带头人"情况多次被《人民日报》、新浪网等媒体报道

续表

序号	亮点工作名称	简要描述
27	隆德县前庄村环境综合整治成效显著	2018年，前庄村按照乡村振兴战略总体要求，着力加强环境综合整治，培育特色产业，开发民宿旅游，力争建成一、二、三产业融合发展的美丽村庄。今年以来，新华网分别以"六盘山下听雨声""宁夏奋进60年巡礼之乡村变迁篇""采菊六盘下花开小康来"为题对前庄村进行了报道；《宁夏日报》以"前进吧，我的前庄""民心灯点亮乡村"为题进行了报道；《人民日报》以"宁夏乡村文化搭起多姿舞台"为题对前庄村进行了报道。
28	隆德县实施"妇幼健康行动计划"强化妇幼保健服务	隆德县以实施"妇幼健康行动计划"为抓手，以公共卫生服务为切入点，完善服务体系，为孕产妇、儿童提供规范服务，全面对接"两孩政策"相配套的妇幼保健服务（隆德县儿科保健医师马彦红荣获中华预防医学会儿童保健分会第六届"最美基层儿童保健医生"的殊荣）
29	隆德县规范"先诊疗后付费"工作，切实解决群众看病就医问题	隆德县深入推进医药卫生体制改革，实施"先诊疗后付费"，优化工作流程，方便患者就医，以更好地向群众提供便捷的医疗卫生服务，切实解决群众看病就医问题。（2018年7月18日，农工委宁夏区委会主委戴秀英一行对县中医院医联体建设及分级诊疗工作开展情况进行调研并召开座谈会，对隆德县医联体建设，分级诊疗工作中取得的成绩给予了充分肯定）
30	隆德县编织特殊人群"关爱网"	为做好特殊人群保障工作，隆德县出台《特殊人群救助供养工作实施方案》，建立脱贫攻坚"两不愁、三保障"全覆盖长效机制，让部分农村智障、病残、失能、移民迁出区遗留困难群众和特困供养人员，以及因多种原因生活极度困难、缺乏必要照料，但又不符合纳入农村特困人员供养范围的群众生活得到基本保障
31	隆德县开展健康扶贫工作助力脱贫攻坚	国家及区、市领导在督导检查隆德县健康扶贫工作时，多次对隆德县的健康扶贫工作给予了高度的评价和肯定（各类新闻媒体相继报道了隆德县健康扶贫工作"扶贫不仅要扶经济，更要扶健康"）
32	隆德县扎实推进"四个一"林草产业试验示范点建设	隆德县贯彻落实自治区"生态立区"战略和固原市关于"四个一"林草试验示范工作的部署，以"四个一"林草试验示范为抓手，着力提升产业发展质量，坚持先行先试，打破传统栽植模式，积极引进"一棵树、一枝花、一株苗、一棵草"新品种，以理念科学化、种植规范化、管理精细化为目标，扎实有效地推进试验示范点建设（2018年8月30日，国家林业局三北局局长张炜一行调研了隆德县沙塘镇许沟村"四个一"林草产业试验示范点；2018年8月1日，自治区林业厅组织观摩隆德县联财镇联合村"四个一"试验示范点）
33	隆德县坚持五项制度积极推进矛盾纠纷排查化解信息系统的运用	隆德县把矛盾纠纷排查化解工作作为平安建设的基础性工作常抓不懈，把深入贯彻自治区《矛盾纠纷排查化解办法（试行）》，全面拓展运用矛盾纠纷排查化解信息系统，有效管控各类矛盾问题作为有力抓手，通过建立并坚持每日报告、每月通报、分析研判、平时考核、年终考核五项制度，初步实现矛盾纠纷可查询、可追溯、可跟踪、可评价和应录尽录（2018年5月31日，固原市社会治安综合治理委员会办公室《工作动态》第8期刊登）

隆德县各乡镇及部门（单位）获奖、创新、亮点工作细化分解统计表

序号	乡镇及部门	获奖项（个）	创新项（个）	亮点项（个）
1	纪委监委		1.乡村监察试点经验做法被市纪委印发文件在全市推广；2.在自治区扶贫领域腐败和作风问题专项治理工作例会上做交流发言	
2	县委办		1.承担国家级试点改革任务2项，分别为农村集体产权制度改革和社会救助综合改革；2.生态环境改革中渝河治理被国家环境保护督察办公室《环境保护督察简报》（专刊75号）向全国推广；3.河长制改革中渝河治理经验被水利部以简报形式向全国推广；4.《宁夏工作研究》第6期、第8期分别刊登了《加快培育发展村集体经济助力脱贫攻坚》《积极推进财政扶持资金'投改股'改革》2篇文章	率先建成县（区）改革动态信息管理平台
3	政协办		1.举办固原市县（区）政协工作创新交流座谈会；2.编纂《红二十五军在隆德》一书	
4	政法委	被自治区综治委评为党的十九大安保维稳工作先进集体	"125"工作机制被中央政法委列为新时代"枫桥经验"的典型经验之一	1.《依法从快审判 以案释法宣传——隆德县公开审理宣判一起涉恶团伙案件》（《宁夏政法综治扫黑除恶专项斗争专报》第19期）和《关于全区扫黑除恶专项斗争情况的通报》（《宁夏政法综治扫黑除恶专项斗争专报》第23期）；2.2018年5月31日，固原市社会治安综合治理委员会办公室《工作动态》第8期刊登《隆德县坚持五项制度积极推进矛盾纠纷排查化解信息系统的运用》的信息
5	组织部		实施"6322"工程，抓党建促脱贫攻坚促乡村振兴	1.突出建强基层组织，深入开展"三大三强"行动，多种模式发展村集体经济；2.突出引领脱贫富民，大力加强"两个带头人"队伍建设

续表

序号	乡镇及部门	获奖项（个）	创新项（个）	亮点项（个）
6	宣传部			1.新时代农民（市民）讲习所（在全区宣传思想工作会议上做交流发言）；2.隆德县移风易俗老巷子传统汉式集体婚礼
7	统战部	杨河乡红旗村被自治区党委、政府评为2018年全区民族团结进步模范集体		1.全区民族团结进步创建互观互检观摩；2.接受国家民委考核民族团结进步创建工作
8	工 会	2017年度目标管理考核先进单位二等奖		
9	团 委	1.全区共青团工作目标考核一等奖；2.宁夏青少年发展基金会筹资动员工作二等奖	举办集体婚礼	"七彩假期"
10	科 协	县科协被自治区科协评为宁夏2017年科普中国百城千校万村行动县级优秀组织单位		
11	文 联	被自治区文联评为全区文联系统文艺培训工作先进单位		
12	工商联	被自治区工商联评为2017—2018年度全区民营企业调查点工作先进单位		

续表

续表

序号	乡镇及部门	获奖项（个）	创新项（个）	亮点项（个）
13	档案局	1.《梁堡村志》入选中国名村志文化工程；2.固原市2018年地方志工作考评一等奖；3.固原市首届村志家谱评选二等奖		
14	发改局	1.被自治区政府评为招商引资指导性目标任务完成二等奖2.被自治区发改委评为2017年度成本工作优秀集体；3.2018年上半年工作大督查及考评激励——重点项目建设、固定资产投资一等奖，奖励前期工作经费100万元；4.被国家发改委评为2017—2018年度全国价格认定工作先进单位；5.被县委、政府评为县城乡供水工程建设先进单位		1.全县完成固定资产投资27.9亿元，增速5%（全市排名第一）。隆德县承担的自治区60大庆项目和固原市重点项目开工早、进度快、效果好，得到区、市一致肯定，隆德县被列为自治区重点项目免检单位；2.在自治区、固原市组织的多次重点项目督查中隆德县是固原市唯一连续被通报表扬的县（区），尤其是自治区60大庆项目——渝河流域环境综合治理项目建设起点高、目标明、任务清、进度快、效果好，受到环保部、环保世纪行——宁夏行动、环保部西北督查局等组织的充分肯定，得到人民群众的一致好评；3.招商引进黄土地粉丝和中药
15	扶贫办	1.全区扶贫系统先进单位；2.樊学双、齐永兴获全国脱贫攻坚奖	1."十项清零"行动；2.自治区扶贫办宣传"三带四联"机制	焦点访谈报道扶贫车间
16	财政局			1.在全区财政工作会议上作了交流发言；2.就业支出位居全区前列；3.开展示范项目创建活动

续表

序号	乡镇及部门	获奖项（个）	创新项（个）	亮点项（个）
17	教体局	1.国务院教育督导委员会授予隆德县为全国义务教育发展基本均衡县；2.教育部第一批教育信息化试点优秀单位；3.教育部第二批全国中小学中华优秀文化艺术传承学校；4.教育部2018年全国中小学国防教育示范校；5.全区第四届幼儿园优秀自制玩教具展评活动优秀组织奖；6.第五批自治区科普示范学校；7.第二届"自治区文明校园"（2018—2021年自治区文明校园）		2018年宁夏第四届全民健身节暨隆德县第二届环六盘山国际自行车邀请赛
18	公安局	1.2013—2017年度全区社会综合治理"先进集体"；2.全区禁毒示范县；3.固原市表彰党的十九大安保维稳先进集体；4.固原市表彰自治区60大庆集体三等功	1.自治区公安厅成功侦破公安厅挂牌督办案件贺电；2.固原市贺电；3.自治区公安厅通报表扬	社区警务工作在全区公安机关公安改革推进会上作了交流发言
19	民政局		被民政部确定为社会救助综合改革试点县	
20	司法局	1.星级司法所创建工作先进集体；2.被固原市文明办评为固原市文明单位	1."七五"普法工作获得自治区领导肯定；2.司法部部长调研时作为县区代表发言	隆德县坚持发展"枫桥经验"，获得中央政法委肯定

续表

序号	乡镇及部门	获奖项（个）	创新项（个）	亮点项（个）
21	人社局	1.创业就业工作贫困县(区)排名第二；2.2017年度全区社会保险信息宣传工作先进单位；3.2017年度全区社会保险经办工作先进单位；4.创业就业工作领导小组，2018年度考核为C类	1.扶贫车间被《宁夏日报》报道；2.工学结合促就业被《劳动保障报》报道；3.保就业就是保民生被宁夏新闻网报道	
22	环保局		1.渝河治理被国家环境保护督察办公室《环境保护督察简报》（专刊75号）向全国推广，自治区党委书记石泰峰同志作了批示；2.《宁夏回族自治区隆德县以河长制为平台推进河湖综合整治》（《河长制湖长制工作简报》2018年第71期，总第244期）向全区推广	
23	住建局		在全区改善农村人居环境电视电话会议主会场作了交流发言	
24	交通局	1.全区"四好农村路"示范县；2.自治区交通厅等8个厅局表彰隆德县公共交通有限公司为2018年自治区劳动关系和谐企业		"四好农村路"建设
25	水务局	1.水利工程、农田水利基本建设工作贫困县（区）排名第一名；2.2017年度全区农田水利基本建设"黄河杯"竞赛二等奖；3.被县委、政府表彰为县城乡供水工程建设先进单位	1.渝河治理被国家环境保护督察办公室《环境保护督察简报》（专刊75号）向全国推广，自治区党委书记石泰峰同志作了批示；2.《宁夏回族自治区隆德县以河长制为平台推进河湖综合整治》（《河长制湖长制工作简报》2018年第71期，总第244期）向全区推广	

续表

序号	乡镇及部门	获奖项（个）	创新项（个）	亮点项（个）
26	农牧局	1.全区休闲农业创意大赛优秀组织奖；2.固原市"兽医大比武"活动先进集体奖	1.隆德县被农业农村部确定为全国农村一、二、三产业融合发展先导区；2.隆德县被确定为国家级和自治区级农村集体产权制度改革试点县；3.隆德县创新驱动发展推动创新型县建设；4.隆德县建成农产品和投入品可追溯体系建设项目	1.隆德县召开全区马铃薯机械化种植现场演示田间日活动暨农业农村部主要农作物生产全程机械化项目推进会；2.隆德县动物疫病净化创建通过农业农村部现场评审；3.隆德县兽医机构效能评估通过农业农村部验收；4.隆德县举办全区休闲农业观摩交流会；5.隆德县积极承建农业农村部2018年农业技术试验示范与服务支持项目
27	文广局	全市文化广播电视工作一等奖	1.隆德县圆满承办"西北五省·人文一脉"2018年首届西北五省区非遗文化旅游博览会暨到隆德过大年民俗文化旅游节；2.县图书馆被评估定级为二级图书馆	全区乡村旅游工作观摩团来隆德县红崖老巷子调研观摩
28	卫计局	1.群众满意的乡镇卫生院；2.计划生育基层群众自治示范县；3.全区卫生计生工作综合目标管理二等奖；4.全区健康宁夏建设工作考核优秀县；5.全市卫生计生工作综合目标管理二等奖；6.基本公共卫生服务项目绩效考核自治区三等奖		1.国家重大公共卫生服务项目农村癌症早诊早治项目2015—2017年度上消化道癌早诊早治项目；2."先诊疗后付费"工作
29	林业局			1."四个一"林草产业；2."两个优先"的生态扶贫模式
30	审计局	2017年度全区审计系统表彰审计项目		连续三年获审计厅表彰

续表

序号	乡镇及部门	获奖项（个）	创新项（个）	亮点项（个）
31	园区管委会	被市人社局表彰为2017—2018年度固原市劳动关系和谐工业园区	自治区60大庆期间，汪洋率中央代表团一分团来园区慰问	
32	城市公共服务中心		环卫工作获得县委、政府领导肯定	
33	城关镇	自治区文明委授予移风易俗先进乡镇		1.自治区民委调研民族团结示范社区创建；2.自治区农牧厅观摩清产核资情况；3.王正儒调研民族宗教工作；4.马汉成调研；5.国家民委调研民族创建
34	沙塘镇	1.自治区文明委授予光联村自治区文明村称号；2.自治区文明委授予清泉村自治区文明村称号；3.自治区文明委授予街道村自治区文明村称号；4.国务院防范办表彰清泉村为全国创建无邪教示范村		1.王河山调研；2.张柱调研；3.住建厅领导调研
35	联财镇	1.自治区文明委授予联财镇"自治区文明乡镇"称号；2.全国妇联授予杨玲全国妇联第十二届执委	固原市第一家新时代农民讲习所在张楼村挂牌成立	1.张柱观摩"四个一"工程；2.马汉成宣讲全国"两会"工程；3.全国政协在联合村调研；4.中央党校在赵楼村观摩

续表

序号	乡镇及部门	获奖项（个）	创新项（个）	亮点项（个）
36	杨河乡	1.被自治区防范办表彰为全区无邪教示范乡；2.被自治区综治委表彰为全区综治先进集体；3.全区民族团结进步示范集体；4.固原市民族团结进步示范乡		1.石泰峰调研红旗村；2.张柱调研杨河乡；3.马汉成调研串河村
37	观庄乡			1.石泰峰等人观摩人造花扶贫车间；2.住建部相关人员观摩人造花扶贫车间；3.崔波等人观摩人造花扶贫车间；4.住建厅相关人员观摩人造花扶贫车间
38	好水乡	被自治区第三次全国农业普查领导小组办公室表彰为中国农业普查先进集体		
39	陈靳乡			1.新和村建成全区雪亮工程示范点；2.海南省政协调研新和村；3.区党委组织部电视访谈在新和村录制；4.固原市组织"新春走基层"活动在清凉村开展；5.司法部《人民调解》杂志采访新和村
40	温堡乡	1.自治区旅发委评出新庄村一家五星级农家乐；2.被自治区第三次全国农业普查领导小组办公室表彰为中国农业普查先进集体；3.被固原市军分区表彰为基层建设先进单位		1.张柱调研盘龙山庄；2.自治区气象局局长调研夏坡村；3.宁夏青少年发展基金会会长调研；4.宁夏电信公司纪检书记调研；5.石泰峰书记慰问；6.全国人大常委会委员调研；7.国家审计署副审计长调研；8.区扶贫办主任调研；9.区水利厅厅长调研；10.区财政厅副厅长调研；11.区纪委常委调研

续表

序号	乡镇及部门	获奖项（个）	创新项（个）	亮点项（个）
41	凤岭乡	齐永兴获全国脱贫攻坚奖	李士村发展壮大村集体经济	1.石泰峰调研李士村村集体经济发展；2.崔波调研李士村村集体经济发展；3.张柱、马汉成调研于河村；4.国务院扶贫办调研于河村脱贫攻坚工作；5.农牧厅厅长调研李士村村集体经济；6.财政厅副厅长调研

乡镇概览

城关镇

【综述】 城关镇位于六盘山西麓，隆德县城内，是县政府驻地。地处北纬35°34′~35°40′，东经106°02′~106°13′，东望六盘，西眺沙塘，南接陈靳，北邻好水。城关镇现辖10个社区居委会，4个村民委员会。2018年，在隆德县委、政府和镇党委的领导下，城关镇人民政府坚持以习近平新时代中国特色社会主义思想为指导，深入贯彻落实党的十九大精神和习近平总书记来宁视察工作时的重要讲话精神，全面落实区、市、县和镇党委的各项决策部署，坚持以脱贫攻坚为统领，紧密团结和依靠群众，开拓进取，真抓实干，始终把旗帜鲜明讲政治落实到具体行动当中，完成全年各项目标任务，经济社会保持平稳健康发展。2018年，城乡居民人均可支配收入分别达到23470元和10165元，增长8%和12%。创新推出"建档立卡户精准扶贫精准脱贫明白卡"，在全县进行推广；中卫市党政代表团来观摩考察扶贫脱贫经验；自治区党委副书记、主席咸辉来咀头村考察脱贫攻坚工作时给予了充分的肯定。"两复核三公示"的房屋及土地征收机制得到自治区国土资源厅和建设厅肯定。城关镇被自治区精神文明建设委员会授予"移风易俗先进乡镇"荣誉称号。

【理论学习】 坚持以上率下，将学习贯彻总书记来宁视察时的重要讲话和庆祝改革开放40周年大会重要讲话精神结合起来，组织全镇职工学习96次，撰写心得体会560余篇。进一步统一了全镇上下的思想，增强了对习近平新时代中国特色社会主义思想的政治认同、思想认同、情感认同。深入开展违反中央八项规定精神突出问题专项治理，收缴违规发放各类补助累计2.35万元，党风政风持续好转。以新时代农民（市民）讲习所为桥头堡，开展了先进文化教育、社会主义核心价值观教育、扶贫政策宣传、民族政策宣传、惠民政策宣传等124场次宣传教育讲习活动，惠及群众5580人次。

【精准扶贫】 夯实脱贫基础，保障精准脱贫纵深推进。投资1251万元，硬化道路6.54公里，新建排水渠5.89公里，修建毛石护坡4936立方米，改造围墙3000平方米,安装太阳能路灯120盏,基础设施进一步完善。文化活动场所、综合服务网点、标准卫生室等公共服务设施全覆盖,群众生活进一步改善。投资24.1万元资助72名学生顺利进入大学,有效杜绝因学返贫现象的发生。兑付危房改造补助资金420万元,完成危房改造191户,实现住房安全有保障。转移城乡劳动力4767人,新增公益性岗位34个,就业率大幅提升。3个贫困村全部出列,335户1269人实现脱贫,综合贫困发生率由2014年建档时的38.6%下降到0.69%。

【扶贫项目落实】 为308户农户发放小额贴息贷款1479万元,推进产业培育精准到户,破解贫困户资金短缺难题。发放妇女创业贷款1125万元,惠及农户113户,扶持全镇200户少生快富户发展劳务、旅游等服务业,激发了妇女创业新动力。全镇饲养肉牛160头,调制饲草915.5吨,种植苗木5300亩,种植青贮玉米2549亩,保障了畜牧业持续稳定向好发展。村集体经济收入49.8万元,发展壮大村集体经济迈出坚实步伐。依托扶贫车间解决87名当地居民就业问题,实现了"在家门口致富"的目的。建立了以奖代补稳岗机制,激发了群众内生动力,促进群众比学赶超,提振了精气神。

【城市建设】 提升征迁效率,助推城市建设格局优化。实施老城区2期、中关村、城南工业园区等3个片区的改造征迁工程,拆除净地面积30.68亩,兑付资金1.75亿元,完成征迁任务350户。完成312国道环境整治、红崖至清凉河滨河大道建设等15个征地项目137.39亩,兑付补偿资金233万元。打击乱搭乱建、乱圈乱占等违规违法行为13起,为城市建设合理布局打下坚实基础。

【环境整治】 强化环境监管,推动乡村卫生持续改善。以改善群众生活环境为出发点,广泛开展农村环境卫生保洁网格化管理工作,结合农村环境综合整治,对"三边"环境、房前屋后、重点场所集中进行整治,解决农村环境脏乱差现象和垃圾围村、白色污染等问题,农民环境保护意识逐步增强,乡村面貌展现出新生机。严防秸秆焚烧,无重大气体污染现象发生。完成星火、竹林、杨店、吴山、咀头两个社区、三个自然村的水冲式厕所改造总计283户。推行"河长制",开展河道专项整治和禁止河道非法采砂等行动,组织大型机械对清凉河流域和三里店水库至三合村段进行全面清理,累计投入资金31.8万元,清理垃圾2503吨,疏通河道42公里,有效改善了河湖生态环境。与88名护林员签订森林草原防火管护协议,严抓全天候森林防火工作,无一起森林火灾发生。

【民生保障】 全年为4299户7698名城乡困难群众发放低保资金4148万元,其中,农村低保对象共346户461人,享受低保的建档立卡户246户689人,"两线衔接"重合度达到71.5%,切实发挥了社会保障工作在脱贫攻坚中的兜底功能。取消93户132名低保对象的待遇资格,追缴10户违规领取低保资金3.95万元,结合低保年审复核工作,做到应保尽保、应退尽退。为1682户5896名特殊困难对象发放临时救助、救灾资金146万元,为86名特困户发放特困津贴共26.3万元,为205名80周岁以上高龄老年人发放高龄津贴132.5万元,为各类重度残疾人1682人发放残疾津贴150.38万元和护理补贴

121.7万元，保障了特殊人群生活稳定。

【综治工作】 落实"党政同责，一岗双责"责任制，组织各村（社区）安全协管员、义务消防员培训8场112人次，铺设公路防滑沙86立方米43公里，提升安全监管和应急应变能力。依托"12·4"宪法宣传日等活动，集中开展法治宣传，建立涉黑涉恶线索摸排工作模式，共摸排各种线索16条，营造了浓厚的扫黑除恶专项斗争氛围。创建社康社戒毒中心工作站区级示范，以踏实的工作作风将禁毒工作落到实处。利用"125"矛盾协调机制，答复县信访局反馈案件15起，网络平台咨询问政51起，依法办理群众信访诉求126件次，有效解决了群众最关心、最直接、最现实的困难和问题。

【乡风文明建设】 关注"新时代农民（市民）讲习所"，写好讲稿，不仅要让支书讲、第一书记讲、领导讲，更要让群众讲，让讲习所成为群众的舞台，让群众成为主角。全镇范围内公开征求群众意见，评选出一些群众认可度和参与度都很高的讲习所和个人予以奖励，以先进带后进，让讲习所成为政策宣传、精神引领、干群交流的重要阵地。充分发挥"一约四会"作用，通过乡贤文化、家风家训和传统文化的引领，坚决遏制农村红白事大操大办、薄养厚葬等陈规陋习，大力倡导移风易俗。以评选表彰脱贫光荣户、致富能手、"五好"文明家庭等活动为重要抓手，引领全镇精神文明建设，焕发乡风文明新气象。推动社会主义核心价值观融入百姓生活，选树一批道德模范、最美人物，引导社会崇德向善、见贤思齐。

【文化建设】 利用农家书屋和社区文化活动室，丰富农家书屋陈设内容，扩大书本、报刊涵盖范围和质量，以满足群众不同文化需求。鼓励群众多走进农家书屋、图书馆、博物馆等文化场所，增长文化知识，提高文化水平，培养文化内涵，提升文化素养。通过承办县级以上重大节目、组织开展镇级文化活动等多种群众参与度高的活动，丰富群众文化生活，提升新时代农民精神风貌。

【村卫生概况】 隆德县城关镇丰台卫生院现地址在城关镇十里街道，共有人员16名，全部是卫生技术人员。推行农村责任医生制度，以行政村为单位成立了农村卫生服务小组，采取组长负责制，认真履行十四大类54项农村公共卫生工作任务。责任医生分村进行全年的上门访视工作，对糖尿病、高血压等常见病、多发病进行了分级管理，并进行了有效健康干预。居民健康档管理实现纸质建档9251人份，建档率100%；建立电子档案9251人份，电子建档率92.51%，动态管理人数1928人数，动态管理率50%。实施健康教育，本年度共举办讲座和咨询活动20场次，接受教育群众4010人次；办健康教育专栏45次，发放宣传资料12类3486份。加强0~6岁儿童管理，新生儿访视53人，访视率100%、管理率100%。加强孕产妇保健工作，产后访视管理人数53人，早孕建卡率100%、孕妇健康管理率100%、产后访视率100%。加强老年人管理，辖区共有65岁老年人801人，实际管理788人。加强慢性病管理，筛查高血压患者374人，实际管理374人，管理率100%；筛查糖尿病患者38人，实际管理38人，管理率100%。加强对重性精神疾病管理，筛查发现病例16人，实行登记管理16人。疫苗接种情况。2018年管辖0~6

岁儿童数859人，其中，常住儿童859人；共接种1119人次（其中，卡介苗接种2人次，乙肝接种79人次，脊灰IPV接种37人次，脊灰OPV接种156人次，无细胞百白破接种204人次，白破疫苗接种73人次，A群流脑疫苗接种93人次，麻风疫苗接种41人次，乙脑疫苗接种113人次，甲肝疫苗接种86人次，麻腮风疫苗接种94人次，A+C流脑疫苗接种141人次）。疫苗接种率分别为：卡介苗接种率100%、乙肝接种率100%、麻风腮接种率100%、百白破接种率100%、脊灰接种率100%、白破接种率100%、A群流脑接种率100%、甲肝疫苗接种率100%、A+C流脑3岁组接种率100%、6岁组接种率100%。加强传染病及突发公共卫生事件管理，疫情报告率、突发公共卫生事件相关信息报告率均为100%。落实死亡报告制度，应报告9人，实报告9人，死亡报告率100%。加强卫生监督协管，对卫生监督协管员培训5次，对学校传染病管理、食品安全、村卫生室各督导6次，进行量化分级管理。开展乡村医生签约服务，今年共签约3750户8560人，签约率92.53%。2018年全镇农村孕产妇免费住院分娩53例，宫颈癌筛查工作正在开展中；免费为6~24月龄儿童发放营养包1470包。

【德育工作】学区党支部建成"城关学区党员之家"微信群，定期或不定期向广大党员传达学习党的方针政策，思想理论。全体党员关注"共产党"微信平台，进行网上学习。各小学开展了"阳光少年，我们的好伙伴"系列教育活动。加强德育主阵地建设，提高德育工作管理水平。各学校以少先队为核心，建立学校德育研究小组，及时讨论和解决新形势下德育工作中出现的新问题，改变以往德育工作被动和滞后的局面。整合德育管理力量，在充分发挥少先队、班主任作用的基础上，形成"少队主管，班主任主抓，科任教师协助，校外德育资源强化渗透"的新格局。做到全员育人、全程育人、全面育人，把德育工作贯彻到学校教育的每一个环节、每一个学科、每一项活动，努力实现德育社会化、生活化、常规化、基础化、课程化。各学校从细节要求学生，逐步养成微笑待人，主动打招呼，每日做件家务事的良好习惯，养成按规则办事、不乱扔垃圾，不乱花钱。开展"学做人、塑品质""学生心理健康教育"等系列活动，提升师生的文化素养和校园文化品位，推动精神文明建设的不断深入。

【教育教学管理】各学校牢固树立质量立校意识，加强目标管理，深化教学常规管理，进一步细化教学过程管理，努力提高管理效益。加强教育教学管理，推行"三定"活动，即学区定期召开一把手工作安排会，定期召开业务工作交流会，定期组织工作督察。着眼于学校的可持续发展，坚持素质教育办学方向，坚持以人为本办学理念，使学校管理不断趋于精细化、科学化、人本化，积极探索，大胆推行新的管理模式，健全各项工作制度，细化过程考核，使学校各项工作规范、有序、高效开展。各学校以目标责任管理为统揽，进一步强化岗位意识、责任意识、效益意识，充分发挥各层次管理人员的工作积极性和主动性，压实责任，夯实任务，切实提高管理绩效。从严制度，活化制度，用奖惩相结合的形式，充分调动教师干工作的积极性、主动性。进一步细化教学过程管理。

【教师队伍建设】 加强教师基本功培训。各学校开展教师基本功培训活动，教师基本功培训融入校园文化建设的大环境中。大力开展教学技能培训。继续深入开展"三说一会"（说教材、说课标、说教法、会指导学生学法）活动。各学校加大教师学习、交流、观摩、研究的力度，采取强弱互补等手段促进薄弱学科限期提高。继续加强骨干教师培养。各学校确立学校骨干教师培养对象，在此基础上，学区确立区、市、县骨干教师培养对象，组织他们积极参加农村骨干教师远程培训，有组织有计划地打造学区名师梯队。各学校积极响应教研室的工作，最大限度解决各校的疑难问题。本学年教师撰写的论文在固原市"五个百"中获一等奖1人、二等奖4人；固原市"五个百"优秀课件评选中获二等奖4人；在固原市杏坛杯活动中获一等奖2人、二等奖1人。

【安全工作】 贯彻《中小学幼儿园安全管理办法》，加强安全工作的组织领导，落实校园安全工作责任制，建立健全责任追究制度和安全工作"一票否决"制。加强安全教育，强化师生安全意识。各学校通过安全教育课、安全宣传橱窗，加强对广大师生的安全教育和安全知识培训，定期组织应对突发事件的演练。各学校制定各类安全制度，安全工作应急预案，学前儿童和留守儿童的管理和教育制度。落实"平安校园"。加强安全检查，及时地有针对性地对各学校进行督导检查，消除安全隐患。确保学校校舍、校产安全，师生人身安全。聘请派出所所长担任法制副校长，县交警大队和当地派出所民警定期作法制专题报告，不定期到校园周边巡查，加大对学生的安全教育。本学年，城关派出所到各小学开展法制宣传教育活动2次，县交警大队到中心小学开展道路交通安全教育2次。通过活动班会、队会，观看安全专题片，各学校每天对教室、各功能室、水电卫生设施进行安全隐患排查，并在安全平台上上报。采取多种形式对学生和家长开展食品、交通、防火、防溺水等安全教育知识宣传。每学期组织全校学生安全技能演练，如安全自救、紧急疏散、消防逃生等；全面推行校方责任保险，加强路队建设，提高学生辨别是非的能力，着力创建平安校园。

【隆德象山园】 位于县城北，北象山上，象山因其形似大象而得名。象山园始建于1996年，园门牌楼式，园内石条铺阶，拾级而上，蜿蜒曲折至山顶。道旁有两座亭子供游人休息观景，半山腰有一座寺庙，叫弘法寺。北象山遍置松柏、山桃，有老红军墓和烈士墓。

【红崖老巷子民俗文化村】 位于城关镇红崖村，距隆德县城1公里，东靠六盘山西麓的清凉世界，依山傍水，绿树环绕，环境清幽。历史上的红崖村，曾数次成为争夺隆德县城的指挥中心。发生在隆德县内的战役不计其数，其中重大的战事如宋金争夺德顺军之战、成吉思汗拔德顺州、李自成攻占隆德城等，都曾在红崖村安营扎寨，运筹帷幄，指挥战事。1935年秋，红二十五军长征途径隆德，其先遣部队宿营在红崖村，召开党委扩大会议，研究部署工作，为该村留下鲜明的红色革命文化印记。依托红崖村厚重的历史文化、独特的建筑风格，以"千古隆德县，百年老巷子"为主题，以打造"红色旅游景区，保护历史文化名村"为理念，采取"政府引导、部门建设、客商配合、共同打造"等形式，开发建设了六盘人家红崖老巷子民俗文化名村。村内有一条长200米的老巷子，占地面积1万平方米，保留古村落原始特征；建设红崖泉、古钟石阶、红军墙、红二十五军先遣团党委会议遗址、红军小广场、民俗文化墙，以及景观雕塑、园林小品20处，建有老戏台、老磨坊、老水井等古乡村建筑，主要开展戏曲展演、农家餐饮（特色菜肴、地方小吃等）、家庭客栈、茶馆、酒吧等经营活动，是一家集绿色生态、养生度假、观光娱乐、休闲健身为一体的旅游度假村。经过几年的建设，目前已经成为隆德一张靓丽的名片。

【六盘山红军长征景区】 位于隆德县东侧，312国道沿线，是国家4A级旅游景区。景区由纪念馆、纪念碑、纪念广场、纪念亭、吟诗台和红军长征途中发生的10余个主要事件的微缩景观组成。景区农家乐、旅游接待、民俗体验区设施一应俱全。六盘山是中国工农红军长征翻越的最后一座大山，六盘山地区是中国工农红军长征三军会师地之一，是革命老区，也是国家确定的一百个经典红色景区之一。

【石窟寺景区】 位于隆德县城西南2.5公里的南凤山腰。南凤山形宛如凤凰临风展翅，故名之，又称龙凤山。脉系直通陇山，峰顶现存汉代烽火台一座，山下有吹笙台。石窟寺大约凿于南北朝时，寺依绝岩而建，中间凿有大雄殿、无量殿、大士殿三窟。大雄宝殿门额镌有"磨日宕霄"四字，左右有文昌宫、子孙宫两小窟，为明朝后期所凿。石窟寺景区北坡有座祝霖寺，传因祈雨辄应得名，寺距城西1.5公里，建筑面积300平方米。

该寺旧有乐楼及看台，毁于震灾。"祝霖疏雨"为隆德县志记述的隆德八景之一。

【六盘山文化城】 六盘山文化城位于隆德县城人民路中段，地处县城黄金地段，建筑面积1.3万平方米。以经营民间文化产品及古玩交易、文化展示、旅游为主要功能，是隆德县一处综合性文化产业基地和生产经营平台。文化城现有文化经营户50余家，主要从事书法、绘画、剪纸、泥塑创作，以及宫灯、花灯、麦秆画、戏曲服饰制作等，产品远销区内外，是六盘山地区较有名气的文化产品生产、交易基地。2018年吸引逾万客商及游人前来游览、观赏及购物。

沙塘镇

【概况】 沙塘镇位于渝河河谷川道区，312国道横穿全镇，距县城15公里，东接城关镇，西连神林乡，南同凤岭乡毗邻，北与张程乡、杨河乡接壤，总面积78平方公里，东西长13公里，南北宽6.15公里，镇辖11个行政村67个村民小组。沙塘镇人民政府坚持以习近平新时代中国特色社会主义思想为指导，深入学习贯彻党的十九大精神和习近平总书记来宁视察重要讲话精神，全面贯彻落实中央和区市县党委、政府和镇党委的决策部署，团结带领全镇广大干部群众，以脱贫攻坚为统揽，统筹推进产业发展、环境整治、社会治理、民生改善等重点工作，振奋精神，务实苦干，全镇呈现出经济稳步发展、社会和谐稳定、人民安居乐业的良好局面。2018年，全镇农村居民人均可支配收入达到10428元，同比增长11%。

【精准扶贫】 围绕贫困户"两不愁、三保障"，坚持应脱尽脱，所有贫困村均实现脱贫销号。2018年，新识别建档立卡贫困户7户21人，脱贫122户359人，剩余贫困户42户108人，贫困发生率从25.84%下降到0.67%。对所有村组基础设施建设进行"回头看"，查漏补缺。全年完成道路硬化28.2公里，新建围墙1.5万米、大门333幢，新修排水渠7.7公里、过水桥5座；完成人工造林280亩，道路绿化8公里，村庄绿化7公里。开展土坯房消除行动，拆除土坯房569户，移民院落164户。完成危房改造263户，其中，四类重点保障对象73户，一般户190户。新建马河、许沟村老饭桌2个，全镇11个行政村中已有7个老饭桌，妥善解决53名特殊人群安置问题。

【壮大村集体经济】 光联村带动群众发展养殖业，通过"股份合作+投资收益"模式，年底村集体收益8万元，分红4.72万元；张树村人造花厂扩建车间400平方米，积极探索"企业+车间+贫困户"的扶贫模式，持续带动35户群众在家门口实现就业；马河村建成中药材切片加工厂，种植黄芪200亩，初步实现中药材切片订单加工生产经营；许沟村建成食用油加工厂，巩固提升胡麻种植800亩；锦华村成立村集体养牛合作社，种植青贮玉米200多亩，大力发展肉牛养殖。坚持把公益性岗位作为推动脱贫攻坚的重要举措，变"输血"为"造血"。今年共设置公益性岗位98人，其中闽宁对口协作项目36人，年人均收入达8580元。加强东西部协作，与闽侯县廷坪乡、小箬乡建立互访机制，签订框架协议，帮扶"闽宁携手奔小康"资金15万元，带动297户贫困户发展种养殖业。

【特色产业】 统筹推进北山塬山水田林湖路项目，完成西湾至张树一线退耕还林补植补造2200亩，完成土地整理2700亩。张树、清泉重新划分土地，种植玉米、马铃薯、胡麻等837亩，街道流转土地种植青贮玉米200亩，建成"四个一"林草产业试验示范基地300亩，带动贫困人口稳定增收。巩固提升锦屏村百头规模肉牛养殖场，扩大张树、光联、锦华等村肉牛养殖规模，加快闲置圈舍的补栏，全镇肉牛饲养量1884头。鼓励广大农户和种植大户规模化种植青贮玉米、甜高粱等优质饲草4000亩，提高饲草储藏技术，为草畜产业发展奠定坚实基础。2018年，张树村被固原市农牧局评为养牛示范村。新增供港蔬菜基地喷灌设施200亩，巩固提升十八里村供港蔬菜1300亩和新民村冷凉蔬菜永久性种植基地1000亩，维修提升清泉村100栋日光温棚，带动79户贫困户发展冷凉蔬菜产业，标准化生产规模初步形成。引进上药集团在许沟村流转种植中药材400亩；加快和香雪、明德等企业的合作，巩固提升马河等村黄芪、金莲花规模化种植育苗基地4000亩。

【集体资产清理】 完成各村集体资产清产核资工作，严格遵守相关法规政策和财经制度，建立健全集体资产登记、保管、使用、处置等制度，实行台账管理，公示公开清查结果，确保清查核实结果真实准确。

【环境治理】 加强渝河流域环境综合治理，落实"河长制"，靠实镇村两级河长和巡河员职责，落实巡河巡查制度。组织各村积极开展"清河行动"，整治河道岸线0.7公里，清理打捞垃圾10余吨，努力实现"河畅、水清、岸绿、景美"的目标。

全面启动农村污水处理及改厕工作，按照任务指标，因地制宜制定卫生改厕实施计划，广泛进行宣传动员，配备专人管理，组织进村入户核实选型、登记造册。全年共实施1357户农村改厕，群众生活习惯逐渐改变，生活质量不断提高。开展环境综合整治行动，严格执行环境网格化管理制度，将140名保洁员、公益性岗位人员责任落实到位，实现环境卫生清理常态化。定期对312国道、各村环境卫生进行清扫，加快解决农村环境卫生"脏乱差"问题。开展户内卫生评比活动，改善家庭环境面貌，提升群众的"精气神"。改造燃煤锅炉22蒸吨，镇内各单位、安置小区均改用清洁能源供暖，减少二氧化硫等污染气体排放，不断提升空气质量。严禁秸秆焚烧，以多种形式展开宣传，让群众深刻认识到秸秆焚烧的危害，同时用好护林员，加大巡查力度，齐抓共管，形成常态。

【民生事业】 加大城乡居民养老、医疗保险政策宣传和收缴力度，参保率分别达95%和98%，实现建档立卡贫困户医疗保险全覆盖。开展农村低保审批权限下放试点工作，建立严格的管理制度和责任机制，做到职责明确，有责可查。实现低保与扶贫"两线合一"，重合率62.9%。全年发放低保1502户1728人，做到应保尽保；发放临时救助、救灾资金等各类救助保障资金60.75万元，有效保障了困难群众的基本生活。落实创业就业促进政策，实施劳动力素质提升工程，提高贫困户脱贫致富能力，全年落实就业1162人，转移就业补贴发放59.58万元。宣传金融扶贫政策，帮助农户突破产业发展瓶颈，增强贫困户的生产发展能力，实现建档立卡贫困户943户贷款4438.5万元，贷款覆盖率达84.3%。维修村级组织活动场所6个，全镇11个村级活动场所全部达到200平方米以上，实现文化活动场所全覆盖。参加全县春节社火大赛，举办沙塘镇第十三届民间文化艺术节，带动全镇文化的繁荣发展，丰富了群众的精神文化生活。做优做强基础教育，全镇适龄儿童入学率达100%，义务教育阶段无辍学学生，"雨露计划"帮扶困难学生293人。

【移风易俗】 以"新时代农民讲习所"为阵地，深入开展党的政策、实用技能培训、移风易俗等宣讲活动，提高农民自身素质。全年共开展宣讲活动132场次，受众8000多人次。举办沙塘镇"走进新时代、倡导新风尚、拥抱新生活"2018年推进移风易俗树立文明乡风文艺晚会，表彰了一批移风易俗示范户、道德模范和光荣脱贫户，向群众传递了新时代榜样力量，为打赢脱贫攻坚战提供了强大的精神动力。

【社会治理】 开展法律进校园、进村、进农户宣讲活动，通过"七五"普法中期验收，镇村两级公共法律服务实现全覆盖。加大矛盾纠纷排查力度，坚持一周一通报、一月一汇总，共排查矛盾纠纷204件，成功调处196件，化解率达96%。持续开展扫黑除恶专项行动，营造"扫黑除恶"专项斗争舆论氛围，运用"125"工作机制，发挥好治安协管员作用，依法严厉打击各类涉黑涉恶违法犯罪行为。全面落实安全生产责任，切实抓好道路交通、食品安全等重点行业领域的安全生产工作，与各村签订安全生产责任书，强化监管、落实责任，彻底消除事故隐患，社会大局保持和谐稳定。

【政府效能】 把习近平新时代中国特色社会主义思想和党的十九大精神作为政府各项工作的行动指南，坚持把政治纪律和政治规矩挺在前面，切实增强"四个意识"，坚定"四个自信"，做到"两个维护"。坚持民主集中制原则，凡是"三重一大"事项均提交党委会研究决定。坚持依法行政，自觉接受镇人大和社会各方面监督，大力推进政府工作规范化、法制化。坚持"两学一做"常态化制度化，持之以恒纠正"四风"问题，转变作风，建立健全各项规章制度，规范工作秩序，严肃工作纪律，实现镇村两级干部工作的制度化、规范化。严格执行中央八项规定精神，完成公务用车改革，控制各项行政支出，"三公"经费持续下降，政务环境进一步优化。强化扶贫领域腐败和作风问题专项治理工作，进一步推广涉农惠农"331"监管平台，完善涉农惠农项目的"三级备案、三级审核"。2018年发布惠农政策37条，受理各类咨询160件，回复办理160件，回复率达100%。"12345"服务热线受理各类有效信息8件，办结率100%。

【卫生基本情况】 隆德县沙塘镇中心卫生院位于隆德县城西15公里处，服务半径10公里，辖区共有11个行政村，建有13个标准化村卫生室，管辖人口17524人，占地面积5822平方米，业务用房4300平方米，开设病床36张。医院现有专业技术人员46人（其中，具有高级职称7人，中级职称9人，初级职称15人，二级单位指派3人，外出进修4人），乡村医生21人。医院设有门诊科、医技科、公共卫生科、住院部及中医馆5个部门，检验、彩超、心电图、放射等常用医疗设备齐全。2018年，卫生院共接诊门诊患者32693人次，住院患者966人次，业务总收入170余万元。同隆德县人民医院和县中医院建立了医疗联合体。

【健康扶贫】 现有建档立卡户1113户4179人，其中建档立卡患病人员406户538人，按"三个一批"管理需大病集中救治的20人，慢病签约服务的499人，重病兜底保障0人，救治后死亡19人。截至目前，累计入院救治478人661人次，慢病签约管理519人，救治率99.63%。

【基本公共卫生】 累计纸质建档数13335份，电子建档13335份，建档率78%。举办健康教育讲座和咨询活动12次，接受健康教育2600多人次；更新健康教育专栏6期，发放健康教育宣传资料共计12种5000余份；播放健康教育影像资料累计6种380多个小时。应种2493针次，实种2486针次，接种率99.7%。新生儿应访视71人，实际访视69人，访视率97.2%；应管7岁以下儿童685人，5岁以下儿童484人，3岁以下儿童286人。应管理孕产妇71人，实际管理69人，管理率97.2%。早孕建卡69人，建卡率97.2%。高危孕产妇30人，进行全程跟踪管理，免费发放叶酸1680瓶，涉及310人。本年度共计上环3人，取环4人，孕前优生检查95对190人，早孕随访475人次，发放避孕药具20270盒，一般人群健康指导30余人次。辖区共有65岁及以上老年人1497人，实际管理1483人，管理率99.1%。现应管理高血压患者1017人，实际管理1383人，其中规范管理1274人，规范管理率92.12%，血压控制1152人，控制率83.3%；应管理糖尿病261人，实际管理242人，管理率92.7%，其中规范管理214人，规范管理率88.43%，血糖控制185人，控制率76.45%。重性精神疾病患者应管理60人，实际登记管理59人，管理率98.3%。癫痫应管理16人，实际管理16人，管理率100%。传染病11例，死亡报告102例，无漏报、迟报现象发生，疫情报告率、死亡报告率、突发公共卫生事件相关信息报告率均为100%。现管理结核病人4人，共计转诊疑似结核病人39例。对辖区内学校、餐饮、药店等实行卫生监管，认真登记造册；加大乡村两级卫生监督巡查频次，其中食品安全巡查343次，医疗行为巡查188次，学校卫生巡查28次，供水单位巡查4次，公共场所巡查35次，居民饮用水巡查184次，传染病疫情巡查162次，计划生育相关信息巡查183次，共计巡查1127次，做到巡查督导全覆盖。通过实施中医药健康管理，对1784位老年人进行中医体质辨识，并根据不同体质给予中医药保健指导，有效改善其健康状况；对286名0~3岁儿童家长进行儿童中医饮食调养、起居生活等指导，传授常用穴位按揉、摩腹、捏脊等中医保健方法，改善儿童健康状况、促进儿童生长发育；对1383名高血压患者、242名糖尿病患者、69名孕产妇进行情志调摄、饮食调养、起居调摄、运动保健、穴位保健等进行相应的中医药保健指导，更好地发挥了中医药在维护健康、预防疾病中的作用。共签约1123户4485人，其中老年人945人，0~6岁儿童443人，高血压801人，糖尿病149人，肺结核7人，重性精神病50人，残疾人142人，计划生育特殊家庭5人，健康扶贫人员519人。

【德育教育】 加强对习近平新时代中国特色社会主义思想的学习，特别是学习习近平关于教育的新思想、新理念，以习近平新时代中国特色社会主义思想武装头脑，指导实践。坚持党建与教育教学工作同部署、同谋划、同落实。抓好发展党员工作，特别是要抓好学校中层年轻干部的入党工作。扎实抓好党建品牌创建，把党建和教育教学工作有机结合，实现抓好党建促教学，抓好教学促党建的工作目标。以评选"优秀中队辅导员""优秀班主任"为契机，弘扬先进，发挥优秀班主任的示范、辐射作用。重视行为养成教育，促进校园健康建设，动员全体师生广泛参加健康学校建设，主动促进自身健康。加强行为规范教育，以《小学生日常行为规范》为标准，以一日常规考核为抓手，开展好文明礼仪教育系列活动。利用电子屏"一日一语"、晨会、班队会、主题教育活动、班级公约等，强化教育训练，注重细节，特别是抓好学生的就餐、集队、上操、午间管理和课间行为规范等，切实培养学生做"讲文明、讲礼仪"的校园小主人。开展好系列主题教育活动。利用每周一的升旗仪式和国旗下讲话，结合重大节日、纪念日，发挥少先队阵地作用，一月一主题，对学生进行感恩、奉献、友爱、中华民族传统美德等丰富多彩的少先队主题教育、禁毒教育主题班会，塑造学生良好品格。开展好读书节系列活动。德育处要结合市、县开展的各种读书节，组织开展好形式多样的读书活动，营造浓厚的读书氛围，引导学生多读书、读好书，展示学生、教师的阅读成果，打造书香校园。

【教育教学】 落实课程计划，落实课程巡查制度，促进开齐、开足、开好课程。进一步落实教学质量奖励制度，发挥正能量效应，增强教师教育教学工作的责任感，提高教学质量。进一步规范常态课的管理工作，做好每日巡课工作，学区主任、教研员、校长和教导主任要多听推门课，重点督查教师执行课程计划、上好常态课；继续组织校内视导，将视导重点放在薄弱学科、薄弱班级、薄弱教师中，加快薄弱学科、教师的成长，进一步提升学校整体教学质量。抓好毕业班教学管理和监察，安排好毕业考试和复习指导工作，注意做到科学有效，保持并促进毕业班教学质量在全县处于较好位次。规范家校通发送信息的管理和使用，强化家校合作，共同做好学困生和习困生的帮扶、教育工作。重点带动，全面提升教师素质。开展教研组示范课、同课异构、青年教师成长汇报课、组内观摩课、骨干以上人员的展示课等多种形式的教学研讨活动，其间邀请县内名教师来校上课，引导教师加强教学基本功的训练与提升，促进教师专业技能发展。结合教研室新一届带头人、骨干的评选，组织一到两次的带头人、骨干教师的献课活动，引领教师更新教学理念，学习先进教学方式，反思个人教学情况，加快课堂教学改革，打造优质高效的课堂教学。围绕基本功大赛，有序组织教师进行写字、编写导教案、说课等基本功训练，让竞赛活动成为教师专业成长的催化剂。引领教师深入课堂，打造有效课堂，深化课堂改革。引导教师在教学过程中开展教育科研工作，积极撰写教后反思、听课反思等，选出优秀作品参加上级评比。

【安全工作】 强化安全意识，提高师生的自护能力。有计划安排校园逃生演练活动，锻炼学生在紧急情况下镇静沉着的心理素质，增强学习处理突发事件能力。加强对校园食堂管理人员和工作人员的食品安全教育，严格把好食品采购的源头关。加强交通安全教育。强化乘车安全，及时登记乘车学生，坚持做好护导上车及交接手续。与街道、交通、公安等部门主动协调、通力合作，全力保障学生交通安全。加强校园安全管理，为师生创造安全和谐的校园教学环境。开展多种形式的教育活动，利用每周一升国旗、班会等时间，集中进行安全教育。定期召开安全工作会，通过召开各班班主任参加的安全会议，总结布置安全事宜，发现隐患及时排除。

【文物古迹】 沙塘页河子新石器遗址位于宁夏隆德县沙塘镇北侧塬地上。2013年6月至11月，宁夏文物考古研究所对沙塘遗址进行正式的考古发掘，取得重要收获。发掘面积约400平方米，发现和出土一批重要的遗迹和遗物，为这一地区的新石器时代文化研究提供重要的资料。尤其重要的是发现了较为完整的窑洞式房址，对这一地区先民们的居住条件和居住环境有了更进一步的了解。2018年，继续进行抢救性保护发掘。

神林乡

【概况】 位于县域西部，地处隆德县西南部渝河中游，辖7个行政村，总面积52.53平方公里。2018年，在县委、政府的坚强领导下，神林乡人民政府坚持以习近平新时代中国特色社会主义思想为指导，深入学习贯彻党的十九大精神、习近平总书记视察宁夏时的重要讲话和庆祝改革开放40周年大会重要讲话精神，全面贯彻落实区、市、县党委、政府的各项决策部署，狠抓脱贫攻坚、农业农村、民生改善、综治维稳等各项重点工作，全乡农业生产总产值达到1.65亿元，增长8%，农民人均可支配收入达到9376元，增长8%，全乡四个贫困村全部脱贫退出，累计减少贫困人口701户2785人，综合贫困发生率下降到0.57%，贫困户

"两不愁、三保障"和贫困村公共服务领域主要指标达到脱贫退出标准，全乡经济社会各项事业保持了良好发展的态势。

【精准扶贫】 2018年，全乡建档立卡贫困户种植蔬菜1197.32亩、中药材142亩、马铃薯2009亩、玉米5780亩、小麦327亩、胡麻299亩、蚕豆1720.74亩、优质牧草73.2亩；完成基础母牛补栏422头，养猪150头、羊275只、鸡281只、蜜蜂88箱；转移就业985人（其中，县内443人，县外542人）；托管代种367亩、代养85头（只）；采取社会兜底、代耕代种代养方式帮助无产业贫困户20户36人、产业薄弱户35户67人，解决产业发展问题，产业发展带动建档户脱贫效应明显。"十项清零"行动全乡完成并申请验收20项，目前已全部验收完毕。已全部完成5个行政村2019—2020年项目库建设。全乡特殊人群共有22户26人，其中1户2人在残疾人托养中心，6户6人投亲靠友，剩余15户18人在老饭桌全部安置。"三个十户"入户核查工作方面：一般户中条件最差的10户，共计50户；脱贫户中条件最差的户，共计46户；社会兜底户45户，经核减压实25户有产业，现重新确定兜底户20户，目前已全部完成入户核查工作。"四类人员"核查摸底方面：全乡新出生17人、死亡17人、婚入13人、婚出17人、空挂户5人、户籍迁入9人、迁出13人、其他6人，共计97人，已在云信息系统中修改。金融扶贫方面：全乡719户贫困户，已贷626户，未贷93户。健康扶贫方面：为全乡471名贫困户患者发放了"精准医疗健康扶贫卡"，为480名慢性病患者建立了家庭医生签约服务，开展了定期免费体检和跟踪上门服务，719户贫困户扶贫保全覆盖。落实第一书记（驻村工作队长）和帮扶责任人各项管理制度，建立第一书记（驻村工作队长）工作进度"周汇报、月督查"机制，通过随机检查、入户访谈、电话抽查等方式督查第一书记"五大员"作用发挥情况、帮扶责任人帮扶工作满意度，发现问题25条，建立问题清单146份，下发整改通知146份（件），确保管理工作严在经常、抓在日常。全乡5名第一书记及驻村工作队共落实帮扶资金64.9万元。

【扶贫政策宣传】 开展"农民教育培训年"活动，组织各行政村通过农民讲习所、脱贫富民大讲堂等载体，举办"我脱贫、我光荣"宣讲会15场次，开展扶贫政策宣讲27场次，累计参加群众13860余人次。开展进户宣讲脱贫政策活动，乡村干部、帮扶责任人常态化开展产业扶贫、健康扶贫等政策宣传宣讲活动，为全乡脱贫攻坚深入开展创造了良好的舆论氛围。按照脱贫效果突出、示范效应明显的原则，广泛开展优秀脱贫户评选表彰活动，全乡共计评选优秀脱贫示范户80人，通过召开建档立卡贫困户会议、优秀脱贫示范户现场宣讲等活动，为全体建档户树立好标杆，激励他们强化信心、主动发展、按期脱贫。

【农业生产】 农业生产稳步发展，渝河、朱庄河、筛子河流域产业发展连片成带，设施农业、旱作节水农业、旅游观光农业互相促进，冷凉蔬菜、红树莓、油用牡丹等特色农业效益凸显，泾河源、兰州介石、绿鲜果蔬等公司收益可观。渝河川道区农户种植辣椒等冷凉蔬菜2237亩；介实公司千亩露地蔬菜基地、庞庄—神林200亩大拱棚蔬菜基地、双村—辛平350亩小拱棚基地实现产业化、规模化、集约化经营；企业（合作社）

和农户冷凉蔬菜实现种销两旺、丰产增收。神林山庄生态休闲观光农业、庞庄红树莓采摘，提升乡村旅游品质。全乡农户肉牛存栏1470头，基础母牛补栏772头，建成圈舍19座；鸿兴旺牧业牛存栏达350头以上。朱庄河流域旱作节水农业种植（青贮玉米）2147.8亩。筛子河流域保有优质紫花苜蓿6000亩，黄芪、色素菊等中药材种植495.8亩。渝河川道区冷凉蔬菜、朱庄河流域草畜产业、筛子河流域牧草和中药材的产业格局初步成形。争取"山水田林湖草"综合治理项目，投入资金6000余万元，在北山塬建设大型蓄水池2座，铺设管道2500米，平整土地4000余亩，征用土地350余亩，修筑沥清道路35公里，使昔日旱塬变水浇良田。

【环境整治】 危房改造任务49户，实际完成改造137户，完成任务的279%。完成小城镇设计规划和拆迁工作，高标准开工建设主道路翻修，完成排水管网建设工程。开展小城镇建设宣传动员工作，组织农户进行房屋建设、外立面改造。全乡厕所改造任务1050户，已完成化粪池建设1040户，设备安装齐全533户。拆除神林、庞庄、辛平3村249户农户土坯房、土院墙和村内残垣断壁，配套建设围墙7978平方米、大门164幢，新建排水渠400米，完成巷道硬化1560米，自来水入户43户。投入人力360人次、大型机械28台（套）次，依法依规拆除庞庄村四组糜地湾、观音、岳村移民废旧院落（房屋）。新增护林员8人，进一步壮大天然林保护工作人员队伍。创新机制，开展森林草原防灭火群防群治工作，落实森林草原防灭火工作责任。开展农业生产残膜回收，通过张贴公告、利用村组广播宣传等方式，加大政策宣传力度，动员各种植户清理、上缴农业生产残膜。开展宣传、巡查，坚决防止农户焚烧农作物秸秆及农业生产垃圾。整合全乡保洁员、护林员等多方力量，投入劳动力2300多人次、机械250余台次，开展渝河、朱庄河、小河子等四条县乡村级河道清理疏通活动，清除垃圾1800余吨。集中开展农村粮场柴草、公路边沿垃圾、乱堆乱放杂物清除整治，确保村庄、道路整治。以行政村为单位，增加公益性岗位29人，以保洁员为主体，分网格全天候做好村庄保洁，确保长效管理。严格落实河长制六项工作制度，对全乡河湖水域岸线管理范围进行划界登记，建账立卡；组织各村"河段长"常态开展踏河普查160余次，发现并整治相关问题2类5处，确保河清水净。实施清流渠清淤工程，确保水畅民安。组织相关工作人员对全乡8个养殖场养殖及生活污水、畜禽粪便排放情况进行摸底排查，对8个排污口逐个登记建档，并现场签订污染治理工作目标责任书、承诺书，督促各规模养殖场做好畜禽粪便处理工作，并指导开展病死及死因不明动物无害化处理工作。

【社会民生】 全面落实最低生活保障审批权限下放乡镇试点工作，组织实施农村特困救助、大病救助和最低生活保障，切实做好困难群众的生产生活自救，共计完成801户976人低保核查、系统录入工作；核定新增低保174户199人、剔除195户219人，五保金、低保金全部发放到位。

【创业就业】 开展创业贷款申请、审核、上报工作，全年累计组织农户申请发放贷款400余万元。落实县委、政府各项安排部署，鼓励、支持、引导更多群众在家门口创业就业，全年累计开展电焊、烹饪培训350余人次，向工业园等县内企业输送务工人员29人，发放贫困户务工补贴677人33.85万元，发放交通补贴13人0.68万元。新建神林、庞庄、辛平、双村等6个老饭桌402.3平方米，新增幸福院2处，全乡所有行政村老饭桌于10月中旬前全部开展运营。新增文化活动中心2处，新建文化广场5个，配备健身器材5套、篮球架5副，群众文化生活不断丰富。

【农民文化活动】 鼓励、支持各村村民因地制宜开展篮球赛、广场舞、自乐班等多样文化活动，组织群众参加全县春节社火大赛，举办首届中国农民丰收节，进一步凝聚人心、共聚发展合力。

【社会治安综合治理】 开展"扫黑除恶"专项斗争，组织相关人员深入村组开展排查，上报相关线索，时刻保持高压态势。完善信访工作责任制，全面排查调处，对不稳定因素和群体性事件做到早发现、早控制、早化解，把各类信访问题、矛盾纠纷化解在萌芽状态。发挥"125"工作机制，多管齐下，形成强大合力，共排查化解矛盾纠纷56起，化解率100%，无一起因矛盾纠纷调处不及时引发的恶性事件。新时代农民讲习所及"一约四会"等活动常态开展，高价彩礼、大操大办、铺张浪费等现象得到有效遏制，守望相助、睦亲友邻的良好乡风民风家风初步形成；全面加强政务公开，利用"331"监管平台、村组广播、公开公示栏、各类微信群等媒介，常态化、制度化开展政策宣传、低保公示、各类补贴资金发放等各类公开公示工作，方便群众监督，确保社会大局和谐稳定。

【卫生工作】 召开乡村医生例会15次，并通过以会代培方式对11名乡医进行了卫生法规、规章制度、计免知识的学习和培训；组织村医参加卫健局举办的继续教育学习、专业知识培训和学习教育，完成全乡8所村卫生室考核办证事宜，实施每月一次的入村督导检查工作，使村医管理工作和防保网建设得到进一步加强。计免工作常抓不懈，做好儿童卡、簿、证、册的管理工作，对每日新生儿童及时上卡，按程序接种。全乡0~7岁儿童331人，今年出生29人，实建29人，建卡率100%。乙肝及时接种率100%。今年未发生1例接种事故。开展了妇女病普查诊治工作，同时建立了诊治档案，对全乡范围内35~59岁妇女进行了宫颈癌和乳腺癌的普查，按照三年普查规划，今年完成普查524人，完成任务的100%。对6岁以下儿童体检302人。做好免费孕前健康检查工作，及时提供药具服务，同时设立9个免费药具领取点，极大地满足了育龄群众的需求，取得了很好的社会效益。共接受门诊患者7736人次，平均日门诊21余人。开放病床6张，住院247人。对全乡794名65岁以上老人中的645人进行了健康体检，体检率达81.3%。对全乡2300多户居民开展了全民家庭健康档案信息采集工作，通过逐人逐户调查，共筛选出糖尿病患者85人，高血压患者607人。65岁以上老人794人，按照上级年体检80%的要求，圆满完成了目标任务。管理精准医疗健康扶贫719户2845人。年底脱贫701户2788人，未脱贫18户57人，其中，非因病致贫5户14人，因病致贫13户43人。对817名精准医疗健康扶贫人员进行健康体检：测血压、测血糖，做B超、心电图、妇女两癌病筛查，对0~6岁儿童进行血红蛋白检测。进行入户了解病人病情：病情诊断、诊疗经过、治疗情况、治疗后注意事项，并且对817名精准医疗健康扶贫人员进行病情分类，要求住院及转院治疗，进行分级诊疗。

【教育基本情况】 学区下设完全小学2所、教学点4个，在校学生181人，在园幼儿56人，在编教师38人，特岗教师3人，从业人员7人。建章立制，规范教学管理，实行月终、学终考评机制，将出勤、教学常规、信息化建设、教师素养提升等情况纳入考评，同月奖励性绩效工资挂钩；奖勤罚懒，以奖为主，落实激励和约束机制；建立值班领导巡岗巡课制度，加强校园安全和教育教学工作的过程管理，逐步使学校各项规章制度内化为教师的自觉行为；通过校本教研、校本培训、召开座谈会、到张程学区开展片区教研等多种形式推进课程改革，提高教学实效性；开展"一师一优课，一课一名师"活动，利用学校录播教室资源，在信息技术环境下参加全区微课大赛，积极探索教师协同备课和网络研修模式，提升教师课堂教学质量。实行推门课，加大课堂教学的监控力度，发挥教研活动在教师专业成长中的促进作用。

【开展"全民学宪法，奋进新时代"国家宪法系列宣传活动】 为了增强师生的宪法意识，弘扬宪法精神，神林学区在师生中开展了"全民学宪法，奋进新时代"国家宪法系列宣传活动。成立了宣传教育小组，研究部署宣传活动的具体实施方案。活动由学区办牵头负责，各校少先队协助配合，确保了宣传活动的顺利进行。学区党支部牵头组织全体党员教师学习宪法，要求每位党员教师牢记"宪法是国家的根本大法。宪法与国家前途、人民命运息息相关。维护宪法权威，捍卫宪法尊严，保证宪法实施，是每位中国公民的基本权利和义务。"各校组织全体师生庄严宣誓：忠于中华人民共和国宪法，维护宪法权威，履行宪法职责，为建设富强、民主、文明、和谐美丽的社会主义现代化强国努力奋斗！各班通过开班会和办手抄报的形式，广泛开展了宪法的宣传活动，创建了浓厚的宣传氛围。使全体师生更全面地了解宪法、热爱宪法，宣传教育活动达到了预期目标。

【安全管理】 学区召开安全专项会，加强对学生的安全教育，加深学生对校园欺凌和暴力、防火、交通不安全因素等危害的认识，有效提高了师生、学校、家庭对影响学生安全的因素的预防能力和防护能力。学区组织相关责任人对各校校舍、围墙、用电线路、灭火器、接送学生车辆等存在安全隐患的地方进行了一次大排查专项整治行动。各校成功举行防火应急疏散演练活动，演练过程秩序井然，达到了预期效果。提高了全校师生的安全防范意识和科学自救能力，真正做到了防患于未然。各校以学区统一设计制作的《安全管理规范化工作手册》为依托，建立了规范、全面的安全管理台账，有效提高了学校安全管理技防水平，营造了和谐稳定的教育发展环境。各班级上安全课，印发有关安全教育的《致家长的一封信》。统一设计制作的《安全管理规范化工作手册》，建立了规范、全面的安全管理台账，有效提高了学校安全管理技防水平，营造了和谐稳定的教育发展环境。

【隆德县现代农业休闲观光暨自驾游营地】 位于隆德县神林乡辛坪村，在六盘山下西兰公路312国道边，距隆德县城约30公里，占地面积30余万平方米，自然景观独特，交通条件便利，是一处休闲避暑旅游观光的佳地。山庄环境优雅，服务设施健全，饮食绿色环保。建有文化广场、演艺中心、纳凉亭、茶艺楼等休闲设施，有采摘园、观赏园、日光温室等生态农业观光体验设施，有停车场、宾馆、游客接待中心等自驾游基础服务设施。有花卉展示、果蔬栽培、食用菌菇培育、乡村休闲旅游、循环经济发展、自驾游基地六大产业。开展农家乐食宿、农村民俗文化展演、农村田园生活体验等旅游项目，游客可赏花、采花、买花、摘果、品尝，可实地体验隆德的民间饮食文化，了解现代农村农民生活，了解乡村老人的健康长寿晚年生活，了解村民团结和谐奔小康的奋斗历程，感受大西北现代乡村休闲旅游胜地的独特魅力。

联财镇

【概况】 联财镇位于隆德县最西端的渝河河谷川道区，地处两省（宁夏、甘肃）三县（隆德、静宁、西吉）交接地带，312国道穿境而过，交通便利。镇域总面积48平方公里，辖6个行政村29个村民小组。全镇以习近平新时代中国特色社会主义思想为指导，深入学习贯彻党的十九大精神，全面落实自治区第十二次党代会精神和市委四届二次全会精神，按照县委十四届三次全会部署，践行新发展理念，紧扣乡村振兴战略，紧紧围绕"三大战略""五个扎实推进"和打好"六场硬仗"、建设"四个示范市"，以脱贫攻坚为统揽，统筹推进脱贫攻坚、产业转型、环境治理、城乡发展、民生改善、深化改革等重点工作，维护社会和谐稳定，全面推进从严治党，振奋精神，务实苦干，决战决胜脱贫攻坚。2018年年底人均可支配收入达到8896元。

【精准扶贫】 坚持问题导向，突出脱贫实效，在精准、稳定、可持续上下功夫。紧紧围绕贫困村"五通八有"、贫困户"两不愁、三保障"和"七有"目标，瞄准短板、寻找差距、突出整改。着力实施产业培育、基础设施建设、金融扶贫、壮大村集体经济等扶贫项目，以钉钉子的精神、绣花的功夫坚决打赢脱贫攻坚战。认真做好"4个10户"排摸，做到扶贫云系统动态监测，提高精准识别、精准退出和群众满意度。严格脱贫考核问责机制，突出问题导向、目标导向和底线思维。对脱贫攻坚中表现优秀的致富带头人和脱贫示范户，广泛宣传，树立典型，激发贫困户的内生动力。

【特色产业】 以标准化园区创建为抓手，新建联合3000亩蔬菜基地（其中设施600亩），使全镇种植面积达到5000亩，积极争取出台蔬菜外销奖补政策，拓宽外销渠道，组建经纪人队伍，把蔬菜产业建成脱贫富民的支柱产业。新建1家中药材加工厂，使联财中药材加工厂达到5家，年加工能力达到2000吨以上，以太联1000亩中药材种植基地为抓手，全镇种植面积达3000亩以上，把中药材产业建成脱贫富民的基础产业。以太联村、张楼村为重点，2018年新增牛补栏260头以上；以联合、赵楼村为重点，2018年新增经果林1000亩以上，发展林下经济。

【环境治理】 采取政府购买公共岗位服务的管理模式，科学谋划，责任到人，全面提升小城镇管理水平。继续巩固提升主干道路大整治大绿化成果，提升312国道绿色长廊水平，为各村配备垃圾处理设施，实现行政村垃圾集中处理全覆盖。严格治理乱堆乱放、乱扔垃圾、乱搭广告牌等破坏环境卫生现象，以"零容忍"态度严打环境违法行为。着力打造环境优美、经济繁荣、社会稳定的新联财。整合项目和资金，以赵楼村为模板，抢抓脱贫攻坚机遇。从改造基础设施、加强党建服务、强化村务监督、提升经济发展、提高村民文化素质五方面着手，改变村容村貌，改善人居环境，提升生产生活条件，实现"五通八有"，达到销号脱贫目的。

【乡村振兴】 发展壮大村集体经济，解决"空壳村"，为有效破解村集体经济发展"无人管事""无本办事"和"无业成事"难题和有效增加农民财产性收入迈出了坚实一步，也为下一步农村产权制度改革积累出了有益经验；解决"有土"和"离土"问题，不断拓展群众增收渠道，产业脱贫要初显成效，联财镇以"一镇一业、一村一品、一户一策"为定位，积极探索"合作社＋公司＋基地＋农户"产业化模式，因地制宜扶持培育、做大做强冷凉蔬菜、中药材、草畜产业、林下经济等特色产业，带动贫困户增加收入；盘活村级积累资金，找准"村办企业"致富路子，依托各类资源，发展各类经济实体，壮大村集体经济。

【社会民生】 全力开通居民社保卡，确保"两险"收缴率达100%，严格落实各项补贴，将涉农惠农资金全额、及时发放到位。关注社会弱势群体，建立老、弱、病、残关爱机制，严格兑现各类津补贴，保障困难群众的生产生活。完善社会综合救助体系，采取分类救助方式，实现社会救助与项目救助、临时救助的有效衔接，推动救助服务社会化、公益化。将扶贫与低保"双线合一"，确保应保尽保。

【社会管理】 坚持"打防结合、预防为主"的原则，深入开展社会治安综合治理，努力营造良好的公共安全秩序。以矛盾纠纷的排查调处为抓手，抓好社会管理。实行"凡落实政策和资金必公开公示"制度，抓好督查和公开公示；以镇政府直接安排低保、临时救助为抓手，治理优亲厚友的顽疾；以矛盾的排查化解、"125"机制运用为抓手，促进社会和谐；以每年两次群众大会为抓手，把政策交给群众，走好群众路线；以"河长制"为抓手，实施好农村环境整治，建设美丽乡村；以农村老饭桌为抓手，关爱好鳏寡孤独和留守人员，实施好教育、卫生和社会保障工作，不断提升基层治理水平和治理能力。

【理论学习】 深入学习贯彻党的十九大精神，深学笃用习近平新时代中国特色社会主义思想，持续推进"两学一做"学习教育常态化制度化，认真开展"不忘初心、牢记使命"主题教育，坚守理想信念，坚定政治立场。对标新思想、新理念、新目标，不断增强学习本领、政治领导本领、改革创新本领、科学发展本领、依法行政本领、群众工作本领、狠抓落实本领、驾驭风险本领，全面提升政府系统干部服务人民、推动发展的能力和水平，更好推进各项工作落实。

【政府效能】 旗帜鲜明讲政治,坚定维护党中央权威和集中统一领导,坚决贯彻落实上级决策部署,确保政令畅通、令行禁止。推进政务公开标准化规范化,实现决策、执行、管理、服务、结果公开,保障公众知情权、参与权、表达权和监督权。自觉运用法治思维、法治方式推动工作,深化行政执法体制改革,主动接受人大和社会各界监督,严格按照法定权限和程序行使权力、履行职责,建设法治政府。坚持以上率下,大力发扬主动攻坚、苦干实干的硬作风,严格实行蹲点督办、包抓推进、督查问效、限时办结制度,把每一件事情办实办好、办出成效,确保人民群众满意。贯彻全面从严治党要求,强化廉政教育,严明政治纪律和政治规矩,规范党内政治生活,筑牢拒腐防变的思想防线。严格落实中央八项规定精神,驰而不息整治"四风"问题。进一步规范权力运行,严格按程序推进项目建设,从严开展扶贫资金管理使用、征地拆迁、生态环境保护等重点领域和关键环节审计监督,加大对不作为、慢作为、乱作为等行为的问责力度,构建良好政治生态。

【卫生基本情况】 卫生院共有职工13名,内设有门诊部、住院部、预防疾控、妇幼保健、妇科、产科、辅助检查科室等;住院部设有病床12张,其中,中医馆有5张。全镇共有6个行政村、6个卫生室,共有12名乡村医生。卫生院2018年共接诊门诊患者17000余人次;共接诊住院患者289人次;取得业务收入89余万元。全院业务总收入89万余元,药品收入69万余元,医疗收入20万余元;业务总支出89万余元,其中,药品成本支出69万余元。

【公共卫生服务】 为辖区居民建立家庭健康档案纸质档案9434人次,占全镇总人口10743的87.80%。完成电子档案数9434份,全部实现电脑录入。健康档案合格率大于90%,健康体检表完整率大于70%。卫生院设立宣传栏12处,各村卫生室设有宣传栏6处,全镇共计18个宣传栏,2018年,卫生院更换宣传栏8次,卫生室更换40次。公卫科2018年制作了针对常见病、慢性病、传染病防治、食品安全等健康教育的宣传资料16种,全年发放宣传资料15000份。 2018年卫生院公共卫生科开展针对高血压、糖尿病、肺结核、精神病防治等健康知识的讲座15次,参加群众6000人次。各村卫生室也在今年每月开展一次健康知识讲座,截至2018年9月30日村卫生室共计开展了75次讲座。开展大型室外主题健康宣教活动12次。宣教内容包括艾滋病防治、肺结核防治、世界卫生日宣传、食品安全宣传、预防接种日宣传、无烟日宣传、高血压日宣传、世界精神卫生日宣传等。受益人数达5000人次。

【预防接种服务】 落实儿童预防接种工作,共完成12次常规冷链运转,继续保持较高的建卡率和接种率,全乡累计建卡42人,建卡及时率100%。疫苗接种单苗接种率达98%。全年完成一类疫苗接种896人次,二类疫苗接种正在进行,适龄儿童国家免疫规划疫苗接种率大于90%;计划免疫工作高效运转。冷链运转正常,坚持实行"一人一针一管一用一消毒一毁型",确保免疫接种安全。卡介苗应种1人次、实种1人次,接种率100%;麻腮风疫苗应种85人次,实种85人次,接种率100%;麻风疫苗应种72人次,实种72人次,接种率100%;百白破应种247人次、实种247人次,接种率100%；脊髓灰质炎疫苗应种227人次、实种227人次，接种率100%；乙肝疫苗应种123人次、实种123人次，接种率100%；乙脑减毒应种143人次，实种143人次，接种率100%；甲肝减毒应种90人次，实种90人次，接种率100%；A+C流脑疫苗应种217人次，实种217人次，接种率100%；A群流感疫苗应种140人次，实种140人次，接种率100%；百破应种79人次，实种79人次，接种率100%。无接种事故发生。在基础疫苗接种过程中，同时还开展疫苗查漏补种工作和麻疹疫苗查漏补种工作，确保了疫苗无漏种和迟种现象的发生。在接种前还进行了疫苗接种前告知工作。结合建立居民健康档案对全镇65岁及以上老年人进行登记管理，并对所有登记管理的老年人免费进行一次健康危险因素调查和一般体格检查及空腹血糖测试，提供自我保健及伤害预防、自救等健康指导。通过开展35岁及以上居民首诊测血压、居民诊疗过程测血压、健康体检测血压和健康档案建立过程中询问等方式发现高血压患者。全院共登记管理并提供随访高血压患者587人，并按要求录入居民电子健康档案系统。受地域、饮食习惯等因素的影响，未达到39%的管理目标，但是规范化管理率均达到75%以上。

【家庭医生签约】 全镇总人口10743人，签约人数3000人，签约率30%。建档立卡2888人，签约2713人，签约率94%（建档立卡对象随时在变化），计划生育特殊家庭签约人数18人，签约率46.10%；老年人368人，签约率40.40%；儿童签约人数323人，签约率54.20%；孕产妇签约36人，签约率94.70%；高血压签约人数231人，签约率35.00%；糖尿病签约人数23人，签约率37.00%；重症精神病签约人数30人，签约率62.50%。残疾人签约人数137人，签约率32.50%；结核病签约人数2人，签约率100%。

【德育教育】 规范升旗仪式。把每周一的国旗下讲话、班级升旗活动打造成了对学生进行品德教育的主阵地，做到了程序规范、人员到位、内容丰富、形式多样。健全和完善德育工作领导机构，明确职责，形成校内外齐抓共管的德育工作局面。学校少先队按照"每月一主题、每周一重点"德育工作安排，通过家长会、班队会、升旗仪式、国旗下的演讲、办专题橱窗等多项举措加强学生德育工作。以每年5月的校园文化节为依托，用晨读暮诵、校本美术、啦啦操（手球操）、校园足球、经典诵读、手抄报、绘贴画、小星星广播站、小星星篮球、田径运动队和合唱队等展示活动，以及隆德县2018年戏曲进校园、隆德县第三届青少年合唱艺术节比赛、联财镇中心小学首届足球文化节暨"星光杯"班级足球联赛等活动，激发全校师生的爱校情怀，为形成独特的校园文化增添新活力。利用每天早晨课前30分钟阅读课、读书札记、橱窗宣传等进一步拓宽师生阅读渠道，引领广大师生与经典为友、与名著为伴，激发师生读书的兴趣，享受阅读的快乐。优化班级读书文化，丰富班级读书吧、美化班级读书走廊，创设易于师生阅读的文化氛围。坚持定期召开家长会，通过电话、家访、QQ群、微信群、《告家长书》《致家长的一封信》、家长开放日等推进家校联系，实现家校配合，提高家校教育效果。

【教育教学】 教学工作是学校的中心工作，教学质量是学校工作的生命线。规范教学管理，实行月终、学终考评机制，将出勤、教学常规、信息化建设、教师素养提升等情况纳入考评，同月奖励性绩效工资挂钩；奖勤罚懒，以奖为主，落实激励和约束机制；建立值班领导巡岗巡课制度，加强校园安全和教育教学工作的过程管理，逐步使学校各项规章制度内化为教师的自觉行为；每学期开展各科教案、作业展评活动；通过校本教研、校本培训、召开座谈会、和周边学区开展主题交流等多种形式推进课程改革，提高教学实效性；有计划将薄弱学科、薄弱教师列入学校重点帮扶对象，找出问题解决的办法，形成"比学赶帮"的良好氛围，逐步消除"薄弱年级、薄弱学科"，提升整体教学质量，尤其加强毕业班教学管理；加强网络教研，提升学校教研品位。利用"互联网+教育"的契机，利用宁夏教育云平台和教师"人人通"平台，进一步加强网络教研，每位教师积极参加与网校教师的交流学习，不断学习各地的新思想、新理念、新教法，并及时撰写教学反思、教学心得发表到个人的网校空间。采取"请进来走出去""继续教育""集培""国培""网培"等方式开展丰富多彩的教师培训，致力于多搭台子；采取派出轮流学习、轮流支教、专题培训、课题研究等办法，努力提高教师的业务水平。派出各学科教师30余人次，到清华大学、华东师范大学、厦门大学、西北师范大学、固原师范学院等学校参加各种培训、课堂观摩活动。积极参与"（2018）隆德县送教下乡培训项目"活动，派出20人次参加温堡学区、杨河学区承办的"同课异构"教研活动，组织37名中青年教师参加全区"一师一优课"晒课活动，一名教师参加了固原市"教师技能大赛"决赛，获得二等奖。组织参加中青年教师参加固原市"五个百"论文评选活动；定期安排教师到基地校（张程中心小学）听课、研课，改进教学方法。

【学校安全教育】 落实立岗职守和领导岗位负责制，确保学生在放学期间各路段、路口有序、顺畅地通过，确保师生平安和校园和谐稳定。利用班队会课、活动课、学校广播、橱窗、电子屏、《致家长的一封信》等途径，对学生开展安全预防教育。严格坚持学生上下楼列队制、放学路队制、安检点巡查制，切实加强上下楼梯、交通、课间活动、防溺水和中午、下午放学路队等重点内容的安全管理。加强对学生的防溺水、防交通事故、防触电、防食物中毒、防病、防体育运动伤害、防火、防盗、防震、防骗、防中毒等安全知识和技能教育。利用周前会议和周工作总结，向师生强调安全事项。提高师生的安全意识、安全防范能力和自我保护能力。利用开学安全教育第一课、安全疏散演练、安全教育主题班会、安全教育平台等加强对学生的安全教育，提高师生的安全意识。坚持定期排查、限时整改，做到不留盲点、不出漏洞，使隐患排查制度化、常规化。坚持"谁主管，谁负责"的原则，以"和谐校园，珍爱生命"的理念，强化学校安全管理，加强了校园及周边环境治理，优化育人环境，保障学校教学秩序的正常开展，切实把学校安全工作作为提高依法治校和构建和谐校园的一件大事来抓紧抓好。

【联财中学】 学校现有教学班9个，在校学生308人，其中，女生154人，寄宿生172人。教职工44人，其中，女教师15名，督学1人，教师平均年龄36岁，专任教师学历合格率100%。有市、县级骨干教师7人。专任教师中，有高级职称9人，中级职称4人，初级职称31人。班主任通过邀请家长校访、电话家访等形式，加大家校联系，使家长对学生的在校情况和老师对学生的在家表现有全面了解，从而让家校联系落到实处；成功举办家长会，建立起了家长与学校沟通的桥梁，密切了学校与家庭之间的联系。对常规教学过程、教学环节常抓不懈，注重落实，对教师的教案、听课记录、教研活动记录、各学科作业的批改等学校定时集中检查，对部分学科、部分年级、部分教师进行临时抽查，对检查中出现的问题及时反馈、纠正，教学工作全程始终处于动态管理之中。重视各类考试的组织，考试前对学生进行诚信教育，考试过程严明考风考级，达到以考风促学风，对每次考试成绩，都进行深入分析，认证讲评，指出问题，寻找差距，查缺补漏。严把食品原料验收关，实行统一招标配送，学校与供应商逐一签订供应合同，确保食品原料及时、安全供应。每批食品原料都索取发票等购货凭证，严格验收，分类储藏、保鲜，并如实做好入库、出库记录等，建立健全各类台账，严把食品卫生安全关。学校食堂按照卫生、食品药监部门的要求做好营养午餐的烹饪加工工作，操作人员持证上岗，操作间卫生整洁，饭菜卫生、营养、可口、即烹即用，用餐后对厨房用具进行及时、全面的清洗消毒，确保食品卫生安全。经常对教室、宿舍、餐厅等电器电路、校园监控进行维护、维修，一有隐患及时消除，做到有备无患。制定了完善健全的安全制度、预案和措施，学校各岗位层层签订安全责任书，做到了措施得力，职责分明，责任到人。坚持利用主题班会、国旗下演讲、橱窗、校园广播系统给学生宣讲道路交通安全、食品安全、人身安全等方面的安全常识和防范措施，增强他们的安全意识。

好水乡

【概况】 位于县之北，与县城隔山相距7公里。好水乡东依六盘山，西与杨河乡接壤，北与观庄乡和西吉县毗邻。总面积71.8平方公里，辖8个行政村，40个村民小组，总人口8195人，总农户数1943户。2018年，乡人民政府坚持以习近平新时代中国特色社会主义思想为指导，深入学习贯彻党的十九大精神和习近平总书记在宁夏视察时的重要讲话精神，全面贯彻落实县委、政府的各项决策部署，在乡党委的坚强领导下，在乡人大的监督支持下，以"脱贫攻坚"为统领，振奋精神，实干苦干，团结带领全乡广大干部群众，迎难而上，主动作为，全力以赴抓脱贫、稳增长、调结构、惠民生、防风险，经济社会各项事业呈现良好发展态势。

【精准扶贫】 围绕"一收入、两不愁、三保障"和贫困村基础设施及基本公共服务主要指标，因村、因户、因人精准施策，突出"抓重点、补短板、强弱项、控风险"。扎实开展"4个10户"精准识别比对、脱贫退出"十项清零行动"、精准扶贫精准脱贫自查自评、贫困县退出专项评估检查暨国家贫困县退出考核验收准备工作、扶贫对象动态管理工作，脱贫攻坚成效稳固提升。建立健康扶贫"一免一降四提高一兜底"综合医疗体系，使670户2426人贫困户，医疗保险、脱贫保险参保率均达到100%。建立"健康扶贫"明白卡263户306人，家庭医生签约服务746户2884人，贫困户住院就医报销比例达到90%以上。实施"3+9+3"

免费教育、燕宝基金、生源地助学贷款等教育扶贫，"雨露计划"资助贫困学生88人26万元。累计发放金融扶贫贷款377户1666万元，小额妇女创业贷款86户850万元，解决了农户产业发展资金短缺问题。村集体经济新增中台村、张银村发展资金22万元，红星村成立了股份经济合作社，后海村召开土地股份分红大会，土地流转收益户均分红1200元，带动农户务工户均增收4776元。2018年全乡村集体经济收益增加15万元，增长率46%。开展劳动力技能提升培训350多人，种养殖实用技术培训120人，其中建档立卡贫困户280多人。加大闽宁对口扶贫协作，福建闽侯县鸿尾乡与好水乡、超墩村与中台村建立扶贫结对帮扶机制，实施"闽宁携手奔小康"项目，扶持全乡贫困户72户7.2万元，帮助中台村发展壮大村集体经济，注入资金7.8万元，并针对村集体及93户建档立卡贫困户进行股份量化。蚕豆种植示范推广项目补助后海村瑞平马铃薯专业合作社闽宁资金6万元，带动30户贫困户发展产业，12户季节性务工，人均务工增收6500元。新建中台村人造花扶贫车间和三星、庙湾2个外放点，带动富余劳动力务工100多人。新增公益性岗位28个，生态护林员7人，全乡累计有公益性岗位49个，生态护林员59人，逐步实现了在家门口就业创收。8个村结对帮扶单位共投入帮扶资金32万元，结对帮扶贫困户201户。通过多种形式开展农民教育培训2500人次，县乡表彰奖励"致富光荣户"51户、"光荣脱贫户"22户，切实提升了全乡干部群众脱贫攻坚的信心和决心。全年减少贫困人口75户170人，综合贫困发生率从2017年年底的2.92%下降到0.63%，贫困人口人均可支配收入从2017年年底的5950元预计增长到6560元，增长率10.3%。

【特色产业】 全乡种植覆膜玉米5000多亩，其中青贮玉米2168亩、优质牧草1000亩，调制饲草5450吨，基础母牛补栏390头。水磨、张银、后海村以瑞平马铃薯专业合作社为引领，种植一级马铃薯3000亩，全乡推广种植4234亩。通过"合作社+基地+贫困户"模式，吸引30余名村民常年务工，有效增加了收入。积极拓宽销售渠道，解决销售难问题，优先使用55户建档户苗木2.4万株，收益27万元，全乡苗木面积稳定在4000亩左右，苗木数量趋于下降态势。后海村借助气候冷凉阴湿的特点，在顺达家庭农场带动下，集中连片种植蚕豆500亩，带动农户53户，其中建档户37户，并与宁夏雄丰农副产品有限公司签订收购合同，带动全乡种植优质蚕豆976亩。

【基础设施建设】 2018年，硬化巷道4公里，新建巷道排水渠1.5公里、涵洞17个、护坡1145立方米。对8个行政村活动场所进行维修、亮化，红星村新建党员活动室100平方米，各村活动场所均达到200平方米以上。完成改造危房14户、卫生厕所402户，好兴公路征地117.09亩。修订完善2018—2020年扶贫项目库，补齐基础设施和基本公共服务设施短板，美化亮化乡村面貌。

【环境综合整治】 牢固树立"绿水青山就是金山银山"的理念，结合"河长制"工作，深入开展"蓝天碧水·绿色城乡"专项行动。全面落实农村环境卫生整治网格化管理制度，全乡累计出动1800人次，清扫道路480公里，清理清运垃圾70多吨。乡级河长组织村级河长、巡河员对辖区好水河等河流开展巡河工作，及时清理河道垃圾，加强教育引导，让大家自觉维护生态环境、共建美好家园。

【社会民生】 实行"两线合一",全乡低保对象740户935人,其中建档立卡户431户580人,政策兜底"全家保"75户129人,特困供养43户44人,高龄老人89人,一、二级重度残疾217人。发放残疾津贴48.6万元,临时救助和救灾资金37.41万元,惠及农户180户1828人。医疗保险收缴率达90%以上,养老保险收缴率达94%以上。慰问特殊困难群众238户,对家庭卫生差、条件差的114户农户发放被褥。全乡8个村老饭桌全部投入运行,解决了全乡42户特殊人群吃饭难问题。建立健全乡村公共文化服务体系,村级综合文化活动中心均达到"七个一"标准。村级文化图书室24小时免费开放,建档户有线电视实现全覆盖。严格执行"全面二孩"政策,全员人口系统各项信息完整率达到98%以上,兑现计生奖励及特扶资金58.97万元。扎实开展民兵整组,输送优质新兵5名。为6名困难军属发放低保救助,慰问农村籍退役士兵和现役军人20人,组织3名重点优抚对象免费健康体检,完成退役士兵登记75人,双拥共建工作稳中向好。

【社会管理】 落实"四议两公开"、村民代表会议等制度,让群众广泛参与乡村各项事业。深入推进移风易俗,办好新时代农民讲习所,开展好"主题党日""一约四会"等活动,累计开展道德大讲堂32场次,移风易俗及"一约四会"讲座92场次,参与人数3000多人。以"七五"普法活动为契机,"法律八进"为抓手,全面推进依法治乡进程。累计悬挂宣传海报15张,发放宣传资料1000份,设立宣传专栏8个,新时代农民讲习所开展法律知识讲座11场。

【推进"平安好水"建设】 深入开展"扫黑除恶"专项斗争,组织集中宣传3次,发放宣传品400余份,宣传资料4000多份,悬挂横幅12条;新时代农民讲习所宣讲"扫黑除恶"12场次,参与群众1600人次。发挥"125"和"411"矛盾纠纷化解机制,排查化解各类矛盾纠纷96件,县信访局转接信访案件4期,办结率100%。加强禁种铲毒和吸毒人员管控工作,2018年好水乡未新增吸毒人员,吸毒戒断率达100%。成立好水乡安全生产工作领导小组,签订各类安全生产责任书2000余份,开展"安全生产大检查"12次,检审验小型农用车265台。扎实开展春秋季动物防疫,免疫接种密度均达到100%。

【政府效能建设】 以"干部素质提升年"活动为契机,扎实开展"两学一做"学习教育,通过主题党日、讲习所、村民会、职工会等多种形式,集中学习十九大精神、习近平新时代中国特色社会主义思想及中央和区、市、县重要会议精神,用党的理论政策武装头脑,推动工作。坚持依法行政,建立健全机关各项规章制度,加强政府自身建设,广泛听取社会各界意见建议,积极开展机关作风建设,自觉接受社会各界监督。坚持以人民为中心的发展思想,从群众中来,到群众中去。想群众之所想,急群众之所急,问群众之所需,切实提高民生服务中心服务质量和办事效率,来电来信来访和政民互动回复办结率达100%。按照党风廉政建设要求,转变政风,突出标本兼治,推动党风廉政建设和反腐败工作向纵深发展,严格落实中央八项规定,积极开展整治"四风"活动，坚决整治侵害群众利益的不正之风和腐败问题，加强源头治理，严格正风肃纪，为全乡脱贫攻坚营造风清气正的发展环境。

【卫生基本情况】 好水乡卫生院业务用房1400平方米，医院现有专业技术人员11人，"三支一扶"1人，其中，具有中级以上职称4人，初级职称1人。承担着6800人的基本医疗和公共卫生服务。辖区共8个行政村，36个村民小组，现有村医6名，其中返聘村医2人。2018年12月底业务总收入24.39万元，其中药品收入19.2万元，医疗收入3.8万元。医院门诊诊疗3638人次，次均费用44.7元，住院病人37人次，次均费用990元。

【基本公共卫生】 建立居民健康纸质档案6674份，新增健康档案31份，老年人健康体检230人，发放健康教育印刷资料12种1000多份，播放健康教育音像资料约400分钟，举办健康知识讲座12次、健康咨询活动12次，受益人数达700多人次，更换健康教育专栏6期。高血压病患者实际规范管理370人，管理率98%。糖尿病患者实际规范管理27人，管理率100%，控制率85%。精神病患者建档14人，现管理14人。癫痫病患者管理7人。65岁以上老年人应管理528人，实际管理455人。预防接种应接种336人，实际接种323人，接种率96.13%，应建预防接种证21人，实际建预防接种证21人，建证建卡率100%。上报传染病4例，结核病管理2人，入学入托儿童查验57人，有证57人。无突发公共卫生事件。无漏报、错报、迟报等情况。孕产妇管理46人，活产婴儿34人，其中，男孩16人，女孩18人。孕12周内建管理手册的34人，早孕建卡率100%。高危产妇17人，管理率100%。产后访视16人，访视率100%。宫颈癌筛查任务290人，全部完成任务。孕前优生早孕随访11人，妊娠结局随访2人。2017年至2018年，叶酸应发放50人。6月龄到24月龄儿童营养包发放784人次。0~6岁儿童应建档案315人，儿童健康卡管理275人，建档率87.3%，新生儿34人，访视34人，访视率100%。对全乡各类医疗卫生机构进行建档管理，医疗服务机构监督协管巡查192次，对卫生监督协管员培训2场次，对学校传染病管理、食品安全督导4次，并进行量化分级管理。开展打击非法行医及打击"两非"宣传活动4次，发放宣传资料700余份。常住人口签约2883人，其中0~6岁儿童签约163人，65岁以上常住人口签约469人，孕产妇签约4人，高血压患者签约322人，糖尿病患者签约17人，严重精神障碍患者签约11人，贫困人口签约1772人。

【平安和谐校园】 结合学区实际建立健全了安全工作领导机构，逐级签订安全管理责任书，重视常规安全防范，消除安全隐患。学区每月召开一次安全会议，对安全工作进行专项安排部署。学区每月组织专门人员对学校周边环境、围墙、校舍、用电线路、设施设备等重点部位和主要场所安全隐患进行拉网式排查，对检查中发现的安全隐患做到及时整改，不留死角。通过国旗下讲话、宣传栏、校园广播、主题班会、安全教育平台等形式，对学生进行疾病预防、食品卫生安全、交通安全、消防安全、防溺水、防校园暴力与欺凌、网络安全、毒品安全、防震减灾应急疏散演练、心理健康教育等安全知识宣传教育，提高师生安全防范意识和能力，共完成安全主题教育10次，活动有方案，有总结，各类记录翔实；家校联合，利用家长会、《致家长的一封信》等形式，提醒家长尽到监护责任，切实做好安全教育宣传工作。本学期向学生家长发放《告家长交通安全责任书》103份，发放教育部《致全国中小学家长的一封信》103份。召开食堂管理员、从业人员培训会，签订从业人员合同，传达学习食品安全管理文件、制度，对从业人员进行系统科学培训，提高从业人员水平和技能，切实增强大家做好食品安全工作的重要性。建立健全食品安全管理制度，严格落实每个岗位、每个环节管理员、从业人员的安全责任，确保食品留样、餐具消毒、食品储存和加工、肉食供应、从业人员健康卫生、食堂环境卫生、食堂安全保卫及原材料采购、入库、出库、加工到吃到学生的口中等关键环节安全可控；加强陪餐教师及学生就餐期间的安全监管，杜绝浪费饭菜，防烫伤、防"三无"食品和营养餐共用。

【教育教学】 在常规教学管理中，坚持以育人为根本，以教学为中心，以质量为生命，以常规管理为突破口，强化管理、优化管理，使学校管理制度化、规范化、精细化、科学化。结合学区实际继续完善修订各类教学管理制度；落实周历安排，严格执行教案、作业检查签字制，加强教学常规检查力度，学区每月进行常规教学检查两次，从教师备课、上课、作业批改、后进生的转化、月考和单元考等日常的教学工作入手，高标准、严要求及时整改教学中存在的问题。以校本教研为抓手，继续开展教研活动和业务学习。中心小学每周按计划组织教师听课两节，并利用星期三晚上业务学习时间开展教研活动，学区教研员每周坚持听课2~4节，认真指导教师搞好教研活动，以教研促质量，提高教师课堂教学能力；通过听课、说课、评课、反思交流等形式，提高教师的课堂教学能力和水平，提高教师驾驭新课程的能力，并落实在课堂上。本学期召开教学质量分析会两次，就教育教学质量和薄弱学科的转差工作做了具体的要求和部署。充分利用月考、单元考和期中考试就部分薄弱学科及时进行诊断，提出针对性的建议，全面提高薄弱学科教育教学质量。推动教师教学理念的更新，选派5名教师参加固原市教学技能大赛，其中2名教师荣获市级二等奖。组织推荐1名教师参加自治区教育厅组织的2019年新媒体新技术教学应用研讨会暨第十二届全国中小学创新课堂教学实践观摩活动；组织师生参加"和教育杯"中小学电脑制作大赛。

观庄乡

【概况】 地处县北，距离县城23公里，东依六盘山脉，南与好水乡相连，西与西吉县什子乡相邻，北与原州区张易镇接壤，隆张公路穿境而过。辖区有12个行政村，东西最大距离39.5千米，南北最大距离18.4千米，总面积120.35平方千米。

【理论学习】 学习贯彻党的十九大精神，深学笃用习近平新时代中国特色社会主义思想，持续推进"两学一做"学习教育常态化制度化，认真开展"不忘初心、牢记使命"主题教育，坚守理想信念，坚定政治立场。针对乡村干部素质能力短缺方面，加大乡村干部教育培训力度，树立新思想、新理念、新目标，增强学习本领、政治领导本领、改革创新本领、科学发展本领、依法行政本领、群众工作本领、狠抓落实本领、驾驭风险本领，全面提升乡村干部服务人民、推动发展的能力和水平，更好推进各项工作落实。

【政府效能】 旗帜鲜明讲政治，坚定维护党中央权威和集中统一领导，坚决贯彻落实区、市党委、政府和县委决策部署，确保政令畅通、令行禁止。推进政务公开标准化规范化，实现决策、执行、管理、服务、结果公开，保障公众知情权、参与权、表达权和监督权。自觉运用法治思维、法治方式推动工作，深化行政执法体制改革。坚持以上率下，大力发扬主动攻坚、苦干实干的硬作风，严格实行蹲点督办、包抓推进、督查问效、限时办结制度，把每一件事情办实办好、办出成效，确保人民群众满意。

【特色产业】 发展壮大支柱产业。突出区域特色，因村因地制宜，持续发展中药材产业，种植中药材3350亩。壮大马铃薯产业，发展一级种薯繁育9500亩。围绕旅游环线，种植油菜1500亩，色素菊1600亩。大力发展草畜产业，在中梁、田川、红堡等村种植青贮玉米6560亩，优质牧草3500亩。建成田川、中梁两个养牛示范村，发展肉牛养殖350头。

【精准扶贫】 以贫困村"五通八有"，贫困户"两不愁、三保障"为核心，打好全乡脱贫攻坚"决胜战"。加强偏远村组"五通八有"建设，各村的村容村貌得到进一步的整治，确保不留死角。在全面清除土坯房的过程中，为没有安全住房的农户进行危房改造，确保每家每户每个人都有安全住房。实施好阳洼村山水田林路综合整治工程，切实提升观堡、阳洼片区农业基础设施建设。坚持"六个精准"措施，严格按照"九不准""五个不能退"等原则，坚持扶贫对象"有进有出"的动态管理机制，随时跟踪监测贫困户基本情况，尤其将"4个10户"作为重点工作对象，及时掌握困难问题，加大扶持力度，将因病、因残、因灾等原因返贫的贫困户及错退的建档立卡户及时调入，做到应扶尽扶，精准扶持。探索民风建设、社会治理新途径，建立"光荣脱贫户"评选表彰机制。深入挖掘农村"两个带头人"带领贫困群众致富的典型事例，特别是对那些发挥主观能动性，在国家政策及帮扶人帮助下发奋图强、埋头苦干的贫困户，进行表彰奖励，激发贫困户自主脱贫的积极性，营造良好脱贫攻坚社会氛围。

【社会保障落实工作】 摸清贫困户家庭情况，针对因病、因残、因学等不同类贫困户家庭，分类施策。建立教育台账，将学生各类补助、资助等全部录入电子档案，以确保教育扶贫精准到位。应用好医疗保障机制，确保重大病患者及长期慢性病患者家庭享受医疗扶持资助政策。全面摸清贫困户家庭16~60岁劳动力人数、劳动技能培训情况和实际就业情况，根据其就业愿望确定培训内容，举好电工、刺绣等有实效的培训班，抓好劳动力素质提升工程。协调建设大庄村人造花车间，更加注重人造花外发点的培育，吸收更多闲散妇女就业，提升经济收入。加强与金融机构协调工作，降低扶贫信贷门槛，为全乡557户贫困户做好金融扶贫贷款工作。

【环境整治】 抓好生态建设，贯彻实施好"蓝天碧水"行动，大力推进生态环境建设。狠抓荒山造林、道路绿化、村庄绿化、退耕还林等工程，重点绿化隆张路沿线，实施花田云海项目，打造前庄村生态绿化示范点，高标准实施大庄街道村村庄绿化及田滩村村庄绿化，在公路沿线退耕还林区大面积种植林下柴胡、油菜花，形成观庄乡生态绿化圈。开发前庄等村休闲观光农业基地，发展农特产品销售等旅游产业形态。实施好厕所革命工程，前庄、大庄、田滩、阳洼等有条件改水厕的村大力新建水冲式厕所，其他村组按照住建局的规划实施卫生厕所全面改造，完成3000户卫生厕所改造任务。加大环境综合整治力度，全面实施户收集、村集中、乡转运处置的垃圾处置机制，全面实施网格化定期清除机制，加大环境卫生综合整治资金投入，确保环境卫生长效机制运行。全面推行河长制工作机制，实现绿水青山长存目标，加大河道清理力度，改善河道流域环境，增强农田水利灌溉渠道的利用效率，使水资源得到充分利用，改善农业发展的方式。

【社会民生】 深入贯彻以人民为中心的发展理念，始终把人民对美好生活的向往作为奋斗目标，全力以赴纾民忧、解民困、惠民生，努力使群众生活越过越好、幸福感越来越强。促进教育服务均等化，稳步提升义务教育教学质量，让教育更加公平。动员群众参加医疗保险和固原市商业健康保险，提升群众看病报销比例，让健康更有保障。深化中国特色社会主义和中国梦宣传教育，提高全民思想道德素质。大力弘扬隆德崇文尚教、勤劳淳朴、和善包容的良好民风，推进移风易俗，让文化更具活力。开展劳动力素质提升培训工程，鼓励群众自主创业增收，积极引导剩余劳动力到县内企业务工。落实"谁执法谁普法"普法责任制，深入推进"一约四会"自治管理、"125"矛盾纠纷排查化解机制，实施"雪亮工程"，完善立体化治安防控体系，构建社会综合治理新格局。坚持标本兼治，依法严打违法犯罪行为，坚决遏制重特大安全生产事故，扎实推进食品药品安全监管，全力保障人民群众生命财产安全。深化双拥共建，巩固军民融合发展良好成果。

【公共卫生服务】 举办健康教育讲座和咨询活动12次，13场农民教育培训年活动共计接受教育3400余人；办健康教育专栏12期24版，发放健康教育宣传资料12种，计11250余份。辖区共计完成320份健康素养问卷调查。预防接种应种1586人，实种1586人，接种率100%，新建卡人数94人，建卡率100%。儿童健康管理：0~6周岁儿童1092，实际管理1050人，管理率96.1%。新生儿访视82人，新生儿访视率100%。孕产妇保健：（1）早孕建册率97.5%；产后访视管理人数80人，访视80人次，产后访视率100%；妇女病宫颈癌筛查860人，乳腺癌280人（实做255人）。住院分娩产妇80人，新生儿筛查82人，新生儿听力筛查82人，无阳性患者。（2）叶酸增补项目：新增叶酸应服人数134人，实际服用人数126人，免费发放叶酸137瓶，叶酸服用随访人数134人。（3）母婴阻断项目：HIV、梅毒、乙肝项目免费检测，无艾滋病、梅毒病例。（4）消除婴幼儿贫血行动项目：免费为6、8、18、36个月龄的儿童检测血红蛋白，筛查贫血，免费发放营养包2170盒。老年人管理：辖区应有65岁老年人1486人，实际管理1286人，管理率87%，对986位老年人做了健康体检及健康指导，体检率77%。慢性病管理：高血压筛查4000人，应管理988人，实际管理911人，管理率92.2%。糖尿病筛查1500人，应管理253人，实际管理54人，管理率83.6%。重症精神疾病管理：重症精神疾病患者应发现62人，实际登记管理62人，完成任务的100%。对村级卫生监督协管人员培训4次，对学校传染病管理、饮用水、公共场所、医疗机构分别巡查督导4次，共计巡查228次。中医药管理：接受中医药健康管理服务65岁及以上居民1151人，管理率87%；接受中医药健康管理服务0~36月龄儿童200人，管理率65%；接受中医药健康管理服务的高血压患者910人，管理率100%；接受中医药健康管理服务的糖尿病患者55人，管理率100%；接受中医药健康管理服务的孕产妇119人，管理率100%。计划生育：共计发放避孕套16箱，避孕药6箱。乡村医生签约服务：建立12个签约服务团队，2018年全乡人口16683人，已签约9800人，签约率58%；其中，建档立卡5798人，签约5798人，签约率100%。电子版签约733人。

【基本医疗服务】 本年度住院总人次70人，门诊总人次12943人，门诊收入282030.95元，住院收入62502.17元，总合计收入344533.12元。

【教育教学】 学校强化教师培养、培训工作，积极推荐青年教师参加上级组织的各种培训和学习，提高教师的专业知识、教学技能水平。派遣多名教师参加了固原市高效课堂的培训学习，以提高教师的专业素养，提升教师的自身素养，最终实现高效课堂。通过扎实的教研活动提高了教师的业务水平。本学期3名教师参加固原市教师技能大赛，3位教师均取得了二等奖的好成绩。狠抓教学常规管理和校风、学风建设，切实向管理要质量、要效益。为了使各项工作落到实处，学区领导、教研员及工作人员深入各校督查落实检查三次，对各校的教学常规、义教均衡发展、营养改善计划、安全等进行查看，做到检查有记录、有反馈。深入各校进行推门听课、查看教师业务、课堂组织能力等提升了教师教学能力和水平。

【学校安全教育】 各学校充分利用周会、国旗下讲话、宣传窗、观看教育片等进行安全教育宣传，并且观庄中心小学、观堡小学、杨磨小学及前庄小学与司法部门在开学初联合开展了安全教育活动，将安全问题彻底深入到教师与学生当中。各校通过与家长签订安全责任书，将安全问题彻底落到实处，不再流于形式。利用各种节日进行消防、防震、防灾减灾等安全知识教育。按照上级要求实施好营养改善计划工作，确保每一个学生能吃上安全的营养餐。各项管理落实到位，制度健全，留样及时，学校与各班主任签订了食品安全责任书，建立了以校长为第一责任人的学校食堂食品安全责任制，食品原料采购、储存、加工制作能按要求进行，从源头上把好第一关。环境卫生符合要求，餐具清洗、消毒、保洁设施齐全并正常运转，生、熟食品做到了分开存放，保证了孩子的安全，为孩子快乐的学习生活提供了强有力的保障，进一步促进了教学工作。

【观庄中学】 学校安排了以各类安全教育、禁毒工作、文明礼仪、法制宣传为主题的班团活动和国旗下讲话活动，真正做到了专题教育、集中教育与平时的具体教育、个别教育相结合，使教育内容深入学生头脑，使整个校园充满了安全、文明、健康的正能量。先后开展了"地震演练活动""毒品防治教育活动""消防演练""心理健康教育主题班会展示评比活动""学生乘车安全""普通话宣传周""网络安全宣传周""扫黑除恶宣传活动"等安全教育周活动。坚持通过家长会、家访、电话访等形式同学生家长经常联系，紧密配合。家长会，定年级、定内容、定地点，认真组织，积极准备，座谈会气氛和谐，效果明显，让家长充分了解学生在校期间的生活学习情况，班主任也时常通过微信、电话等形式与家长进行沟通，更深入了解和反映学生的实际情况，使得学生的家庭教育和学校教育紧密结合，得到了家长的一致好评。重视学生全面发展，按课程标准要求开足开齐体育、艺术、健康教育等课程。参加了"隆德县青少年篮球、足球联赛暨啦啦操竞赛""隆德县第三届合唱艺术节"等活动为主要内容的文化艺术节，在下午课外活动时间，开展内容丰富的"阳光体育一小时"活动。从德、智、体、美、劳等多角度全方位培养和促进学生全面发展。

【北联灵湫】 位于县城东北20公里处的六盘山上，是葫芦河的发源地之一。北联池古称北乱池、天镜、雷泽、朝那湫，又名北乱池、北联灵湫，是人文始祖伏羲孕生的地方，为隆德古八景之一。北联池海拔2530米，池面阔50余亩。池三面环山，层峦叠嶂，有九座山峰团绕，山势巍峨峻拔。池状如葫芦，水光潋滟，清澈明净，峰峦倒影，幻若仙境，环境清幽，历史悠久，是自然与人文相交融的旅游佳地。

【伏羲神崖】 位于六盘天池景区北1000米处，远看山的形状像一只展开双翅的红色蝙蝠，所以也叫"蝙蝠崖"。伏羲神崖高100余米，宽300米。崖上有伏羲洞2孔，一为旱洞，深10米，宽4米，能容纳200人；一为水洞，洞口处有深5米、宽3米的石水缸，传说是伏羲夫妇饮水的地方。

杨河乡

【概况】 位于县西北部，与西吉县接壤，距县城22公里，面积62.11平方公里。辖5个村民委员会：玉皇岔村、串河村、杨河村、红旗村、穆沟村，共有20个村民小组，是一个回族聚居乡。2018年，在县委、政府和乡党委的正确领导下，全乡上下深入学习贯彻落实习近平新时代中国特色社会主义思想和党的十九大、习近平总书记视察宁夏时的讲话精神，以精准扶贫精准脱贫为统揽，务实苦干，保持经济和社会事业健康平稳发展，较好地完成了乡十三届人大二次会议确定的目标任务，为全面建成小康社会奠定了坚实基础。全年地区生产总值增长8%，农民人均可支配收入达到10831.4元，比2017年增长1073.4元，增幅11%。被评为全国无邪教示范乡和全区社会治安综合治理先进集体。通过持续精准扶贫，全乡5个行政村已全部脱贫退出，累计减少贫困人口634户2756人，综合贫困发生率下降到0.79%，贫困户"两不愁、三保障"和贫困村基本公共服务领域指标达到脱贫退出标准。

【精准扶贫】 争取各类项目资金8000多万元，全面提升村级基础设施，扎实推进精准稳定可持续脱贫。建设闽宁示范村1个，脱贫退出到户到村基础设施实现全覆盖。建档户共完成金融扶贫贴息贷款430户1968万元，扶持补栏基础母牛1109头。63户建档户进行了产业托管代养。贫困户人均可支配收入达到8665元。村集体经济实现了全覆盖，村均年收益达到2万元以上。开展机械、养殖、刺绣、烹饪等实用技术培训1945人次，提高了建档立卡贫困户的就业创业技能。安置公益性岗位人员28名。积极开展教育扶贫和控辍保学，建档户义务教育有保障。新建老饭桌2座，妥善安置29名特殊人员稳定生活。设立光荣脱贫奖，树立勤劳致富典型15例，表彰勤劳致富模范人物30余人，深化移风易俗宣传教育，推进贫困群众物质、精神双脱贫。

【农业农村工作】 全乡种植地膜玉米5.2万亩（其中青贮玉米2万亩）、一年生禾草0.4万亩、紫花苜蓿0.3万亩，建成了以青贮玉米为主的多元化饲草基地。补栏基础母牛2820头，见犊补母4500头，饲草青贮10万吨。续建千头肉牛规模养殖场1座，累计建成各类农业合作社14个、家庭农场21个，全乡肉牛饲养量达到4.46万头，出栏2.6万头，户均牛饲养量达到15头，出栏7头，草畜产业收入占农民人均可支配收入的65%以上，初步形成了以西门塔尔品种为主的万头肉牛繁育基地。培育发展劳务经纪人12人，举办职业技能培训8期，培训400人（次）。以创建劳务基地、有组织输出及输出前培训为重点，继续完善劳务输出长效机制，鼓励农村富余劳动力外出务工，采取经纪人带动、自发输出等办法，共向区内外及县工业园区输出劳务人员2350人，实现务工收入0.3亿元，占农民人均可支配收入的20%以上。

【环境整治】 硬化巷道、户户通道路120公里，田间道路拓宽铺沙133公里，修建排水渠28公里，修建院落围墙1100户、大门708合。拆除危旧土坯房590户；完成危房改造134户。建立了环境卫生网格化管理长效机制，共划分二级网格5个，三级网格97个，安排网格员97名，常态化开展卫生保洁，对好兴公路、各村村道主线、杨河街道垃圾进行及时清运，对农户门前"三堆"进行清理。加大面源污染治理力度，对路边、地头、沟边的残存地膜进行了集中清理，清理残膜3.5吨。全面落实"河长制"，集中开展"好水河"河道整治，将河底两侧10米纳入河道整治范围，疏通河道14公里。加强华宇淀粉厂汁水还田日常监管。对中央第八环境督查组反馈的问题进行了整改。

【社会事业】 加大控辍保学力度，全乡7~12周岁适龄儿童入学率达到100%。开展低保权限下放乡镇试点工作。加大城乡居民养老、医疗保险政策宣传力度，扎实推进城乡医疗、社会临时救助、困难学生救助等制度落实。2018年，发放临时救灾资金、低保金、救助资金、重度残疾人补贴等民政补贴资金297万元，有力地保障了弱势群体生活。完成基本医疗保险收缴8810人，其中建档户收缴率达到100%，实现了人人享有基本医疗卫生保障；实行家庭医生签约服务，重点人群和建档立卡人口签约率达100%。丰富群众文化生活，建成免费开放农家书屋6个，举办了"乡村振兴杯"篮球运动会和首届农民丰收节等群众性文体活动5场次。

【社会治理】 开展"七五"普法，全面开展"法律八进"活动。积极部署扫黑除恶专项斗争工作，成立了"扫黑除恶"工作领导小组，摸排上报涉黑涉恶涉乱问题线索5件。深入开展"125"矛盾纠纷大排查活动，排查化解各类矛盾纠纷66件，实现了矛盾纠纷"不出村"；成功化解2例信访案件，全年未出现进京赴银信访案件。对35名涉毒人员、6名服刑人员、19名安置帮教人员、6名社区矫正人员进行社会管控教育和家庭救助。认真做好新时代民族宗教工作，积极创建民族团结示范乡镇。贯彻落实党和国家民族宗教政策，提高教职人员的法律、宗教政策水平，在思想和行动上与党中央同心同向。以"一约四会"为抓手，强力推进民风建设，共表彰勤劳致富、卫生示范、好公婆好儿媳等模范户98户，大力弘扬尊老爱幼、夫妻和睦、邻里和谐、劳动光荣等传统美德。

【政府自身建设】 制度化常态化开展了"两学一做"学习教育实践，扎实开展了"四个年"活动，不断提高政治站位。树立"底线"思维，坚持把纪律和规矩挺在前面，强化监督执纪问责，驰而不息纠正"四风"。不断加强作风建设，大力整治干部作风和扶贫领域存在的"怕、慢、庸、散、贪"等不正之风，党风廉政建设工作取得新成效。强化"331"监管平台建设运行，主动公开政府信息，确保权力在阳光下运行。

【基本医疗】 贯彻落实自治区新型农村合作医疗、人人享有基本医疗卫生服务、药招"三统一"惠民政策，不断完善和提高服务质量。完成了规范化药房创建及抗生素应用自查整改工作。贯彻落实自治区新型农村合作医疗和药招"三统一"惠民政策，不断完善和提高服务质量。卫生院及村卫生室药品均由村医和药房人员拟定计划，报院长审核签字后由药房主管人员统一申购。卫生院门诊就诊人次6099人，门诊总收入21.28万元，人均26.89元。住院人次20人，总收入1.4万元，人均700元。村卫生室就诊人次5481人，收入14.56万元。

【公共卫生服务】 卫生院和村卫生室完成接种人次914人次，受种剂次3045针次，11种疫苗全程接种率达到95%以上，动态掌握辖区内儿童基本资料，规范证、卡、册三相符，常规接种率报表和疾病监测报告达100%，无疑似预防接种异常反应儿童。婴儿死亡1人，新生儿死亡1人，5岁以下儿童死亡3例，0~6岁管理儿童共1176人，建档1092人，管理率92.81%。及时完成各种妇幼保健报表，做到"降消"项目补偿工作按时兑现，无虚报漏报现象，圆满完成了全年妇幼保健任务。"七免一救助"工作，群众知晓率达100%，救助对象全部得到救助服务。孕产妇"一对一"管理工作规范有序。积极开展计划生育服务技术指导服务工作。经统计，2018年出生总人数截至12月1日175人。活产数175人，建卡175人，建卡率100%；新法接生175人，新法接生率100%。其中，住院分娩175人，住院分娩率100%；高危孕产妇住院分娩56人，高危住院分娩率100%；孕产妇死亡0例。做好儿童保健工作。对7岁以下儿童体检968人。加强重大疫情、疾病监测、预警、报告等疾病防控工作，传染病网络直报率100%，无重大传染病发生。2018年，全年累计报告传染病11例，报告率和及时率均达到100%。大力宣传传染病、艾滋病防治知识。完成全乡重大公共卫生服务指标。对居民健康档案及时更新、补充信息。完成乡、村人员慢病组织、指导、督导、培训工作。高血压患者618人，已管理422人，规范管理413例，规范管理率为96%，控制325例，控制率为75.6%；糖尿病57例，规范管理56例，管理率为

98%，控制30例，控制率为52.6%。累计为全乡780名65岁以上老人进行了健康体检并建立健康档案，规范管理率达到15.6%。继续开展地方病健康教育项目，完成布病调查问卷30份，布病、包虫病培训两次，家犬驱虫药按月投入。完成包虫病B超筛查400例，布病采血检查60例，家犬粪便检查50例。每季度深入学校开展地方病防治指导检查工作一次，全乡管理包虫病人3人，全年配合县疾控中心，共做病情监测两次。将卫生监督协管工作列入工作日程，累计出动车辆8次，出动卫生监督协管工作人员16人次，督导检查学校9所，每所学校督导检查4次，总计36次，包括饮用水卫生、传染病防控检查、学校专项整治检查等。医疗机构卫生监督督导检查了5个村卫生室，每个村卫生室督导检查24，共计20次。对农村生活饮用水及非法行医等常规督导检查共66次。对全乡所有村医进行培训4次，并制作卫生监督信息4次。以"农民培训教育年"等活动为契机，共计发放《基本公共卫生服务手册》《老年人妇女儿童保健手册》《常见慢性病保健手册》《心脑血管病知识手册》《妇女中医保健》《高血压、糖尿病中医保健手册》《0~6岁儿童保健手册》《糖尿病高血压宣传手册》、健康教育宣传资料袋等健康教育资料21000份，受益人数达5000余人次。播放音像资料12种共计39小时，更换宣传栏42次，举办健康教育讲座42次，健康教育咨询9次。个性化健康教育216人。组织农民教育培训年活动8次。开展中医药健康服务工作，高血压患者、糖尿病患者、老年人、0~6岁儿童、孕产妇接受中医服务覆盖率达60%。组织村医适宜技术培训4次，共计培训44人次，制定对乡村医生的系统化培训方案。

【学区基本概况】 杨河全学区共有8所学校（含杨河乡中心幼儿园），其中，完全小学4所，初级小学3所。共有55个教学班（含15个幼儿班），在校学生1785（含415名幼儿），其中，寄宿生有10个班481名学生。学区现共有在编（含特岗）教师97人，师生比为1∶18.4（含幼儿园学生）。

【学校管理工作】 学区、各学校安全规章制度及责任体系建立健全。坚持"一把手负总责，分管领导直接负责，班子成员及全体教职工一岗双责"的工作要求，学区与学校、学校与教师签订了岗位安全责任书，层层落实责任，做到了事事有人管。学校在参加县上比赛活动、举办学校运动会等重大活动之前先落实安全工作、安全责任。中心小学落实住校生管理制度，确保住宿生在校期间的安全。节假日学校落实值班和护校制度。各校对教职工私家车进行登记，签订责任书，对校园内安全行驶做出要求，加强监管。保障学校监控系统安全运行，充分发挥监控系统的作用，进一步提高学校安全保障水平。实行校园安全隐患周排查月报告制度，根据秋冬两季学校安全形势需要，重点在学生上下学道路交通隐患、学校消防用电安全、煤烟中毒、校园周边水塘堤坝破冰溺水等方面进行了扎实细致的安全隐患排查。学区落实安全工作督查制度，对各校开展定时和不定时抽查与教育局专项安全检查相结合，专项督查学校安全工作5次，对检查出的问题要求有效整改。学校安全隐患排查工作经常、细致进行，使得学校安全台账清楚，能进行及时有效整改，防范校园安全事件发生。进行安全教育课程，开展防毒品预防宣传月活动、道路交通教育活动周、校园"安全生产月"活动等，以课堂、校园广播、橱窗、黑板报等为平台，利用主题班会、队会、大课间活动等时间点，进行形式多样、内容丰富的安全教育。向学生宣传道路交通安全、防溺水、毒品预防、消防用电安全、预防灾害等安全知识，提高学生安全防范意识。通过学校与家庭、班主任与家长的沟通，根据安全工作需要，各学校多次向学生家长下发《告家长书》，共促学生安全工作。

【教育教学】 学区坚持教育教学工作中心地位不动摇，围绕提高教育教学质量这一主线，进行过程管理，完善学校工作评价机制，抓实抓细教学常规，突出抓好教研工作、抓好教师培训工作。抓实抓细教学常规管理。教学常规管理是教学工作的重心，是提高教学质量的根本保证。抓好学校教研工作和教师培训。在教研工作方面，各校按照学区教研工作计划、制度和考核办法进行扎实的教研活动。中心小学内部听评课常态和规范化，代课教师人均参与听课次数达15次以上，中心小学公开课语、数、外累计安排22节次。学校大力开展校本培训工作，主要进行教师信息化培训和教育云应用能力提升培训暨教育云平台应用培训，随后又做了教育云深入培训。积极参加"五个百""杏坛杯"及"教师技能大赛"等竞赛活动。在固原市"五个百"和"杏坛杯"活动中，学区28名教师获奖，其中4名教师获得论文一等奖，1名教师获得优质课一等奖，1名教师获得优秀课件一等奖；在"固原市第三届教师技能竞赛"中，学区参赛的7名教师全部获得奖励，其中1人以第一名的总成绩获得一等奖。

【杨河中学】 通过听课评课，使每位教师都能取长补短，把新课标、新理念落到实处。坚持认真备课制度，学校要求老师上课必须有教案。组织硬笔书法竞赛、纠错大王竞赛、数学竞赛、"创新杯"作文竞赛、"英才杯"英语竞赛、物理竞赛、化学竞赛等。竞赛的开展开拓了学生的思维，极大地调动了学生学习的积极性。严格升降国旗制度，学校坚持每周一早晨升国旗，本学期升国旗20次，学校值周领导、值周教师充分利用国旗下讲话，对学生进行"爱学习、爱劳动、爱祖国"的"三爱"主题教育活动，教育学生诚实守信，做一个诚实守信的好学生。充分利用班会课，加强学生德育教育。在县教体局举行的全县中小学篮球、足球运动会中取得了初中组一个冠军和两个亚军的好成绩。利用"家长会"和"致家长一封信"等形式，做到家校联系及时，信息反馈畅通。学校召开学生家长会，及时和家长沟通，随时了解学生家庭状况，掌握学生动态，通过家长会，给学生建立一个成长、学习的良好平台。

张程乡

【概况】 地处县西北端，南与神林乡相接，西与西吉县兴隆镇毗邻，张程乡下辖8个行政村，10个自然村，总面积83平方公里，总人口11243人。乡人民政府坚持以习近平新时代中国特色社会主义思想为指导，学习贯彻党的十九大精神和区、市、县各类会议精神，在县委、政府和乡党委的坚强领导下，坚持以脱贫攻坚为总揽，负重拼搏，开拓创新，攻坚克难，扎实推进，全力以赴抓脱贫、兴产业、调结构、促增收，较好地保持经济社会发展良好态势。2018年，全乡农民人均可支配收入从2017年年底的7755元增长到8530元，增长10%，全乡呈现出人民群众安居乐业、农村经济强力推进、社会事业健康发展的良好态势。

【精准扶贫】 按照"五个一批""六个精准"脱贫措施，围绕贫困户"一收入""两不愁、三保障"脱贫要求，贫困村道路交通、网络信号、集体经济等脱贫出列标准，紧盯"三率一度"，整合各类项目资金，实施崔家湾、李哈拉、张程、赵北孝、马儿岔5个巩固提升村"回头看"和五龙、桃园、杨袁3个一般村"补短板"项目工程，提升基础设施建设，有效改善人居环境。在做好"面子"工作的同时，注重做好"里子"工作，从"精准识别、精准退出、扶贫政策到户、产业落实到户、干部帮扶到户"五个方面，全面甄别核对，结合各级各类巡视巡查审计发现反馈问题，坚持边核查边整改，切实巩固脱贫成效。全乡共减少贫困人口679户2661人（其中2018年脱贫124户387人），贫困发生率从2017年年底的3.87%下降到0.83%，下降3.04个百分点。2018年按照"五看十步法"和"两评议两公示一比对一公告"程序新识别建档立卡户6户22人，贫困户人均纯收入从2017年年底的7085元增长到7790元，增长10%。

【特色产业】 依托区位优势和产业惠农政策，将发展草畜产业作为促进农业增效、农民增收的支柱产业来抓，推进草畜产业有序发展。2018年，在赵北孝、张程等村集中连片种植地膜玉米5万亩，从甘肃张掖等地购进优质基础母牛609头，青贮玉米5万吨，全乡肉牛存栏量达到0.9万头，饲养量2.8万头以上。五龙、桃园、杨袁、马儿岔等村集体经济发展态势良好，成立村级土地合作社，带动农户复耕复垦撂荒地1万余亩，种玉米、搞青贮、建圈舍、养肉牛，示范带动农户增收。桃园村通过种植水果玉米并与介实公司签订销售合同将产品发往广州、深圳市场，深受广大消费者青睐。在全乡开创将农户附着在产业链上，通过社企联手、开拓市场的先河，有效探索出一条发展壮大村集体经济、带领带动农户增收、农产品提质增效的成功之路。

【人居环境】 紧盯公共基础设施建设和人居环境改善这个重点，围绕脱贫攻坚"短板"，共硬化巷道40公里，新建村级组织活动场所1座，排水渠68公里，涵管20米。绿化道路42公里，庄点栽植绿化苗木3.5万株，改造危房131户，新建卫生厕所1316座，残垣断壁和土坯房拆除400户，大门改造720幢，围墙改造5.9万平方米。全面推行农村环境保洁网格化管理，先后将105个公益岗位纳入保洁人员管理，组织日常保洁工作。通过实施人居环境改善工程，极大方便了群众生产生活，有效提升群众幸福指数。

【民生保障】 推进新型农村合作医疗保险和城乡居民养老保险收缴工作，新型农村合作医疗参保率达到95%。落实计划生育少生快富奖扶政策，为34户符合条件对象发放奖扶资金。完善社会保障体系，将因灾因病等造成生活出现暂时困难的家庭和低保边缘家庭纳入临时救助范围，全乡享受民生保障人员共有五保户11户16人，农村低保户1328户2157人，高龄津贴86人，孤儿26人，重度残疾人256人。全年共发放各类救灾资金124.4万元，棉被褥220套，有效保障各类困难群众的生产生活。通过实施"3+9+3"免费教育、"雨露计划"、宁夏燕宝资助、生源地助学贷款等贫困家庭助学项目,确保困难家庭学生都能享受教育资助。

【卫生基本情况】 全乡现有医疗卫生机构11所,其中,乡卫生院1所,村卫生室10所。医院现有卫生服务人员11人,其中,技术人员11人,占100%,乡村医生11名。住院病人13人次,住院收入11624.7元;门诊病人12702人次,其中,乡级7105人次、村级5597人次;门诊统筹费累计380889.3元,其中,乡级246589.2元、村级134300.1元。医疗总收入392514元。

【公共卫生服务】 健康档案纸质建档8887份,建档率83.15%,电子档案建档9177,建档率78%左右,建档合格率达85.86%以上。以"十个一"宣传模式为抓手,发放健康教育宣传资料8000份,参与群众5300人次;举办健康教育讲座和咨询活动10场次,受益人数800多人次;举办"健康教育巡展巡讲活动"3场次,参与群众100人,农民健康知识知晓率达到80%以上,健康行为形成率达到70%以上。落实国家扩大免疫规划,建卡102人,建卡率98%,以村为单位单苗接种率达到98.52%以上,新生儿乙肝疫苗24小时及时接种率达98%。预防接种各类疫苗共727人,总计1819剂次,接种率99.37%。脊髓灰质炎疫苗查漏补种共摸底845人次,其中,补种4人次,常规接种34人次。入托入学查验预防接种证320人次,常规接种50人次、补种0人次。0~6岁儿童805人,健康管理500人,健康管理率62%,5岁以下儿童605人,健康管理367,健康管理率60.7%,新生儿死亡2例,死亡率3.31‰,无新生儿破伤风发生。孕12周建册140人,早孕建册率100%,住院分娩120人,产前5次检查率100%,产后访视率100%;落实妇幼卫生"七免一救助"政策,免费住院分娩86例;免费乳腺癌筛查截至5月份115人,完成率76.67%,宫颈癌筛查470人,完成率100%。为全乡543名65岁以上老人,进行健康体检并建立健康档案,体检率100%,规范管理率达到93%。建档发现高血压病人494例,规范管理450例,规范管理率为91%,控制430例,控制率为87%;糖尿病病人58例,规范管理58例,管理率为100%,控制50例,控制率为86%。卫生监督协管员2名,加强食品安全信息报送及农村学校营养午餐监管,协助开展饮用水、学校卫生监测。应协管单位23所,实协管单位23所,其中,医疗单位11所、学校11所、供水单位1所,巡查覆盖率100%。开展卫生监督巡查103次。开展中医药健康服务工作,高血压、糖尿病、老年人、0~6岁儿童、孕产妇接受中医服务覆盖率达56%。现有建档立卡户702户2745人,其中建档立卡患病人员297户392人,按"三个一批"管理需大病集中救治的27人,慢病签约服务的331人,重病兜底保障0人,签约5068人,签约率达47.4%。其中,0~6岁儿童签约736人,签约率达91.4%;65岁以上老年人签约543人,签约率达96.5%;孕产妇签约66人,签约率达83.5%;高血压患者签约436人,签约率达94.7%;严重精神障碍患者签约29人,签约率达90.9%;残疾人签约89人,签约率达100%;建档立卡贫困人群签约2585人,签约率达94.2%。综上,重点人群签约率达96%。开展家庭医生签约服务电子签约877人,其中,0~6岁儿童139人、65岁以上老年人149人、孕产妇15人、高血压患者142人、糖尿病19人、严重精神障碍患者2人、残疾人13人、计划生育特殊人群1人、建档立卡贫困人群369人、一般人群287人、五保户3人。

【教育教学】 着眼教师队伍的发展，组织全校教师全员参加新课程培训。通过培训使得人人都要有课改的心理准备，人人都能够承担课改教学任务。通过校本系列化活动开阔教师的课改视野，有力地指导了课堂教学，加速课改的步伐。加强"学法指导"，推进课改进程。新课程倡导培养学生的创新精神和实践能力，重视对学生学习过程和方法的指导。以语文课堂教学为重点，开展"学、说、展、评"逐步提高的教学活动。结合语文课堂教学实际，从抓课改年级的语文课堂教学入手，带动其他各年级各学科课改的推进与实施。把校"学、说、展、评"逐步提高的教学落到实处，在张程小学、崔家湾小学、马儿岔小学、李哈拉小学安排18节次不同学科的示范课，使老师们在自己的课堂教学中有了新思路、新方法和新措施，从而提高课堂教学效率，提升教学质量。以生为本，开发校本教材，发展学生能力。课程是由教科书、学生、教师、教学环境组成的生态环境。根据学校实际，张程小学开发晨诵、手工纺织、趣味大课间等8种校本教材。坚持不懈抓晨诵、抓阅读，培养学生的阅读兴趣，拓展学生知识面。

【张程中学】 做到每周一个话题，每月一个主题，有针对性地对各年级学生进行日常行为规范的养成教育；加强行为规范养成教育，开展诚信从身边做起活动，对学生的学习习惯、遵章守纪习惯、文明礼仪习惯、劳动卫生习惯进行训练和教育；强化行为规范教育的检查、评比、量化措施，加强对各班行为规范进行检查、评比，促进学生良好习惯的养成。加强校园保卫管理，完善岗位责任制，强化带班人员的全日制巡逻和值勤。坚持安全教育每月一讲，密切配合学生家长做好学生安全教育和防范工作，提醒学生严防地震事故、火灾事故、食物中毒事故、溺水事故、交通事故及其他恶性事故的发生。定时开展防震、防火演练活动，加强法制教育。观看禁毒、法制教育的资料片，并由校团支部、学生会组织一次面向社会的大型禁毒及法制宣传活动，赢得当地群众的一致好评。加强对学生进行环境卫生教育，促使学生养成良好的卫生习惯。加强家校联系，构建德育网络。深入开展学校、家庭、社会共建德育工作活动，在抓好校内教育的同时，重视家庭教育的配合，重视通过家访、电话访、召开家长会，密切家校联系。结合课改，支持教师参加各种培训，校内定期举行各种培训，学习计算机操作。开展课堂教学研究和备课专题研究，进行说课和评课。

温堡乡

【概况】 位于县西南面，距县城35公里，东与山河乡接壤，南与庄浪县岳堡乡相接，西与静宁县古城乡毗邻，北与静宁县曹务乡镶嵌。总面积80.53平方公里，全乡共辖15个行政村72个村民小组。温堡乡人民政府坚持以习近平新时代中国特色社会主义思想为指导，深入学习贯彻党的十九大精神和习近平总书记视察宁夏时的重要讲话精神，全面贯彻落实区、市、县委、政府和乡党委的决策部署，坚持以脱贫攻坚为统领，负重拼搏，苦干实干，全力以赴抓脱贫、稳增长、调结构、惠民生、防风险，全乡经济社会各项事业健康快速发展。先后荣获"全县脱贫攻坚工作先进乡镇""基层建设先进单位""中国农业普查先进集体""征兵工作先进单位"等荣誉称号。杨坡村杨氏泥塑被列入文化部重点扶持项目，建成杨氏泥塑展览馆。新庄村盘龙山庄被列为全市县域经济观摩点，多次接受区、市、县领导参观指导，其多产业融合发展思路得到自治区党委常委、市委书记张柱肯定。全乡8个贫困村全部出列，减少贫困人口1484户5866人，综合贫困发生率下降到0.77%，贫困户"两不愁、三保障"和贫困村基本公共服务领域主要指标达到脱贫退出标准。

【精准扶贫】 围绕"一收入、两不愁、三保障"和贫困村基础设施及基本公共服务主要指标，突出"抓重点、补短板、强弱项、控风险"。开展"4个10户"精准识别对比、脱贫退出"十项清零"、精准扶贫精准脱贫自查自评、贫困县退出专项评估检查暨国家贫困县退出考核验收准备工作、扶贫对象动态管理工作，因村、因户、因人精准施策。以贫困村巩固提升和非贫困村补齐短板为重点，硬化村组道路30公里；实施自来水入户28户，自来水入户达到100%；全乡15个老饭桌建成运行，逐步安置33户43人特殊人员；托管代种代养和政策兜底脱贫单老户、双老户、患大病及重度残疾户64户144人；实施危房改造193户，完成"十三五"插花移民16户64人和"十二五"遗留移民2户10人房屋建设。

【产业扶贫】 推进金融扶贫贷款，鼓励贫困户发展特色产业，落实到村到户项目，全年完成金融扶贫贷款1001户4100万元、小额妇女创业贷款115户1111万元。因地制宜发展扶贫产业，规范培育提升扶贫产业股份制经济合作社3个，改建新庄村人造花扶贫车间1座，设立张杜沟村、杨坡村人造花外放点2处，购买非全日制公益性岗位157名，243户贫困户就近就业。落实健康扶贫"一免一降四提高一兜底"综合医疗体系，家庭医生签约服务1605户7110人，建立健康扶贫明白卡424户593人，建档立卡贫困户医疗保险、商业大病保险参保率100%。实施"3+9+3"免费教育、燕宝基金、生源地助学等教育扶贫，"雨露计划"资助贫困学生229人976500元。

【闽宁协作】 加大闽宁对口帮扶协作，福建闽侯县上街镇上街村帮扶杨坡村闽宁携手奔小康项目资金15万元，入股分红10户3万元；吕梁村被列为2018年闽宁协作示范村，150万元项目建设资金投入村集体经济合作社发展草畜产业，完成暖棚圈舍建设和饲料储存。

【民风建设】 利用新时代农民讲习所，开展农民教育培训148场（次），深化移风易俗，培育文明乡风，贫困群众实现物质精神双脱贫。

【特色产业】 建成夏坡村、杜川村两个标准化肉牛养殖示范基地，成立养牛专业合作社4家，建档立卡贫困户基础母牛补栏485头，种植地膜玉米22000亩，青贮玉米4300亩，牧草130亩。发展以冷凉蔬菜、中药材为主的高效农业，建成杜川村千亩有机蔬菜种植基地，完成吴沟村198座蔬菜大棚修复提升，在新庄村、大麦沟村发展以柴胡等中药材为主的林下种植和以生态鸡、中华蜂为主的林下经济，活家禽存栏2.6万只，引进中华蜂450箱。以建设新庄、杨坡旅游示范村为抓手，推进乡村旅游基础设施建设，建成杨氏泥彩塑博物馆，扶持发展星级农家乐1家，非物质文化旅游基地1家，家庭牧场4个，盘龙山庄被评为全区五星级农家乐。

【环境整治】 树立"绿水青山就是金山银山"的思想。开展"植绿"行动。完成新庄村、杜川村、吕梁村等7村28.2公里道路两侧绿化工作，栽植云杉、油松、刺槐等苗木5.6万株。通过加大宣传力度，提高群众环保意识，组织各村与农户签订秸秆禁烧责任书，确保冬闲春耕时段秸秆杂草、废旧地膜零焚烧。实施甘渭河河道治理及流域生态修复项目，新增高效节水灌溉面积500亩。落实河长制，定期组织各级河长、巡河员对河流垃圾进行清理，杜绝面源污染。落实农村保洁网格化制度，整合护林员、保洁员等公益性岗位，组织157名网格员开展保洁工作，创新提出"门前三包"和建档立卡贫困户"三帮一"工作机制。开展农村卫生厕所改造2200户。

【社会民生】 落实区、市、县民生计划，居民养老保险参保6217人，医疗保险征缴17700人，建档立卡户"两险"参保率实现全覆盖。全乡低保对象1908户2549人，其中建档立卡贫困户1187户1597人，政策兜底"全家保"72户112人，特困供养94人，清退低保对象418户584人，新增457户504人，发放临时救助、救灾资金2349920元，惠及群众2172户8683人。新建村级综合文化活动中心2个，全乡村级文化活动场所实现全覆盖。

【社会治理】 加强和创新社会治理，全面抓好民主法制建设。开展"扫黑除恶"专项斗争，召开专题会议4次，发放宣传资料5000余份，悬挂横幅56条；新时代农民讲习所宣讲"扫黑除恶"26场（次），参与群众800余人（次）。发挥"125"和"411"矛盾纠纷化解机制，排查化解各类矛盾纠纷125件，县信访局转接信访案件6期，办结率100%。成立温堡乡安全生产工作领导小组，签订各类安全生产责任书600余份，开展安全生产大检查8次，检查各类生产经营单位120家（次），查处安全生产隐患10处，整改10处，整改率100%。以"七五"普法为契机，扎实开展普法和依法治理工作，集中开展法治讲堂、道路交通安全法宣传、禁毒知识讲座等系列活动10余次，赠送书籍1000余本，设立宣传专栏14个。

【政府效能建设】 以"干部素质提升年"活动为契机，学习习近平新时代中国特色社会主义思想、十九大精神及中央和区、市、县重要会议精神，扎实推进"两学一做"学习教育常态化，用党的理论政策武装头脑，推动工作。坚持以人民为中心的发展思想，从群众中来，到群众中去。想群众之所想，急群众之所急，问群众之所需，切实提高民生服务中心服务质量和办事效率，来电来信来访和政民互动回复办结率达100%。对标自治区通报的违反中央八项规定精神典型案例，开展违反中央八项规定精神突出问题专项治理自查，持续深入纠正"四风"，加强源头治理，严格正风肃纪，推动党风廉政建设和反腐败工作向纵深发展，为全乡脱贫攻坚营造风清气正的发展环境。

【卫生工作】 建立纸质档案16906人，电子档案16906人，规范建档率100%，电子档案建档率100%。全乡已婚育龄妇女2750人，7岁以下儿童756人，3岁以下儿童343人，当年出生76人。儿童保健管理率100%，3岁以下儿童系统管理率100%。对待孕和怀孕的妇女发放叶酸265瓶，服用人数149人。有效降低出生缺陷的发生。常规疫苗接种12次，查漏补种2次，全年接种572人，接种剂次1529次，建电子卡109人，常规疫苗接种率在98%以上，接种及时规范。5月、11月对0~6岁儿童进行了常规疫苗查漏补种，入户摸底儿童数分别是593人和438人，漏种8人，补种8人。春季入学查验347人，应补种15人，实种15人。秋季入学查验262人，应补种2人，实种2人。全年上报13例传染病，全是感染性腹泻，上报及时，卡片填写规范齐全。高血压患者建档1175人，新增77人，规范管理970例，规范管理率为82%；糖尿病患者建档80人，新增5人，规范管理64例，管理率为80%。对5个公共场所、6所中小学和16个医疗机构监督协管巡查108次。对13个行政村所辖的26个自然村饮用水性质及水源保护和消毒措施进行卫生监督协管巡查52次。制订健康教育工作计划，印发宣传手册，举办健康讲座12期，发放健康教育宣传单15种2300份，接受健康咨询2600人次。

【教育基本情况】 学区现有4所完全小学（1所教学点），29个教学班，有在校学生527人（其中女246人）。现有附属幼儿园5所，幼儿班级9个，在园幼儿168名（其中女童88人）；现有教职工81人（其中，女职工40人，特岗教师9人）。学校服务13个行政村，总人口18000多人。本学期小学适龄少年儿童入学率为100%，小学升学毕业率100%。温堡学区被评为义务教育、"营养改善"计划工作先进集体，温堡乡中心小学被评为义务教育、学前教育先进集体，受县级等表彰奖励26个（其中，集体奖4个，个人奖22个）。10月17日全国人大教科文卫委员会副主任委员吴恒等一行30多人对温堡乡夏坡、杜川小学学校工作进行调研，并对乡村学校工作作出肯定；中心小学顺利通过固原市"禁毒示范学校"验收；中心幼儿园顺利通过固原市一级一类示范园验收；曹秀霞等7名教师荣获2018年固原市"五个百"优秀论文等奖项；杜红艳等3名教师荣获2018年"一师一优课、一课一名师"区级优课；中心小学篮球队10月在参加"隆德县青少年篮球、足球联赛"中获小学男子篮球组第四名；杜倩等2名学生荣获2018年固原市"红旗飘飘、伴我成长"主题征文一等奖，李东升等2名教师荣获优秀指导奖；中心小学合唱队荣获隆德县第三届青少年合唱艺术节优秀组织奖。

【教育教学】 加强课堂教学改革力度，构建新的课堂教学模式。开展课堂教学观摩研讨活动和教师技能大赛。召开教学质量分析会，对教学中存在的问题进行总结并提出改进的措施意见；组织以教导处、教研组、学科带头人为主的教学研讨小组，组织听课、评课，加强对教案、作业、听课记录的检查力度，确保教学工作有序推进。开展同年级观摩课、青年教师展示课及县级送教下乡活动等，取得了良好效果。抓好上好课的"五环节"，上好每一节课。不定时深入课堂听课，检查作业教案，指导教师备好课上好课，提高课堂教学质量。本学期教师听课30节次，组织参与教研活动4次（每月一次大型教研活动），教研员听课达60节次，通过抓实抓细过程教学管理的源头，使学生养成良好的学习习惯，提高学习效率，让教师养成良好的教学习惯，提高课堂教学效率。坚持抓好单元检测和月考检测考试。把对学生过程性学习效率测试作为提高学生学习效率检测的手段和教师自我评价教学效率的方式抓实抓好。注重校本教研，让教师在反思中成长。制订教研计划，落实好每月一次教研活动。

【学校安全】 加强组织领导，完善安全制度，层层落实责任。落实校园安全工作责任制。学校校长负总责，班主任负责具体抓落实。建立健全各项制度、预案，定期开展安全应急演练活动，全面提高师生安全防范意识和防范能力。学校坚持安全隐患排查制度、值班制度、电话家访制度、家长会议制度、学生点名制度、学生晨午晚检制度。学区和学校签订《安全目标责任书》，各校长与班主任签订安全责任书，班主任与家长签订安全责任书，将责任层层落实。将安全教育课纳入学校课程计划，坚持每月两课时（其中，一课时为安全常识教育，一课时为法律常识教育），建立健全学校安全工作长效机制。对学生进行防火、防传染疾病、防煤气和食物中毒、防溺水、防交通事故、防汛、防震及预防其他各类安全事故的教育宣传活动，培养和提高了学生的自护自救能力。学区把安全隐患排查工作作为重点检查内容之一，督促学校每学期要对校园进行不少于4次的全面安全检查，发现有隐患的地方及时排除。学区到各校安全督查不少于6次。通过家长会与家长签订学生道路交通安全责任书，对家长进行道路交通安全法律常规教育，进行严抓严打，加强学生道路交通安全意识。

【温堡中学】 加大常规管理力度，培养学生良好的行为及学习习惯。加强学生行为习惯养成教育，强化常规管理。利用升旗仪式，开展国旗下的讲话。坚持每周一次的流动红旗评比活动。政教处、团委严格考核、评比和督查，起到了鼓励先进，带动落后的良好效果。加强学生干部队伍建设、提高学生自主管理水平。加强对学生干部和团员的培训，提高学生自我管理能力和发挥其模范辐射作用。以校园文化活动为载体，以学生发展为根本，推动校园文化建设，让每位学生在高格调的校园文化的浸润下，激发学生爱校、爱国情感，增强学生的光荣感和责任感。抓住教室、食堂、宿舍的管理，注重生活细节育人。强化安全法纪教育和管理，确保教育教学秩序正常化。层层落实安全工作责任，强化对学生安全教育，健全安全隐患排查整改长效机制，完善学校安全预警机制、防范措施和各类突发事件应急预案，定期组织学生开展演练，加强校园封闭管理，进一步落实人防、物防和技防措施，强化对学生上下学交通安全的管理。抓好教学常规，加强教学流程的精细化管理。围绕提高课堂教学效率，严抓教学常规的落实，做到教学常规管理精细化、长效化。加强对教学质量的监测，及时掌握各班、各科、各教师教学效果，注重分析，提出针对性改进措施和要求。加强教育新政下的教育教学工作的研究，追求课堂教学有效性，增强教学的针对性、规范性和科学性，坚持"四个有效"，即"实施有效备课""坚持有效教学""保证有效作业""进行有效辅导"。

【杨氏泥塑】 隆德泥彩塑的代表是杨氏彩塑。杨氏彩塑艺术起源于清朝道光十二年（1832年），发展至今已有六代传人。该家族泥彩塑作品饱含纯真与质朴的本土情节，造型优美生动、色彩淳朴明快，具有传统艺术与现代艺术相结合的理念。杨氏彩塑为全国非物质文化遗产保护项目。

【盘龙山庄】 盘龙山庄位于甘渭河源头、六盘山山系盘龙山脚下、两省（宁夏、甘肃）三县（隆德、庄浪、静宁）五乡交界处的隆德县温堡乡新庄村，隆庄、桃威公路横穿山庄。盘龙山庄依托隆德县山河花卉苗木专业合作社，利用六盘山地区优越的气候条件和地理位置，投资2360多万元，发展果蔬花卉种植、林下特色养殖、食用百合加工销售和餐饮服务，休闲娱乐等经济实体，形成了"产、加、销"与"吃、住、行、游、购、娱"为一体的相互配套的多功能生态旅游、休闲农业示范点。山庄占地面积300亩，建有生态餐厅、乡俗宾馆、果蔬采摘、休闲垂钓、景观长廊、观景游步道、林下生态养殖道等休闲农业旅游功能区，着力打造百合主题公园及西部百合爱情谷。在传统民俗节日及国家法定节假日，通过举办山花节和大型篝火晚会等宣传推介活动，提高山庄及产品的知名度与美誉度。

凤岭乡

【概况】 地处县城以南23公里，东与陈靳乡接壤，西与神林乡相邻，南与温堡乡、甘肃曹务乡镶嵌，北与沙塘镇相连。现辖8个行政村，总户数2625户，总人口9263人。全乡总面积66.84平方公里，耕地面积41489.7亩，其中退耕还林14263亩。凤岭乡政府深入学习贯彻习近平新时代中国特色社会主义思想，进一步解放思想，锐意进取，苦拼实干，团结和带领全乡干部群众，发扬攻坚克难、苦干实干的工作精神，以脱贫攻坚为工作核心，全力推进草蓄产业、村集体经济、乡村旅游、环境整治等重点工作。全乡农民人均可支配收入达到7461元，比去年增长9%。

【精准扶贫】 推进脱贫富民战略，聚焦重点领域和薄弱环节，下足"绣花"功夫，抓实抓好精准脱贫。开展农业人口大起底，按照"4个10"精准识别法，对全乡2966户农业人口进行拉网式排查，逐村逐户摸底，准确掌握每户农户家庭情况，全面摸清"婚嫁、婚入、死亡、新生"四类人员，重点对比核实脱贫户中最差的10户、一般户中最差的10户和大病家庭，做到应纳尽纳、应退尽退，动态管理。经过对比，返贫7户30人，确保扶贫对象更加精准。围绕贫困户"两不愁、三保障"、人均可支配收入、"两率一度"、产业到户、基本信息和贫困村基本公共服务领域主要指标，在全乡所有村开展为期两个月的自查自评工作。经核查，全乡所有贫困户均实现"两不愁、三保障"，无错退户和漏评户，群众满意度达到100%，贫困村基本公共服务各项指标全部实现。坚持公开、公正、透明的原则，核准逻辑关系、户籍人数和收入状况，按照"两公示、一公告、一比对"的程序，严格做好各村贫困户的识别、退出、公示及信息核查工作，做实户申请、组提名、村评议、入户查等关键环节，确保不出现纰漏。通过一系列扶贫措施，全乡845户3208名贫困人口脱贫，未脱贫24户78人，贫困发生率下降到0.72%。

【草畜产业】 加大草畜产业发展投入力度，在凤岭川道区种植青贮玉米13200亩、紫花苜蓿2000亩、红豆草500亩。新建牛棚31座,牛补栏580头,持续增加李士、冯碑、薛岔养牛厂肉牛饲养量,目前全乡牛饲养量达到3800头。

【村集体经济】 把村集体经济发展作为增强产业发展活力的重中之重,按照以强带弱、多元发展、合作互助、供需关联的思路,整合项目资金500万元:建成李士村集体农家超市、凤河醋厂、意兴油坊、小杂粮磨坊;建成于河村农家乐,逐步配套农事采摘、体验制作、休闲观光、餐饮娱乐等服务功能;建成冯碑村百头规模肉牛养殖场,开工建设冯家塬小杂粮扶贫车间,已完成设备安装调试;在薛岔村建成百头规模肉牛养殖场,并利用水库资源,发展休闲垂钓和鲤鱼养殖产业;在齐兴村改造闲置学校校舍,发展肉鸽养殖;在卜岔村依托林地及水草资源,发展生态禽、鲤鱼养殖;在齐岔村依托上梁移民迁出区蜜源地优势,发展中华蜂养殖;在巩龙村利用区位优势,改造闲置学校校舍,发展废膜(废品)回收。申请注册"朱庄河"农产品地域商标,作为凤岭乡醋、油、小杂粮、面粉、蜂蜜、生态禽等特色农产品的统一商标。组建李士、冯碑、薛岔、卜岔4个农机服务队,为农户、企业、合作社有偿提供土地旋耕、深松、覆膜、种植、青贮、运输等服务,在提高农业机械化水平的同时,降低农户生产成本,释放农村劳动力,实现服务创收。在8个行政村盘活闲置耕地500余亩,按照"土地变股金、农民变股东"的思路,通过入股分红、土地流转等形式,由村集体农机服务队统一种植青贮玉米,在满足本乡饲草需求的同时,向周边养殖企业、合作社外销饲料1000吨,创收集体经济20万元。依托村集体经济平台,对接县内养殖企业、合作社、大户,签订饲草订购协议,由村集体农机服务队统一收割农户青贮玉米进行外销,共外销青贮玉米8134吨,为农户创收180万元。全乡8个村集体经济收入62.3万元,其中,李士村村集体经济收入37万元,人均分红200元。

【劳务产业】 对全乡贫困劳动力进行全面摸底,按照宜种则种、宜养则养、宜劳则劳的原则,对全乡1300名贫困劳动力组织开展种植、养殖、家政、电焊、挖掘机、砖工等劳动技能培训46场次,有力推动农村劳动力由"体力型"务工向"技术型"务工转变。结合上梁、新化生态移民迁出区修复工程实施及农村生态环境卫生整治项目,从建档立卡贫困劳动力中选聘护林员63名、卫生协管员22名、公益岗位人员91名,每年给予7000~10000元工资收入,实现就业增收。整合扶贫项目资金,依托闲置农村客运站闲置房屋,建成人造花扶贫车间,配套人造花加工机械9台,吸纳周边贫困劳动力就近就业33人,人均年创收近20000元,依托六盘山工业园区务工平台,动员引导18名贫困劳动力在园区企业务工,年人均收入在27000元以上。全乡从事技术型务工的劳动力534人,年务工创收1600余万元。

【乡村旅游业】 依托朱庄河旅游环线建设,挖掘非遗文化、民俗文化元素,大力发展乡村旅游。以魏氏砖雕非遗展览馆为基地,举办小学生夏令营3期,迎接上级领导检查30余次,吸纳周边23户建档立卡贫困户从事砖雕生产制作,户均年净收入2万元,实现了农户增收和非遗传承"双赢"目标。

【环境治理】 树立"绿水青山就是金山银山"的发展理念,以生态建设和环境保护为重点,做好"增绿""治污",建设美丽凤岭。落实乡、村两级河长责任,开展常态化巡河工作,全面治理乱堆乱倒、乱挖乱采行为,有效确保朱庄河流域水生态安全。持续推进生态移民迁出区生态修复,对村部、村集体合作社周边进行了绿化,完成植树造林100亩。全面推进农村"厕所革命",建成卫生公厕3座,农户卫生厕所1020座;规划建设污水处理厂,在条件成熟的冯碑村铺设排污管网4公里,惠及农户160户,补齐影响生活品质的短板。推进农村环境综合治理,实施网格化管理,压实农村保洁员、公益性岗位人员工作职责,做好农村公共区域环境卫生,人居环境进一步改善,对全乡23户家庭卫生极差的农户进行集中整治。

【社会保障】 以教育扶贫、健康扶贫、社会救助为抓手,完善救助体系,提升社会救助水平。组织开展教育扶贫工作,落实"雨露计划"政策,全乡共享受"雨露计划"补助182人,共计补助资金54.6万元。落实"两免一补"教育扶贫政策。主动与学区对接,及时掌握适龄儿童上学情况,先后动员3名适龄辍学学生返校就读,并进户走访了解学龄儿童家庭生产生活情况,及时与县民政部门对接,调整低保、临时救助等名额指标,帮助适龄儿童家庭渡过难关,扶持发展产业,确保适龄儿童应读尽读。结合进村入户工作,及时掌握建档户家庭成员健康状况,完善农户"大病管理"机制和家庭医生签约服务,对患大病、常年住院用药的农户全部登记造册,及时向乡镇卫生院反馈,由乡镇卫生院住户排查摸底,对病情属实、符合条件的全部办理健康扶贫卡。全乡共办理健康卡394张,占建档户总户数的44%。通过第一书记、扶贫工作队、乡村干部入户走访,随时掌握各村基本情况,核对核准因残、因病、因学、因灾等特困家庭,全部纳入农村低保救助范围,做到应保尽保。对单老户、双老户等特殊人员,通过农村老饭桌、敬老院、幸福院等妥善得到安置,确保生活有保障。今年发放临时救助金23万元、自然灾害救助资金106.51万元。

【社会治理】 加快法治政府建设,深化行政执法体制改革,提高政府工作法治化水平,推进党务、政务、村务公开和各领域办事公示公开。创新社会治理体制和治理方式,全面落实"125"矛盾排查化解机制,推动"411"模式落地见效,排查化解矛盾16起。开展"七五"普法,法治宣传教育不断深化,开展扫黑除恶、整治"三化"和"村霸"专项活动,加大打击整治力度,切实维护社会和谐稳定。

【卫生情况】 制定卫生院基本公共卫生服务工作方案,成立领导小组和技术指导组。划分区域,团队协作、专人负责,各村卫生室协同。为各村卫生室配置专业医疗设备和器械。多渠道、多种形式,广覆盖城乡居民,加大宣传力度。每月至少召开两次例会,使团队医生、乡村医生之间相互交流、共同总结、相互提高。开展高血压病、糖尿病病例筛查。规范慢性病管理,定期随访,重点询问病情,检测血压,物理检查,鉴别并发症,观察指导用药和饮食,进行健康教育;对高血压、糖尿病患者管理和控制情况进行考核、评价;提高知晓率和控制率。加强健康教育,推广参与式健康教育方法,通过开设健康教育宣传栏、健康知识讲座、健康教育咨询等方式提高人民基本卫生知识和自我保健能力。到各村对65岁以上老人进行免费健康体检。加大对辖区内重性精神病人登记管理、随访及康复指导工作。加强运行管理措施，如全面质量管理、信息化管理、农民满意度评价。在全乡范围内开展新增居民健康档案信息化管理录入工作。实现双向转诊，确保医疗服务资源共享的互惠合作关系，确保提高社区卫生服务的质量。及时填写记录，做好资料及时归档工作。加强卫生监督检查督导工作。

健康教育管理情况一览表

	2017年						2018年						增减幅	
	建档（份）			其他（万人次）			建档（份）			其他（万人次）				
	电子版	纸质版	新增	健康年检	个性化健康教育	合计	电子版	纸质版	新增	健康年检	个性化健康教育	合计	增长（%）	下浮（%）
2017年	9128	9128	85	1.0	0.2	2.1	8407	8407	248	0.2	0.2	1.2		43

慢病管理情况一览表

	高血压病患者				糖尿病患者				精神病患者			癫痫患者		老年人		
	应管理（人）	实际管理（人）	规范管理（人）	管理率（%）	应管理（人）	实际管理（人）	规范管理（人）	管理率（%）	建档（人）	在管（人）	失访（人）	在管（人）	新增（人）	应管（人）	实管（人）	管理率（%）
2017年	747	677	667	98.5	56	54	46	85.2	41	41	0	15	1	1002	785	78.3
2018年	507	705	664	94.2	130	67	47	70.15	52	34	15	16		663	332	50.08
增减福（%）	-32	4	-4	-4	132	24	2	-18	27	-17		7		-34	-58	

预防接种及传染病管理情况一览表

	预防接种				其他			死亡	
	应接种（人）	实际接种（人）	应建接种卡（人）	实际建接种卡（人）	传染病管理（人）	结核病管理（人）	包虫病普查（人）	死亡人数（人）	死亡率（‰）
2017年	674	674	45	45	25	1	410	47	5.4
2018年	949	949	23	23	27	6	359	43	4.9
增减福（%）	41	41	-49	-49	8	500	-12	-9	

产妇及相关人员管理情况一览表

	孕产妇管理		活产数		其他						两癌筛查		孕优管理
	孕妇(人)	产妇(人)	男孩(人)	女孩(人)	早孕建册(人)	新增孕妇(人)	产前检查(人)	产后访视(人)	叶酸发放(人)	营养包发放(人)	应筛查(人)	实际筛查(人)	孕前优生管理(人)
2017年	51	58	34	24	49	29	51	49	58	1384	520	520	67
2018年	32	36	18	18	35	32	36	36	66	1051	380	380	75
增减福(%)	-37		-47	-25	-29	10	-29	-27	14	-24	-27		12

0~6岁儿童管理情况一览表

	0~6岁儿童							母乳喂养		其他	
	7岁以下(人)	5岁以下(人)	3岁以下(人)	新生儿(人)	低体重儿(人)	早产儿(人)	巨大儿(人)	母乳喂养(人)	纯母乳喂养(人)	血红蛋白检测(人)	贫血患者(人)
2017年	323	225	121	58	1	1	0	49	46	332	15
2018年	312	208	124	36	0	2	3	36	33	312	5
增减福(%)	-3	-8	2	-38	-100	100	300	-27	-28	-3	-67

家庭医生签约服务与"健康扶贫，精准医疗"情况一览表

	签约户数(户)	签约人口(人)	建档立卡户签约率(%)	家庭医生签约率(%)	建档立卡户(户)	建档立卡(人)	健康扶贫精准医疗(人)	救治(人)	双向转诊(人)
2017年	1181	4009	100	45.9	868	3328	416	290	
2018年	888	3766	100	43.1	768	3116	492	138	
增减福(%)	-25	-6		-6	-12	-6	18	-52	

【教育德育工作】 学校牢固树立"育人为本，德育为首"的观念，坚持"抓常规促规范，以创新求发展"的工作思路，探索德育工作新思路、新方法、新载体，推进学校德育精细化管理，增强德育工作的针对性和实效性。组织教师学习相关教育法律法规，加强政治学习和业务学习，提高政治素质和业务水平。德育工作与少先队活动相结合，学校少先大队开展德育教育系列活动，让德育回归生活、贴近生活，使学生获取思想营养，提高道德水平，增强爱国热情，大力弘扬民族精神，使每位学生都能得到发展的机会，学会如何做人。

【教育教学质量】 加大基础教育课程的校本培训力度，转变教师教育教学观念，创新教学模式，提高教师综合素质，选派教师参加各级各类培训，推进课程改革向纵深发展。加大校本教研力度，完善校本教研工作体系，发挥校本教研的作用，做到人人参与、立足课堂、以研促教、以教带研、边研边教。加强教学常规管理，规范教学秩序和教学行为，加强对备课、上课、作业布置、学生辅导等常规工作的检查和指导，反馈检查结果，督促对问题的整改工作。学校倡导教师进行示范课、汇报课、优质课等交流形式，倡导人人投身研究、人人受益的活动，切实提高教师教学水平与课堂教学质量。严把教学质量关，监控措施落实到位，健全和完善素质教育的教学管理体系，规范教师的日常教学行为，坚持检查和指导相结合、点与面相结合、定量与定性相结合，深入开展教学研讨活动。做好特岗教师见面课、教学常规检查、教学质量检测等活动；根据学校的实际情况合理安排任课教师，发挥教师专业特长，重视科学、思品课教学和英语教学，建立教师考评细则，落实考核措施和考核制度。

【安全工作】 加强安全教育，强化安全意识，学校与每位教师签订安全责任书，实行安全工作一票否决制，增强责任意识和岗位意识，提高安全防范能力，制定各类安全预案，落实安全措施，加强安全管理，重视放学路队安全、每天每次放学由教师护送；严禁体罚和变相体罚学生，加强课堂安全管理，重视劳动安全和活动安全；严禁小零食进校园，严管食品，确保食品安全；参与固原市安全教育平台的学习，开展防溺水、防雷电等安全教育，定期以主题班会等形式对学生安全方面进一步强调。对学校安全隐患进行排查，及时消除隐患，防止安全事故的发生。组织师生学习地震知识和预防常识，组织师生进行防震演练，落实防震措施。对学校安全工作经常检查，及时消除隐患，为学校营造团结、稳定、和谐的校园环境，将安全工作做到零事故发生。

奠安乡

【概况】 奠安乡地处县城南部，总面积71.18平方公里，东与山河乡接壤、西与庄浪县岳堡乡毗邻，北与温堡乡交界，南与庄浪通化为邻。乡镇驻地距县城38公里，辖7个行政村。乡人民政府坚持以习近平新时代中国特色社会主义思想为指导，深入学习贯彻党的十九大精神和习近平总书记视察宁夏时的重要讲话精神，全面贯彻落实区、市、县党委、政府和乡党委的决策部署，坚持以脱贫攻坚为统揽，负重拼搏，苦干实干，全力以赴抓脱贫、稳增长、调结构、惠民生、防风险，保持了经济社会发展良好态势。全乡6个贫困村全部出列，累计减少贫困人口456户1813人，综合贫困发生率下降到0.85%，贫困户"两不愁、三保障"和贫困村基本公共服务领域主要指标达到脱贫退出标准。2018年，全乡实现农业总产值6121万元，同比增长8%；农村居民人均可支配收入7792.5元，增长8.1%。

【精准扶贫】 坚持精准扶贫、精准脱贫方略，围绕"两不愁、三保障"、基本公共服务建设等指标，按照"六个精准""五个一批"扶持措施，努力同心，合力攻坚，举全乡之力坚决打赢打好脱贫攻坚战。落实"321"包扶责任（县级领导联乡联村1包3、科级干部联村1包2、一般党员干部1包1），人人扛起"责任旗"，个个挑起"攻坚担"，全乡形成了打赢打好脱贫攻坚战的良好氛围。2018年年底，6个贫困村全部出列，454户1807人脱贫，剩余18户56人，贫困发生率下降到0.85%，贫困户均实现了"不愁吃、不愁穿"。九年义务教育阶段学生"零辍学"，建档立卡贫困户基本医疗参保率达到100%，健康扶贫政策惠及全乡所有建档立卡贫困户，贫困户全部进行了危房改造，实现了义务教育、基本医疗、安全住房"三保障"。全乡无漏评、错退人口，漏评率、错退率为零；群众对第一书记和驻村工作队的认可度为98%以上，对帮扶责任人的认可度为98%以上。全乡村组道路硬化实现全覆盖，贫困户自来水和广播电视入户率达到100%，网络宽带实现行政村全覆盖，7个行政村组织健全且均有可稳定增收的支柱产业，景林村、张田村股份经济合作社实现分红，分红资金7万元，其中，成员分红5.95万元，村集体分红1.05万元；新街村股份经济合作社利用闽宁扶贫资金100万元和县林业局帮扶资金3万元建立养兔厂；旧街村经济合作社利用区党校帮扶资金42万元在旧街村建设养兔厂，村集体经济实现全覆盖。驻村工作队和第一书记全覆盖，文化活动场所、健身器材、综合服务网点、标准卫生室、电商服务中心等配备齐全。对就业困难贫困人口安排公益性岗位59个；对无能力发展产业的贫困人口利用帮扶单位和"携手奔小康"资金产业托管28户；对高职、中职在校贫困大学生给予71人每人每年3000元"雨露计划"帮扶资金；对有就业愿望的贫困劳动力实施劳动力技能培训300人次，通过技能培训在扶贫车间外放点及就近实现务工近400人；对发展产业缺少资金的贫困人口实施扶贫小额免息免担保贷款，累计发放贷款1030万元，有效解决贫困户发展产业资金短缺问题。为472户1863人建档立卡贫困户购买意外伤害险、大病医疗补充险等扶贫保险产品，做到建档立卡贫困户"扶贫保"全覆盖。设立致富光荣户、脱贫光荣户，开展好婆婆、好媳妇、优秀党员评选活动，深化移风易俗宣传教育，推进贫困群众物质、精神双脱贫。

【特色产业】 加快构建现代农业产业体系、生产体系、经营体系，坚持草畜、中药材和特色产业为主题的产业发展模式，提升产业经营效益，增加农民经营性收入。开展基础母牛扩繁工程。2018年，全乡新购补栏基础母牛114头，补贴资金34.4万元，全乡基础母牛存栏量达到449头。深入推进"粮改饲"项目，全年种植青贮玉米、甜高粱、燕麦等一年生禾草1500余亩，青贮饲草5502.29吨，补贴资金34.3万元。推广旱作节水农业2400亩，种植早熟玉米、马铃薯及蚕豆等农作物,直接受益农户800余户,发放原原薯种36.4万粒,甜高粱、青贮玉米等一年生禾草籽种5.05吨,优质冬小麦籽种10.5吨,验收蚕豆433亩补贴资金13万元。推广种植黄芪、红芪、款冬花等中药材656亩,补贴资金7.46万元。建成六盘山道地野生中药材修复工程(党沟)点1处,种植秦艽、柴胡4500亩。推广以林下经济为主导的特色产业的发展。蜜蜂饲养量达到642箱,享受补贴资金20.5万元;野猪饲养量910头,补贴资金9.1万元,兔子960只,补贴资金0.45万元,生态鸡10000只,补贴资金1万元。推进阳光沐浴、暖棚建设等基础惠农设施推广建设工作。全年累计发放热水器168台,实现户覆盖的发展目标。建成暖棚4座,猪舍1处,积粪场2座。

【农资补贴】 兑付耕地地力保护补贴、草原生态补奖项目资金。以土地确权面积为基数,开展耕地地力保护补贴摸排兑付工作,兑付耕地地力保护补贴15605.31亩(水地2057.13亩,旱地13548.18亩)资金44.7万元。良种补贴8700亩8.7万元。为150户参与草原看护的农户发放草原生态补奖资金15.4万元。全面完成10个行政村清产核资工作,清查资金133.1万元(不含壮大村集体经济资金);清查固定资产28945件561.3万元;资源性资产共清查各类用地10.5万亩。旧街、新街、景林、张田完成股份经济合作社注册登记,并启用了新的账目和专用印章,制定组织章程,成立成员大会,选举产生理事会、监事会和理事长、监事长。全乡注册集体经济组织4个,占比57.2%,全县排名第二。界定成员身份1686人,量化股本金额531万元。

【民生保障】 实施农村危房改造及水冲式厕所改造工作。全年新建危房32座,新建水冲式厕所290座,农村人居生活环境得到进一步改善。将568户746人困难家庭及人员纳入城乡居民最低生活保障范围,发放资金232万元。向因灾因病因学困难家庭发放救灾资金、临时救助资金90万元。配合县民政局开展"寒冬送温暖"慰问及"两节"慰问活动,发放米面油287套。发放自治区成立60周年大庆纪念品慰问品650套。开展"两险"征缴工作。新农合参保人数3381人。其中,建档立卡户缴费人数1797人,征缴率为100%;养老保险参保人数1531人,60岁以上享受待遇的人1081人。全年输送新兵3名,发放妇女小额创业担保贷款30户300万元。新建儿童之家6处,新建老饭桌2个,为5个老饭桌协调配发灶具等设备并督促投入运行。安置各类特殊人群43人。全面完成残疾人信息采集和优抚对象信息采集等业务工作。

【环境整治】 实施农村环境综合整治工程,改善人居环境质量,弘扬生态文明,推动经济发展方式转变,以建设山川秀美的生态人居环境,稳步推进生态环境建设。全年造林530亩,安排护林员80人开展森林草原防火和封山禁牧工作,巩固生态建设成果。投入150人次帮助生活习惯不好的农户清理卫生,新购床单被套40个3995元。落实农村环境卫生保洁网格化管理制度,将各行政村公益性岗位、护林员、保洁员83人全部纳入保洁员名单,划定保洁区域,明确保洁范围,实行三级网格化管理。开展"清河行动",动用大型机械4次,人力70余人次对全乡河道进行全面摸底排查,庄浪河从范家峡到张田村7.8公里河段的沿河道内倾倒垃圾全部清除。对全乡村容村貌和人居环境进行治理，对"三边""房前屋后""重点公共场所"进行工程性治理和生活垃圾清理，清理各类生产生活垃圾700吨，农村村容村貌大为改观，人居环境得到改善。污染源治理专项排查整治4次，涉及规模养殖场6处，下发整治通知书3次。按照尊重自然、顺应自然、保护自然的理念及区、市、县关于河长制推行的相关要求，建立三级河长制巡河制度，全面开展巡河工作，累计巡河近600次，协调解决河道占用、垃圾清理工作10余次。

【政府效能建设】 推进"两学一做"学习教育常态化制度化，开展"干部作风转变年""干部素质提升年"活动，全面提升干部作风素养。落实党风廉政建设责任制，完成中央第八巡视组、自治区党委第三巡视组、市委复查复审、县委巡察组反馈问题整改落实，加强审计监管、督查问责、从严整治"四风"问题，查处违纪违法案件3件，处理问责4人，政府公信力、执行力不断提升。加强"331"监管平台建设及推广应用工作。全方位加强涉农惠农资金监管，按照"三级备案、三级审核、一个平台监管"涉农惠农资金监管机制，对各类涉农资金纳入平台管理，使各项涉农惠农政策、项目公开、公正、公平透明运作。全年共公示各类涉农项目84项，解决涉农惠农资金的有效监管问题。强化安全生产责任落实，深化道路交通、消防、烟花爆竹、食品药品等安全生产专项整治。结合"扫黑除恶"专项行动，做好社会治安综合治理工作。

【基本医疗】 医院门诊收入239911.82元，门诊人次7612人次，次均费用31.52元；住院收入658645.07元，住院病人590人次，人均费用1116.35元。村级普通门诊统筹医疗费共计101676.35元，村级门诊人次4319人次，次均费用23.54元。人人享有基本医疗卫生服务，药品严格执行基本药物制度，实行药招"三统一"政策。

【公共卫生工作】 建立纸质居民健康档案2759份，电子居民健康档案2610份。2018年1月至2018年12月，应接种315人次，实接种315人次。应建立预防接种证（卡）14人，实际建立预防接种证（卡）12人。在5月1日—19日实行全乡麻疹类疫苗查漏补种活动工作，为8名8月龄至6周岁儿童补种麻疹类疫苗。传染病报告12例，设置更新健康教育宣传专栏34期，举办健康教育讲座和健康教育咨询活动12次，参加人数1440人次；播放健康教育影像资料12次720分钟；发放健康教育印刷资料12种，数量12000份。2018年1月至2018年12月出生14人，建卡12人，早孕建卡12人，早孕建卡率86%。活产14人，无婴儿死亡。产妇14人，无孕产妇死亡，孕产妇系统管理12人，管理率86%。发放叶酸片83瓶。开展0~6岁儿童体检：应体检157人，实体检120，体检率76%。全年共为62名儿童做了血红蛋白检测。对辖区内65岁及以上老年人进行登记管理，登记在册211人，建立档案211份，接受管理老年人211人。管理慢性病人203人，其中：高血压患者147人，规范管理147人，血压控制人数65人，控制率43.7%；糖尿病患者14人，规范管理人数14人，血糖控制人数5人，控制率33.3%；重性精神疾病患者23人，管理23人；癫痫病患者19人，其中丙戊酸钠3人。对辖区4所小学及幼儿园，7个村卫生室完成卫生协管巡查24次。已婚育龄夫妇享有免费计划生育基本技术服务项目落实率100%，设置有药具专柜，提供药具服务满足育龄人群的需求，术后随访率90%。

【教育教学】 学区根据《小学生守则》和《小学生日常行为规范》，结合学校和学生实际，开展各种形式主题教育活动，培养学生良好的学习习惯、卫生习惯、劳动习惯、生活习惯等。学校、家庭、社会三位一体共同教育，强化法制教育内容，增强学生法制观念，提高学生法律素质和自我保护意识。通过各种形式开展安全教育，在师生中宣传、学习、贯彻防火安全教育活动。开展出好一期黑板报，张贴一条宣传标语，组织一次征文比赛，发放一份告家长书，召开一个主题班会等活动。通过活动，学生认识到了生命的意义，认识到了安全重要性，教师也提高了自我保护意识。学区从教育、教学、教师、学生等方面制定了各种管理制度。

【文物古迹】 奠安乡梁堡村占地面积2.1平方公里。该村有新石器时期的齐家文化遗址、宋代古老城堡、明代古民居、上百年的古老核桃树，以及有200多年历史的刘氏祖传接骨正骨医术等，传统文化丰富厚重。2012年12月，经中国传统村落保护和发展专家委员会评议，梁堡村被列入第一批中国传统村落名录；2014年11月，梁堡村被国家发改委、旅游局等七部委列入全国乡村旅游富民工程。2017年12月，首届全国名村论坛暨中国名村志丛书出版座谈会在北京举行，会上首次推出27部中国名村志，隆德县《梁堡村志》入选，成为宁夏唯一入选的名村志。

山河乡

【概况】 位于隆德县东南部，隆（德）庄（浪）公路穿过，交通条件较为便利。该乡东与泾源县分界，南与隆德县奠安乡马湾村相邻，西与温堡乡北山村相连，北与陈靳乡民联村接壤，总面积66.77平方公里。全乡下辖5个行政村22个村民小组。2018年，乡人民政府在县委、政府的坚强领导下，在乡党委的正确领导下，以习近平新时代中国特色社会主义思想和党的十八大、十九大精神为指导，全面贯彻落实中央、国务院以及区、市、县党委、政府决策部署，坚决打赢脱贫攻坚战，不断加强农村环境综合整治，发展特色优势产业，落实各项惠民政策等。全乡人均可支配收入达到7385元，比去年增长7%。

【精准扶贫】 全乡5个贫困村全部脱贫出列，501户1884人贫困人口脱贫，剩余14户39人未脱贫，贫困发生率下降到0.65%，建档立卡贫困户人均可支配收入达到5000元以上，贫困户均实现了"不愁吃、不愁穿"，九年义务教育阶段学生"零辍学"。基本医疗参保率达到100%，健康扶贫政策惠及全乡所有建档立卡贫困户，贫困户安全住房全部解决，实现了义务教育、基本医疗、安全住房"三保障"。全乡村组道路硬化实现了全覆盖，贫困户自来水和广播电视入户率达到100%，网络宽带实现了行政村全覆盖，文化活动场所、健身器材、综合服务网点、标准卫生室、电商服务中心等配备齐全，驻村工作队和第一书记入驻全覆盖。5个行政村组织健全且均有稳定增收的支柱产业，以投资收益的方式，向5个行政村注入发展村集体经济资金各10万元，投入到本村合作社发展集体经济，年收益5000元。全乡无漏评、错退人口，漏评率、错退率均为0，群众对第一书记和驻村工作队的认可度为100%，对帮扶责任人的认可度为100%。

【特色产业】 为解决贫困户产业发展难题，按照户户有产业的总要求，年初乡、村统筹规划，动员建档立卡贫困户发展产业，增强内生动力。乡、村两级干部帮助建档立卡贫困户种植蚕豆614.33亩，购置中华蜂274箱，在二滩、菜子川两村集中连片种植地膜青贮玉米200亩，新建养牛圈舍6栋，种植油菜花82.3亩，新增中药材种植5000亩。建档立卡户享受种植、养殖产业补贴32.13万元，享受务工补贴155人81100元。各村帮扶单位加大农户产业帮扶工作力度，筹措单位帮扶资金30万元，解决农户种植蚕豆所发生的机耕费、种子费及中华蜂购置费等，实现建档立卡贫困户产业全覆盖，产业收入在建档户收入中占40%以上。

【环境整治】 全乡修建村庄绿化带围栏220米，改造农户大门6座，修建院落围墙1183.14平方米，排水渠270米，改造山河、菜子川、王庄3处农村幸福院，拆除菜子川、石碑、边庄等移民院落35户，完成菜子川、山河等村庄绿化240亩，巷道硬化1.2公里，硬化王庄村文化活动广场1处，修建村文化活动室2座，改建乡文化活动室1处，新建村文化舞台1座，河道整治1.5公里，危房改造3户，自来水入户14户，太阳能热水器安装74台，全乡农户自来水入户率实现100%，太阳能热水器使用全覆盖。5个贫困村全部有村级文化活动室及功能齐全的文化活动广场，并配备有篮球架、乒乓球台及健身器材等文化体育活动设施。做好农村环境卫生日常保洁工作，加强对全乡卫生保洁人员的使用和管理，组织对全乡范围内主干道路两侧、村组巷道、粮场及农户家庭卫生等开展全面的清理清扫，村容村貌及人居环境得到改善。

【民生保障】 落实农村低保线与贫困线两线衔接，保障特殊人群基本生活。全乡5个行政村全部开办运行老饭桌，为40多位孤寡老人解决吃饭难题。全年发放低保134户218人，发放临时救助资金20.79万元、救灾资金10万元，为242人发放残疾人生活补贴。落实2018年退耕还林资金83.64万元、农资综合补贴2941.75亩67660.25元，兑付历年退耕还林、农资综合补贴滞留资金9.68万元，上缴县财政无法兑付的2.45万元。足额拨付公益性岗位工资25人21.45万元、生态护林员工资56人53.76万元。建立"一站式"服务，并为55名患者实行"先诊疗后付费"健康扶贫政策，为所有慢性病患者建立家庭医生签约服务，每季度开展一次定期免费体检和跟踪上门服务。全乡建档立卡贫困户家庭共有义务教育阶段适龄儿童276人，在校生共276人，辍学学生0人。享受"雨露计划"50人次，所有符合条件的在校生均能享受相应的教育资助。

【社会综合治理】 结合"农民教育培训年"活动，办4个新时代农民讲习所，将法律法规、矛盾纠纷排查化解等纳入讲习内容，全年累计讲习60场次，培训群众1800人次，社会风气持续好转。发挥"一约四会"作用，将移风易俗、遏制高价彩礼、大操大办婚丧、弘扬社会主义核心价值观、传承传统文化、孝老爱亲等纳入"一约四会"日常监督主要范畴，使得群众陈旧陋习观念进一步转变，民风持续好转。推进平安隆德建设，开展扫黑除恶专项斗争和禁种铲毒工作，每季度召开专题会议分析当前形势、筹划下一步工作，定期走访群众，巡查废旧院落和厂房等，发现苗头性问题及时处置，加强与乡派出所、司法所、县扫黑办、禁毒办的联系，在高压、零容忍态势下，没有出现一起涉黑涉恶事件，无种毒产毒情况发生，无聚众斗殴、集体上访等情况发生，社会秩序更加和谐稳定，群众安全感和幸福感持续提升。

【基本公共卫生】制定卫生院基本公共卫生服务工作方案，成立领导小组和技术指导组。划分区域，团队协作、专人负责，各村卫生室协同。加强全科医生培养和驻村医生责任制。为各村卫生室配置专业医疗设备和器械。开展高血压病、糖尿病病例筛查。规范慢性病管理，定期随访，重点询问病情，给患者检测血压，物理检查，鉴别并发症，观察指导用药和饮食，进行健康教育；对高血压、糖尿病管理和控制情况进行考核、评价，提高知晓率和控制率。加强健康教育，推广参与式健康教育方法，通过开设健康教育宣传栏，开展健康知识讲座和健康教育咨询等方式提高人民基本卫生知识和自我保健能力。到各村对65岁以上老人进行免费健康体检工作。加大对辖区内重性精神病人登记管理、随访及康复指导工作。在全乡范围内开展新增居民健康档案信息化管理录入工作。实现双向转诊，确保医疗服务资源共享的互惠合作关系，确保提高社区卫生服务质量，及时填写记录，做好资料及时归档工作。加强卫生监督检查督导工作。全乡总人口1810人，常住人口683人。电子档案管理1810人，管理率100%，规范管理683人，规范管理率37%。其中，高血压113人，管理113人，管理率100%；糖尿病6人，管理6人，管理率100%；精神障碍17人，管理17人，管理率100%；65岁以上老年人141人，管理141人，管理率100%；0~6岁儿童63人，管理60人，管理率95%。传染病突发公卫报告7例；0~6岁儿童预防接种人次数65人次。双向转诊全年上级向下级转诊9人次，下级向上级转诊40人次，建档立卡138人，其中明白卡发放79户。

【学校安全】结合学区各学校实际完善各项管理制度和应急预案，落实安全工作责任。要求各学校按照学区安全工作目标管理责任制的要求，逐级签订目标责任书，切实履行职责，做到一级抓一级，层层落实责任制，把学校安全工作落到实处。各学校根据不同季节印发《致家长的一封信》或与家长签订安全责任书，争取家长的支持与配合，督促家长认真履行监护人的职责，管好自己的子女，共同抓好学生校外安全教育与管理工作，杜绝与遏制学生意外伤亡事故的发生。落实值班、巡逻、出入证、请销假等各项内部安全管理制度，对内部保卫力量、安全防范设施、应急处置机制等进行逐一检查，严禁学生将非教学用的易燃易爆物品、有毒有害物品、动物、管理刀具、棍棒及其他可能危及校园安全的物品带入学校，严防学生擅自离校外出，坚决防止无业人员、精神病患者、不明身份人员和不法分子入侵学校，切实发挥学校警务室（治安室）作用。学校制定完善校园安全应急处置预案，经常性开展内容广泛的安全演练，将其纳入学校常规管理，做到制度化、常态化、规范化。学校针对地震、火灾等灾害事故开展应急疏散演练，使师生掌握避险、逃生、自救的一些方法。

【教育教学】 搭建新教师成长平台，通过实施"一帮一"结对子活动，以老带新，相互学习，相互促进，促使青年教师不断成长提高。立足校情，通过"小班额"教学培训，开展师德规范教育和课堂教研活动，促进教师课堂教学效率的提高和教育教学能力增强。成立山河学区"一师一优课、一课一名师"活动工作领导小组和指导小组，制定切实可行易操作的活动方案，明确各成员分工，确保宣传动员、教师培训、过程指导、晒课评比、后期制作、网上研讨等工作落到实处。

陈靳乡

【概况】 位于县南部，东接泾源县六盘山镇，南邻山河乡，西靠凤岭乡、沙塘镇，乡政府驻地距县城仅6公里，福银高速（东毛高速段）、隆秦公路穿境而过，城乡公交延伸至全乡，是全县地理位置最优越的乡镇之一。全乡总面积69平方公里，辖清凉、新兴、陈靳、民联、高阳、何槐、新和7个行政村。2018年，乡人民政府在县委、政府及乡党委的正确领导下，在乡人大的监督支持下，以习近平新时代中国特色社会主义思想为指导，学习党的十九大精神，全面贯彻落实中央区市县党委、政府的决策部署，以"打赢脱贫攻坚战"为主线，大力推进精准扶贫、精准脱贫工作，突出抓好产业培育、基础设施建设、民生保障及社会治理等工作。2018年，完成地区生产总值6500万元，同比增长10%，农民人均纯收入7858元，同比增长11.5%。2018年年底，累计脱贫479户1713人，其中，2018年脱贫74户169人，未脱贫19户41人，贫困发生率下降到0.77%，顺利通过市、县两级脱贫退出考核验收。

【精准扶贫】 对全乡498户1754人的建档立卡贫困人口，按照"五个一批"要求，采取产业扶持、移民搬迁、教育扶贫、生态补偿、社保兜底等措施，实现真扶贫、真脱贫、脱真贫。提高脱贫攻坚质量，争取县委政府支持，建成陈靳乡人造花扶贫车间和剪纸扶贫车间，支持清凉村建成脱水蔬菜加工扶贫车间，支持宏瑞园中药材科技有限公司稳定生产，为贫困户在家门口务工提供便利。与有关金融机构、企业联系对接，通过托管贷款、扶贫贷款、农村妇女创业小额担保贷款，争取各类贷款1560万元，达到应贷尽贷，有效解决贫困户发展资金不足的问题。争取公益性岗位50个，有效解决特殊困难户的就业增收问题。

【特色产业】 宣传落实扶持政策，推动农户种植中药材812亩、蚕豆958亩、玉米2000亩、油菜花1400多亩，基础母牛补栏138头。实施农村劳动力实用技能培训工程，培训劳动力390人次，取得资格证350人次，劳务输出1300人次，实现劳务收入1500万元。引导新和村、清凉村发挥各自优势，发展乡村旅游产业，并利用闲置土地发展林下经济，走林下种植、养殖和休闲观光旅游为一体的新路子，乡村休闲旅游产业实现稳中有升、稳中向好，持续稳定发展的态势。发展壮大村集体经济。支持新和村争取自治区发展壮大村级集体经济专项资金200万元，鼓励清凉村开发运营窑洞宾馆，推动新兴村、高阳村成立股份经济合作社，利用撂荒土地发展种植业。

【民生保障】 全乡困难户累计纳入低保587户758人，发放临时救助资金41.58万元、救灾资金33.7万元，孤残、高龄等津贴严格按照规定发放，做好极度困难户兜底工作。清凉、高阳、民联建成（改建）3个老饭桌，并投入运行，新和、新兴2个老饭桌和陈靳村幸福院正常运行，有效解决了全乡单老、五保等特殊人群的吃饭问题。落实义务教育阶段学生营养早餐、免费午餐，落实困难学生信用助学贷款、"雨露计划"等教育惠民政策。基本医疗卫生服务和新型农村合作医疗实现全覆盖，两险参保率达95%以上。

【整村推进项目】 实施村组道路硬化、危房改造、围墙大门改造等工程。新建巷道10800米、围墙1400米，维修水渠3200米、护坡890米，拆除废旧院落159户，改造危房32户，新建大门34座，改造卫生厕所261户，人居环境得到改善。各行政村均实现通水泥路，安全饮水、宽带网络、通信信号、广播电视"全覆盖"。7个行政村均通公交车，全乡实现"一元出行"。实施乡村绿化美化工程，整改"三乱"现象，加强对护林员、乡村保洁员等公益性岗位人员考核，督促其履行职责，保持公路沿线、乡村主干道干净及村庄干净整洁。拆除陈靳乡畜牧站，新建商铺11间，改造陈靳广场，对陈靳舞台、乡政府办公楼、街道两边房屋外立面进行亮化提升，建设排污管网，陈靳街道面貌得到改观。

【社会综合治理】 践行社会主义核心价值观，落实"一约四会"制度，宣传身边好人好事、各类先进模范事迹，倡议群众传承弘扬中华民族传统文化和美德。开展移风易俗工作，坚决遏制铺张浪费和大操大办红白事等陈规陋习，社会风气逐步向好向善。陈靳乡和民联村分别被命名为隆德县级文明乡和文明村。落实"125"工作机制，建立矛盾纠纷台账、重点问题和重点人员台账、工作责任台账，坚持一月一查，排查化解纠纷100多起。以"零容忍"态度开展扫黑除恶专项斗争，组织大型宣传2次，排查上报黑恶线索4条，配合公安机关严查隐匿棋牌室，整顿治理聚众赌博、酗酒闹事、恶意上访等社会乱象，社会秩序更加安定有序。落实安全生产监督管理责任制。定期开展安全生产专项检查，确保人民群众生命财产安全，营造和谐的人居环境。

【美丽乡村建设】 新和村坚持"特色产业兴村、基础设施强村、文化旅游富民"的思路，建立"旅游＋贫困户＋产业"的产业发展模式，全力实施扶贫开发整村推进、美丽村庄和旅游乡村建设，加快贫困户危房改造力度，努力改善村容村貌和村民居住环境，扎实推进以高台马社火为主元素的乡村休闲旅游产业发展工作。以生态移民修复区为主，建设高台马社火非物质文化传习基地，开发生态文化旅游、农家乐、休闲农庄为一体的中心村建设，打造移民遗址保护区1处。成立西海固新和民俗风情旅游开发公司，村民采取自愿的原则，以入股的形式参与公司发展，每股10000元。公司已有入股农户73户290股，150多万元。打造高台马社火传习基地，创办美隆文化发展演艺有限公司，延续传统的马社火节目表演活动。每月安排一次马社火集中排演，平时社员可根据需要随时排演，每逢春节、端午进行歌咏和戏曲比赛。

【基本公共卫生服务】 健康档案建档4925人，建档率100%，管理率100%。免疫规划：一类疫苗接种462人次，建卡、建证率100%，疫苗接种率98%，麻疹类疫苗摸底登记290人，常规接种30人，无漏种无补证人数。登记并报告传染病12例，报告及时率100%。网络报告死亡人数28人。为246名0~6岁儿童开展新生儿访视和儿童保健管理，为28名孕产妇建立保健手册，开展孕期保健服务，产前健康管理率100%，产后访视率100%。营养包发放456人次，服用叶酸44人次。"两癌筛查"中宫颈癌筛查380人，乳腺癌筛查116人。对389名65岁以上老年人，上门体检并建档389份，建档率100%。对214名高血压、17名糖尿病患者进行健康体检和随访服务。对全乡4所小学和托幼机构的食品卫生开展督导检查。卫生院门诊人次4540人，总费用159117元，住院38人，总医疗费用20084.32元；村卫生室门诊人次1903人，总费用62435.14。开展中医健康教育体质辨识，并对5种特殊人群654人次进行中医健康干预和管理，发挥中医药在疾病预防，健康促进中的优势作用，中医服务覆盖率达84%。对建档立卡"因病致贫因病返贫"234人进行"三个一批"分类管理，其中大病救治15人，重病兜底1人，慢病签约209人，死亡9人，救治率100%。家庭医生签约建档立卡户应签尽签，电子签约1645人。

【教育教学】 突出教学中心地位，更新观念，推进与深化课堂教学改革，取得良好成效。学校以新课程改革为契机，更新教师教育观念，摆脱传统的教学模式，树立"两个观念"，即全面提高学生素质、培养可持续发展的"教学质量观"和学生主体地位突出、教学民主、师生平等、气氛和谐的"教学过程观"。鼓励教师参与课题研究，通过课题研究，引领他们转变教育观念，丰富教育理论，提高教学技能。学校加强对信息化建设的管理，教师利用国家教育资源公共服务平台、宁夏教育资源公共服务平台，以及本校的网校资源，交流学习。鼓励教师参加"一师一优课、一课一名师"的网络晒课活动，体现本校教师的个人特色。开展小班化教学，规范教学手段，强化教学管理，以《教学常规管理细则》为依据，实施新课标，优化课堂教学结构，优化课堂教学目标，优化教学内容，优化教学方法，提高教学质量。

【学校安全】 以"创建平安校园"为载体，坚持"预防为主、标本兼治、重在治本"的原则，从健全组织机构、制定规章制度、广泛宣传教育、狠抓班风学风、开展综合治理、维护校园稳定等方面着手，落实创建平安校园的各项措施，健全和规范平安校园的工作机制，形成安全管理网络，提高师生员工的安全意识和自我防范能力，保证学校良好的教育教学秩序和学习生活环境，创建一个管理有序、防控有力、环境整洁、校风优良的安全文明校园。

附 录

2018年隆德县国民经济和社会发展主要经济指标

指标名称	单位	2018年	2017年	2018年比2017年增减（%）
一、综合				
1.地区生产总值（现价）	万元	280787	250126	12.3
其中：第一产业	万元	59353	52693	12.6
第二产业	万元	88507	74769	18.4
工业	万元	29813	28719	3.8
建筑业	万元	58694	46050	27.5
第三产业	万元	132927	122665	8.4
2.地区生产总值（可比价）	万元	253875	235769	7.7
其中：第一产业	万元	53907	51764	4.1
第二产业	万元	81662	69049	18.3
工业	万元	28572	26036	9.7
建筑业	万元	53090	43013	23.4
第三产业	万元	118306	114957	2.9
3.人均地区生产总值（常住人口）	元/人	17912	16054	11.6
4.城镇居民人均可支配收入	元	23361	21732	7.5
5.农村居民人均可支配收入	元	9277	8305	11.7
二、人口及土地				
1.年末总户数（公安户籍）	户	54856	55201	-0.6
2.年末总人口（公安户籍）	人	174358	175392	-0.6
其中：回族人口	人	22985	22686	1.3
乡村人口	人	131268	132413	-0.9
城镇人口	人	43090	42979	0.3
男性	人	90531	90987	-0.5

续表

指标名称	单位	2018年	2017年	2018年比2017年增减（%）
女性	人	83827	84405	-0.7
3.人口出生率	‰	10.82	12.60	-1.8
4.人口死亡率	‰	5.41	5.68	-0.3
5.自然增长率	‰	5.41	6.92	-1.5
6.常住人口	人	157185	156337	0.5
7.全县总面积	平方公里	985	985	0.0
8.人口密度（户籍人口）	人/(km)²	177.0	178.1	-0.6
三、农业				
1.乡镇	个	13	13	0.0
2.行政村（居）	个	123	123	0.0
3.村民小组	个	599	599	0.0
4.乡村劳动力	人	54542	55338	-1.4
5.农业总产值（现价预计）	万元	141246	126839	11.4
6.农作物播种面积	亩	396600	405675	-2.2
（1）粮食作物	亩	309000	309000	0.0
其中：小麦	亩	53805	49995	7.6
豆类	亩	25095	25005	0.4
玉米	亩	142500	142200	0.2
薯类	亩	85800	90000	-4.7
（2）油料	亩	25995	25365	2.5
（3）药材	亩	16005	20955	-23.6
（4）蔬菜瓜类	亩	22500	34650	-35.1
（5）其他作物（青饲料）	亩	22500	15705	43.3
7.粮食总产量（预计）	吨	87150	81124	7.4
其中：小麦	吨	9684	8000	21.1
豆类	吨	3100	3125	-0.8
玉米	吨	51585	49599	4.0
薯类	吨	112825	101000	11.7
粮食作物亩产	公斤	282	263	7.2
8.油料总产量	吨	2210	2038	8.4
9.年末生猪存栏	头	22019	23057	-4.5
年内生猪出栏	头	33685	32820	2.6
10.年末羊只存栏	只	22019	22747	-3.2
年内羊只出栏	只	26725	27635	-3.3

续表

指标名称	单位	2018年	2017年	2018年比2017年增减（％）
11.年末大家畜存栏	头	41211	39377	4.7
其中：牛	头	40371	38562	4.7
12.年内大家畜出栏	头	28699	26886	6.7
其中：牛	头	28609	26435	8.2
13.肉类总产量	吨	7934	7655	3.6
其中：猪肉产量	吨	2661	2564	3.8
14.当年造林面积（85%以上）	万亩	9.75	6	62.5
15.育苗面积	万亩	4.0	4.1	-2.4
16.当年零星植树	万株	190	170	11.8
17.人均产粮（农业人口）	公斤	664	588	12.9
18.人均油料（农业人口）	公斤	16.9	27	-37.4
四、工业				
全部工业增加值（现价）	万元	29813	28924	3.1
其中：规模以上工业	万元	7117	6748	5.5
规模以下工业	万元	22696	22176	2.3
全部工业增加值（可比价）	万元	28572	26036	9.7
其中：规模以上工业	万元	7017	5538	26.7
规模以下工业	万元	21555	20498	5.2
五、固定资产投资				
1.全社会固定资产投资	万元	280643	256529	9.4
其中：厅局及农村完成投资	万元	64397	91809	-29.9
县内500万元以上项目完成投资	万元	216246	164720	31.3
第一产业	万元	13125	4626	183.7
第二产业	万元	60038	29107	106.3
第三产业	万元	143083	130987	9.2
2.500万元以上本年竣工房屋面积	平方米	372258	252293	47.5
3.500万元以上施工项目	个	82	87	-5.7
其中：本年新开工	个	47	40	17.5
4.500万元以上竣工项目	个	12	54	-77.8
六、批发贸易				
1.社会消费品零售额	万元	68017	64689	5.1
其中：批发业	万元	39441	32228	22.4
零售业	万元	17393	22534	-22.8

续表

指标名称	单位	2018年	2017年	2018年比2017年增减（%）
住宿业	万元	937	551	70.1
餐饮业	万元	10247	9376	9.3
2.城乡集市贸易成交额	万元	32029	30216	6.0
七、财政、金融				
1.财政一般预算收入	万元	11102	10306	7.7
人均财政收入（户籍人口）	元	637	588	8.3
2.财政一般预算支出	万元	283894	288891	-1.7
3.银行存款余额	万元	509249	537340	-5.2
其中：城乡居民储蓄存款	万元	361583	340664	6.1
4.城乡居民人均储蓄存款（户籍人口）	元	20738	19423	6.8
5.银行贷款余额	万元	258688	243213	6.4
八、文教、卫生				
1.学校	所	131	143	-8.4
（1）中学	所	9	9	0.0
（2）小学（含幼儿园）	所	121	133	-9.0
（3）职业中学	所	1	1	0.0
2.专职教师	人	2126	2156	-1.4
（1）中学	人	1008	1014	-0.6
（2）小学	人	983	1005	-2.2
（3）职业中学	人	135	137	-1.5
3.在校学生	人			
（1）中学	人	8703	9166	-5.1
（2）小学（含幼儿园）	人	15099	14709	2.7
（3）职业中学	人	1089	1069	1.9
4.卫生机构	个	26	26	0.0
床位	张	909	909	0.0
卫生技术人员	人	924	921	0.3

注：常住人口、人口出生率、死亡率、自增率为1%人口变动抽样调查数据。

隆德县社区农村行政村名录

序号	所属乡镇名称	行政村名称	村民小组个数	备注
1	城关镇	城市社区	10	
		三合	2	
		邓山	3	移民村
		杨店	2	
		咀头	4	
		吴山	3	
2	山河乡	王庄	4	
		山河	3	
		边庄	4	移民村
		菜子川	4	
		二滩	4	
		石碑	5	
		崇安	5	移民村
		大墁坡	6	移民村
3	奠安乡	杨沟	7	移民村
		闫庙	5	移民村
		海子	6	移民村
		旧街	7	
		新街	7	
		雷王	7	
		马坪	4	
		梁堡	3	
		景林	3	
		张田	6	

续表

序号	所属乡镇名称	行政村名称	村民小组个数	备注
4	温堡乡	北山	3	移民村
		吴沟	7	
		田柳沙	6	
		杜堡	2	
		温堡	7	
		张杜沟	2	
		杨堡	4	
		老庄	3	
		杜川	4	
		杨坡	5	
		大麦沟	7	移民村
		新庄	7	
		前进	5	
		吕梁	7	
		夏坡	3	
5	凤岭乡	李士村	6	
		齐兴村	4	
		冯碑村	8	
		于河村	6	
		巩龙村	6	
		薛岔村	6	
		卜岔村	4	
		魏沟村	5	移民村
		上梁村	5	移民村
		新化村	5	移民村
		齐岔村	4	

续表

序号	所属乡镇名称	行政村名称	村民小组个数	备注
6	张程乡	张程	6	
		崔家湾	6	
		李哈拉	5	
		赵北孝	7	
		五龙	4	
		马儿岔	5	
		桃园	7	
		杨袁	6	
7	观庄乡	后庄村	3	
		前庄村	5	
		林沟村	5	
		石庙村	11	
		大庄村	8	
		红堡村	7	
		田滩村	5	
		倪套村	5	
		姚套村	7	
		观堡村	8	
		阳洼村	7	
		中梁村	6	
8	杨河乡	杨河村	5	
		红旗村	5	
		串河村	4	
		玉皇岔村	4	
		穆沟村	2	

续表

序号	所属乡镇名称	行政村名称	村民小组个数	备注
9	好水乡	水磨村	4	
		后海村	4	
		张银村	4	
		红星村	5	
		三星村	7	
		永丰村	3	
		中台村	7	
		庙湾村	6	
10	陈靳乡	清凉	2	
		新兴	4	
		民联	4	
		陈靳	6	
		高阳	4	
		何槐	1	
		新和	10	
11	沙塘镇	清泉村	5	
		街道村	4	
		新民村	3	
		许沟村	6	
		光联村	6	
		十八里村	11	
		和平村	4	
		张树村	4	
		马河村	7	
		锦屏村	9	
		锦华村	8	

续表

序号	所属乡镇名称	行政村名称	村民小组个数	备注
12	神林乡	庞庄村	4	
		神林村	6	
		辛坪村	3	
		观音村	3	移民村
		岳村	3	移民村
		双村	5	
		杨野河村	3	
13	联财镇	联财	5	
		联合	3	
		恒光	5	
		太联	7	
		赵楼	2	
		张楼	4	